Interpretation und Wirklichkeit
das Realitätsproblem unter den Bedingungen
interpretationsphilosophischer Ansätze

Rainer Steltzer

Die Deutsche Bibliothek - CIP-Einheitsaufnahme
Ein Titeldatensatz für diese Publikation is bei der Deutschen Bibliothek erhältlich.

Herstellung Books on Demand GmbH

ISBN 3-901249-55-9

© 2001 innsbruck university press
Alle Rechte vorbehalten

Universität Innsbruck, Innrain 52, A-6020 Innsbruck
http://www.university-press.at/

Vorwort 1

0. Transzendentalphilosophie, Interpretationsphilosophie und die Frage nach der Realität 3

0.1 Realität und Realismus 3

0.2 Transzendentalphilosophie als Interpretationsphilosophie 7

0.3 Die Relevanz der Realitätsfrage für die Interpretationsphilosophie 9

1. Aspekte des Realitätsproblems in Kants *Kritik der reinen Vernunft* 13

1.1 Die Widerlegung des Realismus 13
    1.1.1 Raum und Zeit 15
    1.1.2 Die Kategorien 21

1.2 Die Widerlegung des Idealismus 23

1.3 Empirischer Realismus / Transzendentaler Idealismus 30

1.4 Dinge an sich 32
    1.4.1 Phänomene und Dinge an sich 33
    1.4.2 Das Problem der Affektion 36
    1.4.3 Dinge an sich als Fiktionen 39

1.5 Konstitutionstheorie und Subsumtionstheorie (nach W. Röd) 41
    1.5.1 Die Konstitutionstheorie als Voraussetzung des Affektionsproblems 41
    1.5.2 Die Subsumtionstheorie als Alternative 44
    1.5.3 Konsequenzen der Subsumtionstheorie für die Kantische Philosophie 46

2. Ebenen der Deutung und der Realität in Friedrich Albert Langes *Geschichte des Materialismus* 51

2.1 Materialismus und Realität 52
    2.1.1 Langes Charakterisierung des materialistischen Standpunktes 52
    2.1.2 Die materialistische Umdeutung der Kantischen Philosophie 53
    2.1.3 Die Konsequenzen des „sinnesphysiologischen Kantianismus" für die Realitätsfrage 60

2.2 Der Standpunkt des Ideals 66
    2.2.1 Die „Selbstüberwindung" des Materialismus und die Hierarchie der Deutungen 66
    2.2.2 Die „Religion des Ideals" 72

3. Interpretation und Wirklichkeit in der Philosophie Nietzsches 77

3.1 Deutung und Realität in Ueber Wahrheit und Lüge im aussermoralischen Sinne 77

3.2 Interpretation und Wirklichkeit im Rahmen von Nietzsches Willen-zur-Macht-Lehre   *84*
    3.2.1 Die Willen-zur-Macht-Lehre als ontologischer Entwurf   84
    3.2.2 Das Willen-zur-Macht-Geschehen als Interpretationsgeschehen   88
    3.2.3 Konsequenzen für die Realitätsfrage   96

4. Fiktion, Interpretation und Realität in Hans Vaihingers *Philosophie des Als Ob*   101

4.1 Die Philosophie des Als Ob als Theorie der Interpretation   *103*
    4.1.1 Der instrumentalistisch-interpretationistische Grundgedanke   103
    4.1.2 Die „fiktiven Elementarmethoden"   108

4.2 Die Philosophie des Als Ob als Lehre von den Fiktionen   *112*
    4.2.1 Kennzeichnung und Theorie der Fiktionen   112
    4.2.2 Arten von Fiktionen   119

4.3 Vaihingers historische „Gewährsmänner": Kant, Lange und Nietzsche   *125*

4.4 Fiktion, Interpretation und Realität   *129*

5. Perspektive und Wirklichkeit in Friedrich Kaulbachs Philosophie des Perspektivismus   137

6. (Er)Deutung und Wirklichkeit in Gerold Prauss´ Deutungstheorie   149

6.1 Kennzeichnung von "Erkenntnistheorie" als Transzendentalphilosophie   *149*

6.2 „Unhaltbare Lösungsversuche"   *150*
    6.2.1 Die Abbildtheorie   150
    6.2.2 Die Schlußtheorie   152

6.3 Die Deutungstheorie als Alternative   *153*

6.4 "Wirklichkeit" unter den Bedingungen der Deutungstheorie   *161*

7. Interpretationismus und pragmatischer Realismus in Hans Lenks Philosophie der Interpretationskonstrukte   167

7.1 Erkennen als Interpretieren und Konstruieren   *168*

7.2 Stufen der Interpretation   *175*

7.3 Handlungen und Werte als Interpretationskonstrukte   *181*

7.4 Realität und Subjekt als Interpretationskonstrukte   *185*
    7.4.1 Interpretationismus und pragmatischer Realismus   185
    7.4.2 Die Stellung des Subjekts   189

8. Interpretationswelt(en) und Interpretationswirklichkeit(en) in Günter Abels allgemeiner Interpretationsphilosophie   197

8.1 Interpretation als Fundamentalvorgang   *197*

8.2 Stufen und Hinsichten des Interpretierens   *205*
    8.2.1 Ebenen der Interpretation   *205*
    8.2.2 "Dimensionen" des Interpretierens   *209*

8.3 Aspekte der Interpretationsphilosophie   *210*

8.4 Wahrheit und Wirklichkeit   *219*
    8.4.1 Wahrheit als Interpretationsverhältnis   *219*
    8.4.2 Interpretations-Welt(en) als Interpretations-Realität(en)   *222*

9. Abschließende Überlegungen   **231**

9.1 Interpretationistisches Denken   *231*

9.2 Argumente für den Interpretationismus   *233*

9.3 Einwände gegen den Interpretationismus   *236*

9.4 Interpretationismus zwischen Realismus und Antirealismus   *240*

9.5 Interner Interpretationismus   *243*

Literaturverzeichnis   **249**

Vorwort

Die vorliegende Arbeit ist – abgesehen von drei minimalen Korrekturen – identisch mit meiner Dissertation zur Erlangung des Doktorates der Philosophie, die im Dezember 2000 an der Universität Innsbruck eingereicht worden ist. Herrn Professor Wolfgang Röd, der diese sowohl angeregt als auch betreut hat, möchte ich an dieser Stelle noch einmal meinen herzlichen Dank für die Freundlichkeit und Umsicht aussprechen, mit der er ihr – oft eher schleppendes – Entstehen begleitet hat. Von den Gesprächen über die einzelnen Kapitel der Arbeit (die meist im Café Murauer stattfanden) hat nicht nur diese profitiert; sie waren in vielerlei Hinsicht lehrreich und haben mir wieder einmal die außerordentlichen Qualitäten des Philosophen und akademischen Lehrers Wolfgang Röd (die ich in seinen Lehrveranstaltungen zwischen 1994 und 1996 zu schätzen gelernt habe) vor Augen geführt.

Zu danken habe ich natürlich auch meiner Mutter Berta Steltzer. Gewidmet ist diese Arbeit ihr und meinen Freunden Gabriele Angerer, Rainer Fantur, Sonja Hörtenhuber, Winfried Löffler, Viet Minh Nguyen, Daniela Niederreiter, Thomas Palfrader, Michael Schorner und Markus Stadlober. Ihr regelmäßiges – und zuweilen recht lästiges – Fragen nach dem Stand der Arbeit könnte deren Fertigstellung durchaus ein wenig beschleunigt haben. Auch dafür möchte ich mich bedanken.

Innsbruck, 19.7.2001

Rainer Steltzer

0. Transzendentalphilosophie, Interpretationsphilosophie und die Frage nach der Realität

0.1 Realität und Realismus

Wenn wir im Alltag von „Realität" sprechen, so beziehen wir uns dabei üblicherweise auf das nicht angezweifelte Vorhandensein der uns umgebenden physischen Gegenstände oder auch auf die Gesamtheit dieser Gegenstände, die Welt als ganze. In diesem Sinne werden Tische, Stühle, Bäume, Bücher, etc., eben: Gegenstände – zu denen in diesem Sinne natürlich auch Lebewesen zu zählen sind – als „real" bezeichnet. Weiters würden die meisten Menschen, die naturwissenschaftliche Kenntnisse zumindest im Ausmaß dessen, was an höheren Schulen gelehrt wird, besitzen, wohl auch Elektronen, elektromagnetischen Wellen, Gravitationsfeldern etc. „Realität" zugestehen. (Tatsächlich neigen manche Menschen dazu, die Wellen und Elementarteilchen, von denen die Physik spricht, in szientistischer Manier als in gewissem Sinne „realer" als unsere Alltagsgegenstände zu betrachten.) Weiters werden moralische, ästhetische und religiöse Werte oft als „real" bezeichnet, und auch in Hinblick auf Objekte wie Zahlen würden die meisten Menschen wohl von so etwas wie „Realität" sprechen, wenngleich die Einschränkung naheliegt, daß Zahlen nicht auf die gleiche Weise „existieren", nicht auf die gleiche Weise „wirklich" sind wie Tische und Bücher.

Es ist also offenkundig nicht nötig, den Schritt in Richtung „echten" philosophischen Denkens zu tun, um die Vieldeutigkeit des Begriffs „Realität" bzw. „Wirklichkeit" (die beiden Ausdrücke werden in der vorliegenden Arbeit stets synonym gebraucht) zu konstatieren, die sich freilich im genuin philosophischen Bereich noch wesentlich ausgeprägter und differenzierter darstellt: Im Laufe der Geschichte der Philosophie wurde von der Realität eingeborener Ideen, Gottes, des Ich etc. gesprochen; vielen solcher Für-Real-Haltungen entspricht terminologisch ein „Realismus" (z.B. „Ideenrealismus").

In der Alltagssprache ist dies nicht der Fall: Kaum jemand, der, in welcher Weise auch immer, an Gott glaubt, würde sich selbst beispielsweise als „theologischen Realisten" o.ä. bezeichnen. Im alltäglichen Sprachgebrauch bezeichnet der Ausdruck „Realismus" vielmehr eine Haltung, die sich an den (existenziellen und sozialen) Gegebenheiten, am „Machbaren", und nicht an als utopisch oder unerreichbar betrachteten „Idealen" orientiert. Ein „Realist" ist in diesem Sinne jemand, der „mit beiden Beinen fest im Leben steht". Diese Begrifflichkeit findet beispielsweise auch in Politik und politischer Philosophie ihre Entsprechung, wenn zwischen „realistischen" und „idealistischen" Theorien des Politischen unterschieden wird: erstere fragen nach den faktischen politischen Gegebenheiten und Zusammenhängen, während letztere vor dem Hintergrund normativer Überlegungen über Möglichkeiten des Eingreifens reflektieren.

Damit ist bereits ein Gegenbegriff zu „Realismus" gefunden: Eine auch in der Philosophie häufig zu findende Gegenüberstellung ist die von „Realismus" und „Idealismus". Da der Idealismus aber nicht die einzig denkbare nichtrealistische Position ist, ist es besser, dem Begriff „Realismus" den allgemeineren Begriff „Antirealismus" entgegenzusetzen: jedem Realismus ist in dieser Terminologie ein Antirealismus diametral entgegengesetzt.

Wenn von Realismus die Rede ist, so ist damit auch im philosophischen Bereich im engeren Sinne stets irgendeine Weise des Bezugs auf „Realität" gemeint. Es können in diesem Sinne drei grundlegende Ebenen von Realismus unterschieden werden:

- Der **ontologische Realismus** behauptet die Existenz einer Wirklichkeit, „deren Dasein und Sosein vom menschlichen Erkenntnisvermögen unabhängig ist" (Kügler)[1], die also objektiv, unabhängig davon existiert, ob sie in irgendeiner Weise erkannt (z.B. wahrgenommen) werden kann. Sie soll sowohl in ihrer Existenz als auch in ihrer Beschaffenheit unabhängig davon sein, ob sie oder Teile von ihr wahrgenommen oder gedacht werden. Ein solcher ontologischer Realismus kann vertreten werden, ohne irgendeinen epistemischen Zugang zur behaupteten Wirklichkeit anzunehmen: ein solcher „nur" ontologischer Realismus würde in der (unter dem Aspekt der Maxime, Theorien so einfach wie möglich zu halten, vielleicht etwas umständlichen) Annahme bestehen, daß es zwar so etwas wie eine objektive Realität gibt, diese jedoch mit der phänomenalen Welt in keinerlei Zusammenhang steht.
- Nimmt man hingegen eine wie auch immer geartete Möglichkeit des Zugangs zu dieser Realität an, dann vertritt man einen **erkenntnistheoretischen Realismus**, akzeptiert die These, daß wir „in der Erkenntnis Zugang zu dieser Wirklichkeit [haben], und zwar durch Wahrnehmung und / oder Denken" (Kügler)[2]. Die ontologisch eigenständige Wirklichkeit kann für den erkenntnistheoretischen Realisten in irgendeiner Form erkannt werden.
- Unter **sematischem Realismus** wird schließlich die Auffassung verstanden, „daß es eine von unseren sprachlichen Fassungen, Strukturen – generell von unserer Sprache – unabhängige Wirklichkeit, also eine ´sprachunabhängige Realität´ gibt, die von der beschreibenden Sprache [...] in gewisser Weise erfaßt wird." (Lenk)[3] Der semantische Realismus besagt, daß über die Realität etwas aussagbar ist, daß deskriptive Sätze von der Realität wahr oder falsch gemacht werden. Es handelt sich eben um eine semantische These, eine These über die Beziehung von Sätzen zur Wirklichkeit.

Jeder der drei Realismus-Ebenen entspricht jeweils eine Ebene des Antirealismus; man kann also auch von einem ontologischen, einem erkenntnistheoretischen und einem semantischen Antirealismus sprechen:

- **Ontologischer Antirealismus** ist die These, daß es keine von unserem Erkenntnisvermögen unabhängige Wirklichkeit gibt.
- Der Vertreter eines **erkenntnistheoretischen Antirealismus** nimmt entweder an, daß es zwar eine ontologisch eigenständige Realität gibt, diese jedoch nicht erkennbar ist (erkenntnistheoretischer Antirealismus in Verbindung mit ontologischem Realismus) oder daß eine solche Realität nicht erkennbar ist, weil sie nicht existiert (ontologischer *und* erkenntnistheoretischer Antirealismus).
- Der **semantische Antirealismus** schließlich leugnet die Möglichkeit, etwas über die Welt auszusagen, und zwar entsprechend der Differenzierung des erkenntnistheoretischen Antirealismus entweder trotz der Existenz einer objektiven Wirklichkeit oder aber aufgrund eines vorausgesetzten ontologischen Antirealismus.

Auf den ersten Blick scheint der ontologische Realismus notwendige Bedingung für den erkenntnistheoretischen, und dieser wiederum notwendige Bedingung für den semantischen Realismus zu sein. Dies läßt sich jedoch anzweifeln, da zumindest ein semantischer Realismus

---

[1] Kügler, Realismus – Antirealismus S.3
[2] a.a.O.
[3] Lenk, Interpretation und Realität S.77

in Verbindung mit einem ontologischen Antirealismus denkbar ist.[1] (Allerdings ist in diesem Zusammenhang die Frage zu stellen, ob beispielsweise ein ohne einen ontologischen Realismus auskommender semantischer „Realismus" diese Bezeichnung überhaupt verdient.) Entsprechende Überlegungen wären mit umgekehrten Vorzeichen auch auf die drei Ebenen des Antirealismus anzuwenden.

Vor allem die Unterscheidung zwischen ontologischem und erkenntnistheoretischem Realismus ist nun bei der Betrachtung einiger spezifischer Formen des Realismus hilfreich (wobei natürlich nicht der Anspruch erhoben wird, eine auch nur annähernd vollständige Aufzählung all jener Positionen zu geben, die im Laufe der Geschichte der Philosophie als „Realismus" bezeichnet wurden und werden):

Unter **naivem Realismus** versteht man zunächst die alltägliche Einstellung gegenüber der Welt und den in ihr vorzufindenden Gegenständen, die besagt, „daß Dinge unabhängig von uns so sind, wie sie sich uns zeigen, und [...] darüber hinaus die Erfahrung darin besteht, daß sich die Dinge ohne unser Zutun in unserem Bewußtsein abbilden." (Röd)[2] Die Dinge existieren in der Form, in der wir sie wahrnehmen, außerhalb des Bewußtseins und sind an sich in ihrer Beschaffenheit völlig bestimmt. Diese (ontologische, erkenntnistheoretische und wohl auch semantische) Form des Realismus (die, durch pragmatische Argumente gestützt, auch als *Common-Sense*-Realismus vertreten worden ist[3]) ist allerdings zumindest zwei gravierenden Einwänden ausgesetzt:

1. Der naive Realismus ist mit der Tatsache unverträglich, daß unsere Sinneswahrnehmungen uns oft täuschen, wie wenn wir beispielsweise einen großen, weit entfernten Gegenstand fälschlicherweise für einen kleineren, aber weniger weit entfernten halten; außerdem hängen Wahrnehmungen z.B. von Wärme und Kälte stark von der Verfassung des Wahrnehmenden ab (eine Feststellung, die sich bereits in Platons *Theätet* findet[4]).
2. Der naive Realismus scheint eine Art Homogenität zwischen Subjekt und Objekt anzunehmen, die gegeben sein muß, um die direkte Erkenntnis der Realität überhaupt erklären zu können. – „Wie die behauptete Widerspiegelung des Gegenstands, der ja voraussetzungsgemäß vom Subjekt unabhängig sein soll, zustande kommen kann, bleibt unbegriffen, da sich die angenommene Kausalbeziehung zwischen Subjekt und Objekt wegen der Heterogenität der Beziehungsglieder nicht konkretisieren läßt." (Röd)[5]

Ein auf den ersten Blick gangbarer Weg zur Überwindung der Probleme, die der naive Realismus aufwirft, ist der Schritt hin zum **kritischen Realismus**. Dessen ontologische Grundlage ist mit der des naiven Realismus identisch, auf der erkenntnistheoretischen Ebene könnte man ihn hingegen als „Teilrealismus" bezeichnen: „Die Existenz einer

---

[1] vgl. Lenk, Interpretation und Realität S.77 ff.
[2] Röd, Erfahrung und Reflexion S.134
[3] So z.B. von G.E. Moore und Bertrand Russell: praktisch muß die Existenz einer von uns unabhängigen und direkt erkennbaren Außenwelt angenommen werden, denn „sobald man diese nicht voraussetzt, [stößt] man auf Widersprüche bzw. [muß] auf Begriffe zurückgreifen, die noch fragwürdiger sind als die Ausgangsbegriffe zur Unterstellung der Existenz einer unabhängigen Realität." (Lenk, Interpretation und Realität S.38)
[4] vgl. Platon, Theätet S.44 ff. (Kapitel VIII)
[5] Röd, Erfahrung und Reflexion S.134 f.

bewußtseinsunabhängigen Realität wird anerkannt und zugleich eingeräumt, daß diese Wirklichkeit nicht in jeder Hinsicht zugänglich, sondern zum Teil nur auf Grund dessen, was uns erscheint, erschlossen ist." (Röd)[1] Das bedeutet, daß den Gegenständen zwei Arten von Eigenschaften oder „Qualitäten" zugeschrieben werden:

1. „Primäre" Qualitäten sollen den Gegenständen an sich zukommen, also unabhängig von der Wahrnehmung bestehen. Dazu werden etwa Eigenschaften wie Form, Größe und Masse gezählt.
2. Die „sekundären" Qualitäten der Dinge kommen dagegen nicht diesen selbst zu, sondern existieren nur als Wahrnehmungen, die dadurch zustandekommen, daß das Subjekt von Objekt in irgendeiner Weise affiziert wird.

Auch diese Auffassung – als deren klassischer Vertreter Locke zu nennen ist – wird im Alltag durchaus häufig vertreten; viele Menschen, die über eine naturwissenschaftliche Allgemeinbildung verfügen, würden wohl etwa der Aussage zustimmen, daß physikalische Gegenstände zwar „an sich" eine bestimmte Masse besitzen, daß aber z.B. Farben „in Wirklichkeit" elektromagnetische Wellen eines bestimmten Frequenzbereichs sind.

(Der Ausdruck „kritischer Realismus" wird allerdings nicht nur in der hier explizierten Weise gebraucht. Unter „Kritischem Realismus" wird speziell in der Wissenschaftstheorie auch eine Auffassung verstanden, wie sie z.B. von Popper vertreten wurde und die besagt, „daß es eine Welt an sich gibt, die uns nicht direkt bekannt ist, der wir uns aber durch die wissenschaftliche Erkenntnis durchaus annähern können. [...] Es handelt sich [...] um einen indirekten Realismus in Verbindung mit einer Approximationstheorie der Wahrheit, nach der man Wahrheit erst ´in the long run´, im Unendlichen näherkommen kann." (Lenk)[2])

Eine nähere Untersuchung der Thesen des kritischen Realismus zeigt, daß auch dieser eine Inkonsistenz aufweist: es ist letztlich nicht möglich, trennscharf zwischen „primären" und „sekundären" Eigenschaften zu unterscheiden: tatsächlich können nur entweder *alle* Eigenschaften der phänomenalen Gegenstände den Gegenständen selbst (die somit mit den Phänomenen identisch wären) oder aber *alle* ihre Eigenschaften der Wahrnehmung, der Interaktion zwischen Subjekt und (unerkennbarem) Ding an sich zugeschrieben werden. Da die erste Möglichkeit verbaut ist, bleibt nur noch die zweite - den Rahmen des kritischen Realismus sprengende - Möglichkeit: die Annahme eines **hyperkritischen**[3] oder **transzendental(idealistisch)en Realismus**. Es ist dies die Position des Kantischen Ansatzes (oder zumindest der üblichen Auffassung der Kantischen Philosophie, vgl. dazu Kapitel 1), die These, daß es eine Welt bzw. Dinge an sich gibt, die jedoch niemals erkannt werden können; alle Eigenschaften der Erfahrungsgegenstände sind „sekundäre" Qualitäten, sie sind Resultat einer (wie auch immer zu denkenden) Einwirkung der Dinge an sich auf das Subjekt, die eigentliche Realität ist von gänzlich anderem Charakter als unsere Erfahrungswelt. Der hyperkritische Realismus ist also Realismus nur mehr im ontologischen, nicht mehr aber (oder nur mehr rudimentär) im erkenntnistheoretischen Sinne.

Eine weitere Variante des Realismus stellt der **relative Realismus** dar, die These, daß die verschiedenen „Sichtweisen" eines physischen Gegenstandes, also die verschiedenen Arten, wie er zu sehen, zu tasten etc. ist, dem Gegenstand an sich angehören, d.h. sie „sollen [...] nicht

---

[1] ebd. S.137
[2] Lenk, Interpretation und Realität S.43
[3] vgl. Röd, Erfahrung und Reflexion S.139 ff.

in unserer Wahrnehmungsstruktur oder Erkenntnisapparatur produziert werden sein, sondern sie sind [...] direkte Eigenschaften des Gegenstandes" (Lenk)[1]. Diese Form des Realismus (die vielleicht besser als eine Form des Phänomenalismus aufzufassen wäre und Parallelen zu „perspektivistischen" Thesen aufweist (vgl. Kapitel 3 und 5)) stößt allerdings auch auf Probleme:

1. Da es praktisch unendlich viele (oder zumindest eine Vielzahl von) „Wahrnehmungsweisen" gibt, müßten dem Gegenstand unter Umständen unendlich viele (oder doch eine unüberschaubare Vielzahl von) Eigenschaften zugesprochen werden, was wohl zumindest als problematisch zu bezeichnen wäre.
2. Der relative Realismus läuft möglicherweise auf einen Idealismus hinaus, da ausschließlich die Vielzahl von Eigenschaften eines Gegenstandes gegeben sind, deren Einheit als Eigenschaften eben *eines* Gegenstandes nicht erklärt wird. Unter Umständen ließe sich vielleicht von einem erkenntnistheoretischen, aber nicht ontologischen Realismus sprechen.

Als rein semantischen (oder auch pragmatischen) Realismus (ohne ontologische und erkenntnistheoretische Komponente) könnte man den **hypothetischen Realismus** (oder **Quasi-Realismus**) bezeichnen. Unter diesem Begriff wird eine Auffassung verstanden, die eigentlich ein Phänomenalismus ist und unter anderem von Hermann Helmholtz vertreten wurde: „Die mit dem Charakter der Wahrnehmung aufzunehmenden Bewußtseinsakte verlaufen *so, als ob* die von der realistischen Hypothese angenommene Welt der externen Dinge wirklich bestände." (Helmholtz)[2] (Das *als ob* ist auch der zentrale Punkt der „Philosophie des Als Ob" Hans Vaihingers (siehe Kapitel 4).) Im allgemeinen sind sowohl ältere als auch neuere relative Realismen dadurch gekennzeichnet, daß sie die Sprechweise des naiven Realismus übernehmen, diese aber durch ein *als ob* (wie auch immer dieses formuliert ist) abschwächen; „man nimmt an, daß wir als Erkennende hypothetisch eine reale Welt unterstellen (müssen), selbst wenn man diese Annahme nicht beweisen kann." (Lenk)[3]

Diese Liste der unterschiedlichen Realismen ist natürlich alles andere als vollständigt, sie soll es auch nicht sein, da sie nur dem Zweck dient, einen allgemeinsten Überblick darüber zu geben, was mit dem metaphyischen und erkenntnistheoretischen Ausdruck „Realismus" bezeichnet werden kann. Eine vollständige Liste hätte noch viele andere „Realismen" aufzuzählen, von denen einige häufiger, andere seltener vertreten worden sind und vertreten werden. (Ein Realismus, auf den im Zusammenhang mit der Interpretationsphilosophie noch einzugehen sein wird, ist der „interne Realismus" Hilary Putnams, der Parallelen sowohl zur Kantischen Position als auch zum hypothetischen Realismus aufweist, obwohl er selbst kein „Realismus" im strengen Sinne ist. (siehe Kapitel 9[4]))

0.2 Transzendentalphilosophie als Interpretationsphilosophie

„Ich nenne alle Erkenntnis **transzendental**, die sich nicht so wohl mit Gegenständen, sondern mit unserer Erkenntnisart von Gegenständen, so fern diese a priori möglich sein soll,

---

[1] Lenk, Interpretation und Realität S.38
[2] Helmholtz, Die Tatsachen der Wahrnehmung, Darmstadt 1959 (Nachdruck der Originalausgabe Berlin 1879), zit.n.Lenk, Interpretation und Realität S.56
[3] Lenk, Interpretation und Realität S.57
[4] vgl. auch Kügler, Realismus – Antirealismus S.42 ff. und Lenk, Philosophie und Interpretation S.270 ff.

überhaupt beschäftigt."[1] – Der von Kant an dieser bekannten Stelle der *Kritik der reinen Vernunft* in die Philosophie eingeführte Begriff „transzendental" bezieht sich auf eine Art der Erkenntnis, die sich nicht auf die Gegenstände, sondern auf unser Vermögen der Erkenntnis von Gegenständen überhaupt richtet.[2] Die **Transzendentalphilosophie** befaßt sich nicht mit irgendwelchen empirischen Gegenständen, sondern fragt nach den Bedingungen der Möglichkeit von Erfahrung überhaupt.

Die Begriffe „transzendental" und „Transzendentalphilosophie" gehen zwar in so gut wie jeder ihrer heutigen Verwendungen in irgendeiner Weise auf die Kantische Philosophie zurück, werden heute aber dennoch in verschiedenen Bedeutungen verwendet: beispielsweise kann „Transzendentalphilosophie" – nahe am Kantischen Standpunkt – als allgemeine Metatheorie der Erfahrung betrachtet werden, die „Theorien der Erfahrung zum Thema hat, indem sie auf sie reflektiert, sie expliziert, die Natur ihrer zentralen Begriffe klärt, ihre Reichweite erörtert und die Art der Geltung ihrer grundlegenden Annahmen bestimmt." (Röd)[3] Als „transzendental" können jedoch auch Überlegungen und Methoden ganz anderer Art gekennzeichnet werden, etwa in der Analytischen Philosophie, wenn es darum geht, zu klären, was ein „transzendentales Argument" ist.[4]

Wenn hier von „klassischer Transzendentalphilosophie" die Rede ist[5], so ist damit keine der neueren Auffassungen von „Transzendentalphilosophie", sondern die Kantische Philosophie im engeren Sinne gemeint. Wenn diese in Zusammenhang mit bestimmten zeitgenössischen Entwürfen genannt wird, die unter Bezeichnungen wie „Interpretationismus", „Deutungstheorie" oder „Perspektivismus" auftreten, so soll dies die Konzentration auf einen bestimmten Aspekt des Kantischen Denkens andeuten: die Kantische Transzendentalphilosophie, verstanden als **Interpretationsphilosophie**.

Ist in der Alltagssprache von „Interpretation" oder „Deutung" die Rede, so beziehen sich diese Ausdrücke meist darauf, daß etwas als Zeichen oder Symbol für irgendetwas (anderes) „interpretiert" oder „gedeutet" wird; so kann ich etwa eine Geste oder auch ein Gedicht in bestimmter Weise interpretieren, z.B. dahingehend, daß jemand durch diese Geste oder mit diesem Gedicht etwas auszusagen versucht. Solchen und zahlreichen anderen Fällen dessen, was üblicherweise als „Interpretation" oder „Deutung" bezeichnet wird, ist ein Grundmuster gemeinsam: *Jemand interpretiert etwas als etwas.*

Dieses Grundmuster ist auch die Grundlage zumindest einiger der in der vorliegenden Arbeit behandelten „interpretationsphilosophischen" Entwürfe; bei anderen fallen einzelne Teile (wie etwa das „Jemand") teilweise heraus (siehe z.B. Kapitel 8 über Günter Abels „allgemeine Interpretationsphilosophie").

---

[1] Kant, KrV B 25
[2] vgl. dazu auch eine Stelle aus den *Prolegomena*: „Das Wort transzendental aber, welches bei mir niemals eine Beziehung unserer Erkenntnis auf Dinge, sondern nur aufs Erkenntnisvermögen bedeutet [...]." (Kant, Prolegomena S.157 f.)
[3] Röd, Erfahrung und Reflexion S.24
[4] vgl. z.B. Chisholm, What is a Transcendental Argument?
[5] Tatsächlich wird der Ausdruck „klassische Transzendentalphilosophie" im Verlauf der vorliegenden Arbeit keine Verwendung finden; der obige Absatz bezieht sich noch auf den ersten Arbeitstitel „Das Realitätsproblem in der klassischen Transzendentalphilosophie und im zeitgenössischen Interpretationismus".

Die Grundüberzeugung der Interpretations- oder Deutungsphilosophie ist, daß es unmittelbar Gegebenes und somit unmittelbar Erkanntes nicht gibt. Sie tritt dem „Mythus der Unmittelbarkeit" (Röd)[1] entgegen und nimmt an, daß alles, was (vor allem in der Erfahrung) unmittelbar gegeben zu sein scheint, bereits in irgendeiner Form eben interpretiert, gedeutet ist.

Eine ähnliche Auffassung findet sich bei Popper, der von der „Theorieimprägniertheit" aller Aspekte unserer Erkenntnis spricht: Erkenntnis ist Erkenntnis stets nur im „Rahmen" unserer alltäglichen und wissenschaftlichen Theorien: „our view of the world is at any moment necessarily theory-impregnated"[2]; „even observations, and reports of observations, are under the sway of theories or, if you like, under the sway of a framework. Indeed, there is no such thing as an uninterpreted observation, an observation which is not theory-impregnated."[3]

Dieser Standpunkt Poppers wird in der Interpretationsphilosophie verallgemeinert von der „Theorieimprägniertheit" zur „Interpretationsimprägniertheit": Das „Prinzip der Deutungsabhängigkeit"[4] besagt, daß alles, worauf wir uns im Denken, in der Wahrnehmung und in der Sprache beziehen, stets schon interpretiert, immer schon Resultat einer Deutung, nicht nur z.B. passiv Wahrgenommenes, sondern wesentlich auch Erschaffenes, Erdeutetes[5], Resultat einer aktiven, interpretierenden Konstruktionsaktivität ist. Dies ist eine Erweiterung dessen, was Popper die „Scheinwerfertheorie" der Erkenntnis nennt[6]: die Gegenstände der Erkenntnis werden nicht einfach passiv wahrgenommen, sondern erscheinen erst „im Lichte" unserer Theorien bzw. Deutungen als das, was sie sind. Diese Überzeugung ist die Grundlage der Theorien, die in den letzten Jahrzehnten als „Deutungstheorie", „Interpretationsphilosophie" oder „Perspektivismus" u.a. von Friedrich Kaulbach, Gerold Prauss, Hans Lenk und Günter Abel von unterschiedlichen Ausgangspunkten und unter Betonung unterschiedlicher Aspekte entwickelt worden sind. Die Gemeinsamkeiten dieser Standpunkte mit der Kantischen Transzendentalphilosophie bestehen letztlich darin, daß sich interpretationistische Gedanken auch schon im Kantischen Denken selbst finden lassen (vgl. dazu Kapitel 1).

0.3 Die Relevanz der Realitätsfrage für die Interpretationsphilosophie

Die Kernaussage der Interpretationsphilosophie lautet also, daß es keine interpretationsfreie, keine nicht „interpretationsimprägnierte" Wahrnehmung oder sonstige Erkenntnis gibt. Was uns gegeben ist, ist immer schon Ergebnis einer Interpretation (im Sinne eines Vorgangs) und somit selbst Interpretation (im Sinne des Ergebnisses dieses Vorgangs).[7] In diesem

---

[1] Röd, Erfahrung und Reflexion S.173
[2] Popper, The Myth of the Framework S.53
[3] ebd. S.58
[4] Röd, Der Weg der Philosophie II S.181
[5] Der von Gerold Prauss eingeführte Terminus „erdeuten" wird in Kapitel 6, das Prauss' Deutungstheorie gewidmet ist, näher erläutert; ich verwende ihn jedoch bereits hier (und auch in anderen Kapiteln), da er mir das Gemeinte treffender als jeder andere Ausdruck zu bezeichnen scheint.
[6] vgl. z.B. Röd, Der Weg der Philosophie II S.538
[7] Diese Doppeldeutigkeit des Ausdrucks „Interpretation" macht den Umgang mit ihm etwas problematisch, weil potentiell mißverständlich. Ich werde im folgenden an Stellen, wo der jeweilige Sinn von „Interpretation" unklar sein könnte, entweder explizit auf die intendierte Bedeutung hinweisen oder aber anstelle der Dichotomie „Interpretation(svorgang)" – „Interpretation(sresultat)" auf die

Zusammenhang ist nun die Frage zu stellen, ob – wie die Formulierung „Jemand interpretiert etwas als etwas." nahezulegen scheint – es notwendig - bzw. überhaupt möglich - ist, so etwas wie ein „Fundament" aller Deutungen anzunehmen. Es ist zu fragen, „ob nicht jenseits der in diesem oder jenem theoretischen Rahmen gedeuteten Realität eine theorieunabhängige Wirklichkeit anzunehmen sei, auf die die – mit vorwissenschaftlichen oder wissenschaftlichen Mitteln – interpretierten Erscheinungen bezogen werden müssen." (Röd)[1]

Auf der ersten Blick scheint die genannte Formulierung des Grundmusters der Interpretation die Antwort nahezulegen, daß eine Deutung stets Deutung *von etwas* sein muß, daß es also ein unhintergehbares Fundament aller Deutungen geben muß, auf das diese bezogen, eben *dessen* Deutungen sie sind. Wenn es schließlich ein solches deutungsfreies Fundament aller Deutungen geben sollte, so ist zu fragen, wie dieses beschaffen ist bzw. welche Bedingungen es erfüllen muß, um den Deutungen überhaupt zugrundeligen zu können, und welche Beziehung zwischen dem zu deutenden Fundament, dem in der Deutung Konstituierten und dem deutenden Subjekt (wenn ein solches überhaupt angenommen zu werden braucht) besteht.

Tatsächlich wird sich zeigen, daß es zwar einerseits Auffassungen gibt, denen zufolge es so etwas wie ein Fundament aller Interpretationen geben muß, daß aber andererseits – namentlich bei Nietzsche und Abel – nicht nur auf das zu interpretierende Etwas, sondern unter Umständen auch auf ein deutendes Subjekt verzichtet werden kann., so daß sich der Interpretationismus unter Umständen auf eine Formel wie „Es interpretiert." (wie „Es regnet.") zuspitzen läßt, ohne daß das auf „Interpretation" in einem bestimmen Sinne beruhende System zusammenbricht.

Es sieht allerdings so aus, als müßte jeder Interpretationismus zumindest ein semantischer Realismus sein, zumal die Sprache in den meisten interpretationsphilosophischen Ansätzen einen wichtigen Deutungsrahmen bildet. Ob die verschiedenen Interpretationismen auch ontologische bzw. erkenntnistheoretische Realismen oder aber Antirealismen darstellen, oder ob die Interpretationsphilosophie in der einen oder anderen Form gar einen (echten[2]) dritten Weg in der Frage nach der Wirklichkeit darstellt, ist die Frage, die im folgenden verfolgt werden soll.

Zu diesem Zweck gliedert sich die vorliegende Arbeit in acht Kapitel, die jeweils einem philosophischen System, das in der einen oder anderen Weise als „interpretationsphilosophisch" gekennzeichnet werden kann, gewidmet sind. Dabei sollen diese Systeme einerseits einigermaßen umfassend dargestellt werden, andererseits aber besonderes Augenmerk eben auf die Frage nach der Bedeutung (oder den Bedeutungen) von „Wirklichkeit" unter den Bedingungen der jeweiligen Positionen eingegangen werden. Allerdings zeigt sich, insbesondere in den interpretationsphilosophischen Entwürfen Hans Lenks und Günter Abels (Kapitel 7 und 8), daß die Realitätsfrage ohnehin untrennbar mit der Frage nach dem ontologischen und epistemologischen Status von „Interpretation" verbunden ist. Zu den philosophischen Entwürfen Lenks und Abels ist auch zu sagen, daß es sich bei

---

Unterscheidungen „Interpretation" – „Interpretiertes", „Interpretation" – „Interpretat" oder „Deutung" – „Erdeutetes" zurückgreifen.

[1] Röd, Das Realitätsproblem in der Transzendentalphilosophie S.424

[2] Als „unechten" dritten Weg würde ich einen Phänomenalismus bezeichnen, der sich ausschließlich auf das phänomenal Gegebene konzentriert und beruft, und die Frage nach dessen ontologischen und erkenntnistheoretischen Status ausdrücklich für unbeantwortbar und / oder sinnlos erachtet.

ihnen um *work in progress* handelt; insbesondere Lenk hat seinen „Interpretationskonstruktionismus" immer wieder modifiziert und wird dies wohl auch weiterhin tun, so daß die Darstellung seines Denkens in der vorliegenden Arbeit nur als Momentaufnahme gelten kann; ähnliches gilt auch für die Darstellung von Abels „allgemeiner Interpretationsphilosophie".

Das abschließende neunte Kapitel enthält kursorische systematische Überlegungen, in denen ein Resümee aus der Auseinandersetzung mit der Relation zwischen Interpretation und Wirklichkeit in unterschiedlichen philosophischen Systemen gezogen werden soll.

1. Aspekte des Realitätsproblems in Kants *Kritik der reinen Vernunft*[1]

1.1 Die Widerlegung des Realismus

Der von Kant in der *Kritik der reinen Vernunft* beschrittene, letztlich zur Verbindung eines empirischen Realismus mit einem transzendentalen Idealismus führende Weg bedarf, bevor er sein Ziel erreicht, zweier fundamentaler Abgrenzungen: der kritische Standpunkt ist nur dann zu rechtfertigen, wenn weder ein reiner Realismus noch ein reiner Idealismus als Alternativen in Frage kommen. Die Widerlegung des Idealismus findet sich in der *Kritik* in dem gleichnamigen (in der zweiten Auflage hinzugefügten) Abschnitt der „Analytik der Grundsätze". Eine explizite „Widerlegung des Realismus" führt Kant nicht durch, diese ist vielmehr in anderen Abschnitten (hauptsächlich der „Transzendentalen Ästhetik" und der „Analytik der Begriffe") mitenthalten. Sie ergibt sich aus der Darlegung der Gedankengänge, die der Idee der „kopernikanischen Wende" entspringen: es ist nicht unsere Erkenntnis, die sich nach den Gegenständen richtet, es sind vielmehr die Gegenstände, die sich nach unserer Erkenntnis richten, genauer: die Art und Weise, wie uns die Gegenstände erscheinen, wird wesentlich von unserer Erkenntnisausstattung bestimmt.

Kant nimmt eine fundamentale Unterscheidung zwischen zwei Formen des Realismus vor: er unterscheidet zwischen der „empirischen" und der „transzendentalen" Spielart des Realismus; was u.a. in folgender Stelle deutlich wird[2]:

> „[Dem transzendentalen Idealismus] ist ein **transzendentaler Realism** entgegengesetzt, der Zeit und Raum als etwas an sich (unabhängig von unserer Sinnlichkeit) Gegebenes ansieht. Der transzendentale Realist stellet sich also äußere Erscheinungen [...] als Dinge an sich selbst vor, die unabhängig von unserer Sinnlichkeit existieren, also auch nach reinen Verstandesbegriffen außer uns wären."[3]

Der „transzendentale Realismus" (hier in einem anderen Sinne verstanden als in Abschnitt 0.1, siehe auch unten) ist demzufolge die sowohl für den naiven Alltagsrealismus als auch für bestimmte philosophisch reflektierte Positionen charakteristische Auffassung, daß die Gegenstände der Erfahrung unabhängig von uns und unseren Wahrnehmungen existieren, und zwar im wesentlichen so, wie sie uns (im Raum und in der Zeit) erscheinen , kurz: daß sie Dinge nicht nur für uns, sondern an sich sind. Unsere Sinne sind dieser Auffassung zufolge zumindest prinzipiell in der Lage, uns Aufschluß über die Beschaffenheit der Dinge in der Welt zu geben. (Mit „prinzipiell" ist hier gemeint, daß wir natürlich durchaus Täuschungen

---

[1] Die Darlegung einiger Gesichtspunkte des Realitätsproblems bei Kant hat im Kontext der vorliegenden Arbeit hauptsächlich den Zweck, den folgenden Kapiteln als Basis zu dienen. Dabei kommt vor allem dem Abschnitt 1.5 Bedeutung zu, in dem die für die nachfolgenden Ausführungen fundamentale Frage nach der Realität unter den Bedingungen des Interpretationismus behandelt wird. Wenn zuvor auch die Widerlegungen von Realismus und Idealismus relativ ausführlich dargelegt werden, so dient dies jedoch nicht nur der Vollständigkeit, sondern wirft ein auch in Hinblick auf die nachfolgenden Kapitel nützliches Licht auf die verschiedenen Aspekte, unter denen auf die Frage nach der Wirklichkeit eingegangen werden kann. Daß ich nicht den Anspruch erhebe, in diesen Abschnitten irgendetwas Neues zu sagen, bedarf angesichts der Kürze dieser Ausführungen wohl kaum einer Erwähnung.
[2] vgl. Allison, Kant´s Refutation of Realism S.224 ff.
[3] KrV A 369

verschiedenster Art unterliegen können, aber unter den geeigneten Umständen in der Lage sind, sie als solche zu erfassen und von ihnen ungehindert die Welt und die Dinge in ihr zu erkennen.)

Dieser „transzendentale"[1] Realismus ist, um mit Henry E.Allison zu sprechen, „the great *bête noire* of the critical philosophy"[2]; für den Kritizismus ist er der fundamentale Fehler aller vorkantischen Systeme der Philosophie, „the common assumption, prejudice, or confusion, which is shared by all philosophers who do not achieve the critical standpoint."[3]

Diese Verwechslung oder Vermischung von Erfahrungsgegenständen und Dingen an sich, die den „transzendentalen Realismus" ausmacht (und in Kants eigenem, (rein) „empirischen" Realismus eliminiert ist), wird in der Philosophie vor Kant in zwei bedeutenden Ausprägungen vertreten, als deren führende Vertreter er Newton bzw. Leibniz ausmacht:

- Die Anhänger der „Partei der mathematischen Naturforscher"[4] in der Nachfolge Newtons müssen „zwei ewige und unendliche vor sich bestehende Undinge (Raum und Zeit) annehmen, welche dasind [...], nur um alles Wirkliche in sich zu befassen."[5] Die „mathematischen Naturforscher" betrachten also Raum und Zeit (und damit die in Raum und Zeit erfahrbaren Gegenstände) als Gegebenheiten an sich, als unabhängig von jeglicher Wahrnehmung. Gegen diese Position sprechen vor allem zwei Einwände: erstens bietet sie keine Erklärung der von Kant vorausgesetzten Tatsache des apriorischen Charakters von Mathematik und Geometrie, zweitens wirft sie ein schwerwiegendes philosophisch-theologisches Problem auf, da ihr zufolge auch Gott in Raum und Zeit lokalisierbar sein müsste.[6] Allison charakterisiert diese und ähnliche Positionen als „those philosophies which fail to recognize any *a priori* or necessary conditions of human experience."[7]
- Den Leibnizianern hingegen, den „metaphysischen Naturlehrer[n]"[8], gelten „Raum und Zeit [...] als von der Erfahrung abstrahierte, obzwar in der Absonderung verworren vorgestellte, Verhältnisse der Erscheinungen (neben oder nach einander)"[9]. Sie unterscheiden zwar zwischen Erscheinungen und Dingen an sich, allerdings nicht in „direkter" Weise wie Kant, so daß dieser sagen kann: „Leibniz nahm die Erscheinungen als Dinge an sich selbst, mithin für Intelligibilia, d.i. Gegenstände des reinen Verstandes [...]."[10] Nach Leibniz sind Raum und Zeit nur verworrene Vorstellungen, verworrene Formen der reinen sinnlichen Anschauung; die

---

[1] Der dem älteren Sprachgebrauch gemäß von Kant hier gebrauchte Ausdruck „transzendental" scheint aus heutiger Sicht nicht besonders glücklich gewählt zu sein. „Transzendent" wäre wohl eher angemessen, da gemeint ist, daß unsere Erkenntnisausstattung es uns erlaubt, über den Bereich des eigenen Ich hinauszugehen und Erkenntnis von Gegenständen zu erlangen, die sich von diesem Ich in jeder Hinsicht unterscheiden, da sie nicht von a priori gegebenen Erkenntnisformen abhängig sind.
[2] Allison, Kant´s Refutation of Realism S.224
[3] ebd. S.227
[4] KrV B 56
[5] a.a.O.
[6] vgl. Allison, Kant´s Refutation of Realism S.228 f.
[7] Allison, Kant´s Refutation of Realism S.234
[8] KrV B 56
[9] ebd. B 56 f.
[10] ebd. B 320

Leibnizsche Position unterscheidet sich damit in einem entscheidenden Punkt von der Kantischen, die Raum und Zeit als apriorische, und somit notwendigerweise klare, Anschauungsformen betrachtet. Diese und ähnliche Positionen können mit Allison charakterisiert werden als „those philosophies which recognize that there are *a priori* or necessary conditions through which objects are given, and thus affirm the possibility of a prior knowledge, but which fail to recognize that these are merely subjective conditions of human experience. Instead, they view them as conditions of reality itself [...]."[1]

Sowohl nach Newton als auch nach Leibniz ist es also möglich, Dinge so zu erkennen, wie sie an sich sind. Während die Dinge an sich für Newton raumzeitlich bestimmt sind (da Raum und Zeit unabhängig vom erkennenden Subjekt vorhanden sind) sind sie für Leibniz intelligible Gegenstände jenseits von Raum und Zeit. Der „transzendentale" Realismus wird also in zwei Ausprägungen vertreten, die sich voneinander deutlich unterscheiden, jedoch einen fundamentalen Fehler gemeinsam haben: „[transcendental realism treats] all objects, whether or not they are in the mind in the empirical sense, as things in themselves." (Allison)[2] Eben diese Auffassung ist es, die Kant in seinen Ausführungen über Raum und Zeit und über die Kategorien in der „Transzendentalen Ästhetik" und der „Transzendentalen Analytik" zu widerlegen beansprucht.[3]

1.1.1 Raum und Zeit

Die Aufgabe der von Kant in der „Transzendentalen Ästhetik" vorgenommenen Überlegungen ist die Untersuchung der Gegenstandserfahrung in Hinblick auf das, was aller Gegenstandserfahrung gemeinsam ist, d.h. was konstitutiv zu ihr gehört, Bedingung der Möglichkeit von Erfahrung überhaupt ist. Das Resultat dieser Gedankengänge sollte sein, daß „nichts als reine Anschauung und die bloße Form der Erscheinungen übrig bleibe, welches das einzige ist, das die Sinnlichkeit a priori liefern kann"[4], womit ein erster Schritt zur Beantwortung der fundamentalen Frage: „Wie sind synthetische Urteile a priori möglich?"[5] getan wäre. Ergebnis sind schließlich die „reinen Formen sinnlicher Anschauung"[6]: Raum und Zeit. Die Frage, die in der Folge zu beantworten ist, lautet: „Was sind nun Raum und Zeit? Sind es wirkliche Wesen? Sind es zwar nur Bestimmungen, oder auch Verhältnisse der Dinge, aber doch solche, welche ihnen auch an sich zukommen würden, wenn sie auch nicht angeschaut würden, oder sind sie solche, die nur an der Form der Anschauung allein haften, und mithin an der subjektiven Beschaffenheit unseres Gemüts, ohne welche diese Prädikate gar keinem Dinge beigeleget werden können?"[7] - Zunächst geht es darum, herauszufinden, was das „Wesen" von Raum und Zeit ist, sodann ist zu fragen, inwiefern den beiden Bestimmungen unserer Erfahrung Realität zugeschrieben werden kann. (Die erste Frage handelt Kant unter

---

[1] Allison, Kant´s Refutation of Realism S.234
[2] a.a.O.
[3] Nach Allison unterscheidet Kant allerdings zwei Formen des transzendentalen Realismus: die eine, die „skeptische", wird in „Ästhetik" und „Analytik" widerlegt, die andere, die „dogmatische" erst im Antinomienkapitel. (vgl. Allison, Kant´s Refutation of Realism" S.235 ff.)
[4] KrV B 36
[5] ebd. B 19 (im Original gesperrt)
[6] ebd. B 36
[7] ebd. B 37 f.

dem Titel der „metaphysischen", die zweite unter dem der „transzendentalen Erörterung" des Raumes ab.)

Kant unternimmt diese Untersuchung zuerst in Hinblick auf den **Raum**. Unter dem Titel der „Metaphysische[n] Erörtertung dieses Begriffs"[1] zählt er vier konstitutive Merkmale des Raumes auf:

- „Der Raum ist kein empirischer Begriff, der von äußeren Erfahrungen abgezogen worden."[2] Der Raum als Form der Sinnlichkeit kann nicht Ergebnis irgendeiner Erfahrung sein, da mir die Erfahrung Gegenstände stets schon 1) außerhalb meiner selbst und 2) nebeneinander, also bereits in einer räumlichen Ordnung, zeigt; es ist tatsächlich der Charakter der Gegenstandserfahrung, daß Dinge stets sowohl voneinander als auch von mir selbst getrennt erscheinen. Da dieses Nebeneinander jeder Erfahrung von Dingen zugrundeliegt, kann es „nicht aus den Verhältnissen der äußern Erscheinung durch Erfahrung erborgt sein, sondern diese äußere Erfahrung ist selbst nur durch gedachte Vorstellung allererst möglich."[3]
- „Der Raum ist eine notwendige Vorstellung, a priori, die allen äußeren Anschauungen zum Grunde liegt."[4] Dies folgt zumindest teilweise aus dem ersten Argument, ergänzt es aber auch. Es ist, sofern auch nur irgendeine Art der Gegenstandserfahrung gegeben ist, nicht mehr möglich, anzunehmen, daß es überhaupt keinen Raum oder irgendeine Art von Gegenstandserfahrung „ohne Raum" geben könnte (da das, was wir als „Gegenstand" bezeichnen, stets Raum / Räumlichkeit voraussetzt). Umgekehrt ist es sehr wohl möglich, sich einen „gegenstands-losen", also leeren Raum vorzustellen (oder zumindest zu „denken")[5] - der leere Raum ist sozusagen eine „Mindestvorstellung", die Raumvorstellung ist notwendige Bedingung jeder Erfahrung äußerer Gegenstände (wenn es keinen Raum gibt, ist auch kein Ding denkbar, das einen Teil dieses Raumes einnimmt), der Raum als reine Form der Anschauung ist Bedingung der Möglichkeit der Erfahrung äußerer Gegenstände überhaupt.
- „Der Raum ist kein diskursiver, oder, wie man sagt, allgemeiner Begriff von Verhältnissen der Dinge überhaupt, sondern eine reine Anschauung."[6] In diesem Satz wäre wohl das Wort „eine" hervorzuheben, da Kant sich in der zugehörigen Erläuterung auf die Einheit und Einzigkeit des Raumes bezieht: es gibt nur *einen einzigen*, ungeteilten Raum, nicht „Räume", sondern nur *den* Raum.
- „Der Raum wird als eine unendliche gegebene Größe vorgestellt."[7] Kant bezieht sich auf den *anschaulichen* und *begrifflichen* Charakter des Raumes: der Raum kann so gedacht werden, „als ob er eine unendliche Menge von Vorstellungen in sich enthielte."[8] Dies kann jedoch von einem Begriff normalerweise nicht ausgesagt

---

[1] ebd. B 37
[2] ebd. B 38
[3] a.a.O.
[4] a.a.O.
[5] "Man kann sich niemals eine Vorstellung davon machen, daß kein Raum sei, *ob man sich gleich ganz wohl denken kann, daß keine Gegenstände darin angetroffen werden.*" (B 38 f.; Hervorhebung v. Verf.)
[6] ebd. B 39
[7] a.a.O.
[8] ebd. B 40

werden. Daraus schließt Kant, daß „die ursprüngliche Vorstellung vom Raume Anschauung a priori und nicht Begriff [ist]."[1]

Aus diesen Überlegungen (der „metaphyischen Erörterung" des Raumes) zieht Kant in der Folge seine Schlüsse; die wichtigsten Ergebnisse der „transzendentalen Erörterung" lauten:

- „Der Raum stellet gar keine Eigenschaft irgend einiger Dinge an sich, oder sie in ihrem Verhältnis aufeinander vor, d.i. keine Bestimmung derselben, die an Gegenständen selbst haftete, und welche bliebe, wenn man auch von allen subjektiven Bedingungen der Anschauung abstrahierte."[2]
- „Der Raum ist nichts anderes, als nur die Form aller Erscheinungen äußerer Sinne, d.i. die subjektive Bedingung der Sinnlichkeit, unter der allein uns äußere Anschauung möglich ist."[3]

Der Raum ist demgemäß also nichts, was „an sich", unabhängig von der menschlichen Erkenntnis bzw. Wahrnehmung existiert: Wahrnehmung und „Existenz" des Raumes sind miteinander verschränkt, der Raum „existiert" dann und nur dann, ist also genau dann „real", wenn in ihm (und damit auch „durch ihn") Gegenstände erfahren werden. Er ist ausschließlich Bedingung der Möglichkeit von Erfahrung bzw. Vorstellung äußerer Gegenstände durch den Menschen. Tatsächlich betont Kant, daß die Art, wie wir Gegenstände, wie wir die Welt wahrnehmen zwar für uns faktisch notwendig, jedoch nicht absolut notwendig ist: der Raum ist (wie die Zeit) eine spezifisch menschliche Allgemeinform der Erfahrung; es sind prinzipiell auch andere Formen des Zugangs zu - natürlich andersgearteten - Gegenständen denkbar.[4] Diese andersartigen Gegenstände wären ebenso wie „unsere" räumlichen Gegenstände Erscheinungen der prinzipiell unerkennbaren Dinge an sich.

„Unsere Erörterungen lehren [...] die Realität (d.i. die objektive Gültigkeit) des Raumes in Ansehung alles dessen, was äußerlich als Gegenstand uns vorkommen kann, aber zugleich die Idealität des Raums in Ansehung der Dinge, wenn sie durch die Vernunft an sich selbst erwogen werden, d.i. ohne Rücksicht auf die Beschaffenheit unserer Sinnlichkeit zu nehmen. Wir behaupten also die empirische Realität des Raumes (in Ansehung aller möglichen äußeren Erfahrung), ob zwar die transzendentale Idealität desselben, d.i. daß er nichts sei, so bald wir die Bedingung der Möglichkeit aller Erfahrung weglassen, und ihn als etwas, was den Dingen an sich selbst zum Grunde liegt, annehmen."[5]

Die „empirische Realität" des Raumes besteht also darin, daß keine Dinge erkannt werden können, die nicht räumlich bestimmte sind. Die Tatsache, daß uns überhaupt äußere Gegenstände erscheinen, verbürgt eben diese „empirische" Realität. (Dies scheint ein im weitesten Sinne pragmatisches Argument zu sein, das in der Rede von der „Widerständigkeit" der Welt gewissermaßen zur Karikatur wird: die Tatsache, daß ich Schmerzen spüre, wenn ich mir mit dem Hammer auf den Daumen schlage, ist hinreichender und unhintergehbarer Beweis für die „Existenz" des Hammers (und wohl auch des Daumens) in einem bestimmten Sinne.)

---

[1] a.a.O.
[2] ebd. B 42
[3] a.a.O.
[4] "Denn wir können von den Anschauungen anderer denkender Wesen gar nicht urteilen, ob sie an die nämlichen Bedingungen gebunden [sind], welche unsere Anschauung einschränken und für uns allgemein gültig sind." (ebd. B 43)
[5] ebd. B 43 f.

Dieser „empirischen Realität" des Raumes steht jedoch seine „transzendentale Idealität" gegenüber: er ist Bedingung der Möglichkeit (der Existenz) von Gegenständen der Erfahrung, und *nur* von Gegenständen der Erfahrung. „Räumlichkeit" kann keinem „Ding" außerhalb der Sphäre der Erfahrung zugesprochen werden, „Dinge an sich" besitzen keine räumliche Struktur und können daher auch niemals zu Gegenständen von Erfahrung werden. Der Raum ist nicht mehr und nicht weniger als Bedingung der Möglichkeit aller (denkbaren) äußeren Gegenstände der Erfahrung, er deckt den gesamten Bereich möglicher äußerer Erfahrung ab und besitzt über ihn hinausgehend keinerlei Realität. Der entscheidende Gesichtspunkt hierbei ist, daß wir nicht nur Dinge erkennen und sie und ihre Form für real halten, sondern auch fragen können, wie sich die Dingerfahrung als möglich begreifen läßt. Diese Frage nach den Bedingungen der Möglichkeit von Dingerfahrung überhaupt verlangt nach einer Antwort, die über die Ebene der Frage nach der Existenz oder Nichtexistenz einzelner Dinge hinausgeht und etwas über den Raum im allgemeinen aussagt. Die Verbindung der empirischen Realität des Raumes mit seiner transzendentalen Idealität ist eben eine solche Antwort (vgl. Abschnitt 1.3).

(Ein bemerkenswerter Einwand gegen Kants Überlegungen in bezug auf den Raum findet sich bei H.J.Paton: dieser behauptet, Kants Auffassung des Raumes (wie der Zeit) „contains nothing to alarm even the most suspicious of realists."[1] Er meint damit offensichtlich, daß der „transzendentale" Realismus in seinen Konsequenzen weit weniger radikal sei als die übliche Lesart es nahelegt. Paton stellt keineswegs Kants Auffassung von der Beziehung zwischen dem Raum und den Erfahrungsgegenständen in Frage, sondern meint, daß Kant etwas Offensichtliches übersehen habe:

Wie oben dargelegt, gibt es für Kant drei mögliche Auffassungen vom Wesen des Raumes:
1. die Newtonsche Position, nach der der Raum (ebenso wie die Zeit) an sich existiert (und deren Schwierigkeit in der Unmöglichkeit, apriorisches Wissen zu erklären, liegt);
2. die Leibnizsche Position, nach der der Raum ontologisch sekundär, eine „Nebenerscheinung" der Beziehungen zwischen den Monaden ist (und die u.a. die Frage aufwirft, wie räumliche aus nichträumlichen Verhältnissen (kausal?) hervorgehen sollen); und schließlich
3. Kants eigene Position.

Nach Paton ist diese Aufzählung nicht vollständig: es gibt eine vierte Möglichkeit, die Kant schlicht übersehen habe. Um diese darzulegen, greift Paton zu einer Analogie (die er allerdings selbst als „rough analogy"[2] bezeichnet): Angenommen, wir würden alle mit blauen Brillen geboren und somit unser Leben lang nur Abstufungen von Blau sehen können: wäre es dann nicht durchaus denkbar, daß die Welt *tatsächlich* blau ist? Es ist ganz offensichtlich, daß die Tatsache, daß ich etwas stets nur *als* etwas Blaues sehe, nicht ausschließt, daß dieses Ding *tatsächlich* - unabhängig von meiner Wahrnehmung - von blauer Farbe ist. Diese Überlegung überträgt Paton nun auf die Kantische Erkenntnistheorie: seiner Auffassung nach läßt die Tatsache, daß die Welt *für uns* raum-zeitlich strukturiert ist, keinesfalls den Schluß zu, daß sie nicht auch *an sich* von räumlichem und zeitlichem Charakter (wenn auch vielleicht in unwesentlichen Punkten von „unserer" Realität verschieden) ist. - Dies ist durchaus ein bemerkenswerter und zu berücksichtigender Einwand, zumal er das Problem der Dinge an sich

---

[1] Paton, Kant´s Metaphysic of Experience I S.164
[2] ebd.S.168

weitgehend aus der Welt zu schaffen scheint. Paton selbst verwirft ihn jedoch wieder, und zwar tut er dies aus zwei Gründen:
- Der erste scheint ein Argument der Denkökonomie zu sein: „To insist that things-in-themselves might [...] be spatial and temporal, though we could never know them to be so, is to suggest the possibility of a pre-established harmony in which we have no reason whatever to believe, and which, if it existed, could make no conceivable difference to us."[1] Die „vierte" Position würde also die Annahme höchst unwahrscheinlicher Sachverhalte implizieren.
- Paton betont selbst den fundamentalen Unterschied zwischen den Vorstellungen von Raum und Zeit bzw. Räumlichkeit und Zeitlichkeit einerseits und „Blauheit" andererseits: „There is no way of studying the necessary laws of blueness in abstraction, and thereby determining *a priori* the character of all possible [blue] objects."[2] Eine solche fundamentale Untersuchung von Raum und Zeit in Hinblick auf ihren apriorischen Charakter ist jedoch für Kant (und nicht nur für ihn) ganz offensichtlich möglich: die Analogie ist also mehr als nur grob: sie ist gänzlich unangemessen. (Auf diese „Brillen-Analogie" und ihre Fehler wird später (Abschnitt 1.5.1) im Zusammenhang mit der konstitutions- bzw. subsumtionstheoretischen Auffassung des Kritizismus noch zurückzukommen sein.)
- Als drittes und entscheidendes Argument wäre wohl zu sagen, daß Kant nicht etwa nacheinander verschiedene Auffassungen sozusagen „abhakt", sondern vielmehr positiv für einen bestimmten Standpunkt argumentiert.)

Kants Gedankengänge in bezug auf die **Zeit** und deren Ergebnisse entsprechen (wie bereits angedeutet) im wesentlichen denen, die er über den Raum anstellt.[3] Im Gegensatz zum Raum ist die Zeit jedoch die allgemeine Form *aller*, d.h. nicht nur (wie der Raum) der äußeren, sondern auch der inneren Anschauungen. Auch ihr kommt einerseits empirische Realität, andererseits aber transzendentale Idealität zu, die Zeitlichkeit ist Bedingung der Möglichkeit aller Anschauungen überhaupt, es gibt keine unzeitliche oder zeit-lose Anschauung. Sie besitzt jedoch Realität nur *für uns*, die Dinge *an sich* sind nicht von zeitlichem Charakter. Die Zeit ist genau insofern real, als uns sämtliche Vorstellungen unter dem Gesichtspunkt, der Perspektive der Zeit(lichkeit) erscheinen. Den Dingen an sich, der Welt an sich kann sie nicht zugeschrieben werden, sie ist ausschließlich Bedingung der Möglichkeit (der Existenz) dessen, was uns erscheint, der Gegenstände der Erfahrung.

Sowohl für den Raum als auch für die Zeit gilt, daß sie sowohl real (im empirischen Sinne) als auch ideal (im „transzendentalen" Sinne) sind; Das bedeutet, sie sind
- nicht Gegenstände der Erfahrung oder aus solchen abgeleitet oder abstrahiert, sondern vielmehr Bedingungen der Möglichkeit, konstitutive Elemente der Erfahrung selbst. Der Bereich möglicher Erfahrung und der Bereich des Raumzeitlichen sind

---

[1] ebd.S.181
[2] ebd.S.168
[3] Tatsächlich sind Kants Erläuterungen zum Charakter der Zeit trotz der Parallelen zu denen über den Raum etwas komplizierter und werden in anderen Abschnitten der *Kritik der reinen Vernunft* noch um Wesentliches ergänzt. Ich verzichte hier auf die nähere Erläuterung von Kants Auffassung vom Charakter der Zeit, da sie insofern weniger relevant sind, als die meisten Vertreter neuerer interpretationistischer Ansätze sich kaum oder gar nicht mit der Zeit als Voraussetzung oder Resultat von Deutungen befassen.

deckungsgleich. „Jene allein sind das Feld ihrer Gültigkeit, woraus wenn man hinausgehet, weiter kein objektiver Gebrauch derselben stattfindet."[1]
- an sich unveränderlich: die Änderungen, die wir an den Gegenständen oder in deren Relationen wahrnehmen, sind keine Änderungen des Raumes oder der Zeit selbst, sondern lediglich ihrer „Inhalte" - nicht die Zeit, sondern das, was „in" ihr ist, was ihr unterworfen ist, ändert sich; nicht der Raum, sondern die einzelnen räumlichen Gegenstände ändern (z.B. bewegen) sich.

Kant benutzt zur Charakterisierung von Raum und Zeit auch den Begriff der „objektiven Gültigkeit", der etwa dem der empirischen Realität entspricht.[2] Raum und Zeit sind eben nur (objektiv) „gültig", insofern sie Bedingungen der Möglichkeit der phänomenalen Dinge sind. Diese „objektive Gültigkeit" ist nicht zu verwechseln mit „objektiver Realität", d.h. mit ihrer Existenz an sich, unabhängig von ihrer subjektiven, erfahrungskonstituierenden Funktion. (Kant benutzt den Begriff „objektive Gültigkeit" auch in anderen Teilen der *Kritik der reinen Vernunft*, manchmal in ähnlichem oder auch gleichem Sinne wie in der „Transzendentalen Ästhetik" (in den Abschnitten über die Kategorien), manchmal aber auch in anderer Bedeutung (z.B. in bezug auf die Vernunftideen.).[3])

Raum und Zeit und die durch sie konstituierten Dinge existieren zwar nicht an sich, sie sind jedoch weit davon entfernt, nur Illusionen zu sein. Sie sind „Erscheinungen", nicht „Schein", sie sind objektiv gültig, weil sie die einzige Realität sind, zu der wir Zugang haben, und somit *die* Realität schlechthin. Wir besitzen keinen wie auch immer gearteten Zugang zu einer „anderen" Wirklichkeit, zu einer Welt „hinter" den Phänomenen (die ja eben nicht bloßer Schein sind), zu einer Welt „an sich".[4] „Es wäre meine eigene Schuld, wenn ich aus dem, was ich zur Erscheinung zählen sollte, bloßen Schein machte."[5] - Schein / Illusion gibt es nur innerhalb der Welt der Erscheinungen, d.h. ich kann mich durchaus in Hinblick auf „objektiv Gültiges" irren, über Dinge falsche Urteile fällen. Der Schein und der Irrtum sind stets in den „Kontext" der Gesamtheit der Erscheinungen eingebettet, für die Unterscheidung zwischen „richtigen" und „falschen" Urteilen in bezug auf die phänomenalen Dinge ergeben sich aus der Lehre von der transzendentalen Idealität von Zeit und Raum keine wesentlichen Konsequenzen.[6]

Raum und Zeit als die einzigen (zumindest dem Menschen) möglichen Formen der Anschauung bilden sozusagen das Potential jeder möglichen Erfahrung, enthalten gewissermaßen latent alle möglichen Dinge, Sachverhalte und Ereignisse in sich, die jedoch erst dann Aktualität erlangen, wenn „etwas", ein wie auch immer geartetes Ding an sich vorliegt, das als Erscheinung zum Inhalt von Erfahrung eines Subjekts wird. (Wie und mit

---

[1] KrV B 56
[2] vgl. z.B. die oben zitierte Stelle aus KrV B 44 und KrV B 52: „Unsere Behauptungen lehren demnach **empirische Realität** der Zeit, d.i. *objektive Gültigkeit* in Ansehung aller Gegenstände, die jemals unsern Sinnen gegeben werden mögen." (Hervorhebung v. „objektive Gültigkeit" v. Verf.)
[3] vgl. Ratke, Systematisches Handlexikon zu Kants Kritik der reinen Vernunft S.167 ff.
[4] In bezug auf die Anschauung ist dies mit den Gedankengängen der „Ästhetik" erwiesen; die begriffliche Überschreitung der Welt der Erfahrungsgegenstände wird erst in der „Transzendentalen Dialektik" als unmöglich erwiesen.
[5] KrV B 69
[6] Zur Unterscheidung zwischen „Erscheinung" und „Schein" vgl. Vaihinger, Kommentar zu Kants Kritik der reinen Vernunft II S.488 ff.

welchen „Eigenschaften" ausgestattet Dinge an sich zu denken sind, und ob die Annahme von „realen" Dingen an sich für Kant überhaupt notwendig ist, soll weiter unten in Umrissen untersucht werden.)

Um es noch einmal zu sagen: Raum und Zeit sind „objektiv", aber eben nur in bezug auf die phänomenalen Dinge. Die Urteile, die über den Raum und die Zeit a priori gefällt werden können, sind solche, die „nie weiter, als auf Gegenstände der Sinne reichen, und nur für Objekte möglicher Erfahrung gelten können."[1]

1.1.2 Die Kategorien

Genaugenommen sind die erwähnten raum-zeitlichen Gegenstände als solche noch keine Gegenstände im alltäglichen Sinne des Wortes. Was wir in Raum und Zeit wahrnehmen, ist eigentlich nur ein „Gewühle von Erscheinungen"[2], ein Bündel ungeordneter Anschauungen, aus dem allein sich keine Gegenstände ergeben. Die Vereinheinheitlichung des Gegebenen zu Gegenständen wird von den **Kategorien** geleistet, die als ordnungsstiftende Prinzipien fungieren und die ungeordneten Wahrnehmungen erst zu Dingen und Ereignissen strukturieren. Diese reinen Verstandesformen sind ebenso wie die reinen Anschauungsformen Raum und Zeit oberste Erkenntnisprinzipien, allerdings sind Erkenntnisse des Verstandes nicht intuitiv, sondern vielmehr diskursiv.[3]

Kant leitet die Kategorientafel bekanntlich aus der Urteilstafel ab. („Denken ist das Erkenntnis durch Begriffe. Begriffe aber beziehen sich, als Prädikate möglicher Urteile, auf irgend eine Vorstellung von einem noch unbestimmten Gegenstande.")[4] Aus den 4 x 3 Arten von Urteilen (der Quantität, der Qualität, der Relation und der Modalität) ergeben sich die 4 x 3 entsprechenden Kategorien (unter denen sich auch eine mit der Bezeichnung „Realität" findet, die sich jedoch auf die Existenz oder Nichtexistenz von Erfahrungsgegenständen (im Kontext der Erfahrung) bezieht und daher für uns nicht relevant ist.[5])

Der wichtigste Abschnitt der „Analytik der Begriffe" ist allerdings nicht derjenige, der die Erläuterung und die Ableitung der Kategorien enthält, sondern die „Transzendentale Deduktion", deren Ziel es ist, begreiflich zu machen, wie die Verstandesbegriffe sich überhaupt auf empirische Gegenstände beziehen bzw. diese erst konstituieren.

Sowohl für Raum und Zeit als auch für die Kategorien gilt, daß sie „völlig a priori sich auf Gegenstände beziehen, nämlich, die Begriffe des Raumes und und der Zeit, als Formen der Sinnlichkeit, und die Kategorien, als Begriffe des Verstandes."[6] Die Grundfrage der transzendentalen Deduktion ist daher, „wie nämlich subjektive Bedingungen des Denkens sollten objektive Gültigkeit haben"[7], d.h. wie sie, als apriorische Begriffe, sich überhaupt auf empirische Dinge beziehen können. Es geht also um die „objektive Gültigkeit"

---

[1] KrV B 73
[2] ebd. A 111
[3] vgl. KrV B 92 f.
[4] KrV B 94
[5] "Realität" ist die erste der drei Qualitätskategorien (neben „Negation" und „Limitation"), sie ist aus der Form des bejahenden Urteils abgeleitet.
[6] KrV B 118
[7] ebd. B 122

der Kategorien, die darin besteht, „daß durch [die Kategorien] allein Erfahrung (der Form des Denkens nach) möglich sei."[1]

Das Ergebnis der (ausgesprochen schwierigen und außerdem in der zweiten Auflage völlig anders als in der ersten aufgebauten) transzendentalen Deduktion lautet schließlich

- Die Kategorien sind Bedingung der Möglichkeit jeder (inneren wie äußeren) Erfahrung. ([...] da Erfahrung Erkenntnis durch verknüpfte Wahrnehmungen ist, so sind die Kategorien Bedingungen der Möglichkeit der Erfahrung, und gelten also a priori auch von allen Gegenständen der Erfahrung."[2])
- Der Gebrauch der Kategorien ist auf die Gegenstände möglicher Erfahrung eingeschränkt. (Dieses Resultat findet sich eigentlich bereits etwa in der Mitte der „Transzendentalen Deduktion" der zweiten Auflage; dort heißt es: „Folglich liefern uns die Kategorien vermittelst der Anschauung auch keine Erkenntnis von Dingen, als nur durch ihre mögliche Anwendung auf empirische Anschauung, d.i. sie dienen nur zur Möglichkeit empirischer Erkenntnis. Diese aber heißt Erfahrung. Folglich haben die Kategorien keinen anderen Gebrauch zum Erkenntnisse der Dinge, als nur so fern diese als Gegenstände möglicher Erfahrung angenommen werden."[3])

Für die Kategorien gilt also prinzipiell dasselbe wie für die Formen der sinnlichen Anschauung, ihr epistemologischer Status ist der gleiche: der „Anwendungsbereich" der reinen Verstandesbegriffe ist mit dem Bereich möglicher (innerer wie äußerer) Erfahrung deckungsgleich. Sie werden ausschließlich auf Gegenstände von Erfahrung angewendet; insofern besitzen auch sie „objektive Realität"[4].

„Kategorien sind Begriffe, welche den Erscheinungen, mithin der Natur, als dem Inbegriffe aller Erscheinungen [...], Gesetze a priori vorschreiben [...]."[5] Mit diesen Gesetzen sind natürlich nicht die aus der Erfahrung abgeleiteten Naturgesetze gemeint, sondern vielmehr die obersten Grundsätze der Erfahrung, die diese Erfahrung eben erst als solche konstituieren, den Charakter der Erfahrung bestimmen (wie z.B. das Kausalprinzip). Es handelt sich um „Gesetze", die deswegen *nicht anders denkbar* sind, weil sie selbst die obersten Prinzipien und Formen des Denkens überhaupt sind. Spezielle Naturgesetze können aus ihnen nicht abgeleitet werden; zu ihrer Formulierung sind sie zwar notwendig, aber nicht hinreichend. Sie bilden den allgemeinsten Rahmen jeder Erfahrung, zur Formulierung eines Naturgesetzes ist aber stets eine inhaltlich bestimmte Erfahrung vonnöten; „von *Erfahrung aber überhaupt*, und dem was als ein Gegenstand derselben erkannt werden kann, geben allein jene Gesetze a priori die Belehrung."[6]

Das eigentliche Resultat der transzendentalen Deduktion lautet in Kants Worten: „Wir können uns keinen Gegenstand d e n k e n, ohne durch Kategorien; wir können keinen gedachten Gegenstand e r k e n n e n, ohne durch Anschauungen, die jenen Begriffen entsprechen."[7]

---

[1] ebd. B 125
[2] ebd. B 161
[3] ebd. B 147 f.
[4] vgl. KrV B 150
[5] KrV B 163
[6] ebd. B 165 (Hervorhebung v. Verf.)
[7] a.a.O.

Für die reinen Formen des Denkens, die Kategorien, gilt also das gleiche wie für die reinen Formen der Anschauung: sie sind empirsch real, d.h. sie gelten uneingeschränkt für die Gegenstände der Erfahrung. Beispielsweise können wir nach Kant sicher wissen, daß jede Veränderung eine Ursache hat, da die Kausalität eine Kategorie ist. Transzendental sind auch die Kategorien „nur" ideal, d.h. ihre Anwendbarkeit ist auf die Welt unserer Erfahrung und die Dinge in ihr beschränkt, eventuellen Dingen an sich kann weder Räumlichkeit und Zeitlichkeit noch kategoriale Ordnung zugesprochen werden. Als ideal erweisen sie sich im Rahmen einer Betrachtungsweise, die von der direkt auf Gegenstände gerichteten wesentlich verschieden ist: sie ergibt sich erst, wenn wir fragen, wie Erfahrung von Dingen überhaupt als möglich begriffen werden kann.

Mit der Darlegung seiner Argumentation in bezug auf Raum und Zeit und Kategorien hat Kant den „transzendentalen Realismus" indirekt widerlegt: da sowohl Raum und Zeit als auch die Kategorien als rein subjektive Formen der Anschauung bzw. des Denkens zu gelten haben, können sie keine Charakteristika der Welt, wie sie unabhängig von unserer Erfahrung sein mag, der Welt von Dingen an sich, sein. Diese subjektiven allgemeinen Formen der Erfahrung bestimmen die fundamentale Struktur, den fundamentalen Charakter unserer Erfahrung. Sie existieren nicht an sich, sondern nur für uns, insofern sie die Gegenstände erst hervorbringen.

Diese Auffassung trägt jedoch den Keim eines fatalen Mißverständnisses in sich: wenn die Erfahrungsgegenstände, deren Gesamtheit unsere Welt ausmacht, uns ausschließlich als raumzeitlich und kategorial geordnet begegnen (was sie ganz offensichtlich tun), und diese Ordnungsstrukturen nicht an sich, sondern nur für uns existieren, was hindert uns dann daran, uns in Ontologie und Epistemologie auf diese zu beschränken, was hindert uns daran, ausschließlich den Erscheinungen Existenz zuzusprechen, was also hindert uns daran, Kants Position als reinen Idealismus aufzufassen? Immerhin sieht es so aus, als sei dies nur die logische Konsequenz der oben zusammengefaßten Ausführungen Kants.

Tatsächlich fand diese Auffassung schon bald nach Erscheinen der *Kritik der reinen Vernunft* eine gewisse Verbreitung, was Kant dazu veranlaßte, deren zweite Auflage neben anderen Änderungen auch um eine „Widerlegung des Idealismus" zu ergänzen.

1.2 Die Widerlegung des Idealismus

Die der *Kritik der reinen Vernunft* in der zweiten Auflage hinzugefügte „Widerlegung des Idealismus" ist eine von Kants Maßnahmen, die dazu dienen sollen, „den Schwierigkeiten und der Dunkelheit so viel möglich abzuhelfen, woraus manche Mißdeutungen entsprungen sein mögen, welche scharfsinnigen Männern, vielleicht nicht ohne meine Schuld, in der Beurteilung dieses Buchs aufgestoßen sind."[1] Es ist für Kant „ein Skandal der Philosophie und allgemeinen Menschenvernunft, das Dasein der Dinge außer uns [...] bloß auf Glauben annehmen zu müssen, und, wenn es jemand einfällt, es zu bezweifeln, ihm keinen genugtuenden Beweis entgegenstellen zu können."[2] Einen solchen Beweis, eben eine „Widerlegung des Idealismus", versucht er nun zu führen.[3]

---

[1] ebd. B XXXVII
[2] ebd. B XXXIX (Anm.)
[3] Es handelt sich dabei nicht um Kants ersten derartigen Versuch. Eine „Widerlegung des Idealismus" findet sich bereits in der *Nova dilucidatio* (1755) als Anwendung des bzw. Folgerung aus dem „Satz der Aufeinanderfolge" (Neue Erhellung der ersten Grundsätze metaphysischer Erkenntnis (Nova dilucidatio) S.489), der lautet: „Substanzen können eine Veränderung nur erfahren, sofern sie mit anderen verknüpft

Diese ist jedoch in mehrerlei Hinsicht nicht unumstritten. Schopenhauer betrachtet sie beispielsweise als einen Teil der Verfälschung oder Verwässerung, die Kant in der zweiten gegenüber der ersten Auflage gemacht hat, er sieht sie als in Widerspruch zu der „in der ersten Auflage [...] so deutlich ausgesprochenen, entschieden idealistischen Grundansicht"[1] stehend; Kant sei also erst mit der Überarbeitung der *Kritik* vom Idealisten zum Realisten geworden.[2]

Auch über die systematische Stellung bzw. die Einordnung der „Widerlegung des Idealismus" in das System der *Kritik der reinen Vernunft* herrscht Uneinigkeit: Strawson betrachtet sie z.B. als eine Art Anhang zur „Transzendentalen Deduktion", mit der zusammen sie ein einzelnes „transzendentales Argument" bilde[3]; Allison hingegen nennt sie „an integral part of the critique of Cartesian subjectivism which Kant developed in the Second Edition."[4]

Die „Widerlegung des Idealismus" befindet sich in der *Kritik der reinen Vernunft* als Einschub innerhalb des Abschnittes über die „Postulate des empirischen Denkens überhaupt"[5], im Anschluß an die Erläuterung der beiden ersten Postulate. Die Postulate sind diejenigen „Grundsätze des reinen Verstandes", die sich auf die Kategorien der Modalität beziehen, sie „zeigen, unter welchen a priori gültigen Bedingungen der Sachverhalt, der in einem Urteil behauptet wird, in empirischer oder realer, nicht bloß logischer Hinsicht möglich, unter welchen Bedingungen er wirklich und unter welchen Bedingungen er notwendig ist" (Höffe)[6]. Sie beziehen sich nicht auf den Inhalt, sondern auf den Umfang von Begriffen: „Wenn der Begriff eines Dinges schon ganz vollständig ist, so kann ich doch noch von diesem Gegenstande fragen, ob er bloß möglich, oder auch wirklich, oder, wenn er das letztere ist, ob er gar auch notwendig sei?"[7] Die „Postulate" lauten folgendermaßen:

---

sind; ihre wechselseitige Abhängigkeit bestimmt die beiderseitige Veränderung des Zustandes."(a.a.O.) Unter Zuhilfenahme dieses (zuvor bewiesenen) Satzes beweist Kant nun „das wirkliche Dasein der Körper, das eine gesündere Philosophie bis jetzt nur auf dem Wege der Wahrscheinlichkeit gegen die Idealisten schützen konnte"(ebd. S.493): unsere Wahrnehmungen sind Veränderungen der (substantiellen) Seele; Substanzen können sich jedoch - gemäß dem o.e. Satz nur durch eine Verbindung mit anderen Substanzen verändern. Es muß also „mehreres außerhalb der Seele vorhanden sein, mit dem sie in wechselseitiger Verknüpfung verbunden sein kann."(a.a.O.) Weiters schließt Kant, daß „auch der Wechsel der Vorstellungen der äußeren Bewegung entsprechend geschieht."(a.a.O.), d.h. jeder Veränderung der Seele eine Veränderung in der Außenwelt zuordenbar ist. Schließlich beweist er auch noch die Existenz unseres eigenen Körpers, indem er darauf verweist, daß „wir keine verschieden bestimmbare Vorstellung eines Körpers haben könnten, wenn nicht wirklich etwas vorhanden wäre, dessen Gemeinschaft mit der Seele dieser eine ihm entsprechende Vorstellung zuführte"(a.a.O.). Abgesehen von der Annahme einer substantiellen Seele ähnelt dieser Beweis bereits stark dem in der *Kritik der reinen Vernunft* vorgebrachten. (vgl. Röd, Das Realitätsproblem in der Transzendentalphilosophie S.433 (Anm.16))

[1] Schopenhauer, Die Welt als Wille und Vorstellung I, 3.Aufl., Leipzig 1859, zit.n.Lehmann, Kants Widerlegung des Idealismus S.349

[2] Zur Frage nach Kants Motiven für die „Widerlegung des Idealismus" vgl. Lehmann, Kants Widerlegung des Idealismus S.349 ff.

[3] vgl. Allison, Kant´s Transcendental Idealism S.294

[4] Allison, Kant´s Transcendental Idealism S.294

[5] KrV B 265 - B 287

[6] Höffe, Immanuel Kant S.131

[7] KrV B 266

1. „Was mit den formalen Bedingungen der Erfahrung (der Anschauung und den Begriffen nach) übereinkommt, ist **möglich**."[1]
2. „Was mit den materialen Bedingungen der Erfahrung (der Empfindung) zusammenhängt, ist **wirklich**."[2]
3. „Dessen Zusammenhang mit dem Wirklichen nach allgemeinen Bedingungen der Erfahrung bestimmt ist, ist (existiert) **notwendig**."[3]

Um etwas in diesem Sinne als „wirklich" bezeichnen zu können, ist äußere Erfahrung, ist Wahrnehmung notwendig. Aus dem Begriff von etwas kann zwar dessen Möglichkeit, nicht jedoch dessen Wirklichkeit, dessen Existenz (bzw. die „objektive Gültigkeit" des Begriffs) abgeleitet werden; dies kann nur von der Wahrnehmung geleistet werden. Die Erkenntnis von Gegenständen durch Wahrnehmung kann nun auf zweierlei Weise geschehen:

- Sie ist *unmittelbar*, wenn es sich um direkte Wahrnehmung von Gegenständen handelt.
- Sie ist mittelbar, wenn von direkt Wahrgenommenem auf die Existenz von nicht direkt Wahrgenommenem bzw. nicht direkt Wahrnehmbaren (rück-)geschlossen wird. (Kant nennt als Beispiel für einen solchen Schluß das „Erkennen" magnetischer Kräfte als Rückschluß aus bestimmten unmittelbaren Wahrnehmungen.[4]) Das nicht Wahrnehmbare ist aber nicht prinzipiell nicht wahrnehmbar, sondern aufgrund der mangelnden Feinheit unserer Sinne bzw. aufgrund des Fehlens bestimmter (immerhin vorstellbarer) Sinne. Das heißt also, daß all das, was aufgrund von direkten Beobachtungen erschlossen werden kann, nicht weniger wirklich ist als direkt Beoabchtbares (wobei natürlich in beiden Bereichen Irrtümer niemals ausgeschlossen werden können).

„Wo also Wahrnehmung und deren Anhang nach empirischen Gesetzen hinreicht, dahin reicht auch unsere Erkenntnis vom Dasein der Dinge."[5] Die tatsächliche, faktische Existenz, die Wirklichkeit von Dingen kann ausschließlich durch unmittelbare oder mittelbare Wahrnehmung, d.h. durch Beobachtungen und aus diesen gezogenen Schlüssen gesichert werden. „Fangen wir nicht von Erfahrung an, oder gehen wir nicht nach Gesetzen des empirischen Zusammenhanges der Erscheinungen fort, so machen wir uns vergeblich Staat, das Dasein irgend eines Dinges erraten oder erforschen zu wollen."[6] In der ersten Auflage endet mit diesem Satz der Abschnitt über das Wirklichkeitspostulat. In der zweiten Auflage ist hingegen noch ein Satz hinzugefügt, der zur unmittelbar folgenden „Widerlegung des Idealismus" überleitet: „Einen mächtigen Einwurf aber wider diese Regeln, das Dasein mittelbar zu beweisen, macht der Idealism, dessen Widerlegung hier an der rechten Stelle ist."[7] Kant scheint damit sagen zu wollen, daß der Idealismus (zumindest in bestimmten Ausprägungen) darauf verzichten kann, mittelbar wahrgenomme, also „erschlossene"

---

[1] ebd. B 265
[2] ebd. B 266
[3] a.a.O.
[4] "So erkennen wir das Dasein einer alle Körper durchdringenden magnetischen Materie aus der Wahrnehmung des gezogenen Eisenfeiligs, obzwar eine unmittelbare Wahrnehmung dieses Stoffs uns nach der Beschaffenheit unserer Organen unmöglich ist." (ebd. B 273)
[5] a.a.O.
[6] ebd. B 273 f.
[7] ebd. B 274

Gegenstände als Ursachen von Wahrnehmungen anzunehmen, den Schritt von der Wahrnehmung bzw. der Erfahrung zur Anerkennung von Dingen außer uns, die den Wahrnehmungen entsprechen, also nicht tun kann.

Kant definiert nun, was er unter dem Begriff „Idealismus" eigentlich versteht:

> „Der Idealism (ich verstehe den materialen) ist die Theorie, welche das Dasein der Gegenstände im Raum außer uns entweder bloß für zweifelhaft und unerweislich, oder für falsch und unmöglich erklärt."[1]

Mit dem Ausdruck „material" grenzt Kant die zu widerlegenden „reinen" Formen des Idealismus gegen seinen eigenen Standpunkt, den „formalen" (transzendentalen) Idealismus ab.[2]

Der „materiale" Idealismus tritt wiederum in zwei Ausprägungen auf, als deren einflußreichste Vertreter Kant Descartes bzw. Berkeley nennt:

Derjenige Idealismus, der die Existenz der Außenwelt als „zweifelhaft und unerweislich" betrachtet, ist „der problematische des Cartesius, der nur Eine empirische Behauptung [..], nämlich: Ich bin, für ungezweifelt erklärt"[3]. Dabei findet Kant durchaus lobende Worte für Descartes´ Anliegen und seine Methode, nichts als sicheres Wissen zu betrachten, solange kein unwiderlegbarer Beweis gefunden wurde (methodischer Zweifel - Cogito ergo sum - (ontologischer) Gottesbeweis - Beweis der Existenz der Außenwelt); dies sei durchaus „vernünftig und einer philosophischen Denkungsart gemäß"[4]. Tatsächlich ist Descartes jedoch - wie man Kant hier wohl verstehen muß - mit diesem Unternehmen gescheitert; nach seiner Auffassung „stößt Descartes nicht zur Realität der Welt selbst vor, sondern bleibt nur in Vorstellungen von der Realität hängen." (Kaulbach)[5] Kant zeigt gegenüber Descartes einen gewissen Respekt (den er Berkeley gegenüber vermissen läßt) und scheint nur ihn als ernsthaften „Gegner" zu betrachten, dessen Auffassungen zu widerlegen sich lohnt: „Der verlangte Beweis muß also dartun, daß wir von äußeren Dingen auch Erfahrung und nicht bloß Einbildung haben; welches wohl nicht anders wird geschehen können, als wenn man beweisen kann, daß selbst unsere innere, dem Cartesius unbezweifelte, Erfahrung nur unter Voraussetzung äußerer Erfahrung möglich sei."[6]

Die zweite Form des „materialen" Idealismus ist „der dogmatische des Berkeley"[7]. Kant scheint Berkeleys Bewußtseinsidealismus, der seinem eigenen, „transzendentalen" Idealismus formal ähnlich ist, jedoch mißverstanden zu haben, was ersichtlich wird, wenn Kant meint, Berkeley habe den Raum und die räumlichen Dinge für „bloße Einbildungen"[8] gehalten.[1]

---

[1] a.a.O.
[2] "Ich habe [den transzendentalen Idealismus] auch sonst bisweilen den formalen Idealismus genannt, um ihn von dem materialen, d.i. dem gemeinen, der die Existenz äußerer Dinge selbst bezweifelt oder leugnet, zu unterscheiden." (ebd. B 519 (Anm.))
[3] ebd. B 274
[4] ebd. B 275
[5] Kaulbach, Kants Beweis des „Daseins der Gegenstände im Raum außer mir" S.323
[6] KrV B 275
[7] ebd. B 274
[8] a.a.O.

Tatsächlich unterscheidet sich Berkeleys Position von der Kants vor allem dadurch, daß es für ihn keine „Dinge an sich" gibt. Er wendet sich gegen das, was er als „Materialismus" bezeichnet, die Auffassung, daß „hinter" den Erscheinungen von diesen Erscheinungen unabhängige, eben materielle Dinge stehen, die Ursache der Erscheinungen bzw. der Prozesse ihrer Wahrnehmung sind. Berkeley spricht den Dingen, mit denen wir konfrontiert sind, den Charakter der Selbständigkeit ab, ihr Sein besteht für ihn ausschließlich darin, daß sie wahrgenommen werden: „Sage ich: der Tisch, an dem ich schreibe, existiert, so heißt das: ich sehe und fühle ihn; wäre ich außerhalb meiner Studierstube, so könnte ich seine Existenz in dem Sinne aussagen, daß ich, wenn ich in meiner Studierstube wäre, ihn perzipieren könnte, ohne daß irgend ein anderer Geist ihn gegenwärtig perzipiert. [...] Das Sein (*esse*) solcher Dinge ist Perzipiertwerden (*percipi*). Es ist nicht möglich, daß sie irgend eine Existenz außerhalb der Geister oder denkenden Wesen haben, von denen sie perzipiert werden."[2] Die „Existenz" von Dingen ist also gleichbedeutend mit ihrem Wahrgenommenwerden (bzw. ihrem Wahrgenommenwerdenkönnen): *esse est percipi*. (Existenz muß natürlich auch dem Wahrnehmenden, den „Geistern" zugesprochen werden. Demgemäß gibt es zwei Arten des Seienden, das potentiell oder aktuell Wahrgenommene und die wahrnehmenden Subjekte (für diese gilt: *esse est percipere*.))[3]

Gegen den Einwand eines „Traum-Idealismus" verwahrt sich Berkeley mit klareren Worten als Kant: die Wirklichkeit ist keineswegs als bloßer Schein oder Illusion aufzufassen: „Ihr sagt, auf diese Weise ist alles bloß Vorstellung - bloßes Phantasma. Ich antworte, alles ist ebenso real wie sonst. Ich hoffe, es macht ein Ding nicht weniger wirklich, wenn es Vorstellung genannt wird."[4] „Es gibt eine Natur [...], und die Unterscheidung zwischen Realitäten und Chimären behält ihre volle Kraft."[5] Die Auffassung, daß die Welt und die Gegenstände in ihr nur „Vorstellungen" sind, ändert nichts an unserer Stellung zu und ihrem Umgang mit ihnen, und vor allem nichts an unserem Begriff und unserer alltäglichen Auffassung von „Wirklichkeit". In dieser Beziehung ähnelt Berkeleys Position der Kantischen: die Erfahrungsgegenstände sind empirisch real, „absolut" oder „transzendental" existieren sie jedoch nicht. Das soll natürlich nicht heißen, daß Berkeley sozusagen ein Kant ohne Ding an sich sei; in seinem Erkenntnismodell gibt es nichts Apriorisches, ebenso ist die für seine Philosophie zentrale Ideenlehre[6] eindeutig vorkantisch. Während Kant den Gegensatz zwischen Empirismus und Rationalismus aufhebt, könnte man bei Berkely von einer Verbindung beider sprechen.

Angesichts der Tatsache, daß Berkeley die Erscheinungen keineswegs zum „Schein" macht und (in klarerer Weise als Kant) zwischen Erscheinung (den Erfahrungsgegenständen) und Schein (Täuschungen, Illusionen im Zusammenhang der Erfahrungsgegenstände) unterscheidet, ist wohl H.J.Paton zuzustimmen, wenn dieser meint: „It may be doubted whether Kant had a very exact knowledge of Berkeley´s philosophy; for he appears to suggest

---

[1] Wenn Kant von „bloßen Einbildungen" spricht, so könnte dies allerdings auch „bloße Bewußtseinsinhalte" o.ä. bedeuten; in diesem Fall wäre es wohl verfehlt, von einem Mißverständnis zu sprechen.
[2] Berkeley, Eine Abhandlung über die Prinzipien der menschlichen Erkenntnis S.26 f. (§ 3)
[3] vgl. Röd, Die Philosophie der Neuzeit 2 S.124 ff.
[4] Berkeley, Philosophische Kommentare, zit.n.Röd, Die Philosophie der Neuzeit 2 S.125
[5] Berkeley, Eine Abhandlung über die Prinzipien der menschlichen Erkenntnis S.43 (§ 34)
[6] vgl. Röd, Die Philosophie der Neuzeit 2 S.121 ff.

that Berkeleyan idealism rests on the alleged impossibility of space and therefore of things in space."[1]

Kant meint, diese „dogmatische" Form des Idealismus bereits in der „Transzendentalen Ästhetik" widelegt zu haben, und zielt mit der „Widerlegung des Idealismus" ausschließlich auf Descartes´ „skeptischen" Idealismus ab.

Der „Lehrsatz", die Behauptung, die mit der „Widerlegung des Idealismus" zu beweisen ist und der zugleich den Ansatz der Argumentation umreißt, lautet nun:

> „Das bloße, aber empirisch bestimmte, Bewußtsein meines eigenen Daseins beweiset das Dasein der Gegenstände im Raum außer mir."[2]

Ausgangspunkt der „Widerlegung des Idealismus" ist also das „Bewußtsein meines eigenen Daseins", das Selbstbewußtsein, das Bewußtsein des „Ich bin". (In dieser Hinsicht erinnert die Argumentation an Descartes Argumentation im Anschluß an das „Cogito ergo sum".) Mit dem Selbstbewußtsein ist nicht das transzendentale Ich gemeint, das in der „Transzendentalen Deduktion" eine wichtige Rolle spielt, sondern das „empirisch bestimmte", kurz: empirische Bewußtsein meiner eigenen Existenz, die alltägliche Tatsache, daß ich mich als eigenständige Entität vorfinde, die Gedanken, Ideen, Gefühle etc. „hat". Aus dieser Tatsache des empirischen Ichbewußtseins will Kant nun also das „Dasein der Gegenstände im Raum außer mir" ableiten. Es ist klar, daß (da von Gegenständen *im Raum* die Rede ist) damit *nicht* die Dinge an sich gemeint sein können, sondern die Dinge der phänomenalen Außenwelt. Die „Widerlegung des Idealismus" ist daher gar keine Widerlegung des Idealismus in all seinen Formen (bzw. des von Kant allein als widerlegenswert erachteten „skeptischen" Idealismus), sondern ein - in Analogie zu Descartes´ Argumentation geführter - Beweis dafür, daß die Tatsache des empirischen Selbstbewußtseins unmittelbar auf die Existenz einer Außenwelt verweist bzw. daß „die Realität der sog. Außenwelt ganz unmittelbar durch das empirische Selbstbewußtsein hindurchblickt." (Kaulbach)[3] Kant selbst sagt: „hier wird bewiesen, daß äußere Erfahrung eigentlich unmittelbar sei"[4], daß empirisches Selbstbewußtsein stets Weltbewußtsein einschließe: erst die äußere Erfahrung ermöglicht das Bewußtsein der eigenen Existenz in der Zeit.

Der eigentliche Beweis, die eigentliche „Widerlegung des Idealismus" läuft folgendermaßen ab:

- „Ich bin mir meines Daseins als in der Zeit bestimmt bewußt."[5] D.h. ich erfahre mich selbst als Subjekt, dem in einer zeitlichen Abfolge bestimmte innere Zustände zukommen.
- „Alle Zeitbestimmung setzt etwas Beharrliches in der Wahrnehmung voraus."[6] Hier bezieht Kant sich auf die erste „Analogie der Erfahrung" („Bei allem Wechsel

---

[1] Paton, Kant´s Metaphysic of Experience II S.376 f. (Paton verweist in diesem Zusammenhang (S.376) auch darauf, daß sich Kants Meinung über Berkeley auch darin zeigt, daß Kant, wenn er Berkely erwähnt, von ihm nur als von „dem guten Berkeley" (KrV B 71) spricht, während andere z.B. als „der berühmte Locke" (ebd. B 127) bezeichnet werden.)
[2] ebd. B 275 (im Original gesperrt)
[3] Kaulbach, Kants Beweis des „Daseins der Gegenstände im Raum außer mir" S.324
[4] KrV B 276
[5] ebd. B 275
[6] a.a.O.

der Erscheinungen beharret die Substanz, und das Quantum derselben wird in der Natur weder vermehrt noch vermindert."[1]) und deren Beweis[2], wo er nachweist, daß Veränderung (die stets in der Zeit geschieht) immer etwas Unveränderliches voraussetzt, *das* sich verändert (= „das Substrat alles Realen, d.i. zur Existenz der Dinge Gehörigen"[3]). Gäbe es in der Wahrnehmung nichts Gleichbleibendes, so wären wir uns keiner Veränderung im eigentlichen Sinne des Wortes, keiner Sukzession von Wahrnehmungen bewußt, d.h. wir würden keine Zeitlichkeit erfahren.[4]

- „Dieses Beharrliche aber kann nicht eine Anschauung in mir sein. Denn alle Bestimmungsgründe meines Daseins, die in mir angetroffen werden können, sind Vorstellungen, und bedürfen als solche, selbst ein von ihnen unterschiedenes Beharrliches, worauf in Beziehung der Wechsel derselben, mithin mein Dasein in der Zeit, darin sie wechseln, bestimmt werden könne."[5] Kant sagt also, daß das „Beharrliche" nicht Gegenstand meiner inneren Anschauung sein kann, im empirischen Ich allein gibt es keine Vorstellung von etwas jeder Veränderung notwendigerweise zugrundeliegendem Unveränderlichem, die innere Anschauung als solche hat es stets nur mit einer Abfolge von Vorstellungen zu tun, die als solche unverbunden sind. Wäre nun das Beharrliche selbst eine solche Vorstellung, so würde deren Vorkommen in meiner inneren Anschauung wiederum einer Begründung bedürfen etc.

- „Also ist die Wahrnehmung dieses Beharrlichen nur durch ein Ding außer mir und nicht durch die bloße Vorstellung eines Dinges außer mir möglich."[6] Da die innere Anschauung als Quelle des beharrlichen Aspektes der Erfahrung wegfällt, bleibt offensichtlich nur eine Möglichkeit: das Beharrliche verdankt sich einem äußeren Einfluß, einem „Ding außer mir", das (zumindest über einen gewissen Zeitraum hinweg) beharrlich ist. Damit ist jedoch nicht ein Ding an sich, sondern durchaus ein phänomenales Ding gemeint. Kant unterscheidet zwischen „Dingen" und „Vorstellungen von Dingen". Mit Dingen sind dabei die phänomenalen Dinge gemeint, deren empirische (gewissermaßen „relative") Realität bewiesen werden soll: sie sind eben tatsächlich „selbst" (aber nicht „an sich") Dinge, und nicht bloß Vorstellungen; sie sind empirisch reale Gegenstände.

- „Folglich ist die Bestimmung meines Daseins in der Zeit nur durch die Existenz wirklicher Dinge, die ich außer mir wahrnehme, möglich."[7] Dies ist weniger eine Folgerung, sondern vielmehr eine Erläuterung des vorherigen (s.o.): der beharrliche Aspekt jeder Wahrnehmung, der erst die Deutung einer Abfolge von Wahrnehmungen als *Veränderung* (von etwas) und somit die Charakterisierung der Ich-Erfahrung als zeitlich ermöglicht, ist nur begreiflich, wenn die Dinge keine Vorstellungen sind (wie

---

[1] ebd. B 224
[2] vgl. KrV B 224 ff.
[3] KrV B 225
[4] vgl. dazu die „Anmerkung 2" (ebd. B 277 f.)
[5] ebd. B XXXIX (Anm.; im Original gesperrt); es handelt sich hier um die von Kant (offensichtlich in letzter Minute) in der „Vorrede" zur zweiten Auflage korrigierte Fassung. Im eigentlichen Text heißt es noch: „Dieses Beharrliche aber kann nicht etwas in mir sein; weil eben mein Dasein in der Zeit durch dieses Beharrliche allererst bestimmt werden kann." (ebd. B 275)
[6] a.a.O.
[7] ebd. B 275 f.

Kant Berkeleys Position versteht), sondern sie vielmehr als tatsächlich außer mir existierende Entitäten gelten dürfen - damit ist der Anspruch, den Kant im „Lehrsatz" formluiert hat, eingelöst, „das Bewußtsein meines eigenen Daseins ist zugleich ein unmittelbares Bewußtsein des Daseins anderer Dinge außer mir."[1]

Kant widerlegt in der „Widerlegung des Idealismus" also tatsächlich (sofern man die Argumentation gelten lassen will) nicht nur, wie von ihm beansprucht, den „skeptischen", sondern auch den „dogmatischen" Idealismus: entgegen der „skeptischen" Annahme sind die Dinge außer mir „real", an ihrer Existenz kann nicht sinnvoll gezweifelt werden, entgegen der „dogmatischen" Annahme sind sie nicht nur „Vorstellungen", sondern eben reale Dinge.

Eine wichtige Ergänzug bildet die „Anmerkung 3", in der Kant klarstellt, daß die vorherigen Erläuterungen sich nur auf die reale Existenz von Dingen *im allgemeinen* beziehen. Nicht jeder Vorstellung liegt tatsächlich der entsprechende (mögliche) empirische Gegenstand zugrunde, denn eine Vorstellung „kann gar wohl die bloße Wirkung der Einbildungskraft (in Träumen sowohl als im Wahnsinn) sein"[2]. Ob eine bestimmte gegebene Vorstellung einen „realen" Gegenstand zur Ursache hat, ist eine Frage, die mit der „Widerlegung des Idealismus" (und mit der Transzendentalphilosophie, deren Teil diese Widerlegung ja ist, überhaupt) nichts mehr zu tun hat. Es ist die empirisch-einzelwissenschaftliche Frage nach dem Unterschied zwischen „korrekter" Wahrnehmung und Einbildung bzw. Täuschung.

Die „Widerlegung des Idealismus" ist einer der besonders umstrittenen und heftig kritisierten Abschnitte der *Kritik der reinen Vernunft* (bis hin zu der Auffassung, es handle sich lediglich um einen „Scheinbeweis"[3]). Diese Kritik ist hier jedoch nicht von Belang; es geht vielmehr um die Frage, welche Relevanz die „Widerlegung" bzw. ihr Resultat für die Realitätsfrage besitzt.

In gewisser Hinsicht scheint sie überflüssig zu sein: Kants System, das sich ja sowohl gegen den reinen Rationalismus als auch gegen den reinen Empirismus / Skeptizismus wendet, ist weder durch Einwände Cartesianischer noch solche Humescher Provenienz wirklich angreifbar, da diesen Formen des Zweifels spätestens durch die Argumentation für die Möglichkeit der Anwendung der Kategorien auf die Gegenstände der Erfahrung (in der „Transzendentalen Deduktion") der Boden entzogen worden ist. Wenn überhaupt, dann scheint die „Widerlegung des Idealismus" doch eher gegen Berkeleys Auffassungen anwendbar zu sein - allerdings auch nur dann, wenn man Berkeley in der Weise (miß)versteht, in der Kant es tut.

Was bleibt, ist ein Beweis, der durchaus seine Relevanz (und auch einen gewissen argumentativen Reiz) besitzt, aber kaum einen Beitrag zur Lösung des Realitätsproblems leistet: als Kritik am „skeptischen" Idealismus ist er eher eine Ergänzung, über die Dinge an sich sagt er - da er nur die sozusagen „praktische" Existenz der Erfahrungsgegenstände zum Thema hat - wenig bis gar nichts aus.

1.3 Empirischer Realismus / Transzendentaler Idealismus

Kant hat, wie eben erläutert, in der *Kritik der reinen Vernunft* sowohl eine explizite Widerlegung des Idealismus als auch eine nicht ausdrücklich als solche gekennzeichnete Widerlegung des Realismus durchgeführt. Was mit diesen beiden Argumentationen geleistet ist

---

[1] ebd. B 276 f.
[2] ebd. B 278
[3] vgl. Lehmann, Kants Widerlegung des Idealismus S.358 ff.

und welche Konsequenzen sich daraus für das Realitätsproblem ergeben, soll im folgenden kurz zusammengefaßt werden:

- Mit der **Widerlegung des Realismus** sind diejenigen Formen des Realismus widerlegt, die Kant (dem älteren Sprachgebrauch entsprechend) als „transzendental" bezeichnet, d.h. alle Spielarten der Auffassung, daß man es in der Erfahrung mit Dingen an sich zu tun hat, daß die erfahrenen Dinge mit den Dingen an sich identisch sind und wir somit in der Erfahrung Wissen über diese Dinge und die Welt an sich, gewissermaßen über ihre „wahre Natur", ihr „wahres Wesen", gewinnen können. Aus der Widerlegung dieser Position kann nur folgen, daß die Erfahrungsgegenstände eben nur Dinge *für uns* und von eventuell existierenden Dingen *an sich* fundamental unterschieden, nur *Erscheinungen* sind.
- Weniger klar ist der Sachverhalt bei der „**Widerlegung des Idealismus**". Kant scheint mit ihr (wie oben erläutert) mehr eine Klarstellung innerhalb seines eigenen Systems getroffen als einen anderen Entwurf widerlegt zu haben. Die „Widerlegung des Idealismus" „hat es mit dem Verhältnis von innerer und äußerer Erfahrung zu tun, nicht mit dem Verhältnis von bewußtseinsabhängiger und bewußtseinsunabhängiger Wirklichkeit: Sie ist im Grunde eine Widerlegung des Ideismus"[1], also der Auffassung, daß uns unmittelbar nicht Dinge, sondern lediglich Vorstellungen von Dingen gegeben sind. Bewiesen ist damit die „Realität" der Dinge nur in dem uneigentlichen Sinne, daß die Dinge der Erfahrung tatsächlich Dinge und nicht nur Vorstellungen von Dingen sind (über Dinge an sich wird hier nichts ausgesagt) - man könnte sagen, daß damit die Realität *der Dinge* (als Dinge, und nicht lediglich als Vorstellungen von Dingen), nicht aber die *Realität* der Dinge (im eigentlichen Sinne) bewiesen wird. Die „Widerlegung des Idealismus" ist also gar keine solche: sie leistet nicht etwa die Zurückweisung eines „empirischen" Idealismus, also der Annahme, daß den erfahrenen Dingen keine wie auch immer gearteten Dinge an sich entsprechen; vielmehr scheint sie eine Ergänzung der Widerlegung des Realismus zu sein, insofern sie die empirische Realität der Dinge untermauert.

Was gesichert ist, ist also der **empirische Realismus**, der die eine Seite von Kants Position darstellt; die andere Seite ist der (dem „empirischen" entgegengesetzte) **transzendentale Idealismus**:

> „Ich verstehe aber unter dem transzendentalen Idealism aller Erscheinungen den Lehrbegriff, nach welchem wir sie insgesamt als bloße Vorstellungen, und nicht als Dinge an sich selbst, ansehen, und dem gemäß Zeit und Raum nur sinnliche Formen unserer Anschauung, nicht aber vor sich gegebene Bestimmungen, oder Bedingungen der Objekte, als Dinge an sich selbst sind."[2]

Obwohl Kant hier den etwas problematischen Ausdruck „Vorstellung" verwendet, bietet diese Stelle eine recht klare Zusammenfassung dessen, was er mit dem Ausdruck „transzendentaler Idealismus" meint: der transzendentale Idealismus ist keine epistemologische, sondern eine *transzendentalphilosophische* Position, die „Idealität" von Raum und Zeit besteht darin, daß raum-zeitliche Bestimmungen von Erfahrungsgegenständen ebenso real sind wie diese. Werden Raum und Zeit als Bedingungen der Möglichkeit von Dingerfahrung betrachtet, so erfassen wir sie als transzendental ideal. Daraus ergibt sich auch die sozusagen „abgeleitete"

---

[1] Röd, Das Realitätsproblem in der Transzendentalphilosophie S.435 f.
[2] KrV A 369; vgl. dazu Allison, Kant´s Transcendental Idealism S.15

Idealität der Dinge: da die Dinge ausschließlich raumzeitlich organisiert sind, existieren sie ausschließlich *für uns*, haben nichts gemeinsam mit möglichen Dingen an sich. Dies bedeutet aber zugleich, daß sich an unserem alltäglichen Realismus nichts ändert:

> „Der transzendentale Idealist kann hingegen ein empirischer Realist, mithin, wie man ihn nennt, ein Dualist sein [...]. Denn weil er [die] Materie und sogar deren innere Möglichkeit bloß vor Erscheinung gelten läßt, die, von unserer Sinnlichkeit abgetrennt, nichts ist: so ist sie bei ihm nur eine Art Vorstellungen (Anschauung), welche äußerlich heißen, nicht, als ob sie sich auf an sich selbst äußere Gegenstände bezögen, sondern weil sie Wahrnehmungen auf den Raum beziehen, in welchem alles außer einander, er selbst der Raum aber in uns ist."[1]

Der empirische Realismus ist also mit dem transzendentalen Idealismus verwoben: unsere Auffassung von „Realität" wird nicht modifiziert, die Dinge bleiben sowohl praktisch als auch theoretisch „real", da wir keine Möglichkeit besitzen, „hinter" sie zu blicken; der uns zugängliche Bereich ist ausschließlich derjenige möglicher Erfahrung.

Dieser mit dem transzendentalen Idealismus verschränkte empirische Realismus ist aber keineswegs nur ein „fiktiver" Realismus. Wir denken und handeln nicht nur so, *als ob* es reale Dinge gäbe: es gibt sie tatsächlich, und wenn man sagt, es gibt sie „nur" für uns, so ist dies etwas irreführend: es gibt sie nicht *nur* für uns, es gibt sie eben *für uns* - nicht mehr und nicht weniger.

Dieser Realismus ist weder ontologisch, noch epistemologisch, er ist jedoch ein semantischer und vor allem ein interner Realismus, insofern der Bereich möglicher Erfahrung in sich geschlossen ist: Fragen z.B. nach dem Wissen über Dinge sind innerhalb der empirischen Realität zu beantworten, ebenso ist beispielsweise die Unterscheidung zwischen Wahrheit und Falschheit eine rein „interne". Sofern eine Fragestellung nicht auf der transzendentalen Ebene liegt, ist zu ihrer Untersuchung keine Überschreitung des Bereichs möglicher Erfahrung vonnöten.

Diese Charakterisierung der empirischen Realität als eben die empirische Realität des Alltags ist von Kant klar vorgenommen und argumentativ gestützt. Anders verhält es sich in Hinblick auf den zweiten Aspekt der Kantischen Position, den „transzendentalen Idealismus": da mit der „Widerlegung des Idealismus" der Idealismus, der die Existenz einer denkunabhängigen Wirklichkeit leugnet, nicht wirklich widerlegt ist, scheint dieser als Möglichkeit weiterhin zu bestehen. Die Frage nach dem Idealismus steht nun aber in engem Zusammenhang mit einem Kernproblem der Kantischen Philosophie: dem Problem der „Dinge an sich".

1.4 Dinge an sich

Das „Ding an sich" ist einer der prominentesten und auch problematischsten Begriffe der Kantischen Philosophie. Seine Relevanz für das Realitätsproblem liegt auf der Hand: die Antwort auf die Frage, ob Dinge an sich existieren und in welcher Beziehung sie zur den Erfahrungsgegenständen stehen, ist zugleich eine Antwort auf die Frage nach dem systematischen Hintergrund und den Bedingungen von Kants Realitätsbegriff. Daß eine solche Antwort nicht leicht zu finden ist, braucht nicht betont zu werden, und es soll hier auch gar nicht der Versuch unternommen werden, dies zu tun. Der vorliegende Abschnitt dient - wie die vorherigen - nur dem Zweck, einen Aspekt des Realitätsproblems in der Kantischen

---

[1] KrV A 370

Philosophie skizzenhaft und ohne irgendeinen Anspruch auf Originalität oder Innovation darzustellen.

1.4.1 Phänomene und Dinge an sich

Die erste Stelle der *Kritik der reinen Vernunft*, an der man auf Aussagen Kants über die Dinge an sich stößt, befindet sich in der „Vorrede" zur zweiten Auflage. Dort heißt es, daß unsere Möglichkeit der Erkenntnis a priori „nur auf Erscheinungen gehe, *die Sache an sich selbst* dagegen zwar als für sich wirklich, aber von uns unerkannt, liegen lasse."[1] Das heißt also, daß Kant die Sache, das jeweilige Ding an sich, zwar als real und tatsächlich existierend betrachtet, uns jedoch jede Möglichkeit abspricht, irgend etwas über sein Dasein Hinausgehendes zu erkennen. Dies folgt daraus, daß wir in unserer Erkenntnisausstattung „gar keine Elemente zur Erkenntnis der Dinge haben, als so fern diesen Begriffen korrespondierende Anschauung gegeben werden kann"[2]. Wir haben es nicht mit an sich existierenden Gegenständen, sondern stets nur mit Erscheinungen zu tun. Daraus ergibt sich für Kant unmittelbar, „daß wir eben dieselben Gegenstände auch als Dinge an sich selbst, wenn nicht gleich er kennen, doch wenigstens müssen denken können. Denn sonst würde der ungereimte Satz daraus folgen, daß Erscheinung ohne etwas wäre, was da erscheint."[3] Aus der Tatsache, daß die uns gegebenen raumzeitlichen Dinge, wie in der „Transzendentalen Ästhetik" bewiesen, Erscheinungen sind, daß also etwas *erscheint*, wird hier geschlossen, daß dabei *etwas* erscheint – und dieses etwas muß, da es eben nicht mit den Gegenständen der äußeren Erfahrung identisch ist, die nur seine Erscheinungen sind, ebenfalls eine Art von Ding sein, ein Ding aber, das nicht *für uns*, sondern lediglich *an sich* existiert, wenngleich wir keine Möglichkeit haben, jemals gewissermaßen materiale Erkenntnis über solche Dinge an sich zu erlangen, die über die Feststellung ihrer Existenz hinausgeht.

Ähnlich äußert sich Kant bereits in der „Transzendentalen Deduktion" der ersten Auflage. Dort heißt es, die Phänomene (Erscheinungen) seien „nichts als sinnliche Vorstellungen [...], die an sich, in eben derselben Art, nicht als Gegenstände (außer der Vorstellungskraft) müssen angesehen werden."[4] Auch hier wird also gesagt, daß die Gegenstände der Erfahrung nichts an sich, unabhängig von unserer Erfahrung Seiendes sind, ihnen jedoch Gegenstände an sich in irgendeiner Art und Weise sozusagen zugeordnet werden müssen, da die Existenz von Gegenständen *für uns* ansonsten nicht begreiflich wäre. Zu diesen Gegenständen an sich heißt es dann weiter: „Es ist leicht einzusehen, daß dieser Gegenstand nur als etwas überhaupt = X müsse gedacht werden, weil wir außer unserer Erkenntnis doch nichts haben, welches wir dieser Erkenntnis als korrespondierend gegen über setzen könnten."[5] Damit ist eines der Grundprinzipien der Kantischen Philosophie auf den Punkt gebracht: über die Beschaffenheit der Dinge an sich können wir nichts wissen, wir haben zu ihnen keinen wie auch immer gearteten Zugang, da uns keine Möglichkeit gegeben ist, aus unserem „Erkenntnisrahmen" herauszutreten; dieser Rahmen ist unhintergehbar, *für uns* „existieren" die Dinge an sich nicht, da sie keine Gegenstände möglicher Erfahrung sind.

---

[1] ebd. B XX (Hervorhebung v. Verf.)
[2] ebd. B XXV f.
[3] ebd. B XXVI
[4] ebd. A 104
[5] a.a.O.

Ein weiterer Abschnitt der *Kritik*, in dem von Dingen an sich die Rede ist, ist das Kapitel, das den Titel „Von dem Grunde der Unterscheidung aller Gegenstände überhaupt in Phaenomena und Noumena" trägt (B 294 ff.). Kant wiederholt darin zuerst die Resultate der „Analytik": die Kategorien sind „niemals von transzendentalem, sondern jederzeit nur von empirischem Gebrauche"[1]; sie sind stets nur auf Erfahrungsgegenstände, niemals aber „auf Dinge überhaupt (ohne Rücksicht auf die Art zu nehmen, wie wir sie anschauen mögen)"[2] anzuwenden. Kategorien beziehen sich ausschließlich auf geordnete, strukturierte Erscheinungen (Gegenstände der Erfahrung), sie sind Bedingung ihrer Möglichkeit überhaupt.

Bezeichnen wir eine bestimmte Art von Dingen als Erscheinungen („Phaenomena"), so bedeutet dies für Kant (wie bereits oben gesagt), daß wir damit zugleich „auch andere mögliche Dinge, die gar nicht Objekte unserer Sinne sind, als Gegenstände bloß durch den Verstand gedacht, jenen gleichsam gegenüber stellen, und sie Verstandeswesen (noumena) nennen."[3] Der Erscheinung *muß* (da sie stets Erscheinung *von etwas* ist) etwas gegenübergestellt werden, das erscheint, ein „Gegenstand an sich selbst"[4], der einem spezifischen Erfahrungsgegenstand jeweils zugrundeliegt. („Denn wenn uns die Sinne etwas bloß vorstellen, wie es erscheint, so muß dieses Etwas doch auch an sich selbst ein Ding [sein]."[5])

Dieses „Noumenon" kann nun auf zweierlei Art verstanden werden:
- In negativer Bedeutung bedeutet „Noumenon" „ein Ding [...], so fern es nicht Objekt unserer sinnlichen Anschauung ist, indem wir von unserer Anschauungsart desselben abstrahieren [...]."[6] Es handelt sich dabei also um eine Negation, eine rein negative Bestimmung des Begriffs: Das „Noumenon" ist das „Nicht-Erscheinungs-Ding".
- In positiver Bedeutung gebraucht bezieht sich der Ausdruck „Noumenon" auf das „Objekt einer nichtsinnlichen Anschauung, [...] die aber nicht die unsrige ist, von welcher wir auch die Möglichkeit nicht einsehen können [...]."[7] Es würde sich dabei um eine Art des Zugangs zu den solcherart verstandenen Noumena handeln, die zwar anschaulich, aber nichtsinnlich (nicht unter raumzeitlichen Bedingungen stehend) wäre. Diese Art der Anschauung wäre die „intellektuelle Anschauung"[8]. Diese übersteigt jedoch unsere Erkenntnismöglichkeiten, uns ist allein die sinnliche Anschauung gegeben. Da diese sinnliche Anschauung fundamentaler ist als die Kategorien (diese müssen, so sie sich auf die Außenwelt beziehen, auf bereits Angeschautes bezogen werden), und uns eine „intellektuelle" Anschauung nicht gegeben ist, kann auch die Anwendung der Kategorien auf Noumena im positiven Sinne nicht möglich sein, was wiederum bedeutet, daß uns der Zugang zu ihnen vollkommen verwehrt ist. Wir können über die Noumena also im positiven Sinne

---

[1] ebd. B 303; wie an manchen anderen Stellen scheint Kant auch hier den Begriff „transzendental" eher im Sinne von „transzendent" (also dem älteren Sprachgebrauch entsprechend) zu gebrauchen.
[2] a.a.O.
[3] ebd. B 306
[4] a.a.O. (im Original gesperrt)
[5] ebd. A 249
[6] ebd. B 307
[7] a.a.O.
[8] ebd. B 308

nichts wissen; „was also von uns Noumenon genannt wird, muß als ein solches nur in negativer Bedeutung verstanden werden."¹ Der Begriff „Noumenenon" kann also von uns lediglich im schwächeren Sinne, nämlich im Sinne von „Nicht-Erscheinung" gebraucht werden.

Dieses „Noumenon" im negativen Sinne scheint nun dasselbe zu bezeichnen wie an anderer Stelle der Ausdruck „Ding an sich".² Kant spricht wenig später vom „Begriff eines Noumenon, d.i. eines Dinges, welches gar nicht als Gegenstand der Sinne, sondern als ein *Ding an sich selbst* (lediglich durch einen reinen Verstand) gedacht werden soll"³. Dieser Begriff sei nun keineswegs widersprüchlich (wie man eventuell meinen könnte, wenn man Kants Ausführungen in der „Transzendentalen Ästhetik" so verstanden hätte, daß die uns gegebene sinnliche Anschauung die einzig mögliche Art von Anschauung überhaupt ist), er ist vielmehr „notwendig, um die sinnliche Anschauung nicht bis über die Dinge an sich selbst auszudehnen, und also, um die objektive Gültigkeit der sinnlichen Erkenntnis einzuschränken [...]."⁴ Er ist dennoch problematisch, sofern wir eben über keine ihm entsprechende Anschauung und auch über keinen ihm entsprechenden positiven Begriff verfügen; „Ding an sich" / „Noumenon" ist lediglich „ein Grenzbegriff, um die Anmaßung der Sinnlichkeit

---

¹ ebd. B 309
² In der ersten Auflage der Kritik findet sich im Abschnitt „Phaenomena und Noumena" auch noch der Begriff des „transzendentalen Objekts", dessen Bedeutung jedoch umstritten ist. Dieses „transzendentale Objekt" ist weder mit dem „Noumenon" im negativen noch im positiven Sinne identisch. - „Dieses bedeutet aber ein Etwas = x, wovon wir gar nichts wissen, noch überhaupt (nach der jetzigen Einrichtung unseres Verstandes) wissen können, sondern [welches] nur als ein Correlatum der Einheit der Apperzeption zur Einheit des Mannigfaltigen in der sinnlichen Anschauung dienen kann, vermittelst deren der Verstand dasselbe in den Begriff eines Gegenstandes vereinigt." (ebd. A 250) Horst Seidl spricht davon, daß dieses „transzendentale Objekt", der „transzendentale Gegenstand" „innerhalb des Erkenntnisbereiches gleichsam an die Stelle des Dinges an sich [tritt]" (Seidl, Bemerkungen zu Ding an sich und transzendentalem Gegenstand in Kants Kritik der reinen Vernunft S.305) Der „transzendentale Gegenstand" ist weder der Erfahrungsgegenstand noch das Noumenon / Ding an sich, sondern vielmehr „die erforderte Einheit des sinnlich Gegebenen, auf welche dieses durch die Kategorien zu beziehen ist." (ebd. S.311) Wie die Kategorien ist er ein Produkt des Verstandes, das allerdings nur auf die sinnliche Anschauung anwendbar ist. Er ist mit dem Ding an sich gewissermaßen „verwandt", beide sind nicht näher bestimmt, beide existieren außerhalb des Subjekts. Der transzendentale Gegenstand ist jedoch das schlechthin außer dem Subjekt liegende Etwas, auf das sich das Subjekt in der Anschauung äußerer Gegenstände bezieht, es ist das komplementäre Gegenstück zum transzendentalen Subjekt: während das transzendentale Subjekt dasjenige ist, *für das es überhaupt etwas gibt*, ist das transzendentale Objekt eben dasjenige Etwas, *das es überhaupt (für das transzendentale Subjekt) gibt*, sozusagen *das Gegebene überhaupt*; nicht das Ding, sondern das Gegebene an sich. (Seidl gibt allerdings zu bedenken, daß sich dieser Begriff nicht ohne Probleme in Kants System einfügen läßt (vgl. Seidl, Bemerkungen zu Ding an sich und transzendentalem Gegenstand in Kants Kritik der reinen Vernunft S.313 f.; zur Frage nach dem „transzendentalen Objekt" vgl. auch Allison, Kant´s Transcendental Idealism S.244 ff.)
³ KrV B 310 (kursive Hervorhebung v. Verf.)
⁴ a.a.O.; daß Kant hier sagt, die sinnliche Anschauung dürfe nicht „bis *über* die Dinge an sich selbst" ausgedehnt werden, scheint im Widerspruch zu den bisherigen Ausführungen zu stehen, da diese Formulierung insinuiert, daß sich die sinnliche Anschauung auch *auf* die Dinge an sich erstreckt. Der Kontext dieser Formulierung legt jedoch nahe, daß es sich hierbei lediglich um eine etwas unglückliche Formulierung handelt, die durch „bis *auf* die Dinge an sich selbst" o.ä. zu ersetzen wäre.

einzuschränken, und also nur von negativem Gebrauche."[1] (Man könnte ihn auch in Kants Sinne als „regulativen" Begriff bezeichnen.)

Der Begriff des Dinges an sich ist also einerseits mit keiner ihm korrespondierenden Anschauung verbunden, andererseits ist er aber ein notwendiger Begriff: er ist eine „negative Erweiterung"[2] unseres Verstandes, der sich dadurch zugleich selbst auf die Anwendung der Kategorien auf die Gegenstände möglicher Erfahrung beschränkt. Die Existenz von Dingen an sich kann - da die Erfahrungsgegenstände Erscheinungen sind, und Erscheinungen stets Erscheinungen *von etwas* sind - nicht bezweifelt werden, positive Aussagen über Dinge an sich sind jedoch nicht möglich: der Begriff „Ding(e) an sich" bezieht sich auf etwas, von dem lediglich gesagt werden kann, daß es einerseits die Grundlage der Erscheinungen und andererseits von diesen Erscheinungen fundamental verschieden, d.h. nicht raumzeitlich und kategorial strukturiert ist.

1.4.2 Das Problem der Affektion

Dinge an sich und Gegenstände der Erfahrung stehen also (zumindest nach der am weitesten verbreiteten Interpretation) in einem Verhältnis zueinander, dergestalt, daß jedem Erfahrungsgegenstand auf irgendeine Weise ein Ding an sich „entspricht", daß erfahrene Gegenstände und Dinge an sich einander auf eine nicht näher bestimmte Weise zugeordnet werden können. Den Sinnesgegenständen und den Dingen an sich kommen jedoch keine gemeinsamen Merkmale zu, die Dinge an sich sind nicht raumzeitlich strukturiert und auch keiner kategorialen Ordnung unterworfen. Daraus ergibt sich nun jedoch ein Problem, das so schwerwiegend ist, daß beispielsweise Allison seine Lösung als „the acid test of any interpretation of the thing in itself"[3] bezeichnet: wenn der Bereich der Dinge an sich seinem Wesen nach vom Bereich der Gegenstände der Erfahrung strikt getrennt ist, wie ist es dann zu erklären, daß wir überhaupt Erfahrung von empirischen Gegenständen haben, denen ja bestimmte Dinge an sich jeweils zugeordnet sind? Wie ist der Zusammenhang zwischen den Dingen an sich und den Dingen unserer Erfahrung zu verstehen? Es gilt zu erklären, wie die Dinge an sich in einer Weise auf das Subjekt einwirken, die, in Verbindung mit den ordnungsstiftenden Prinzipien (Raum und Zeit und Kategorien) die Erfahrung von Gegenständen ermöglicht. Auf welche Weise *affizieren* uns die Dinge an sich, wenn angenommen werden muß, daß zwischen Erfahrungsgegenständen und Dingen an sich ein Zusammenhang besteht? - Denn ein solcher Zusammenhang muß wohl angenommen werden, da das Kantische System ansonsten entweder mit einem Idealismus Berkeleyscher Art gleichgesetzt werden müßte, was den Begriff der Dinge an sich überflüssig machen würde, oder aber eine Art von prästabilierter Harmonie zwischen Erfahrungsgegenständen und Dingen an sich angenommen werden müßte, was gewiß nicht Kants Absicht war (und außerdem nur schwer zu erklären wäre).

Daß eine solche Affektion des Subjekts durch Dinge an sich stattfindet, ja stattfinden muß, ist also kaum anzuzweifeln; und einige Stellen aus der Kritik der reinen Vernunft scheinen dies auch zu bestätigen, z.B.:

- „Dagegen enthält die Vorstellung eines Körpers in der Anschauung gar nichts, was einem Gegenstande an sich selbst zukommen könnte, sondern bloß die Erscheinung

---

[1] ebd. B 310 f.
[2] ebd. B 312
[3] Allison, Kant´s Transcendental Idealism S.247

nichts wissen; „was also von uns Noumenon genannt wird, muß als ein solches nur in negativer Bedeutung verstanden werden."[1] Der Begriff „Noumenenon" kann also von uns lediglich im schwächeren Sinne, nämlich im Sinne von „Nicht-Erscheinung" gebraucht werden.

Dieses „Noumenon" im negativen Sinne scheint nun dasselbe zu bezeichnen wie an anderer Stelle der Ausdruck „Ding an sich".[2] Kant spricht wenig später vom „Begriff eines Noumenon, d.i. eines Dinges, welches gar nicht als Gegenstand der Sinne, sondern als ein *Ding an sich selbst* (lediglich durch einen reinen Verstand) gedacht werden soll"[3]. Dieser Begriff sei nun keineswegs widersprüchlich (wie man eventuell meinen könnte, wenn man Kants Ausführungen in der „Transzendentalen Ästhetik" so verstanden hätte, daß die uns gegebene sinnliche Anschauung die einzig mögliche Art von Anschauung überhaupt ist), er ist vielmehr „notwendig, um die sinnliche Anschauung nicht bis über die Dinge an sich selbst auszudehnen, und also, um die objektive Gültigkeit der sinnlichen Erkenntnis einzuschränken [...]."[4] Er ist dennoch problematisch, sofern wir eben über keine ihm entsprechende Anschauung und auch über keinen ihm entsprechenden positiven Begriff verfügen; „Ding an sich" / „Noumenon" ist lediglich „ein Grenzbegriff, um die Anmaßung der Sinnlichkeit

---

[1] ebd. B 309

[2] In der ersten Auflage der Kritik findet sich im Abschnitt „Phaenomena und Noumena" auch noch der Begriff des „transzendentalen Objekts", dessen Bedeutung jedoch umstritten ist. Dieses „transzendentale Objekt" ist weder mit dem „Noumenon" im negativen noch im positiven Sinne identisch. - „Dieses bedeutet aber ein Etwas = x, wovon wir gar nichts wissen, noch überhaupt (nach der jetzigen Einrichtung unseres Verstandes) wissen können, sondern [welches] nur als ein Correlatum der Einheit der Apperzeption zur Einheit des Mannigfaltigen in der sinnlichen Anschauung dienen kann, vermittelst deren der Verstand dasselbe in den Begriff eines Gegenstandes vereinigt." (ebd. A 250) Horst Seidl spricht davon, daß dieses „transzendentale Objekt", der „transzendentale Gegenstand" „innerhalb des Erkenntnisbereiches gleichsam an die Stelle des Dinges an sich [tritt]" (Seidl, Bemerkungen zu Ding an sich und transzendentalem Gegenstand in Kants Kritik der reinen Vernunft S.305) Der „transzendentale Gegenstand" ist weder der Erfahrungsgegenstand noch das Noumenon / Ding an sich, sondern vielmehr „die erforderte Einheit des sinnlich Gegebenen, auf welche dieses durch die Kategorien zu beziehen ist." (ebd. S.311) Wie die Kategorien ist er ein Produkt des Verstandes, das allerdings nur auf die sinnliche Anschauung anwendbar ist. Er ist mit dem Ding an sich gewissermaßen „verwandt", beide sind nicht näher bestimmt, beide existieren außerhalb des Subjekts. Der transzendentale Gegenstand ist jedoch das schlechthin außer dem Subjekt liegende Etwas, auf das sich das Subjekt in der Anschauung äußerer Gegenstände bezieht, es ist das komplementäre Gegenstück zum transzendentalen Subjekt: während das transzendentale Subjekt dasjenige ist, *für das es überhaupt etwas gibt*, ist das transzendentale Objekt eben dasjenige Etwas, *das es überhaupt (für das transzendentale Subjekt) gibt*, sozusagen *das Gegebene überhaupt*; nicht das Ding, sondern das Gegebene an sich. (Seidl gibt allerdings zu bedenken, daß sich dieser Begriff nicht ohne Probleme in Kants System einfügen läßt (vgl. Seidl, Bemerkungen zu Ding an sich und transzendentalem Gegenstand in Kants Kritik der reinen Vernunft S.313 f.; zur Frage nach dem „transzendentalen Objekt" vgl. auch Allison, Kant´s Transcendental Idealism S.244 ff.)

[3] KrV B 310 (kursive Hervorhebung v. Verf.)

[4] a.a.O.; daß Kant hier sagt, die sinnliche Anschauung dürfe nicht „bis *über* die Dinge an sich selbst" ausgedehnt werden, scheint im Widerspruch zu den bisherigen Ausführungen zu stehen, da diese Formulierung insinuiert, daß sich die sinnliche Anschauung auch *auf* die Dinge an sich erstreckt. Der Kontext dieser Formulierung legt jedoch nahe, daß es sich hierbei lediglich um eine etwas unglückliche Formulierung handelt, die durch „bis *auf* die Dinge an sich selbst" o.ä. zu ersetzen wäre.

einzuschränken, und also nur von negativem Gebrauche."[1] (Man könnte ihn auch in Kants Sinne als „regulativen" Begriff bezeichnen.)

Der Begriff des Dinges an sich ist also einerseits mit keiner ihm korrespondierenden Anschauung verbunden, andererseits ist er aber ein notwendiger Begriff: er ist eine „negative Erweiterung"[2] unseres Verstandes, der sich dadurch zugleich selbst auf die Anwendung der Kategorien auf die Gegenstände möglicher Erfahrung beschränkt. Die Existenz von Dingen an sich kann - da die Erfahrungsgegenstände Erscheinungen sind, und Erscheinungen stets Erscheinungen *von etwas* sind - nicht bezweifelt werden, positive Aussagen über Dinge an sich sind jedoch nicht möglich: der Begriff „Ding(e) an sich" bezieht sich auf etwas, von dem lediglich gesagt werden kann, daß es einerseits die Grundlage der Erscheinungen und andererseits von diesen Erscheinungen fundamental verschieden, d.h. nicht raumzeitlich und kategorial strukturiert ist.

1.4.2 Das Problem der Affektion

Dinge an sich und Gegenstände der Erfahrung stehen also (zumindest nach der am weitesten verbreiteten Interpretation) in einem Verhältnis zueinander, dergestalt, daß jedem Erfahrungsgegenstand auf irgendeine Weise ein Ding an sich „entspricht", daß erfahrene Gegenstände und Dinge an sich einander auf eine nicht näher bestimmte Weise zugeordnet werden können. Den Sinnesgegenständen und den Dingen an sich kommen jedoch keine gemeinsamen Merkmale zu, die Dinge an sich sind nicht raumzeitlich strukturiert und auch keiner kategorialen Ordnung unterworfen. Daraus ergibt sich nun jedoch ein Problem, das so schwerwiegend ist, daß beispielsweise Allison seine Lösung als „the acid test of any interpretation of the thing in itself"[3] bezeichnet: wenn der Bereich der Dinge an sich seinem Wesen nach vom Bereich der Gegenstände der Erfahrung strikt getrennt ist, wie ist es dann zu erklären, daß wir überhaupt Erfahrung von empirischen Gegenständen haben, denen ja bestimmte Dinge an sich jeweils zugeordnet sind? Wie ist der Zusammenhang zwischen den Dingen an sich und den Dingen unserer Erfahrung zu verstehen? Es gilt zu erklären, wie die Dinge an sich in einer Weise auf das Subjekt einwirken, die, in Verbindung mit den ordnungsstiftenden Prinzipien (Raum und Zeit und Kategorien) die Erfahrung von Gegenständen ermöglicht. Auf welche Weise *affizieren* uns die Dinge an sich, wenn angenommen werden muß, daß zwischen Erfahrungsgegenständen und Dingen an sich ein Zusammenhang besteht? - Denn ein solcher Zusammenhang muß wohl angenommen werden, da das Kantische System ansonsten entweder mit einem Idealismus Berkeleyscher Art gleichgesetzt werden müßte, was den Begriff der Dinge an sich überflüssig machen würde, oder aber eine Art von prästabilierter Harmonie zwischen Erfahrungsgegenständen und Dingen an sich angenommen werden müßte, was gewiß nicht Kants Absicht war (und außerdem nur schwer zu erklären wäre).

Daß eine solche Affektion des Subjekts durch Dinge an sich stattfindet, ja stattfinden muß, ist also kaum anzuzweifeln; und einige Stellen aus der Kritik der reinen Vernunft scheinen dies auch zu bestätigen, z.B.:
- „Dagegen enthält die Vorstellung eines Körpers in der Anschauung gar nichts, was einem Gegenstande an sich selbst zukommen könnte, sondern bloß die Erscheinung

---

[1] ebd. B 310 f.
[2] ebd. B 312
[3] Allison, Kant´s Transcendental Idealism S.247

von etwas, und die Art, wie wir dadurch *affiziert* werden, und diese Rezeptivität unserer Erkenntnisfähigkeit heißt Sinnlichkeit [...]."[1]
- „[...] wie Dinge an sich selbst (ohne Rücksicht auf Vorstellungen, dadurch sie uns *affizieren*) sein mögen, ist gänzlich außer unserer Erkenntnissphäre."[2]
- „Das sinnliche Anschauungsvermögen ist eigentlich nur eine Rezeptivität, auf gewisse Weise mit Vorstellungen *affiziert* zu werden [...]. Die nichtsinnliche *Ursache* dieser Vorstellungen ist uns gänzlich unbekannt, und diese können wir daher nicht als Objekt anschauen [...]."[3]

Diese und ähnliche Stellen[4] scheinen nahezulegen, daß die Dinge an sich in irgendeiner Weise die *Ursache* der Erscheinungen sind, daß also das Verhältnis zwischen Dingen an sich und Erscheinungen ein *kausales* ist. Dies ist jedoch offensichtlich nicht möglich: daß die Affektion durch die Dinge an sich kausaler Natur ist, ist ausgeschlossen, da Kausalität nach Kant eine Kategorie[5] und als solche ausschließlich auf Erscheinungen, genauer: auf Relationen zwischen Erscheinungen beziehbar ist.

Daraus ergibt sich nun offenbar ein Dilemma: entweder muß angenommen werden, daß die Affektion tatsächlich kausal geschieht - dann ist man gezwungen, entweder den Dingen an sich gewisse fundamentale raumzeitliche Eigenschaften zuzuschreiben und die Kantische Kategorienlehre zu revidieren - , oder aber man nimmt eine andere Art von Affektion an, was die Grenzen von Kants System jedoch genauso überschreiten würde.

Dieses Problem ist eines der tiefsten und schwerwiegendsten der Kantischen Philosophie überhaupt, da diese als ganze von seiner Lösung abhängig zu sein scheint. Dies wurde schon früh erkannt; bereits 1787, also nur sechs Jahre nach Erscheinen der ersten Auflage der *Kritik der reinen Vernunft*, schrieb Friedrich Heinrich Jacobi:

„Ich muß gestehen, daß dieser Anstand mich bey dem Studio der Kantischen Philosophie nicht wenig aufgehalten hat, so daß ich verschiedene Jahre hintereinander die Critik der reinen Vernunft immer wieder von vorne anfangen mußte, weil ich unaufhörlich darüber irre wurde, daß ich ohne jene Voraussetzung [der Affektion] in das System nicht hineinkommen und mit jener Voraussetzung darin nicht bleiben konnte."[6]

Jacobi sagt also sinngemäß, daß Kants Lehre *ohne* die Annahme irgendeiner Art von Affektion im erläuterten Sinne keinen Sinn ergibt, da sie dann nicht geeignet wäre, begreiflich zu machen, welcher Art die Beziehung zwischen Dingen an sich und Erfahrungsdingen ist. *Mit* der Annahme einer solchen Affektion ergibt sie jedoch ebensowenig Sinn, da sie dann offensichtlich einen Widerspruch (zwischen der Annahme einer kausalen Einwirkung durch

---

[1] KrV B 61, zit.n.Adickes, Kant und das Ding an sich S.29 (kursive Hervorhebung v. Verf.)

[2] KrV B 235, zit.n.Adickes, Kant und das Ding an sich S.29 (Hervorhebung v. Verf.)

[3] KrV B 522, zit.n.Adickes, Kant und das Ding an sich S.30 (Hervorhebungen v. Verf.)

[4] vgl. Adickes, Kant und das Ding an sich S.28 ff.

[5] Die Kategorie „der Kausalität und Dependenz (Ursache und Wirkung)" (KrV B 106) ist die zweite Relationskategorie (neben der „der Inhärenz und Subsistenz (substantia et accidens)" (a.a.O.) und der „der Gemeinschaft (Wechselwirkung zwischen dem Handelnden und dem Leidenden)" (a.a.O.)); sie ergibt sich aus der Form des hypothetischen Urteils (vgl. KrV B 95 ff. und B102 ff.).

[6] F.H.Jacobi, David Hume über den Glauben oder Idealismus und Realismus, Breslau 1787, zit.n.Prauss, Kant und das Problem der Dinge an sich S.196 (Einschub von Prauss)

Dinge an sich und der Beschränkung des Gebrauchs der Kategorien auf den Bereich möglicher Erfahrung) enthält.

Ein Versuch, diesem Dilemma zu entkommen, besteht darin, ihm auszuweichen, indem man die „Affektion" nicht im erläuterten Sinne (Dinge an sich affizieren das Subjekt und bringen so in Verbindung mit den reinen Formen der Anschauung und des Denkens die empirischen Gegenstände hervor) versteht, sondern den Begriff auf die Affektion durch *empirische* Dinge bezieht. Die Affektion bestünde demnach in der Einwirkung der physischen Dinge auf unsere physische Erkenntnisausstattung, unsere Sinnesorgane, und wäre somit nicht Gegenstand der Philosophie, sondern einer oder mehrerer Einzelwissenschaften (etwa der Sinnesphysiologie). Damit ist dieser scheinbare Ausweg jedoch bereits als nicht gangbar erwiesen, da in diesem Fall „dieselben Erscheinungen, die wir erst auf Grund der Affection haben, uns eben jene Affection verschaffen sollen" (Vaihinger)[1], das eigentliche - genuin philosophische - Problem ist damit keineswegs aus der Welt geschafft, sondern nur gewissermaßen verdrängt worden: wenn von physischen Gegenständen die Rede ist, die auf andere physische Gegenstände einwirken, so setzt dies das Gegebensein der physischen Gegenstände, das ja gerade begreiflich gemacht werden soll, bereits voraus.

Weder der zu Widersprüchen führende philosophische noch der auf die Einzelwissenschaften verweisende Weg führen also zu einer Lösung der „heikle[n] Frage der Affektion" (Lauener)[2]. Einige Autoren schlagen jedoch einen dritten, die beiden anderen verbindenden Weg, die Annahme einer „doppelten Affektion", vor: dieser Auffassung zufolge findet die Affektion auf zwei Ebenen statt: auf der einen wird das transzendentale Subjekt durch die Dinge an sich, auf der anderen das empirische Ich durch die raumzeitlichen Gegenstände affiziert. Adickes formuliert diesen Ansatz folgendermaßen:

„Die Dinge an sich stehen in rein innerlichen, logisch-teleologischen Beziehungen. Dieser Beziehungen wird mein Ich an sich inne durch außerzeitliche Affektion seitens der andern Dinge an sich, und es stellt diese Beziehungen dann auf Grund eines innern Zwanges vermittelst seiner apriorischen synthetischen Funktionen für sein empirisches Ich in Form von zeitlich-räumlichen Ordnungen dar als dynamische, kontinuierliche Materie (Kraftkomplexe) von solchen und solchen Kräften, Eigenschaften und Gruppierungen in den verschiedenen Teilen des Raumes, darunter auch mein eigener Körper, alles frei von den sekundären Sinnesqualitäten. Damit ist das geschaffen, was der naturwissenschaftliche Realismus voraussetzt. Nun beginnt in dieser vom Ich an sich geschaffenen, vom empirischen Ich vorgefundenen Welt von ´Erscheinungen an sich´ das Spiel der Bewegungen. Die letzteren wirken als Reize auf die Sinnesorgane meines empirischen Ich ein; dieses antwortet auf die Affektion mit Empfindungen, die dann durch die Kategorien als Einheitsfunktionen zu den tönenden, leuchtenden tastbaren usw. Wahrnehmungsgegenständen vereinigt werden."[3]

Adickes versucht also, die beiden Ebenen der Affektion in ein konsistentes und den Rahmen der Philosophie nicht überschreitendes System zu bringen, das eine ebenso konsistente Interpretation der Kantischen Philosophie darstellen soll, die das Problem der Affektion einer

---

[1] Vaihinger, Kommentar zu Kants Kritik der reinen Vernunft II S.53
[2] Henri Lauener, Hume und Kant, Bern 1969, zit.n.Allison, Kant´s Transcendental Idealism S.247
[3] Erich Adickes, Kants Lehre von der doppelten Affektion unseres Ich, Tübingen 1929, zit.n.Prauss, Kant und das Problem der Dinge an sich S. 193 f.

befriedigenden Lösung zuführt. Ob Adickes dies wirklich gelungen ist, ist hier nicht von Belang (Prauss stellt dies entschieden in Abrede, er spricht in Bezug auf die zitierte Stelle (und wohl auch auf Adickes´ Deutung als ganze) von einem „Konglomerat aus schlechter Metaphysik"[1], was angesichts von Ausdrücken wie „rein innerliche, logisch-teleologische Beziehungen", „innerer Zwang" oder „Kraftkomplexe" nicht ganz unberechtigt zu sein scheint); vielmehr steht die genannte Stelle hier exemplarisch für das Konzept der „doppelten Affektion".

Daß diese „doppelte Affektion" das Problem wirklich löst, darf bezweifelt werden; hierfür sprechen zumindest zwei Punkte:

- Das Problem der Affektion des Subjekts durch die Dinge an sich wird auf diese Weise nicht gelöst - auf welche Art die Dinge an sich auf das (transzendentale) Subjekt „einwirken", wird nicht klarer.
- Nach Vaihinger enthält auch die „doppelte Affektion" einen Widerspruch, der darin besteht, daß „eine Vorstellung des transcendentalen Ich nachher für das empirische Ich ein Ding an sich sein soll, dessen Affection nun im Ich ausser und hinter jener transcendentalen Vorstellung des Gegenstandes noch eine empirische ebendesselben Gegenstandes hervorrufen soll."[2]

Die Frage der Affektion scheint also in jedem Fall problematisch zu bleiben. Sie macht deutlich, daß Kants Lehre von den Dingen an sich als ganze zahlreiche Schwierigkeiten enthält, die, wenn überhaupt, dann nur unter allergrößten Schwierigkeiten zu lösen sind. Allerdings gibt es möglicherweise auch eine Möglichkeit, diese Schwierigkeiten zu umgehen: sie besteht darin, den Begriff „Ding(e) an sich" nicht als Bezeichnung eines realen Gegenstandes, sondern lediglich als nützlichen Hilfsbegriff, als „Fiktion" aufzufassen, und damit den erläuterten Schwierigkeiten - allen voran dem Problem der Affektion - zu entgehen.

1.4.3 Dinge an sich als Fiktionen

Wie wir gesehen haben, ist der Begriff des Dings bzw. der Dinge an sich in höchstem Maße problematisch, da er schwerwiegende Probleme aufwirft, die teilweise die gesamte theoretische Philosophie Kants in Frage stellen. Die Annahme der Existenz affizierender Dinge an sich scheint allerdings unausweichlich: den transzendentalen Realismus, also die Annahme, daß die Erfahrungsgegenstände mit den Dingen, wie sie an sich sind, identisch sind, hat Kant, zwar auf indirektem Wege, aber dennoch eindeutig, widerlegt, einen Idealismus nach dem Muster Berkeleys hat er, wenn nicht widerlegt, dann zumindest vehement abgelehnt. Es scheint also tatsächlich keine Alternative zur Annahme der Existenz affizierender Dinge an sich zu geben - mit allen Konsequenzen, d.h. Schwierigkeiten, die sich aus dieser Annahme ergeben.

Tatsächlich gibt es jedoch zumindest eine weitere Option, die darin besteht, zwar den *Begriff* „Ding(e) an sich" beizubehalten, jedoch keine ihm entsprechende(n) Entität(en) anzunehmen: das Ding an sich wird zur *Fiktion* erklärt.

Der prominenteste Vertreter einer solchen Auslegung der Kantischen Ding-an-sich-Lehre war der Kantforscher Hans Vaihinger (1852 - 1933), bekannt als Verfasser eines bis heute verwendeten Kommentars zu den ersten Abschnitten der *Kritik der reinen Vernunft*, der in seinem systematischen Hauptwerk, der *Philosophie des Als Ob* (der das vierte Kapitel der

---

[1] Prauss, Kant und das Problem der Dinge an sich S.194
[2] Vaihinger, Kommentar zu Kants Kritik der reinen Vernunft II S.53

vorliegenden Arbeit gewidmet ist), das Ding an sich zum „mystischen Unbegriff"[1] erklärt. Er beruft sich dabei vor allem auf Stellen aus Kants Opus postumum, denen er entnimmt, daß das Ding an sich für Kant nur eine gedankliche Konstruktion, ein nützlicher Hilfsbegriff sei.[2]

Hier knüpft Vaihinger an, wenn er das Ding an sich nun zur Fiktion in seinem eigenen Sinne erklärt: Kant habe mit „Dingen an sich" keineswegs real existierende Entitäten außerhalb unseres Erkenntnishorizonts gemeint, vielmehr seien „Dinge an sich" lediglich Konstrukte, Produkte unseres Denkens: wir „tun so", wir stellen uns die Welt so vor, *als ob* es Dinge an sich gäbe, die „hinter" den Erfahrungsdingen liegen und uns affizieren; wir betrachten die Welt so, *als ob* es unabhängig von unserer Erkenntnis existierende Dinge gäbe, die zwar einerseits nicht der Kausalität unterworfen, andererseits aber doch Ursache der Erkenntnis (und Existenz) empirischer Gegenstände sind. Dies ist nun keineswegs eine Annahme (Hypothese), sondern eben eine Fiktion: es wird so getan, wir können so denken, *als ob* es Dinge an sich mit diesen widersprüchlichen Eigenschaften gibt, die aber gerade dadurch ausdrücklich als reine „Hirngespinste" gekennzeichnet werden, deren Sinn darin liegt, daß sie es ermöglichen, eine „fiktive" Theorie der Erfahrung zu formulieren, die zwar vorläufigen Charakter haben kann (sie kann durch eine bessere Fiktion, aber möglicherweise auch durch hypothetische Annahmen ersetzt werden), aber dennoch keine „echte" philosophische Annahme ist. - „[...] man muß (wir sind vermöge unseres diskursiven Denkens dazu gezwungen) das wirkliche Sein so betrachten, als ob es Dinge an sich gebe, welche auf uns wirken, und dann die Vorstellung der Welt in uns hervorbringen." (Vaihinger)[3]

Vaihingers Absicht ist also, dem Problem der Dinge an sich mit einer offen als solcher deklarierten Scheinlösung entgegenzutreten: wenn es nicht gelingen will, Kants Lehre von den Dingen an sich widerspruchsfrei zu interpretieren, wird zu einer fiktiven Erklärung gegriffen, die zwar einen eklatanten Widerspruch enthält, aber auch nicht den Anspruch erhebt, *tatsächlich* etwas über irgendetwas auszusagen: sie ist sozusagen das philosophische Pendant eines Potemkinsches Dorfes; sie ist ein Ersatz für die Erklärung von etwas, das sich offensichtlich nicht erklären läßt.

Es ist nicht immer leicht, Vaihingers Auslegung von Kants Aussagen zum Ding an sich von seiner eigenen Position zu unterscheiden; er scheint die eben erläuterte fiktionale Auffassung des Dinges an sich aber auch durchaus bei Kant selbst zu orten: Kant habe diesen Begriff demnach ausschließlich in dem dargelegten Sinne gebraucht, die Dinge an sich seien für ihn bloße Fiktionen in Vaihingers Sinne gewesen.

Gegen eine solche Auffassung lassen sich jedoch zumindest zwei Kritikpunkte anbringen:
- Auch in der *Kritik der reinen Vernunft* findet man durchaus Stellen, in denen Kant die Dinge an sich zu reinen Gedankendingen zu erklären scheint[4], allerdings lassen sich

---

[1] Vaihinger, Philosophie des Als Ob S.83
[2] vgl. Vaihinger, Philosophie des Als Ob S.722 ff.
[3] Vaihinger, Philosophie des Als Ob S.113
[4] z.B.: „Der Begriff eines Noumenon ist also bloß ein Grenzbegriff, um die Anmaßung der Sinnlichkeit einzuschränken, und also nur von negativem Gebrauche. Er ist aber gleichwohl nicht willkürlich erdichtet, sondern hängt mit der Einschränkung der Sinnlichkeit zusammen, *ohne doch etwas Positives außer dem Umfange derselben setzen zu können.*" (KrV B 310 f.; kursive Hervorhebung v. Verf.) Diese Formulierung scheint nahezulegen, daß dem Begriff des Noumenon / Ding an sich auch außerhalb des Bereichs der Sinnlichkeit kein wie auch immer gearteter Gegenstand entspricht.

wesentlich mehr Stellen finden, an denen Kant die Dinge an sich in einer Weise als real kennzeichnet, die eine Auslegung in Vaihingers Sinn ausschließt.[1]

- Gegen Vaihingers Auslegung spricht vor allem der Umfang und der Begriffsapparat der *Kritik der reinen Vernunft*: die Kant von Vaihinger unterstellte Position - ein dogmatisch-skeptischer Phänomenalismus - wäre mit einfacheren Mitteln als denen der *Kritik* darstellbar. Wenn Vaihingers Meinung, Kants „Dinge an sich" seien nicht mehr als nützliche Hilfsbegriffe, tatsächlich zutreffen sollte, wären große Teile zumindest der „Transzendentalen Analytik" überflüssig und es gäbe keinen einsichtigen Grund, aus dem Kant sich die Mühe gemacht haben sollte, sie so ausführlich (und oft schwerverständlich) darzulegen, wie er es eben getan hat: Vaihingers Auslegung erklärt wichtige Abschnitte von Kants Hauptwerk für überflüssig und hebt somit Kants System als ganzes auf.

Damit soll natürlich nicht gesagt werden, daß eine Auslegung der „Dinge an sich" als reine Fiktionen auszuschließen ist (Vaihingers Zitate aus dem Opus postumum lassen eine entsprechende Deutung der Spätphilosophie Kants durchaus zu), es soll vielmehr darauf hingewiesen werden, daß sie von dem, was Kant in seinem Hauptwerk sagt, weit entfernt ist und vor allem dem tatsächlichen Problem ausweicht. Eine wirkliche Antwort auf die Frage nach dem Wesen und den Eigenschaften von „Dingen an sich" ist auf diese Weise nicht zu erlangen.[2]

1.5 Konstitutionstheorie und Subsumtionstheorie (nach W. Röd)[3]
1.5.1 Die Konstitutionstheorie als Voraussetzung des Affektionsproblems

Wie eben erläutert, besteht die vielleicht größte Schwierigkeit der Kantischen Philosophie in der ungeklärten Frage nach der Art der Beziehung zwischen Dingen an sich und Erfahrungsgegenständen: *daß* Erfahrungsgegenständen in irgendeiner Weise Dinge an sich (nicht nur als Fiktionen) entsprechen, scheint klar zu sein - *wie* man sich diese Beziehung vorzustellen hat, bleibt jedoch unklar. Auch bei genauerer Betrachtung scheint es zunächst keine Alternative zu der Annahme zu geben, daß zwischen Dingen *an sich* und Dingen *für uns* eine Relation besteht, die zumindest formal der Affektion im kausalen Sinne ähnelt: die Dinge, wie immer sie an sich selbst beschaffen sein mögen, müssen, wenn schon nicht „Ursache", dann zumindest in irgendeinem Sinne des Wortes „Grund" für die (Existenz der) Erfahrungsgegenstände sein. Wie in Abschnitt 1.4 erläutert, handelt es sich hierbei ganz offensichtlich um ein schwerwiegendes, die Kantische Philosophie als ganze in Frage stellendes Problem.

---

[1] Hier wären beispielsweise einige der in Abschnitt 1.4.1 zitierten Stellen zu nennen.
[2] In einem weiten Sinne könnte man Prauss´ Lösung als mit der Erklärung der unabhängig existierenden Dinge an sich zu Fiktionen verwandt betrachten: Nach Prauss bezeichnet der Ausdruck „Dinge an sich" keine eigenständigen Entitäten, sondern ist lediglich eine veküzte Form von „Dinge an sich selbst betrachtet" (vgl. Prauss, Kant und das Problem der Dinge an sich, wo diese Auffassung und ihre Konsequenzen ausführlich dargelegt werden).
[3] Dieser Abschnitt beruht auf den Ausführungen in Röd: Zur psychologischen Deutung der Kantischen Erfahrungstheorie, Das Realitätsproblem in der Transzendentalphilosophie und Der Kritizismus als universale Deutungstheorie; auf diese Arbeiten wird im folgenden (außer bei Zitaten) nicht mehr eigens verwiesen.

Um ein philosophisches Problem aus der Welt zu schaffen, ist es jedoch nicht immer notwendig, es direkt zu lösen. Der philosophischen Denkweise ist es viel eher angemessen, es zuerst auf seine systematischen Voraussetzungen hin zu untersuchen und sich erst dann, wenn sich diese als stabil und unhintergehbar erwiesen haben, an einer direkten Lösung zu versuchen.

Wendet man dieses Verfahren auf die Frage nach der Art der „Affektion" durch die Dinge an sich an, so zeigt sich, daß sich das Problem in seiner ganzen Schwere nur dann stellt, wenn davon ausgegangen wird, daß die Relation zwischen Dingen an sich und Erfahrungsgegenständen sich von den entsprechenden Relationen in vorkantischen Erkenntnismodellen nicht wirklich fundamental unterscheidet: Empiristen wie Rationalisten haben ein Modell der Erkenntnis angenommen, das im wesentlichen darin besteht, daß das Subjekt passiver „Empfänger" von „Daten" im weitesten Sinne ist, daß sich die Erkenntnis also in passiver Weise nach den Objekten richtet. Dieses Modell läßt sich veinfacht in folgendem Diagramm darstellen:

$$O \rightarrow S$$

Voraussetzung für die Frage nach der Affektion durch Dinge an sich ist nun offensichtlich die Auslegung des Kantischen Erfahrungsmodells in Analogie zu diesem Schema. Dem Sich-Richten der Gegenstände nach unserer Erkenntnisausstattung entspräche demnach lediglich die Einführung einer Art *black box*, so daß sich das Kantische Modell von Erfahrung folgendermaßen darstellen würde:

$$O \rightarrow \_ \rightarrow S$$

Erkenntnis bestünde demgemäß darin, daß die von den Dingen an sich ausgehenden Wirkungen auf irgendeine Weise durch diese *black box* zu raumzeitlich und kategorial geordneten Dingen „umgearbeitet" werden, und diese „umgearbeiteten" Dinge hernach für das empirische Subjekt zu Gegenständen von Erfahrung werden. Eine Spielart dieses Modells ist die bereits oben (in Zusammenhang mit Paton) ins Spiel gebrachte „Brillen-Analogie", die sich auch in Jostein Gaarders „Roman über die Geschichte der Philosophie", *Sofies Welt*, findet:

> „Sofie setzte sich die Brille auf die Nase. Alles um sie herum färbte sich nun rot. Die hellen Farben wurden hellrot, die dunklen dunkelrot.
>
> ´Was siehst du?´
>
> ´Ich sehe genau dasselbe wie vorher, nur ist alles rot.´
>
> ´Das liegt daran, daß die Brillengläser festlegen, wie du die Wirklichkeit erlebst. Alles, was du siehst, ist Teil einer Welt außerhalb deiner selber; aber *wie* du alles siehst, hängt auch mit den Brillengläsern zusammen. Du kannst ja nicht behaupten, die Welt *sei* rot, auch wenn sie dir im Moment so erscheint.´ [...]
>
> ´Die Brille ist die Voraussetzung dafür, wie du die Welt siehst. Und genauso, meinte Kant, liegen auch Voraussetzungen in unserer Vernunft, die alle unsere Erfahrungen prägen.´"[1]

Das Rot-Sehen durch die rote Brille wird hier also mit der raumzeitlich und kategorial geordneten Erfahrung überhaupt verglichen: wir nehmen die Gegenstände demgemäß als raumzeitlich und kategorial geordnete wahr, weil wir gewissermaßen eine „raumzeitliche und

---

[1] Gaarder, Sofies Welt S.383

kategoriale Brille" tragen, die wir nicht „abnehmen" können und die alle unsere Erfahrungen in einer bestimmten Weise „formt".[1]

Diese und ähnliche Auslegungen des Kantischen Modells von Erfahrung nehmen also an, daß die Dinge an sich gewissermaßen das „Rohmaterial" der Erfahrung darstellen, das von unserer Erkenntnisausstattung „verarbeitet", nämlich raumzeitlich und kategorial „geformt" wird, woraus sich schließlich als „Endprodukt" die Erfahrungsgegenstände ergeben. Man spricht hierbei von der **Konstitutionstheorie** der Erkenntnis: die Erfahrungsgegenstände werden in einer Art „Erfahrungsfabrik" aus dem „Rohstoff", den Dingen an sich, geformt, „konstituiert".

Eine konstitutionstheoretische Auslegung der Kantischen Philosophie[2] stößt jedoch auf zumindest zwei miteinander verbundene fundamentale Probleme, von denen das erste der Ausgangspunkt unserer Überlegungen war:

- Die Konstitutionstheorie verlangt die Auffassung der Beziehung zwischen Dingen an sich und Erfahrungsgegenständen wie erläutert im Sinne der Affektion, bietet jedoch keine echte Erklärung von Möglichkeit und Art dieser Affektion an: die Erklärung, daß unsere Erkenntnisausstattung das von den Dingen an sich stammende „Rohmaterial" zu Erfahrungsgegenständen „verarbeitet", verlagert das Problem nur derart, daß nun zu fragen ist, wie diese „Bearbeitung" vor sich geht, wenn das „Endprodukt" schließlich keinerlei Gemeinsamkeiten mit dem „Rohmaterial" mehr aufweist. – „Solange man auf dem Standpunkt der Konstitutionstheorie verbleibt, müssen die Dinge an sich einer Welt zugeschrieben werden, die von der Welt der Erscheinungen getrennt ist, zugleich aber in Beziehungen zu ihr steht, namentlich in der Beziehung der Affektion durch das Ding an sich." (Röd)[3] Die Konstitutionstheorie bietet also keine Erklärung für die geheimnisvolle Art der Überbrückung der Kluft zwischen Dingen an sich und Erfahrungsgegenständen, die mit dem Ausdruck „Affektion" bezeichnet wird.

---

[1] Der „Brillen-Vergleich" besitzt eine Schwäche, die ihn zur Illustration des Kantischen Standpunkts von vornherein ungeeignet macht: sowohl ohne als auch mit Brille werden stets Gegenstände möglicher Erfahrung wahrgenommen. Das dürfte auch Paton gemeint haben, wenn er sagt, daß „there is no way of studying the necessary laws of blueness [in seinem Beispiel sind die Brillengläser blau gefärbt] in abstraction, and thereby determining *a priori* the character of all possible [blue] objects." (siehe Abschnitt 1.1.1)

[2] Tatsächlich finden sich in der *Kritik der reinen Vernunft* Stellen, die eine Auslegung im Sinne der Konstitutionstheorie nicht nur erlauben, sondern geradezu zu fordern scheinen. All diesen Äußerungen ist jedoch eines gemeinsam: sie beziehen sich auf Prozesse innerhalb der *black box*, die mit dem Verstand bzw. der Vernunft identisch ist. Kant spricht z.B. von den „ersten Keimen und Anlagen" (KrV B 91) der Kategorien. Dieser und ähnlichen Äußerungen ist jedoch eines gemeinsam: Kant bedient sich in ihnen einer psychologischen (an manchen Stellen sogar einer physiologischen) Terminologie: es geht in ihnen also um die Frage nach den *psychischen Prozessen*, die die Erfahrungsgegenstände hervorbringen. Derartige Erläuterungen betreffen jedoch *nicht* die transzendentalphilosophische Frage nach der Konstitution der Gegenstände der Erfahrung: sie sind vielmehr psychologischer Natur und somit Inhalt der Psychologie als empirischer Einzeldisziplin. Die eigentliche Frage ist hingegen *transzendentalphilosophischer* Natur und somit mit den Mitteln und der Terminologie der Psychologie nicht zu beantworten. (vgl. dazu Röd, Zur psychologischen Deutung der Kantischen Erfahrungstheorie)

[3] Röd, Das Realitätsproblem in der Transzendentalphilosophie S.436

- Damit verbunden ist ein weiterer problematischer Begriff, der des „Gegebenen": „Nimmt man an, daß das Subjekt den Gegenstand der Erfahrung mit Hilfe von Verstandesbegriffen formt, dann muß etwas anschaulich Gegebenes angenommen werden, das der Formung zugrunde liegt. Da aber auch die Anschauung nicht unabhängig von Kategorien möglich ist, lassen sich letzten Endes nur ungeordnete Daten bzw. Empfindungen als gegeben betrachten. Damit wird der Ausdruck ´gegeben´ fragwürdig: Das, was als ´gegeben´ gilt, kann gar nicht im eigentlichen Wortsinn gegeben sein, da es nichts Gegenständliches mehr ist." (Röd)[1]

Diese Probleme ergeben sich eben aus der konstitutionstheoretischen Auslegung des Kantischen Erkenntnismodells: sie wären vermutlich zu vermeiden, wenn es gelänge, die Konstitutionstheorie durch eine andere Auffassung der „Kopernikanischen Wende" zu ersetzen. Tatsächlich ist eine solche Alternative bereits bei Kant selbst angedeutet: die Konstitutionstheorie kann zugunsten der **Subsumtionstheorie** verworfen werden.

1.5.2 Die Subsumtionstheorie als Alternative

Eine andere als die konstitutionstheoretische Auslegung ist tatsächlich bei Kant selbst zu finden; die gewissermaßen programmatische Stelle findet sich in der 1796 erschienenen Schrift *Von einem neuerdings erhobenen vornehmen Ton in der Philosophie*: Kant kritisiert „[die] wegwerfende Art, über das Formale in unserer Erkenntnis (welches doch das hauptsächlichste Geschäft der Philosophie ist) als eine Pedanterei, unter dem Namen ´einer Formgebungsmanufaktur´ abzusprechen"[2]; das Sich-Richten der Gegenstände nach unserer Erkenntnisausstattung ist nicht (wie die Konstitutionstheorie besagt) „eine plan- oder gar fabrikenmäßig [...] eingerichtete willkürliche Formgebung, sondern eine vor aller das gegebene Objekt handhabenden Manufaktur, ja ohne einen Gedanken daran, vorhergehende fleißige und sorgsame Arbeit des Subjekts, sein eigenes (der Vernunft) Vermögen aufzunehmen und zu würdigen [...]."[3]

Die Subsumtionstheorie betrachtet das Erkennen von Gegenständen nicht (wie die Konstitutionstheorie) als - im wesentlichen - passives Geschehen, sondern als prinzipiell aktive Erkenntnis*tätigkeit*: „Der Subsumtionstheorie zufolge werden Vorstellungen nicht dadurch auf Dinge bezogen, daß Erscheinungen auf Grund subjektiver Vermögen konstituiert werden, sondern dadurch, daß das denkende Subjekt innerhalb eines theoretischen Rahmens gegebene Inhalte interpretiert." (Röd)[4] Jegliche Erkenntnis beruht demzufolge auf einer *Deutung*: Erkanntes ist stets schon Gedeutetes, die Gegenstände der Erfahrung sind niemals einfach „gegeben", sie sind vielmehr stets schon von uns innerhalb eines Deutungsrahmens interpretiert, immer schon Resultat von Deutungen, immer schon Ge- und Erdeutetes.[5]

---

[1] ebd.S.433

[2] Von einem neuerdings erhobenen vornehmen Ton in der Philosophie S.394; vgl. Röd, Zur psychologischen Deutung der Kantischen Erfahrungstheorie S.13

[3] Von einem neuerdings erhobenen vornehmen Ton in der Philosophie S.395; vgl. Röd, Zur psychologischen Deutung der Kantischen Erfahrungstheorie S.13

[4] Röd, Das Realitätsproblem in der Transzendentalphilosophie S.431

[5] Genaugenommen müßte hier strikt zwischen den Ausdrücken „*Ge*deutetes" und „*Er*deutetes" unterschieden werden: *Ge*deutetes ist das, *was* gedeutet wird, d.h. die „Basis" der Deutung, *Er*deutetes hingegen dasjenige, *als das* es gedeutet wird. Ich folge dieser Unterscheidung nicht und verwende die beiden Ausdrücke hier synonym im Sinne des Resultates einer Deutung.

Im Sinne dieses deutungstheoretischen Ansatzes ist Erkennen stets eine dreistellige Relation: das formale Schema von Erkenntnis lautet nicht: „Jemand erkennt etwas." - „Wer die Erkenntnisrelation für zweistellig hält, faßt das Erkennen als eine prinzipiell von Deutungen unabhängige Beziehung zwischen dem Subjekt und dem Objekt auf. Er meint, daß Objekte gegeben seien und unmittelbar erfaßt werden könnten. Das Erkennen stellt sich ihm als eine Art geistiger Schau dar, es hat intuitiven Charakter. Es genügt dieser Ansicht nach, etwas Vorhandenes zur Kenntnis zu nehmen." (Röd)[1] Der den aktiven Charakter der Erkenntnis betonenden Deutungstheorie zufolge ist die Subsumtionsrelation aber vielmehr eine dreistellige: „Jemand erkennt etwas *als etwas*." In der Erkenntnis wird etwas erst zum Erkannten *gemacht*, als ein spezifisches Erkanntes *bestimmt*. - „Dieses Bestimmen ist ein Deuten, ein Interpretieren. Man kann verdeutlichend auch sagen: Ich erkenne etwas, das als ein so und so beschaffenes Etwas gedeutet ist. Wenn ich z.B. ein Ding als Hammer erkenne, dann heißt das, daß ich es als etwas betrachte, das für bestimmte Verrichtungen geeignet ist und in Hinblick auf sie hergestellt wurde. Wüßte ich nicht von bestimmten Verrichtungen, wie dem Einschlagen von Nägeln, dann könnte ich das Ding nicht als Hammer deuten."[2]

Das als Deuten verstandene Erkennen hat stets die Form eines Urteils; das Bestimmen von etwas *als etwas* ist ein Urteil, die aktive Anwendung eines Deutungsrahmens auf ein noch ungedeutetes Etwas. Diese *aktive* Erkenntnis, das Deutungs-Urteil darf jedoch nicht psychologisch verstanden, nicht mit dem Deutungs- oder Urteils*akt* verwechselt werden: „Zwar kann man auch die Vorgänge untersuchen, die bei Deutungen bzw. bei Urteilen eine Rolle spielen, aber dann befindet man sich nicht mehr im Bereich der Transzendentalphilosophie, sondern im Bereich der Psychologie, so wie es sich nicht mehr um eine arithmetische, sondern um eine psychologische Untersuchung handelt, wenn man die psychischen Vorgänge beim Addieren untersucht." (Röd)[3] Was mit der Deutung gemeint ist, ist nicht der Deutungs*akt*, sondern das Deutungs-Urteil selbst: dieses besteht in der *Subsumtion* von etwas unter bestimmte Begriffe, Grundsätze und Gesetzmäßigkeiten, die den Deutungsrahmen, den kategorialen Rahmen des Deutungsurteils bilden: das Subjekt ist nicht passiv Wahrnehmendes, auf das Eindrücke von außen einwirken, d.h. es wird nicht von „außen" affiziert, sondern er-deutet[4] und konstruiert aktiv die Gegenstände, die schließlich die Gesamtheit der Erfahrungen des empirischen Subjekts ausmachen.

Die subsumtions- bzw. deutungstheoretische Auslegung der Kantischen Philosophie ist bei Kant selbst zugrundegelegt; so heißt es beispielsweise in der bereits zitierten Schrift *Von einem neuerdings erhobenen vornehmen Ton in der Philosophie*, daß „die Metaphysik, als reine Philosophie, ihr Erkenntnis zuoberst auf **Denkformen** gründet, unter welche nachher jedes Objekt (Materie der Erkenntnis) *subsumiert* werden mag"[5]; und auch andere Stellen legen in

---

[1] Röd, Der Kritizismus als universale Deutungstheorie S.12
[2] a.a.O.; vgl. dazu Prauss, Erscheinung bei Kant S.48: „Denn [...] mit ´deuten´ meint man ein Bestimmen, das sich aber als ein ganz besonderes auszeichnet, weil man mit einer Deutung eben nicht bei d e m, w a s man deutet, stehen bleibt, sondern es gerade überschreitet und erst bei etwas ganz anderem halt macht. Was in deutendem Bestimmen bestimmt wird, ist niemals das Gedeutete, sondern ausschließlich das dadurch E r deutete: das im Vollzug der Deutung e r zielte E r gebnis."
[3] Röd, Das Realitätsproblem in der Transzendentalphilosophie S.431
[4] Diese Ausdrucksweise stammt von Gerold Prauss (siehe Kapitel 6).
[5] Von einem neurdings erhobenen vornehmen Ton in der Philosophie S.394 (kursive Hervorhebung v. Verf.)

ähnlich expliziter Weise eine Auslegung im Sinne der Subsumtionstheorie nahe[1], die ein verändertes Licht auf die im Kontext der Kantischen Philosophie zu stellende Frage nach der Realität wirft.

1.5.3 Konsequenzen der Subsumtionstheorie für die Kantische Philosophie

1.5.3.1 Die Funktion der Anschauungs- und Denkformen

Die subsumtionstheoretische Auslegung des Kantischen Systems betrifft dieses als ganzes, d.h. seine diversen, in der *Kritik der reinen Vernunft* ausgeführten Details bedürfen in ihrem Kontext keiner Revision: es ist vielmehr die Grundidee der „Kopernikanischen Wende", die einer Neubewertung unterzogen wird. Unter den Bedingungen der subsumtionstheoretischen bzw. interpretationistischen Auslegung wird die theoretische Philosophie Kants als ganze als deutungstheoretischer Entwurf betrachtet, der dem Zweck dient, Erfahrung überhaupt in der Weise begreiflich zu machen, daß diese als aktives deutendes Vorgehen des Subjekts angesehen wird. Im Detail bedeutet dies, daß die allgemeinen Formen der Anschauung und des Denkens im Sinne oberster Prinzipien der Interpretation zu verstehen sind:

Raum und Zeit sind auch unter den Bedingungen der Subsumtionstheorie reine Anschauungsformen, jedoch eben nicht in dem Sinne, daß wir eine raumzeitliche „Brille" trügen, die uns, wie eine Brille mit roten Gläsern alles rot erscheinen läßt, alle äußeren Gegenstände als räumlich erfahren ließe. Als „Ordnungsschema [...], mit dessen Hilfe das Subjekt Daten ordnet" (Röd)[2] ist der Raum ein apriorisches Erkenntnisprinzip in dem Sinne, daß er „unabhängig von Beobachtungen gebildet" (Röd)[3] und dem Raum, innerhalb dessen uns Erfahrungsgegenstände begegnen dergestalt „vorgelagert" ist, daß er Bedingung der Möglichkeit der Erdeutung, der deutenden Konstruktion räumlicher Gegenstände und Verhältnisse ist. Ebenso nehmen wir die Dinge nicht durch die „zeitliche Brille" wahr; auch die Zeit ist vielmehr ein allgemeiner Deutungsrahmen, innerhalb dessen Gegenstände der (äußeren und inneren) Erfahrung erdeutet bzw. interpretierend konstruiert werden.

Entsprechendes gilt natürlich auch für die **Kategorien** als reine Verstandesbegriffe: auch sie sind Interpretationsprinzipien, ein allgemeinster begrifflicher Deutungsrahmen, der der neuerlichen Deutung der durch Raum und Zeit erdeuteten Anschauungen dient.

1.5.3.2 Konsequenzen für die Realitätsfrage

Kants Grundsatz, daß sich nicht unsere Erkenntnis nach den Gegenständen, sondern die Gegenstände nach unserer Erkenntnis(ausstattung) richten, kommt unter den Bedingungen der Subsumtionstheorie in einer Weise zur Anwendung, die Kants Ausdrucksweise in wesentlich größerem Umfange gerecht wird als dies unter den Bedingungen der Konstitutionstheorie der Fall ist: daß sich die Gegenstände nach unserer Erkenntnis richten, bedeutet nicht einfach ein durch einen „Filter" von Anschauungs- und Denkformen sozusagen „verzerrtes" passives Affiziertwerden des Subjekts durch das Objekt, sondern vielmehr eine „Tätigkeit", eine Aktivität des Subjekts, das sich die Gegenstände erst deutend konstruiert und erschließt. - „Wenn Kant erklärte, das Subjekt schreibe der Natur Gesetze vor, dann ist nichts anderes gemeint, als daß die Natur die mit Hilfe der vom Subjekt geschaffenen Grundsätze

---

[1] vgl. Röd, Zur psychologischen Deutung der Kantischen Erfahrungstheorie S.19 ff.
[2] Röd, Der Kritizismus als universale Deutungstheorie S.19
[3] ebd. S.20

interpretierte Wirklichkeit ist und daß es unabhängig von dieser Interpretation für uns gar keine Wirklichkeit gibt." (Röd)[1]

Hieraus ergibt sich nun die Frage, inwieweit - wenn überhaupt - von einer Realität „jenseits" aller Deutungen, und von „Dingen an sich", gesprochen werden kann. Wenn die Gegenstände der Erfahrung stets abhängig von Deutungen, also immer schon Erdeutetes sind, so muß es *etwas* geben, *wovon* diese Deutungen sind; es muß ein „Material von Deutungen" (Röd)[2] in irgendeiner Weise gegeben sein. (Daraus, daß die Erfahrungsgegenstände immer schon interpretierte sind, folgt ja nicht, daß es so etwas wie eine ungedeutete „Wirklichkeit an sich" nicht gibt - ganz im Gegenteil folgt aus der Struktur der dreistelligen Deutungsrelation, daß es eine solche „fundamentale" Realität geben *muß*.)

An dieser Stelle könnte der Einwand vorgebracht werden, daß die Beschreibung von etwas als „Ungedeutetes" bereits wieder eine Art von Deutung darstellt, daß also die Basis jeder Deutung wiederum ein in anderer Weise Gedeutetes sein muß. Andererseits läßt sich der Rückgang von je einer Deutung zu ihrer „Basis", dem in ihr Gedeuteten, das aber selbst stets wieder als Resultat einer Deutung verstanden wird, nicht ad infinitum fortführen. Zumindest als Grenzbegriff muß also der Begriff eines „schlechthin Ungedeuteten" gedacht werden können. - „Man denkt dann nichts mehr, das erfahren bzw. als Gegenstand gegeben werden könnte; man denkt aber etwas, das unabhängig von Deutungen ist [...]." (Röd)[3] Tatsächlich fordern der Begriff „Deutung" und das Prinzip der Interpretation etwas „vor" aller Deutung Existierendes, von aller Deutung Unabhängiges, d.h. also, daß „die Anerkennung einer allen Deutungen zugrunde liegenden Wirklichkeit der These der Deutungsabhängigkeit aller bestimmten Gegenstände nicht nur nicht widerspricht, sondern mit ihr notwendig verbunden ist; sie gehört daher wesentlich zur Interpretationstheorie." (Röd)[4] Die Interpretations-bzw. Subsumtionstheorie läßt also so etwas wie „Dinge an sich" nicht nur zu, sondern unterstellt sie als Notwendigkeit. Die so verstandenen „Dinge an sich" stellen jedoch kein unüberwindliches Hindernis für das Verständnis der Kantischen Philosophie dar, wie es unter den Bedingungen der Konstitutionstheorie der Fall ist: zwar ist die „Welt an sich", als Ungedeutetes, uns nicht zugänglich, was jedoch nicht bedeutet, daß die Kluft zwischen (ungedeuteten) Dingen an sich und Erfahrungsgegenständen so unüberwindlich wäre, wie sie unter den Voraussetzungen der Konstitutionstheorie erscheint: Unter den Bedingungen der Subsumtionstheorie kann (sozusagen guten Gewissens, aber über Kant hinausgehend) angenommen werden, daß die Dinge an sich gewisse fundamentale Qualitäten mit den Erfahrungsgegenständen teilen. So kann z.B. den Dingen bzw. der Welt an sich ein fundamentales Nebeneinander und Nacheinander zugesprochen werden, welches *im Rahmen* einer raumzeitlichen Deutung zu dem wird, was wir als Gegenstände in Raum und Zeit erfahren.[5] Es kann ein „deutungsunabhängiges Residuum" (Röd)[6], eine deutungsunabhängige Realität angenommen werden, deren allgemeinste Bestimmungen denen der Erfahrungswelt zugrundeliegen und daher im weitesten Sinne ähnlich sind, die aber in der Erfahrungswelt nur als in bestimmter Weise *gedeutet* auftreten.

---

[1] ebd. S.40
[2] ebd. S.46
[3] Röd, Das Realitätsproblem in der Transzendentalphilosophie S.437
[4] ebd. S.438
[5] vgl. dazu auch Röd, Erfahrung und Reflexion S.178 ff.
[6] Röd, Der Kritizismus als universale Deutungstheorie S.47

Diese Position kann als ontologisch realistisch, allerdings im wohl schwächsten denkbaren Sinne des Begriffs, bezeichnet werden. Sie ist ein „rudimentärer Realismus" (Röd)[1], der die tatsächliche Existenz einer Realität annimmt, die allerdings, wie sie an sich sein mag, nicht erkennbar ist. Mit der empirischen Realität hat sie allgemeinste Formen gemeinsam, die jedoch als Erkannte stets Deutungen unterworfen sind.

Im Kontext der Kantischen Philosophie bedeutet dies: die deutungstheoretische Auffassung erlaubt es, Kants großen Entwurf, dessen Ausgangspunkt die „Kopernikanische Wende" ist, beizubehalten, ohne jedoch mit den Problemen konfrontiert zu werden, die unter den Bedingungen der Konstitutionstheorie das gesamte Gebäude der Kantischen Transzendentalphilsophie in Frage stellen:

Auch unter den Bedingungen der Subsumtionstheorie bleibt die Verbindung von transzendentalem Idealismus und empirischem Realismus bestehen: der „rudimentäre Realismus" ist auch ein empirischer Realismus, insofern die auf Deutungen beruhende empirische Wirklichkeit in der „Erkenntnispraxis" nicht hintergehbar ist, d.h. ich kann mir durchaus die „Gedeutetheit" der empirischen Welt bewußt machen, dies ändert jedoch nichts daran, daß sie die einzige für mich zugängliche Wirklichkeit bleibt. Es ändert sich nichts im Umgang mit den Gegenständen und nichts im Sprachgebrauch: die Wirklichkeit, in der wir immer schon leben, wird durch die Deutungstheorie nicht in Frage gestellt, sondern vielmehr begreiflich gemacht. Andererseits ist diese Wirklichkeit auch unter dem interpretationistischen Gesichtspunkt transzendental ideal, da sie eben als ge- bzw. erdeutete herausgestellt wird, die mit der ungedeuteten Realität an sich nur allgemeinste Formen gemeinsam hat, die jedoch in der Erfahrung auch schon stets in einer gewissen Weise gedeutet sind.

Damit werden auch Kants Aussagen zum „Ding an sich" nicht außer Kraft gesetzt: die Kluft zwischen der sozusagen „durchdeuteten" Erfahrungswelt und der Welt, wie sie unabhängig von jeglicher Deutung sein mag, bleibt epistemisch unüberbrückbar. Über Dinge an sich können wir mit Ausnahme ihrer „Ungedeutetheit" (die jedoch ein für uns abstrakter Begriff bleiben muß) nichts aussagen; und die Gemeinsamkeiten zwischen „Welt an sich" und Erfahrungswelt sind eben rudimentär, insofern uns auch die allgemeinsten Formen der Realität nur in bestimmten Aus-Formungen, sprich: Deutungen zugänglich sind.

Die Relation zwischen Dingen an sich und Erfahrungsgegenständen liegt also auf zwei unterschiedlichen Ebenen: einerseits besitzen die beiden „Wirklichkeitssphären" rudimentäre Gemeinsamkeiten, andererseits ist die Kluft, die die beiden trennt, (für uns) unüberbrückbar. Dennoch sind „Dinge an sich" und „Erfahrungsgegenstände" nur zwei Seiten derselben Medaille, unterschiedliche Aspekte desselben fundamentalen Gegenstandes, und somit untrennbar miteinander verbunden. Sie sind verschiedene Betrachtungsweisen ein und desselben „Dings", woraus u.a. folgt, daß eine Affektion im in Abschnitt 1.4.2 dargelegten Sinne nicht angenommen zu werden braucht: die Erfahrungsgegenstände sind lediglich Deutungen dessen, was auch unter den Bedingungen der Subsumtionstheorie als „Dinge an sich" bezeichnet werden kann - ohne die Schwierigkeiten, die dieser Begriff unter den Bedingungen der Konstitutionstheorie mit sich bringt.[2]

Die Kantische Philosophie wird unter den Bedingungen der interpretationistischen Auslegung in einer Weise neu bewertet, die manche Schwierigkeiten (im positiven Sinne) umgeht, ohne

---

[1] Röd, Das Realitätsproblem in der Transzendentalphilosophie S.441
[2] vgl. dazu z.B. Prauss, Kant und das Problem der Dinge an sich S.197 ff.

ihnen (im negativen Sinne) auszuweichen. Gleichzeitig sind auch die Widerlegungen von Realismus und Idealismus integrale Bestandteile der Betrachtung des Kritizismus als subsumtionstheoretischer Entwurf. Die Auffassung der empirischen Realität als je Erdeutete ist weder - um mit Kant zu sprechen - transzendental realistisch noch empirisch idealistisch. Die Welt unserer Erfahrung ist empirisch real, insofern sie für uns unhintergehbar ist, jedoch transzendental ideal, insofern Raum und Zeit und Kategorien als Deutungsrahmen Bedingungen der Möglichkeit von Erfahrung überhaupt sind.

Eine „Realität" jenseits aller Deutungen muß zwar als Grenzbegriff angenommen werden, kann jedoch darüber hinaus niemals zum Gegenstand wie auch immer gearteter Erkenntnis werden. Zwar besteht eine Verbindung zwischen dieser „transkategorialen" Wirklichkeit und der Sphäre unserer Erfahrungen, aber diese Verbindung ist gleichsam infinitesimal dünn und kann niemals zu einer epistemischen Brücke zwischen der Realität (oder den Dingen) *an sich* und der durch unsere Deutungen konstituierten Realität *für uns* werden.

Der Gesichtspunkt der Deutung als Erkenntnisprinzip, der Interpretation als epistemisches Fundament, und ihrer Beziehung zur den Gegenständen der Erfahrung und der Realität an sich, ist es, unter dem verschiedene, zumeist in der einen oder anderen Weise auf Kant zurückgegehende philosophische Systeme im folgenden untersucht werden sollen. Es wird sich dabei zeigen, daß die Kantische Idee der aktiv-deutenden Erkenntnis sowohl in der Philosophie des 19.Jahrhunderts als auch in der Gegenwart immer wieder in verschiedensten Ausformungen aufgetaucht ist, ohne daß dabei immer und in allen Aspekten auf Kant zurückgegriffen wurde.

2. Ebenen der Deutung und der Realität in Friedrich Albert Langes *Geschichte des Materialismus*

Unter den vielen philosophischen Systemen des 19.Jahrhunderts, die an die Kantische Philosophie anknüpfen bzw. sie in bestimmter Art und Weise auslegen, soll im vorliegenden Kapitel eines herausgegriffen werden, das dem Aspekt der Deutung zentrale Bedeutung beimißt, wenngleich es dies, wie zu sehen sein wird, unter sehr eigenwilligen Bedingungen tut. Es handelt sich um die Interpretation und Modifikation des Kantischen Standpunktes in Friedrich Albert Langes *Geschichte des Materialismus*.

Friedrich Albert Lange wurde am 28.September 1828 in Wald bei Solingen geboren; von 1847 bis 1851 studierte er erst Philosophie und Theologie in Zürich, später klassische Philologie, Kunstgeschichte und Mathematik in Bonn. Nach Ableistung des Militärdienstes und einer Tätigkeit als Aushilfs- und Privatlehrer wurde er 1855 in Bonn Privatdozent für Philosophie und Pädagogik. Aus seinen Vorlesungen der folgenden Jahre gingen später seine Hauptwerke, die *Geschichte des Materialismus* und *Die Arbeiterfrage* hervor. In dieser Zeit begann Lange sich auch politisch zu engagieren; er setzte sich für die Interessen der Arbeiterschaft ein und wurde u.a. aufgrund der Unterzeichnung eines Wahlaufrufs von den preußischen Behörden gemaßregelt. Langes politische und sozialethische Überzeugungen fanden ihren Niederschlag schließlich in der 1865 erschienenen Schrift *Die Arbeiterfrage in ihrer Bedeutung für Gegenwart und Zukunft*. 1866, im Jahre des Erscheinens der ersten Auflage der *Geschichte des Materialismus* verließ Lange aus politischen Gründen seine Heimat und ging in die Schweiz, wo er einige Jahre als Redakteur bei einer Zeitung beschäftigt war, bevor er 1870 eine Professur in Zürich erhielt, die er jedoch bereits nach einem Jahr wieder aufgab, um nach Deutschland zurückzukehren. 1872 wurde er Professor in Marburg, wo er am 21.November 1875 starb. Die noch von ihm selbst überarbeitete und erweiterte zweite Auflage der *Geschichte des Materialismus* erschien im Jahr darauf; ebenfalls posthum erschienen 1877 seine *Logischen Studien*.[1]

Die *Geschichte des Materialismus und Kritik seiner Bedeutung in der Gegenwart* darf ohne allzugroße Übertreibung als monumentales Werk bezeichnet werden. Auf 1000 Seiten legt Lange dar, wie sich der Materialismus von den Tagen Demokrits bis in seine eigene Zeit entwickelt und verändert hat. Hermann Cohen, Herausgebeber der Ausgabe von 1896, nennt sie „ein Buch für das Leben im vollen Sinne des Wortes, für den Hausgebrauch der Bildung und für die Weltfragen."[2] Für Alfred Schmidt, den Herausgeber der bisher letzten Ausgabe (von 1974) ist sie „ein zeit- und kulturgeschichtliches Dokument hohen Ranges und ein Werk gelehrter Forschung"[3].

Besonderes Augenmerk legt Lange auf den Zusammenhang zwischen dem Materialismus als philosophischer Position und dem Weltbild der Naturwissenschaft des 19. Jahrhunderts. Dieser Zusammenhang spielt eine entscheidende Rolle in Langes eigener systematischer Position, die allerdings im Rahmen der *Geschichte des Materialismus* nur geringen Raum einnimmt und teilweise aus einzelnen Sätzen erschlossen werden muß. Diese - von Helmholtz beeinflußte[4] -

---

[1] Zu den verschiedenen Aspekten von Langes Gesamtwerk vgl. v.a. die Bücher von Freimuth und Knoll / Schoeps (Hgg.)

[2] Cohen, Einleitung des Herausgebers S.XV

[3] Schmidt, Friedrich Albert Lange als Historiker und Kritiker des vormarxschen Materialismus S.XIX

[4] vgl. z.B. Oesterreich, Die deutsche Philosophie des XIX.Jahrhunderts und der Gegenwart S.419 ff.

Position knüpft an Kants kritischen Standpunkt an, deutet diesen jedoch dergestalt um, daß die Grundlagen des Denkens und des Erkennens - eben in materialistischer Weise - in der physischen Organisation des Menschen gesucht werden. Dieser Standpunkt ist jedoch nicht haltbar: nach Lange zieht ein konsequent vertretener Materialismus mit Notwendigkeit seine eigene Überwindung nach sich: die materialistische Betrachtungsweise wird auf den Bereich der physischen Gegenstände beschränkt, als Metaphysik hingegen ist sie abzulehnen. Sämtliche Erkenntnisleistungen des Menschen sind vom „Standpunkt des Ideals" aus zu betrachten, der so etwas wie das allgemeinste Erkenntnisprinzip ist: jede Erkenntnis enthält einen deutenden, synthetisierenden, konstruktiven Aspekt, das Subjekt ist im Erkenntnisprozeß stets zu einem gewissen Grad aktiver Faktor: auch für Lange werden Objekte nicht einfach passiv wahrgenommen, sondern erst gedeutet; die Gegenstände unserer Erfahrung sind immer schon Erdeutete und als solche *auch* Hervorbringungen des Subjekts. In Hinblick auf diese Auffassung von Erkenntnis ist hier zu untersuchen, inwieweit von einer Realität (oder von Realitäten) gesprochen werden kann.

2.1 Materialismus und Realität

2.1.1 Langes Charakterisierung des materialistischen Standpunktes

Der Materialismus, dessen historische Entwicklung in Langes *Geschichte des Materialismus* dargelegt, der letztlich aber kritisiert und als philosophische Position zurückgewiesen wird, ist die Auffassung, daß alle Aspekte der Welt, d.h. auch Denken und Erkennen, auf die Wechselwirkung zwischen materiellen Teilchen zurückzuführen sind. Für den Materialisten sind bestimmte Arten physischen Geschehens sowohl notwendige als auch hinreichende Bedingung für die Entstehung von Bewußtsein und Denken. Der Materialismus „[betrachtet] selbst den Menschen mit samt seinen Handlungen als Spezialfall der allgemeinen Naturgesetze"[1], er zielt darauf ab, „auch die ganze Fülle der willkürlichen Bewegungen aus mechanischen Ursachen herzuleiten"[2]. Er orientiert sich an der Erkenntnis im Sinne unmittelbarer Wahrnehmung, die auch Grundlage der Naturwissenschaften ist: tatsächlich geht der materialistische Standpunkt - zumindest in seiner neuzeitlichen Ausprägung - aus den Naturwissenschaften hervor, er stützt sich auf ihre Resultate und betrachtet diese, die Naturgesetze, zugleich als hinreichende philosophisch-metaphysische, d.h. absolute Erklärungsprinzipien: alles Erkennen, Denken und Handeln ist letztlich auf Wechselwirkung zwischen Teilchen zurückzuführen. Die strenge Allgemeingültigkeit der Naturgesetze gibt dabei dem Materialismus als philosophischem System „einen bedeutenden Grad von Gleichförmigkeit und Sicherheit seiner einzelnen Teile."[3]

Der Materialismus als philosophischer Standpunkt, der „den Menschen als eine Welle im Ozean ewiger Stoffbewegung [betrachtet]"[4], ist „so alt als die Philosophie, aber nicht älter."[5] Er ist „die erste, die niedrigste, aber auch vergleichsweise festeste Stufe der Philosophie."[6] Erst das genuin philosophische (das heißt für Lange: an der Naturwissenschaft orientierte) Denken

---

[1] Geschichte des Materialismus S.71
[2] ebd. S.113
[3] ebd. S.981
[4] ebd. S.522
[5] ebd. S.7
[6] ebd. S.981

52

ist in der Lage, die „natürliche Auffassung der Dinge"[1], d.h. die (vorphilosophische, mythisch-religiöse) dualistische Betrachtungsweise zu überwinden.

Der Materialismus als philosophischer Standpunkt ist es jedoch auch, den Lange als inadäquat kritisiert: wird er konsequent verfolgt, so führt er zu seiner eigenen Überwindung, insofern er an unüberwindliche Grenzen stößt: die materialistisch-mechanische Betrachtungsweise erweist sich als ausschließlich im Bereich der Naturwissenschaften gültig - als philosophisch-metaphysisches System hingegen ist sie zum Scheitern verurteilt.

2.1.2 Die materialistische Umdeutung der Kantischen Philosophie

Ungeachtet der Kritik, die Lange in der *Geschichte des Materialismus* sowohl an materialistischen Ansätzen als ganzen als auch an deren unterschiedlichen Aspekten übt, ist die materialistische Betrachtungsweise in ihr doch als eine ernstzunehmende, alle Bereiche der Welt und des Lebens abdeckende Theorie dargestellt.

Konsequenterweise sind nun nicht nur die Beziehungen zwischen äußeren, physischen Gegenständen mit den Mitteln des Materialismus zu erklären, sondern auch die menschliche Wahrnehmung. Langes Weg zu deren Erklärung führt - streng materialistisch - über die *Physiologie der Sinnesorgane*: es sind der Aufbau unserer Sinnesorgane und die Art und Weise, wie diese bestimmte Reize verarbeiten, die die Natur unserer Vorstellungen, d.h. letztendlich, unserer Erfahrung, bestimmen. Kombiniert man diese konsequente Anwendung des Materialismus mit den Resultaten naturwissenschaftlicher Forschung, so ergibt sich für Lange, daß „mit derselben mechanischen Notwendigkeit, mit welcher sich alles bisher gefügt hat, auch Vorstellungen in uns erzeugt werden, welche ihr eigentümliches Wesen unsrer Organisation verdanken, obwohl sie von der Außenwelt veranlaßt werden."[2] Damit ist die materialistische Betrachtungsweise der Welt zu ihrer endgültigen Konsequenz gebracht; Lange sagt, daß

- die Gegenstände, mit denen wir in der Erfahrung konfrontiert sind, das Resultat eines mit Notwendigkeit ablaufenden physiologischen, d.h. letztendlich mechanischen Prozesses sind. Jede Wahrnehmung und jede Kombination von Wahrnehmungsinhalten ist auf Bewegungen von Teilchen und deren gegenseitige Beeinflussung zurückzuführen; jede einzelne Wahrnehmung kann, sofern entsprechende Messungen möglich (d.h. entsprechende Meßgeräte vorhanden) sind, einem bestimmen mechanischen Ereignis in Sinnesorgan, Nerven und Gehirn als dessen unmittelbare Wirkung zugeordnet werden. (Mittelbar ist sie natürlich die Wirkung der physischen Affektion der Sinnesorgane durch äußere Gegenstände.)
- dieser Prozeß zwei konstitutive Elemente voraussetzt, aus deren Zusammenwirken sich erst so etwas wie eine Vorstellung bzw. ein erfahrener Gegenstand ergibt: einerseits die physische (physiologische) Organisation der jeweils beteiligten Organe, andererseits Teile der Außenwelt (in diesem Fall der physische Bereich „außerhalb" der entsprechenden Organe[3]) als unmittelbar auf die Sinnesorgane wirkende Ursache(n).

---

[1] ebd. S.7
[2] ebd. S.850
[3] Die Ausdrucksweise „außerhalb der entsprechenden Organe" mag zwar etwas seltsam anmuten, sie scheint mir jedoch die einzig angemessene zu sein: würde man „Außenwelt" hier im Sinne von „außerhalb des Körpers" verstehen, so wäre damit die Tatsache außer acht gelassen, daß wir natürlich

Wahrnehmung / Erfahrung ist nach Lange also ein Prozeß, der sowohl die Einwirkung der Gegenstände der Außenwelt in Form von auf die Sinnesorgane einwirkenden Reizen als auch eine ordnende Rolle der physischen Organisation des wahrnehmenden Wesens beinhaltet. Wahrnehmung / Erfahrung ist kausale Verbindung von zweierlei physischen Gegebenheiten: der physiologischen Organisation des wahrnehmenden Subjekts auf der einen, dem physischen Aufbau des wahrgenommenen Gegenstandes auf der anderen Seite. Hier fällt eine zumindest formale Ähnlichkeit mit dem Erkenntnismodell Kants auf, für den Erfahrung in einem wie auch immer gearteten Zusammenwirken zwischen Dingen an sich und der Organisation des Subjekts besteht. Diese Ähnlichkeit ist allerdings keineswegs zufällig; Lange orientiert sich an Kant und erhebt den Anspruch, dessen Philosophie erst in ihre angemessene Form gebracht zu haben:

> „Die Physiologie der Sinnesorgane ist der entwickelte oder der berichtigte Kantianismus, und Kants System kann gleichsam als ein Programm zu den neueren Entdeckungen auf diesem Gebiete betrachtet werden."[1]

Lange beansprucht also, die Kantische Philosophie in ihre sozusagen korrekte, endgültige Form gebracht zu haben: die Physiologie der Sinnesorgane ist demnach nicht nur ein Aspekt einer bestimmten Richtung der Kant-Auslegung, sondern vielmehr diejenige Weiterentwicklung des Kritizismus, die diesen erst in die angemessene, d.h. naturwissenschaftliche Form bringt. (Einen ähnlichen Anspruch erhebt Vaihinger in seiner *Philosophie des Als Ob* (siehe Kapitel 4).)

Wie Langes Ausführungen zu verstehen sind, macht er an einem Beispiel klar: „Der *Klang* als Produkt einer *Mehrheit von Tonempfindungen* bleibt eben doch eine Wirkung von Bewegungen des Stoffes."[2] An dieser Auffassung (die man durchaus als naiv mechanistisch bezeichnen könnte und die auch heute im Alltag verbreitet ist) ändert sich nun nichts Wesentliches, wenn die Struktur des entsprechenden Sinnesorganes in die Erklärung der Wahrnehmung eingebunden wird. („Finden wir das Hören bestimmter musikalischer Töne bedingt durch den Resonanzapparat des *Cortischen Organs*, oder die Lage der Gesichtsbilder im Raume bedingt durch das *Muskelgefühl* im Bewegungsapparat des Auges, so scheint es nicht, als ob wir diesen Boden verließen.")[3] Lange geht nun aber einen entscheidenden - von Kant inspirierten - Schritt weiter: zumindest einige Wahrnehmungen sind ihrem Wesen nach *zusammengesetzt* und scheinen in einer bestimmten Weise nicht den (wahrgenommenen) Gegenständen zu entsprechen, die ihnen zugrundeliegen. Zusammengesetzt sind solche Wahrnehmungen in einer Weise, die nicht auf ein bloßes Nebeneinanderbestehen verschiedener Aspekte beschränkt ist, sondern über dieses qualitativ hinausgeht. Sie besitzen jeweils bestimmte Qualitäten, die über die Summe der „Teilqualitäten" hinausgehen: „Wir lernen, daß die *Farben*empfindung, die Vorstellungen von der *Größe* und *Bewegung* eines

---

auch unseren Körper selbst (genauer: Teile dieses Körpers) wahrnehmen. Hingegen können unsere Sinnesorgane niemals direkt zum Objekt ihrer eigenen Wahrnehmung werden: das Auge sieht sich niemals selbst (auch sein Bild im Spiegel ist natürlich nicht es selbst), und wenn ich z.B. die Spitzen von Daumen und Zeigefinger aneinanderlege, so fühle ich zwar die Spitze des Daumens an der Spitze des Zeigefingers und umgekehrt, keine der beiden dabei als Sinnesorgane dienenden Hautflächen hat dabei aber sich selbst zum Objekt der Wahrnehmung.

[1] a.a.O.
[2] ebd. S.851
[3] a.a.O.

Gegenstandes, ja selbst das Aussehen einfacher gerader Linien nicht in unveränderter Weise vom gegebnen Objekt bedingt werden, sondern daß das Verhältnis der Empfindungen zueinander die Qualität jeder einzelnen bestimmt; ja, daß *Erfahrung* und *Gewohnheit* eben nicht nur auf die *Deutung* der Sinnesempfindungen Einfluß haben, sondern auf die *unmittelbare Erscheinung* selbst."[1] Unsere Wahrnehmungen sind also nicht einfach das Resultat der Einwirkung bestimmter Reize auf bestimmte Sinnesorgane, sondern vielmehr eines komplexen Prozesses, in dessen Verlauf die Sinnesempfindungen einer Prozedur unterworfen werden, die man - teilweise entgegen Langes Sprachgebrauch[2] - als *Interpretation*, als *Deutung* bezeichnen kann. Es stellt sich für Lange so dar, daß „unsere scheinbar einfachsten Empfindungen nicht nur durch einen Naturvorgang veranlaßt werden, der an sich ganz etwas andres ist als Empfindung, sondern daß sie auch unendlich zusammengesetzte Produkte sind; daß ihre Qualität keineswegs nur durch den äußeren Reiz und die stabile Einrichtung eines Organs bedingt ist, sondern durch die Konstellation sämtlicher andrängenden Empfindungen."[3] Diese entscheidende Erweiterung des naiv-mechanistischen Modells von Erfahrung bedeutet jedoch keine Abkehr vom Mechanismus bzw. Materialismus selbst: die Physiologie der Sinnesorgane kann, ja muß auch unter den Bedingungen einer interpretationistischen Weiterentwicklung des mechanistischen Standpunktes als zentrale Disziplin einer naturwissenschaftlich orientierten Erkenntnistheorie gelten. Allerdings müssen ihre Grundlagen modifiziert und im Hinblick auf eine wesentlich komplexere mechanistische Theorie der Erfahrung verfeinert werden. Der Materialismus bleibt also, wenn auch in komplexerer Form, erhalten. („Die Empfindung und damit das ganze geistige Dasein kann immer noch das in jeder Sekunde wechselnde Resultat des Zusammenwirkens unendlich vieler unendlich mannigfach verbundner Elementartätigkeiten sein, die an sich lokalisiert sein mögen, etwa wie die Pfeifen einer Orgel lokalisiert sind, aber nicht ihre Melodien."[4])

In gewissen Wahrnehmungsvorgängen sieht Lange nun Deutungen in einer Weise am Werk, die die Grenze zwischen Sinnlichkeit und Verstand zumindest verschwimmen zu lassen scheint:

- „In einem guten *Diorama* läßt die Täuschung in Beziehung auf die Perspektive des Bildes nichts zu wünschen übrig. Ich sehe den Vierwaldstätter See vor mir und erblicke die wohlbekannten Riesenhäupter der Ufergebirge und die dämmernden Höhen in der Ferne mit dem vollen Gefühl der Weite und Großartigkeit dieser gewaltigen Naturszene, obwohl ich weiß, daß ich mich Wolfstraße 5 in Köln befinde, wo für solche Entfernungen in Wirklichkeit kein Raum ist."[5] Blickt man in einen

---

[1] a.a.O.

[2] Im zuletzt angeführten Zitat scheint Lange den Begriff „Deutung" in einem relativ engen Sinne zu verwenden. Wenn in den folgenden Ausführungen von „Deutung" die Rede sein wird, so ist dies stets in einem weiteren Sinne zu verstehen. Ich halte dies für gerechtfertigt da 1) der Begriff der „Deutung" den roten Faden der vorliegenden Arbeit bildet und 2) Lange selbst den Ausdruck „Deutung" an der zitierten Stelle eher beiläufig einführt und später kaum noch (und wenn, dann nicht in einem exakt festgelegten Sinn) verwendet.

[3] a.a.O.

[4] ebd. S.852

[5] ebd. S.857; dieses Zitat ist insofern aus dem Zusammenhang gerissen, als Lange das Beispiel des Dioramas nicht dazu dient, den interpretatorischen Aspekt des dreidimensionalen Sehens hervorzuheben. Ich glaube jedoch, Langes Absichten zumindest nicht allzusehr zuwiderzuhandeln, wenn ich es hier zu Illustration eben dieses Punktes verwende.

solchen „Guckkasten", so kann man sich des räumlichen Eindrucks kaum erwehren, obwohl man sich dessen bewußt ist, daß man es „in Wirklichkeit" nur mit zwei flachen Bildern zu tun hat und das Auge durch deren Anordnung „überlistet" wird. Obwohl man in aller Regel *weiß*, daß die auf die Netzhaut auftreffenden Lichtstrahlen nicht von verschieden weit entfernten räumlichen Objekten ausgehen bzw. reflektiert werden, ist es nicht möglich, sich dem Eindruck der Räumlichkeit zu entziehen. (Natürlich ist dies auch beim üblichen dreidimensionalen Sehen der Fall: auch dabei haben wir es mit zwei „flächigen" Bildern zu tun, die „zusammen" das gewohnte räumliche Bild ergeben; daß wir ein solches räumliches Bild offensichtlich anders bewerten als das Bild in einem „Guckkasten", ist wohl auf unsere übliche Auffassung von „realen", dreidimensionalen Gegenständen zurückzuführen, die vor allem die Möglichkeit, diese zu berühren, als zentrales Kriterium für ihre „Realität" enthält.)

- Lange beschreibt Wahrnehmungsexperimente[1] mit dem „blinden Fleck", dem nicht lichtempfindlichen Punkt im Zentrum der Netzhaut, an dem die Nervenstränge aus der Augenhöhle hinausführen. Aufgrund dieses „blinden Flecks" besitzen wir, wenn wir zum Sehen nur ein Auge benutzen, ein „Wahrnehmungsdefizit", dessen wir uns aber üblicherweise nicht bewußt sind. In den von Lange beschriebenen Versuchen wurde untersucht, welche „ergänzten" Wahrnehmungen zustandekommen, wenn der „blinde Fleck" z.B. auf einen nicht roten Punkt inmitten einer roten Fläche ausgerichtet wird: die gesamte Fläche wird als rote Fläche wahrgenommen. Auch in diesem Fall *weiß* der Betreffende (so er die Gesamtfläche mit dem andersfarbigen Punkt zuvor gesehen hat), daß die von ihm im Experiment wahrgenommene vollständig rote Fläche nicht der „wahren" Fläche entspricht; dennoch ist der Eindruck der vollständig roten Fläche in keiner Weise aufhebbar.

Diesen beiden Fällen „ergänzter" (oder, dem folgenden vorgreifend, „gedeuteter") Wahrnehmungen ist gemeinsam, daß in ihnen Faktoren eine Rolle spielen, die das „Endprodukt", die jeweils konkrete Wahrnehmung (und damit für uns die Gegenstände der Welt) erst hervorbringen: so wie im einen Fall ein „Wahrnehmungsdefizit" ergänzt wird und im anderen Fall eine Wahrnehmung, die qualitativ über die beiden „Teilwahrnehmungen" hinausgeht, vorliegt, so werden Wahrnehmungen (bzw. das, was den konkreten, „fertigen" Wahrnehmungen zugrundeliegt) nach Langes Auffassung in vielen (höchstwahrscheinlich in allen) Fällen um bestimmte Faktoren ergänzt oder ihnen neue Qualitäten hinzugefügt. Lange spricht in solchen Fällen davon, daß *das jeweilige Sinnesorgan* sich diese Wahrnehmungen erst erschließt; etwa im Falle der „Farbergänzung" im Experiment mit dem „blinden Fleck": „Das Auge macht gleichsam einen Wahrscheinlichkeitsschluß, einen Schluß aus der Erfahrung, eine unvollständige Induktion. Wir sagen: *das Auge macht diesen Schluß.*"[2]

Diese Ausdrucksweise ist zumindest etwas eigenartig: immerhin schreibt Lange mit ihr dem Sinnesorgan eine Fähigkeit zu, die im üblichen (auch philosophischen) Sprachgebrauch ausschließlich denkenden Subjekten zugeschrieben wird: den nach bestimmten (in den meisten Fällen gar nicht bewußt gemachten) Regeln erfolgenden Übergang von einer oder mehreren Prämissen zu einer Konklusion. Wenn Lange nun in bezug auf *das Auge* (bzw. die Augen) von einem „Schließen" spricht, so meint er damit offensichtlich, daß im einen Fall der

---

[1] vgl. Geschichte des Materialismus S.864 f.
[2] Geschichte des Materialismus S.865

physiologische Aufbau des Auges (bzw. auch der Nerven und des Gehirns[1]) sich die Beschaffenheit des nicht wirklich gesehenen Bereichs tatsächlich in einer Art Wahrscheinlichkeitsschluß aus der Beschaffenheit von dessen Umgebung, und sich im anderen Fall (hier ist die Parallele zum Übergang von Prämissen zu einer Konklusion augenfällig) sich aus zwei flächigen Bildern ein räumliches Bild *erschließt*. Das Sehen (ein Ausdruck wie „erblicken" wäre hier wohl angemessener) ist dabei mit diesem Schluß *identisch*: das Sehen und das (Er-)Schließen des je Gesehenen sind ein und derselbe Vorgang, Sehen *ist* je ein Erschließen von optisch Wahrgenommenem, ein Prozeß, der nach Regeln, die denen des begrifflichen Schließens strukturgleich sind, abläuft und dessen Resultat stets das je Gesehene ist; es ist „das Sehen selbst ein Schließen, und der Schluß vollzieht sich in Form einer Gesichtsvorstellung, wie er sich in andern Fällen in der Form sprachlich ausgedrückter Begriffe vollzieht."[2]

Unsere Wahrnehmungen sind also stets das Resultat von Schlüssen bzw. *Deutungen*, die zumindest zu einem großen Teil den jeweiligen Sinnesorganen selbst, d.h. deren physischem Aufbau zuzuschreiben sind. Deutungen finden dabei nach Lange jedoch nicht nur in den bzw. durch die Sinnesorgane statt: die Art, wie wir Dinge wahrnehmen, ist auch das Resultat der Tätigkeit „unsres rechnenden Verstandes"[3]. Lange meint damit - wie aus den angegebenen Beispielen hervorgeht - daß auch Wissen (sowohl im Sinne je eigener Erfahrung als auch im Sinne erlernter Kenntnisse) in die Wahrnehmung einfließt: wie wir Dinge wahrnehmen, hängt auch von unserer Kenntnis von ihrer im umgangssprachlichen Sinne „tatsächlichen" physischen Beschaffenheit ab: „Dem operierten Blindgeborenen erscheinen die Gegenstände der Gesichtswahrnehmung erdrückend nah; das Kind griff nach dem Monde, und auch dem Erwachsenen liegt das Bild des Mondes oder der Sonne noch nicht eben ferner als das Bild der Hand, die den Mond mit einem Silbergroschen zudeckt. Er deutet dies Bild nur anders, und diese Deutung wirkt allerdings auf den unmittelbaren Eindruck des Gesehenen zurück."[4] Diese Deutungen geschehen, im Gegensatz zu jenen durch die Sinnesorgane zumindest teilweise bewußt. Ein und dasselbe sozusagen „fundamental" wahrgenommene kann *verschieden gedeutet* und damit unter verschiedenen „Blickwinkeln", *anders wahrgenommen* werden. (Beispielsweise wäre es bei entsprechender Konzentration möglich, sich beim Blick in den „Guckkasten" einige Augenblicke lang zu suggerieren, man sehe tatsächlich - etwa durch ein Fernglas - eine „reale" d.h. physisch existente Landschaft.) Deutungen liegen also nicht nur auf der Ebene der Verarbeitung von Reizen durch die Sinnesorgane (insbesondere durch das Auge) vor, sondern finden auch bewußt, in einer das Wahrgenommene *als Wahrgenommenes* erst in einem bestimmten Ausmaß konstituierenden Weise statt.

Damit ist nun aber die Grenze zwischen Wahrnehmung und Denken, zwischen Verstand und Sinnlichkeit, wenn schon nicht aufgehoben, so doch zumindest in gewisser Hinsicht verschwommen: das schließende Denken, das geistige „Hantieren" mit Begriffen und Sätzen folgt zumindest zum Teil denselben Gesetzen wie zumindest bestimmte Formen der Wahrnehmung. Für Lange ist dies eine klare Konsequenz aus den Grundannahmen des

---

[1] Diese Ergänzung scheint mir unumgänglich, zumal Langes spätere Ausführungen sie beinahe zwingend nahelegen; sie soll jedoch Langes Standpunkt nicht in der Weise modifizieren, daß den Sinnesorganen ihre zentrale Rolle abgesprochen wird.
[2] a.a.O. („das Sehen [...] einer Gesichtsvorstellung" im Original hervorgehoben)
[3] ebd. S.857 (im Original hervorgehoben)
[4] a.a.O.

Materialismus: als Monismus muß dieser sozusagen die „Ebenbürtigkeit" von Wahrnehmung und Denken, das Hervorgehen beider aus derselben Quelle annehmen. Diese Quelle ist für Lange die Bewegung materieller Teilchen; sowohl das Denken als auch die Wahrnehmung beruhen auf physischen, d.h. in diesem Fall auch physiologischen Gegebenheiten, auf der Anordnung und Bewegung materieller Teilchen, die im strengsten Sinne des Wortes *im Gehirn* das Denken und in der Verbindung von Sinnesorganen und Gehirn Wahrnehmungen hervorbringen. Wahrnehmung ist mit bestimmten physiologischen Vorgängen in Sinnesorganen und Gehirn *identisch*, so wie das „reine" Denken mit bestimmten physischen Vorgängen im Gehirn identisch ist.

Die Tatsache, daß die allermeisten physiologischen Vorgänge in unserem Körper unbewußt, d.h. ohne unsere Steuerung und in der Regel auch ohne unser Wissen geschehen, ist für den Materialisten dabei gewissermaßen ein Indiz für die Richtigkeit seiner Annahmen. Dies wird noch verstärkt, wenn man - wie Lange es tut - bestimmten Teilen des Körpers Fähigkeiten zuschreibt, die in anderen philosophischen Systemen ausschließlich dem Bewußtsein als dessen ureigenste Aktivitäten zugesprochen werden. - „Kann der Körper ohne das Bewußtsein logische Operationen vollziehen, die man bisher nur dem Bewußtsein glaubte zuschreiben zu dürfen, dann kann er das Schwierigste, was die Seele leisten soll. Es hindert uns dann nichts mehr, auch das Bewußtsein dem Körper als Eigenschaft zuzuschreiben."[1] Noch stärker werden die Argumente für den Materialismus, wenn so etwas wie ein unbewußtes Denken angenommen wird: will man - so wäre Langes diesbezüglicher Gedankengang[2] wohl zu ergänzen - nicht so etwas wie eine Art versteckte, „zweite Seele" o.ä. annehmen (was, sofern man die Existenz eines Unbewußten annimmt, unter nichtmaterialistischen Bedingungen kaum zu umgehen sein dürfte), so bleibt nur der Schluß, daß auch dieses Unbewußte in rein physischen Vorgängen besteht. („Was unbewußt ist, muß körperlicher Natur sein, da man ja die ganze Annahme einer Seele nur auf das Bewußtsein gründet."[3]) [4]

Denken und Wahrnehmen, Sinnlichkeit und Verstand sind demgemäß zwar (wie die Erfahrung zeigt) verschieden, allerdings nicht in fundamentaler Weise: das eine wie das andere ist auf physiologische Vorgänge zurückführbar, die jedoch gewissermaßen unterschiedlich spezialisiert sind. Lange sucht dies zu untermauern, wenn er sagt, daß „man ja gleichzeitig durch Vermittlung von Begriffen mit vollkommner Sicherheit das Gegenteil von demjenigen schließt, was die unmittelbare Sinneserscheinung gibt."[5] Er scheint damit zu meinen, daß, da z.B. im Falle bestimmter optischer Täuschungen wir zwar (etwa weil wir es nachgemessen haben) *wissen*, daß zwei Linien gleich lang sind, wir sie dennoch für verschieden lang halten, sprich: als verschieden lang wahrnehmen, es ganz offensichtlich möglich ist, daß wir uns in manchen Fällen eines Unterschieds zwischen unserem *Wissen* (an dessen Gewinnung das *Denken* Anteil hatte) und unseren *Wahrnehmungen* bewußt sind. Dies ist jedoch nur dann möglich, wenn zwischen Denken und Wahrnehmung Gemeinsamkeiten bestehen, die einen

---

[1] ebd. S.867

[2] vgl. Geschichte des Materialismus S.867

[3] Geschichte des Materialismus S.867

[4] In diesem Zusammenhang würde sich auch die - in Bezug auf jedes materialistische System zu stellende - Frage aufdrängen, warum Bewußtsein und Wahrnehmungsfähigkeit (zumindest soweit wir dies wissen können) nur aus bestimmten physischen Geschehnissen hervorgehen bzw. mit diesen identisch sind, anderen (den allermeisten) physischen Ereignissen jedoch keinerlei psychische Ereignisse entsprechen.

[5] ebd. S.865

Vergleich erlauben. - „Gehörte dem Organe des Sehens bloß die sinnliche Empfindung als solche an; geschähe alles Schließen in einem besondern Organ des Denkens, so könnte man diesen Widerspruch zwischen Schließen und Schließen schwerlich erklären [...]."[1] Wären Denken und Wahrnehmung nicht „kompatibel", nicht kommensurabel, so wäre ein Vergleich zwischen den beiden und somit die Feststellung eines Widerspruchs[2] nicht möglich. Da ein solcher Widerspruch in gewissen Fällen jedoch tatsächlich feststellbar ist, muß eine Verbindung zwischen Denken und Wahrnehmung bestehen, die diese Feststellung erst möglich macht. Diese Verbindung kann allerdings keine direkte und in allen Fällen „durchlässige" sein, da unter diesen Voraussetzungen der offensichtlich vorhandene Unterschied zwischen Denken und Wahrnehmung nicht begreiflich zu machen wäre. Folgt man Langes Standpunkt in konsequenter Weise, so muß die Bedingung der Möglichkeit des Vergleichs, die Verbindung zwischen Denken und Wahrnehmen in einem gemeinsamen Ursprung beider Vermögen bestehen: Denken und Wahrnehmen sind vergleichbar, weil sie aus einer gemeinsamen Wurzel hervorgehen: die Möglichkeit, sich von Wahrnehmungen bewußt täuschen zu lassen, ist also nur durch die Annahme eines Monismus zu erklären. Unter Langes Bedingungen ist dieser Monismus der mechanistische Materialismus, der Denken wie Wahrnehmung auf physiologische, d.h. letztendlich mechanische Prozesse zurückführt.

Damit wird auch klarer, inwiefern die Physiologie der Sinnesorgane (und des Gehirns, wie ausdrücklich hinzuzufügen ist) für Lange die gewissermaßen definitive Form des Kantianismus darstellt: Langes Physiologismus bietet nicht nur eine (sozusagen naturwissenschaftlich korrigierte) Neubewertung der Kopernikanischen Wende Kants (Deutungen sind als physische Prozesse zu betrachten), sondern gibt in seinem Kontext auch eine Antwort auf eine von Kant offengelassene Frage: am Ende der Einleitung zur *Kritik der reinen Vernunft* heißt es, daß „es zwei Stämme der menschlichen Erkenntnis gebe, die vielleicht aus einer *gemeinschaftlichen, aber uns unbekannten Wurzel entspringen*, nämlich Sinnlichkeit und Verstand [...]."[3] Die Frage nach der Natur dieser „gemeinschaftlichen Wurzel" ist unter Langes Voraussetzungen leicht zu beantworten: Sinnlichkeit und Verstand, Denken und Wahrnehmung gehen aus mechanischen Vorgängen hervor, sind genaugenommen mit diesen identisch. Der gemeinsame Ursprung von Denken und Wahrnehmung ist die physische Organisation unseres Körpers, d.h. unseres Gehirns und unserer Sinnesorgane.

Daß Langes Position keineswegs nur in ihren Umrissen auf Kant zurückzuführen ist, sondern durchaus auch zu einer detaillierten Umdeutung des Kritizismus ausgearbeitet hätte werden können (was Lange jedoch nicht getan hat), geht aus einer Stelle in der *Geschichte des Materialismus* hervor, an der Lange seiner Überzeugung Ausdruck verleiht, daß „sich der Grund des Kausalitätsbegriffes einst in dem Mechanismus der Reflexbewegung und

---

[1] a.a.O.

[2] Der Begriff „Widerspruch" wird von Lange in dieser Argumentation in einer Weise verwendet, die bei näherer Betrachtung nur wenig mit dem zu tun hat, was in der Logik üblicherweise mit ihm gemeint ist. Würde man ihn in Langes Kontext in diesem traditionellen Sinne verstehen, so würde sein Agrument auf der seltsamen Voraussetzung basieren, daß Widersprüche im strengen Sinne in der Welt tatsächlich verwirklicht sind, was ja gerade unmöglich ist. Angesichts der Tatsache, daß eine Alternative zum Ausdruck „Widerspruch" im Kontext von Langes Argument nur schwer zu finden wäre (und Langes Intentionen wohl auch nicht entsprechen würde), kann und muß diese Audrucksweise aber wohl akzeptiert werden.

[3] Kant, KrV B 29 (Hervorhebung v. Verf.)

sympathischen Erregung finden [lassen wird]; dann hätten wir Kants reine Vernunft in Physiologie übersetzt und dadurch anschaulicher gemacht."[1] Die allgemeinsten Strukturen von Denken und Wahrnehmung sind dem „sinnesphysiologischen Kantianismus" Langes zufolge also *durch die Struktur unseres Gehirns bzw. der Sinnesorgane* vorgegeben. Wenn Lange schreibt: „Der Kausalitätsbegriff *wurzelt in unsrer Organisation und ist der Anlage nach* vor jeder Erfahrung."[2], so ist dies der Form nach eindeutig Kantisch; mit „unserer Organisation" ist hier jedoch der physische Aufbau bestimmter Organe gemeint. Die erkenntnistheoretischen und (anti)metaphysischen Konsequenzen dieses Standpunkts sind jedoch ebenfalls mit denen des Kantischen Systems identisch: der hier als Illustration dienende Kausalitätsbegriff „hat [...] im Gebiete der Erfahrung *unbeschränkte* Gültigkeit, aber jenseits desselben gar keine Bedeutung"[3], und gleiches gilt für sämtliche anderen Formen der Anschauung und des Denkens: sie liegen der Anschauung und dem Denken als allgemeinste Formen, die sich aus dem Aufbau bestimmter Teile unseres Körpers ergeben, zugrunde, haben jedoch keine über ihren die Erfahrung ordnenden Aspekt hinausgehende Funktion. Auch unter den Bedingungen von Langes sinnesphysiologischem Kantianismus richten sich die Gegenstände der Erfahrung nach unserer Erkenntnisausstattung, die jedoch selbst zum Gegenstand empirischer (hauptsächlich physiologischer) Forschung werden kann. Wenn wir die Welt raumzeitlich wahrnehmen und sowohl unser Denken als auch die Erfahrung den Kategorien als Ordnungsprinzipien folgen, so beruht dies auf der Struktur von Gehirn und Sinnesorganen: sowohl unser Denken als auch unsere Wahrnehmungen sind das Resultat von bzw. bestehen in deutenden Schlüssen, die teilweise bewußt, teilweise unbewußt erfolgen. Diese Deutungsprozesse sind aber letztlich mit physischen Vorgängen im Gehirn bzw. den Sinnesorganen identisch : sowohl unser Denken als auch unsere Wahrnehmungen *sind* letzlich nichts anderes als physische (und damit auch meßbare) Ereignisse.

2.1.3 Die Konsequenzen des „sinnesphysiologischen Kantianismus" für die Realitätsfrage

Langes „sinnesphysiologischer Kantianismus" ist von seinen Grundlagen her ein besonders krasser Materialismus: er führt sämtliche Phänomene der Welt und ihrer Wahrnehmung auf prinzipiell beobachtbare mechanische Naturereignisse zurück bzw. identifiziert sie mit diesen. Die Philosophie wird damit in einem ihrer klassischen Gegenstandsbereiche für unzuständig erklärt und durch die Naturwissenschaft ersetzt. Lange steht soweit also in der Tradition des Materialismus als Naturalismus, die er in der *Geschichte des Materialismus* ausführlich dargelegt und kritisiert hat, und ist gleichzeitig Vorläufer strukturell ähnlicher moderner Standpunkte wie der Evolutionären Erkenntnistheorie. Derartige Ansätze leiden jedoch stets an einem spezifischen Defizit: sie setzen immer schon das Vorhandensein einer bestimmten Klasse von Gegenständen voraus, sie legen der für sie zentralen empirischen Forschung also stets schon eine Ontologie von Dingen, die es zu untersuchen gilt (und die vor allem *untersuchbar* sind), zugrunde. Diese Art von Zirkel liegt auch in Langes System vor, und Lange ist sich dessen durchaus bewußt; er sieht sehr wohl, daß „derselbe Mechanismus, welcher [...] unsre sämtlichen Empfindungen hervorbringt, jedenfalls *auch unsre Vorstellung von der Materie erzeugt*."[4] Die Materie, die in Langes System als Grundlage des Denkens wie

---

[1] Geschichte des Materialismus S.494
[2] a.a.O.
[3] ebd. S.494 f.
[4] ebd. S.852

der Wahrnehmung gilt, ist natürlich selbst immer schon wahrgenommen, der Mechanismus (im wahrsten Sinne des Wortes), der für unsere als *Deutungen* verstandenen Wahrnehmungen zuständig ist, ist selbst immer schon ge- bzw. *erdeutet*. Das von Lange durchaus erkannte[1] Problem liegt also darin, daß das, was unsere Wahrnehmungen als solche erst hervorbringen soll, selbst immer schon Wahrgenommenes ist - „jede physische Organisation, und wenn ich sie unter dem Mikroskop sehen oder mit dem Messer vorzeigen kann, ist eben doch nur meine Vorstellung und kann sich in ihrem Wesen nicht von dem, was ich sonst geistig nenne, unterscheiden."[2]

Die unausweichliche Konsequenz aus diesen Überlegungen scheint nun der Weg hin zu einer Art Selbstüberwindung des Materialismus zu sein: „Wie schreiten nun mitten durch die Konsequenz dieses Materialismus hindurch [...]."[3] - Wenn der Materialismus nur konsequent verfolgt wird, stößt er irgendwann automatisch an seine Grenzen; sind diese Grenzen des absolut gesetzten sinnesphysiologischen Materialismus Langescher Prägung einmal erkannt, d.h. ist dessen Untauglichkeit zur Erklärung des Vorhandenseins *wahrgenommener Dinge überhaupt* erkannt, so muß er *als metaphysische These* aufgegeben und auf der Ebene der transzendentalen Fragestellung durch einen Idealismus ersetzt bzw. ergänzt werden, der alle erscheinenden Gegenstände eben als Erscheinungen und die materialistische Erklärung als zumindest nicht mehr hinreichende Bedingung für die Existenz von Erfahrungsgegenständen überhaupt betrachtet.

„Die Materie im ganzen kann so gut bloß ein Produkt meiner Organisation sein - muß es sogar sein - wie die Farbe oder irgendeine durch Kontrasterscheinungen hervorgebrachte Modifikation der Farbe."[4] Es ist „nahezu gleichgültig [...], ob man von einer geistigen oder physischen Organisation redet"[5], denn „die erscheinenden Dinge sind ja eben unsere Vorstellungen. Daß sie deswegen materiell seien, darf man wieder nicht behaupten, denn allein die Erscheinungen sind uns unmittelbar gegeben; die Materie [...] ist schon ein fingiertes Hilfsprinzip, um die Erscheinungen in einen durchgehenden Zusammenhang von Ursache und Wirkung zu bringen."[6] Der von Lange vertretene Materialismus wäre demgemäß also lediglich eine nützliche, aber keinen absoluten Wahrheits- bzw. Realitätsanspruch erhebende Annahme: eine Fiktion. Für den so verstandenen Materialismus ist „der Glaube an die materiellen, für sich bestehenden Dinge und die Gewohnheit, *diese Dinge vorauszusetzen, auch wenn man nicht an sie glaubt*"[7], charakteristisch. Dieser Glaube an eine an sich bestehende materielle Außenwelt

---

[1] M.E. geht aus den hier und in den folgenden Abschnitten behandelten Teilen der *Geschichte des Materialismus* eindeutig hervor, daß sich Lange des sich aus dem (vorerst) absolut gesetzten Sinnesphysiologismus ergebenden Zirkels durchaus bewußt ist, zumal er einen Weg entwickelt, aus diesem auszubrechen. Ich kann daher Ceynowa nicht zustimmen, wenn dieser schreibt: „Lange bemerkt [...] nicht, daß das Konzept einer Selbstüberwindung des Materialismus durch die Sinnesphysiologie dadurch, daß es deren Lehren als Teil der materialistischen Weltsicht mit einbezieht, sich seinerseits selbst aufhebt [...]." (Ceynowa, Zwischen Pragmatismus und Fiktionalismus S.168)
[2] Geschichte des Materialismus S.852
[3] a.a.O.
[4] a.a.O.
[5] a.a.O.
[6] ebd. S.860 f.
[7] ebd. S.861 (Hervorhebung v. Verf.)

ist eine „Hilfsvorstellung zur Zusammenfassung der Erscheinungen"[1], d.h. er ermöglicht die *naturwissenschaftliche* Betrachtung der Dinge, die Feststellung von Regularitäten, von regelmäßigen Zusammenhängen zwischen bestimmten Erscheinungen. Als *metaphysisches* und (philosophisch-)*erkenntnistheoretisches* Programm kann dieser Materialismus nunmehr aber nicht mehr aufrechterhalten werden: die Sinnesphysiologie vermag keine hinreichende Erklärung für die Beschaffenheit oder gar für das Vorhandensein von *Erscheinungen überhaupt* zu geben; wir müssen uns auf den relativ allgemeinen Standpunkt zurückziehen, „die Erscheinungen als bloße *Wirkungen* der Objekte (d.h. der unbekannten Dinge an sich!) auf unsere Sinnlichkeit zu betrachten"[2], d.h. daß „die *Farben, Klänge, Gerüche* usw. nicht den Dingen an sich zukommen, sondern daß sie eigentümliche Erregungsformen unserer Sinnlichkeit sind, welche durch *entsprechende aber qualitativ sehr verschiedene* Vorgänge in der Außenwelt hervorgerufen werden."[3] Damit nähert Lange sich - auch in der Diktion - immer mehr der Kantischen Position an: er nimmt die Existenz uns in ihrer eigentlichen Beschaffenheit unbekannter Dinge an sich an, die unsere Vorstellungen, d.h. die Dinge für uns in kausaler Weise hervorrufen. Lange ist jedoch weit davon entfernt, sich hier Kants Position zueigen zu machen: wenn von kausaler Einwirkung der Dinge an sich auf unsere subjektive Organisation die Rede ist, so ist dies bei weitem nicht so problematisch wie bei Kant selbst (siehe Abschnitt 1.4.2), da Langes Materialismus durch den Schritt in Richtung Idealismus zwar weitgehend an Schärfe verliert, aber dennoch Materialismus in dem Sinne bleibt, daß Denken und Wahrnehmung weiterhin aus physischen Ereignissen heraus erklärt werden, wobei allerdings „physisch" sich hier auf den Bereich der Dinge an sich bezieht, deren wie auch immer gearteten Relationen zueinander nach Lange durchaus gewisse Entsprechungen zu den Relationen zwischen physischen Dingen zu attestieren scheint. (Dies würde also so etwas wie eine zumindest teilweise Isomorphie zwischen den uns unbekannten Relationen im Bereich der Dinge an sich und den in Form von Naturgesetzen beschreibbaren Relationen zwischen physischen Gegenständen bedeuten.)

Lange faßt die Resultate dieser Überlegungen in drei Punkten zusammen:
1. „Die Sinnenwelt ist ein Produkt unsrer Organisation."[4]
2. „Unsre sichtbaren (körperlichen) Organe sind gleich allen andern Teilen der Erscheinungswelt nur Bilder eines unbekannten Gegenstandes."[5]
3. „Die transzendente Grundlage unsrer Organisation bleibt uns daher ebenso unbekannt, wie die Dinge, welche auf dieselbe einwirken. Wir haben stets nur das Produkt von beiden vor uns."[6]

Punkt (1) ist im wesentlichen der Kantische Standpunkt. Es ist aber auch Langes „materialistischer" Standpunkt, der mit „unsrer Organisation" *auch* den Aufbau bestimmter Teile unseres Körpers, die physiologische Organisation von Sinnesorganen, Nerven und Gehirn meint.

Punkt (2) ist die (triviale) Konsequenz aus der Tatsache, daß sämtliche Gegenstände unserer Erfahrung eben nur Erscheinungen uns unbekannter Dinge an sich sind.

---

[1] a.a.O. (im Original hervorgehoben)
[2] a.a.O.
[3] ebd. S.862 (Hervorhebung v. Verf.)
[4] ebd. S.864
[5] a.a.O.
[6] a.a.O.

Punkt (3) bedeutet vor allem, daß die (transzendentale) Frage bestehen bleibt, wie es überhaupt möglich ist, daß eine Verbindung zwischen physischen (im weiteren Sinne (s.o.)) und psychischen Ereignissen besteht. Einerseits existiert auch für Lange eine Sphäre der „Dinge an sich", die offensichtlich auf so etwas wie ein „transzendentales Subjekt" einwirken, andererseits gibt es den Bereich des Materiellen, den Bereich unserer Erfahrung, innerhalb dessen ausschließlich Teilchen und deren Bewegung als real bezeichnet werden können. Langes Position scheint nun so zu verstehen zu sein, daß *innerhalb des Bereichs der materiellen Dinge* Bewegungen von Teilchen durchaus eine hinreichende Bedingung für das Zustandekommen von Erfahrung darstellen (tatsächlich kann eine gegenteilige Beobachtung ja nicht gemacht werden). Verläßt man jedoch diesen Bereich, also die Domäne der Naturwissenschaft[1], so fragt man auf der Ebene der Philosophie nach den Bedingungen der Möglichkeit von *Erfahrung überhaupt*. -

> „Die Wissenschaft darf nicht daran verzweifeln, [...] dahin zu gelangen, selbst die verwickeltsten Handlungen und die bedeutungsvollsten Bewegungen eines lebenden Menschen nach dem Gesetze der Erhaltung der Kraft aus den in seinem Gehirn unter Einwirkung der Nervenreize frei werdenden Spannkräften abzuleiten, allein es ist ihr auf ewig verschlossen, eine Brücke zu finden, zwischen dem, was der einfachste Klang *als Empfindung eines Subjektes*, als *meine* Empfindung ist und den Zerstreuungsprozessen im Gehirn, welche die Wissenschaft annehmen muß, um diese nämliche Schallempfindung als einen Vorgang in der Welt der Objekte zu erklären."[2]

Wie exakt es der Naturwissenschaft also auch gelingen mag, Entsprechungen zwischen materiellen Vorgängen in Sinnesorganen, Nerven und Gehirn und unseren Empfindungen aufzufinden und zu systematisieren: physische Vorgänge können niemals *absolut* (d.h. auf der philosophischen im Gegensatz zur naturwissenschaftlichen Ebene) als hinreichende Bedingungen für mentale Phänomene gelten.

Auch Lange unterscheidet zwischen Dingen „an sich" und Gegenständen der Erfahrung, die auch für ihn Erscheinungen darstellen. Die „Dinge an sich" sind jedoch für ihn nicht notwendigerweise von den Sinnesdingen fundamental unterschieden. Es stellt sich daher die Frage, welche Charakteristika man den Dingen an sich zuschreiben darf bzw. muß. Diese Frage ist für Lange aber leicht zu beantworten: „Ohne Objektivität von Raum und Zeit kann in keinem Falle etwas unsrer Materie und der Bewegung Ähnliches gedacht werden."[3] Lange setzt hier offensichtlich voraus, daß etwas nur gedacht (wohl im Sinne von: vorgestellt) werden kann, wenn es bzw. etwas, das ihm in fundamentaler Weise (wenn auch nicht im einzelnen) ähnlich ist, auch tatsächlich existiert. Wie manch andere Stelle der *Geschichte des Materialismus* bedürfte auch dieser Satz einer ausführlichen Untersuchung im Hinblick auf seine Voraussetzungen und vor allem seine Gültigkeit, die hier jedoch nicht geleistet werden kann.[4] Nur soviel: Lange scheint hier dasjenige, was er mit Hilfe dieses Arguments letztlich zu

---

[1] "[...] Naturwissenschaft reicht ein für allemal nur so weit, als die mechanisch-kausale Erklärung der Dinge." (ebd. S.720)

[2] ebd. S.19

[3] ebd. S.868

[4] Die zentrale Frage einer solchen Untersuchung wäre wohl die nach der Bedeutung des Ausdrucks „Objektivität": versteht Lange „Objektivität" hier im Sinne Kants, dann ist ist der oben zitierte Satz völlig unproblematisch; meint er damit jedoch, daß Raum und Zeit *an sich* existieren, so ist er m.E. für die im Folgenden dargelegte Kritik anfällig.

beweisen sucht, schon vorauszusetzen, nämlich, daß es zwischen Dingen an sich und Erscheinungsgegenständen eine Verbindung gibt, die das Gedacht- bzw. Vorgestelltwerden der Dinge an sich zumindest in ihren allgemeinsten Chraktaristika erlaubt.

Ist dies tatsächlich bereits vorausgesetzt, so wäre Langes weitere Argumentation freilich hinfällig: da Raum und Zeit und in ihrem Rahmen materielle Gegenstände und deren Bewegungen tatsächlich Gegenstände von Erfahrung wären, „bleibt es die letzte Zuflucht des Materialismus, zu behaupten, daß die räumliche und zeitliche Ordnung den Dingen an sich zukomme."[1] Die Erfahrung materieller Gegenstände läßt dieser (fragwürdigen) Argumentation nach also geradezu zwingend auf die Existenz eines Bereichs von Dingen an sich schließen, der weder als mit der Erfahrungswelt identisch noch als von dieser völlig verschieden betrachtet werden kann. Welche Qualitäten diesem im einzelnen zukommen, kann jedoch nicht festgestellt werden (da für uns ja nur die Welt unserer Erfahrungen zugänglich ist): die Welt, wie sie „an sich" beschaffen sein mag, kann nur hypothetisch beschrieben werden, nur „durch Vermutungen, die sich denn auch den gewöhnlichen Regeln der Logik des Wahrscheinlichen unterwerfen müssen."[2]

„Wie sich die Vibrationen der berechneten Erscheinungswelt zu den Farben der unmittelbar gesehenen verhalten, so könnte sich auch eine für uns *ganz unfaßbare Ordnung der Dinge* zu der räumlich-zeitlichen Ordnung verhalten, die in unseren Wahrnehmungen herrscht."[3] Tatsächlich hält Lange die Kluft zwischen Dingen an sich und Erfahrungsgegenständen für sehr breit (was entsprechend obigem Zitat aber auch nur als hypothetisch gelten kann): „Nun sehen wir schon, wie groß der Unterschied zwischen einem unmittelbar gesehenen Objekt und einem nach den Lehren der Physik gedachten Objekt ist; wir sehen schon auf dem engen Gebiet, innerhalb dessen eine Erscheinung die andere korrigieren und ergänzen kann, wie ungeheuren Veränderungen das Objekt unterliegt, wenn es von einem Medium mit seinen Wirkungen in ein andres übertritt: müssen wir da nicht schließen, daß der Übertritt von Wirkungen eines Dinges an sich in das Medium unsres Seins mutmaßlich ebenfalls mit bedeutenden, vielleicht noch ungleich bedeutenderen Umgestaltungen verbunden ist?"[4]

In gewisser Weise ist hier also noch weniger über die „Dinge an sich" aussagbar als unter den Bedingungen der Kantischen Philosophie, da im Gegensatz zu dieser (zumindest in ihrer üblichen Auslegung) nicht einmal die völlige „Andersheit" der Dinge an sich mit Sicherheit behauptet werden kann. Daß Lange einen fundamentalen Unterschied zwischen Dingen an sich und Erfahrungsgegenständen jedoch für sehr wahrscheinlich (wenn auch nicht für völlig sicher) hält, geht aber - nicht nur - daraus hervor, daß er die Relationen in der Sphäre der Dinge an sich als „ganz unfaßbare Ordnung" bezeichnet; wie an anderen Stellen auch streicht er damit heraus, daß mit Sicherheit nur von *irgendeiner* Ordnung der Wirklichkeit an sich die Rede sein kann, dieser Wirklichkeit jedoch keinesfalls Räumlichkeit und Zeitlichkeit, sondern allenfalls ein nicht näher beschreibbares Nebeneinander und Nacheinander zugeschrieben werden kann.

Lange argumentiert nun weiter, daß Wesen denkbar seien, deren räumliche Wahrnehmungsfähigkeiten sich auf zwei Dimensionen beschränken, aber auch solche, deren Wahrnehmungsmöglichkeiten über die drei räumliche Dimensionen hinausgehen, oder deren

---

[1] a.a.O.
[2] ebd. S.869
[3] a.a.O. (Hervorhebung v. Verf.)
[4] ebd. S.869 f.

Wahrnehmungen sich von den unseren noch viel krasser unterscheiden, woraus sich ergibt, daß „die Gültigkeit unsrer Anschauung von Raum und Zeit für das Ding an sich [...] äußerst zweifelhaft erscheint."[1]

Damit ist der Materialismus für die Dinge an sich nun aber - möglicherweise im Widerspruch zu anderen Aussagen Langes[2] - definitiv ausgeschlossen. „Der einzige Weg, welcher sicher über die Einseitigkeit des Materialismus hinausführt, geht mitten durch seine Konsequenzen hindurch."[3], schreibt Lange einige Seiten zuvor, und es ist nunmehr klar, was es mit diesen Worten auf sich hat: *soll der Materialismus aufrechterhalten werden können, so darf er nicht als absolut gültig betrachtet werden. Er ist vielmehr ausschließlich innerhalb der Sphäre der Erfahrung gültig; die Ebene der transzendentalen Fragestellung verlangt hingegen nach einem dem Kantischen ähnlichen Idealismus, der den Bereich der Erfahrung als Vorstellung, als Erscheinung (evtl. als Resultat von Deutungen) betrachtet.*

Dabei zeigt sich auch, daß das „deutende Schließen" der Sinnesorgane sich lediglich eben auf materielle Gegenstände bezieht und nicht etwa als ein Deuten von Dingen an sich als Erfahrungsgegenstände zu verstehen ist. Die Relation zwischen den Erfahrungsgegenständen und den Dingen an sich ist unter den Bedingungen von Langes System eine rein *passive*; Lange spricht davon, daß uns die Sinne „*Wirkungen* der Dinge, nicht getreue Bilder, oder gar die Dinge selbst [geben]."[4] Die Dinge an sich sind uns nicht zugänglich. - „Wir müssen [...] den Bestand einer transzendenten Weltordnung anerkennen, möge diese nun auf ´Dingen an sich selbst´ beruhen, oder möge sie, da ja auch das ´Ding an sich´ noch eine letzte Anwendung unsres anschauenden Denkens ist, auf lauter Relationen beruhen, die in verschiedenen Geistern sich als verschiedne Arten und Stufen des Sinnlichen darstellen, ohne daß eine adäquate Erscheinung des Absoluten in einem erkennenden Geiste überhaupt denkbar wäre."[5]

Langes Orientierung an Kant wird hier einmal mehr deutlich: auch er verbindet einen empirischen Realismus (und Materialismus) mit einer (allerdings vorsichtiger formulierten) Form eines transzendentalen Idealismus; in dieser Verbindung „[schließt] sich [...] der Bogen unsres Erkennens [...], ohne das, was der Geist an sich ist, zu berühren."[6] Die Sinnesphysiologie als empirischer Aspekt der Erkenntnistheorie, die „Forschung nach einem *physikalischen Mechanismus des Empfindens wie des Denkens* [wird dadurch] nicht überflüssig oder unzulässig [...]."[7] - Sie ist vielmehr der beste (weil empirische und exakte) Weg, das Erkenntnisvermögen des Menschen zu erforschen. Der Anspruch, durch sie genuin philosophische (transzendentale) Erkenntnis zu erlangen, wird mit ihr jedoch nicht erhoben (da er ohnedies nicht einlösbar wäre). Da die materielle Komponente der Erfahrung die einzige uns

---

[1] ebd. S.870

[2] Ein solcher Widerspruch ist dann zu konstatieren, wenn mit „Materialismus" in diesem Zusammenhang ein Materialismus im weiteren Sinne gemeint ist, d.h. in dem Sinne, daß mit dem Begriff hier auch die Zurückführung von Denken und Wahrnehmung auf den physischen Vorgängen in irgendeiner Weise ähnliche Vorgänge im Bereich der Dinge an sich gemeint wäre. Versteht man unter „Materialismus" jedoch nur deren Zurückführung auf mechanische Prozesse im engeren Sinne der Physik der Erfahrungswelt, so liegt kein Widerspruch vor.

[3] ebd. S.867

[4] ebd. S.871

[5] ebd. S.871 f.

[6] ebd. S.871

[7] a.a.O.

zugängliche ist, ist sie auch die einzige, die zum Objekt wissenschaftlicher Bemühungen werden kann. Sofern man den Begriff nicht ausschließlich für ein rein philosophisches Unternehmen reservieren will, ist es durchaus angemessen, die Sinnesphysiologie in diesem Sinne als „Erkenntnistheorie" zu bezeichnen. Mit der strikten Trennung zweier Bereiche der Untersuchung - dem naturwissenschaftlichen und dem philosophischen - ist nun aber auch der mögliche Naturalismus-Vorwurf (s.o.) widerlegt: innerhalb der Sphäre der Erfahrungsgegenstände ist der mechanistische Materialismus uneingeschränkt gültig; es wird mit ihm jedoch nicht der Anspruch erhoben, die nur mit den Mitteln der Philosophie lösbare Frage nach den Bedingungen der Möglichkeit von Erfahrung überhaupt zu beantworten.

2.2 Der Standpunkt des Ideals

2.2.1 Die „Selbstüberwindung" des Materialismus und die Hierarchie der Deutungen

Die vermeintliche Sicherheit des materialistischen Standpunktes ergibt sich aus dessen Orientierung an der Naturwissenschaft. Bei näherer Betrachtung erweist sich diese Sicherheit jedoch als nicht wirklich gegeben. - „Ein Reflex dieser Sicherheit und Notwendigkeit fällt dabei auch auf das System als solches, allein dieser Reflex ist trügerisch."[1] Das Prinzip des Materialismus, die Annahme, alles physische wie mentale Geschehen sei auf mechanische Wechselwirkung zwischen Teilchen zurückzuführen, beruht auf den Resultaten der Naturwissenschaft; mit der Sicherheit dieser Resultate steht und fällt auch der materialistische Standpunkt: erweist sich die Naturwissenschaft als nicht verläßlicher Lieferant von Erkenntnis, so ist auch der Materialismus als philosophisches System gefährdet.

Tatsächlich ist es so, daß die Sätze der Naturwissenschaft, die Naturgesetze, niemals sicher sein können, da sie lediglich induktiv aus Reihen von Einzelbeobachtungen abgeleitet sind: „die Sicherheit der Tatsachen der Wissenschaft [...] ist allemal am größten für das unmittelbar gegebene Einzelne."[2] Die Naturgesetze als Ausdruck von Einheit und Gleichförmigkeit des Naturgeschehens lassen sich aus der Beobachtung einer Reihe von einzelnen Ereignissen streng genommen natürlich nicht herauslesen, sie werden ganz im Gegenteil erst in sie „hineingelesen": „Der Einheitspunkt, welcher die Tatsachen zur Wissenschaft und die Wissenschaft zum System macht, ist *ein Erzeugnis freier Synthesis* [...]."[3] Lange bedient sich hier eines Kantischen Begriffs, des Begriffes der *Synthesis*; unter „Synthesis" versteht Kant „in der allgemeinsten Bedeutung die Handlung, verschiedene Vorstellungen zu einander hinzuzutun, und ihre Mannigfaltigkeit in einer Erkenntnis zu begreifen."[4] „Synthesis" bedeutet also aktive Einheitsstiftung, Verbindung einzelner Vorstellungen zu einem kohärenten Ganzen. Die Sätze der Naturwissenschaft sind für Lange Ergebnisse einer solcher Synthesis, die einzelne Beobachtungen in den Rahmen von Naturgesetzen setzt bzw. die Naturgesetze erst aus solchen Beobachtungen heraus- bzw. sie in sie hineinliest. Diese Synthesis ist „gebunden an die Aufgabe, möglichste Harmonie zu stiften zwischen den notwendigen, unsrer Willkür entzogenen Faktoren der Erkenntnis. Wie der Techniker bei einer Erfindung an den Zweck derselben gebunden ist, während doch die Idee derselben frei aus seinem Geiste hervorbricht, so ist jede wahre wissenschaftliche Induktion zugleich die Lösung einer gegebenen Aufgabe

---

[1] ebd. S.981
[2] a.a.O.
[3] a.a.O. (Hervorhebung v. Verf.)
[4] Kant, KrV B 103

und ein Erzeugnis des dichtenden Geistes."[1] Auch die als Induktion verstandene Synthesis ist eine Form der Deutung[2], allerdings auf einer gänzlich anderen Ebene als die „Deutung" durch die Sinnesorgane bzw. das Gehirn. Die „induktive" Deutung geschieht „jenseits" der Sphäre des Materiellen; das Materielle als Ansammlung von Teilchen, die in ihren Bewegungen und Wechselwirkungen streng allgemeinen Gesetzen folgen, ist vielmehr erst das Resultat dieser Deutung, insofern aus der Synthesis das naturwissenschaftliche Weltbild und aus diesem wiederum der Materialismus als System hervorgeht. Der Materialismus als philosophischer Standpunkt ist also immer schon Resultat von Deutung(sakt)en, d.h. ihm liegt immer schon eine aktive Rolle des Subjekts als Faktor der Weltkonstituierung zugrunde. Damit wird auch klar, was Lange meint, wenn er den Materialismus „die erste, die niedrigste, aber auch vergleichsweise festeste Stufe der Philosophie"[3] nennt - „Im unmittelbaren Anschluß an das Naturerkennen schließt er sich zum System, indem er die Schranken desselben übersieht."[4] Der Materialismus ergibt sich in gewissermaßen natürlicher Weise aus der naturwissenschaftlichen Art, die Dinge zu betrachten; diese wiederum stützt sich auf Beobachtungen, auf „das unmittelbar gegebene Einzelne"[5], das im Rahmen der Synthesis zum Einzelfall einer allgemeinen Regel, eines Naturgesetzes wird.

In diesem Sinne kann Lange auch sagen, der Materialismus halte sich „mehr als irgendein andres System an die *Wirklichkeit*, d.h. an den Inbegriff der notwendigen, durch Sinneszwang gegebenen Erscheinungen."[6] Die „Wirklichkeit", von der hier die Rede ist, ist die der Alltagserfahrung, also das, was mit Kant „empirische Realität" genannt werden kann: die Gesamtheit der uns umgebenden physischen Gegenstände, der Gegenstände möglicher Erfahrung: „Realität" auch im alltäglichen Sinne des Wortes.

Auch Lange zieht nun die Möglichkeit in Betracht, daß es nicht nur eine Realität „jenseits" des Bereichs empirischer Gegenstände gibt, sondern daß diese auch erkennbar ist; er weist diese Überlegung jedoch umgehend wieder zurück: „Eine Wirklichkeit aber, wie der Mensch sie sich einbildet, und wie er sie ersehnt, wenn diese Einbildung erschüttert wird: ein *absolut festes, von uns unabhängiges und doch von uns erkanntes Dasein* - eine solche Wirklichkeit gibt es nicht und kann es nicht geben, da sich der synthetische, schaffende Faktor unsrer Erkenntnis in der Tat bis in die ersten Sinneseindrücke und bis in die Elemente der Logik hinein erstreckt."[7] Was Lange hier zurückweist, ist also nicht der ontologische, sondern der erkenntnistheoretische Realismus: zwar räumt er ganz offensichtlich die Existenz einer Welt an sich ein (siehe Abschnitte 2.1.2 u. 2.1.3), bestreitet jedoch ausdrücklich die Möglichkeit, diese bzw. Teile von ihr in ihrer tatsächlichen Beschaffenheit zu erkennen. Zurückzuführen ist dies darauf, daß selbst die allgemeinsten äußeren Fundamente unserer Erkenntnis nichts einfach Vorgefundenes an sich Existierendes, sondern stets schon Resultat des aktiven

---

[1] Geschichte des Materialismus S.981
[2] An dieser Stelle sei ausdrücklich darauf hingewiesen, daß die Verwendung des Begriffs „Deutung" in Bezug auf den „Standpunkt des Ideals" nicht Langes Terminologie entspricht. Er ist vielmehr Ausdruck der spezifischen Auslegung (also auch einer Deutung) von Langes Philosophie, die der Fragestellung der vorliegenden Arbeit entspricht.
[3] a.a.O.
[4] a.a.O.
[5] a.a.O.
[6] ebd. S.981 f.
[7] ebd. S.982 (Hervorhebung v. Verf.)

subjektiven Vermögens der Synthesis, d.h. von Deutungen, also immer schon Erdeutetes, in ihren allgemeinsten Charakteristika immer schon Bekanntes sind. Sie sind immer schon in gewissem Maße Erkanntes, immer schon Gegenstände *für uns*. Dies gilt auch für die Grundsätze der Logik, die keineswegs von uns einfach „vorgefunden" werden, sondern vielmehr grundlegende Ergebnisse der Synthesis sind, die selbst wiederum als Grundlage für Synthesis / Deutungen auf der Ebene der materiellen Gegenstände dienen: „Der Satz A = A ist zwar die Grundlage alles Erkennens, aber selbst keine Erkenntnis, sondern eine Tat des Geistes, ein Akt ursprünglicher Synthesis, durch welchen als notwendiger Anfang alles Denkens eine Gleichheit oder ein Beharren gesetzt werden, die sich in der Natur nur vergleichsweise und anähernd, niemals aber absolut und vollkommen vorfinden."[1]

„Die Welt ist nicht nur *Vorstellung*, sondern auch *unsre* Vorstellung: ein Produkt der Organisation der *Gattung* in den allgemeinen und notwendigen Grundzügen aller Erfahrung, des *Individuums* in der frei mit dem Objekt schaltenden Synthese. Man kann also auch sagen, die ´Wirklichkeit´ sei die Erscheinung für die Gattung, der täuschende Schein dagegen sei eine Erscheinung für das Individuum, welche erst dadurch zum Irrtum wird, daß ihr ´Wirklichkeit´, d.h. Dasein für die Gattung, zugeschrieben wird."[2] - Lange unterscheidet hier zwischen zwei Ebenen der Wirklichkeit(serkenntnis) bzw. von Vorstellung / Erscheinung. Der Organisation der „Gattung" d.h. des Menschen im allgemeinen sind die allgemeinen Charakteristika der Erfahrung zuzuschreiben, wobei Lange allerdings nicht die „Gattung" im physisch-biologischen Sinne (die ja stets schon das Resultat deutender Induktion ist, der also die „allgemeinen und notwendigen Grundzüge aller Erfahrung" stets schon zugrundeliegen) meinen kann, sondern „Gattung" sich vielmehr auf den Menschen als intelligiblen Gegenstand im Sinne Kants beziehen muß. Diese „Gattung" ist im metaphysischen Sinne zu verstehen, als das, was der Mensch *an sich* sein mag. Daß „die ´Wirklichkeit´ [...] Erscheinung für die Gattung" sei, ist daher wohl so aufzufassen, daß die Grundsätze, die allgemeinsten Formen der Erfahrung, der Gattung im erläuterten Sinne, d.h. *allen Individuen* zukommen. Der „täuschende Schein" hingegen ist lediglich Erscheinung für das Individuum, er darf nicht der Gattung und ihren gemeinsamen Vermögen zugeschrieben werden. Geschieht dies dennoch, so handelt es sich um das, was Lange einen „Irrtum" nennt, d.h. die Verwechslung individuell-subjektiver Wahrnehmungen oder Vorstellungen mit intersubjektiven Sachverhalten, mit den *Verhältnissen der empirischen, physischen Welt* selbst. In einem solchen Fall „paßt" die Erscheinung für das Individuum mit der Erscheinung für die Gattung, d.h. mit der tatsächlichen empirischen Welt „nicht zusammen". Was Lange hier ausdrücken möchte, ist offensichtlich das, was bei Kant die Unterscheidung zwischen „Erscheinung" und „Schein" ist: die „Erscheinung für die Gattung" entspricht Kants „Erscheinung", Langes „Erscheinung für das Individuum" dem Kantischen („täuschenden") „Schein", der Illusion, dem Irrtum. Die

---

[1] ebd. S.1010 (Anmerkung 40 zu S.982); wie der letzte Teil dieses Satzes zu verstehen ist, ist nicht ganz klar: da mit „Natur" hier ganz offensichtlich die empirische, physische Natur gemeint ist, stellt sich die Frage, inwieweit der Satz von der Identität bzw. „eine Gleichheit und ein Beharren" sich in der Natur nicht finden, zumal dieser Satz ja offenbar so etwas wie ein - in unserer Terminologie - oberstes Deutungsprinzip darstellt, das auch der Naturerkenntnis zugrundeliegt. Es wäre jedoch möglich, daß Lange mit „A = A" nicht den logischen Satz meint, der besagt, daß jeder Gegenstand mit sich selbst identisch ist, sondern „A = A" vielmehr eine etwas unglückliche Formulierung des Prinzips ist, nach dem in jeder Veränderung etwas beharrt, d.h. *etwas da ist, das* sich verändert.
[2] ebd. S.982

„Erscheinung für die Gattung" ist Ergebnis der Organisation der Gattung im oben erläuteren metaphysischen Sinne, Resultat fundamentaler, unaufhebbarer, unhintergehbarer Deutungen; die „Erscheinung für das Individuum" hingegen, der Irrtum entspringt der *physischen* Organisation des einzelnen Individuums (oder aber auch bestimmten, bewußten und gezielten, d.h. individuellen Akten der Synthesis), d.h. er ist entweder Resultat von Deutungen durch die Sinnesorgane bzw. das Gehirn (siehe Abschnitte 2.1.2 und 2.1.3) oder Ergebnis bewußter Synthesis-Akte.

Diese Unterscheidung zwischen zwei Arten von „Erscheinung" bzw. - in der Kantischen Terminologie - zwischen „Erscheinung" und „Schein" läßt den Schluß zu, daß für Lange die „Wirklichkeit" im Sinne der Erscheinung für die Gattung eben die uns zugängliche, materielle Realität ist, die im Materialismus zur Realität an sich verabsolutiert wird. Diese Realität ist jedoch auch Resultat von Deutungen, d.h. der Synthesis bzw. der Organisation der Gattung im metaphysischen Sinne. „Innerhalb" bzw. aufbauend auf dieser „fundamentalen" Realität gibt es wiederum Deutungen, die jedoch der materiellen Organisation, das heißt aber in letzter Konsequenz, *auch* dem, was dieser materiellen Organisation (die stets schon erdeutet ist) zugrundeliegen mag, zuzuschreiben sind. Im Gegensatz zu den fundamentalen Deutungen haben diese jedoch eine zugängliche „Basis", eben die fundamentalen Deutungen, die als intersubjektive Realität, als Maßstab der Angemessenheit, der „Richtigkeit" dieser höherstufigen Deutungen dient.

Die deutende Synthesis, die die allgemeinsten Formen der Erfahrung bereitstellt, kommt der *Gattung* zu, d.h., das Individuum hat keine Möglichkeit der Erkenntnis dessen, was der Synthesis zugrundeliegt, was in der Synthesis erst verbunden wird. Mit anderen Worten: dem Individuum ist nichts Ungedeutetes zugänglich, da jede Form der Erkenntnis schon Synthesis / Deutung beinhaltet bzw. mit dieser identisch ist.

Nach Lange gibt es also zwei Hauptebenen der Deutung, wobei sowohl die eine auf der anderen aufbaut als auch innerhalb zumindest der zweiten weitere Abstufungen feststellbar sind:
1. die Deutung im Sinne der Synthesis, die die empirischen Gegenstände erst hervorbringt; diese kommt der Gattung zu und geschieht nicht bewußt;
2. die auf individuellen physiologischen Gegebenheiten beruhende Deutung durch Sinnesorgane, Nerven und Gehirn; diese Ebene der Deutung, die auf der ersteren beruht, geht in der Regel ebenfalls unbewußt vor sich, kann jedoch auch bewußt geschehen, etwa um sich besipielsweise „absichtlich" von einem optischen Trick in die Irre führen zu lassen.

Deutungen spielen jedoch auch auf einer weiteren Ebene eine Rolle: die „Aufgabe, Harmonie in den Erscheinungen zu schaffen und das gegebene Mannigfaltige zur Einheit zu binden"[1] wird nicht nur von der Synthesis, sondern auch von der *Spekulation* erfüllt. Bei dieser handelt es sich um ein je individuelles, bewußtes Vermögen: „das Individuum dichtet nach seiner eignen Norm, und das Produkt dieser Dichtung gewinnt für die Gattung, beziehungsweise für die Nation und die Zeitgenossen, nur insofern Bedeutung, als das Individuum, welches sie erzeugt, reich und normal begabt und in seiner Denkweise typisch, durch seine Geisteskraft zum Führer berufen ist."[2] Unter Spekulation versteht Lange den Bereich der Philosophie im

---

[1] a.a.O.
[2] a.a.O.

Sinne von Metaphysik, dessen letztes Ziel für ihn die „einheitliche Darstellung des Gegebenen in seinem Zusammenhange"[1] ist; allerdings fehlt diesem „der leitende Zwang der Prinzipien der Erfahrung"[2]. Die Deutungen auf der Ebene der Spekulation tragen eindeutig konstruktive Züge, der Geist hat sich in ihnen zwar ebenfalls aus Gegebenem (dessen er sich allerdings bewußt ist) etwas zu *er*deuten, diese Erdeutung beinhaltet jedoch einen weit größeren „Freiraum" als die fundamentalen Synthesis-Deutungen und die physiologischen Sinnesdeutungen; dieser Freiraum wird „kreativ", konstruktiv genutzt, so daß „Deutungen" im engeren Sinne des Begriffs hier teilweise zugunsten von Konstruktionen in den Hintergrund treten, ohne dabei jedoch gänzlich zu verschwinden. Der Geist folgt in der Spekulation nicht festgelegten Bahnen, sondern hat den größtmöglichen Deutungsspielraum. Die bereits auf den Ebenen von Synthesis und Sinnesdeutung erdeutete und deutend konstruierte Welt bildet die Basis spekulativen Denkens als einer Deutung, die stets bewußt und intentional vollzogen wird.

Die Stufenleiter der Deutungen ist mit der „Begriffsdichtung der Spekulation"[3], der Metaphysik, nach oben hin jedoch noch nicht abgeschlossen: ihre nächst-"höhere" Stufe besteht in der Dichtung im literarischen Sinne: „Der Dichter erzeugt in freiem Spiel seines Geistes eine Welt nach seinem Belieben, um in dem leicht beweglichen Stoff um so strenger eine Form auszuprägen, welche ihren Wert und ihre Bedeutung unabhängig von den Aufgaben der Erkenntnis in sich trägt."[4]

Synthesis bzw. (Er)Deutung als einheitsstiftendes Prinzip ist also das oberste Prinzip nicht nur aller Erkenntnis, sondern auch aller kreativen Hervorbringungen des menschlichen Geistes. Auf allen Ebenen besteht Erkenntnis und besteht jede geistige Tätigkeit des Menschen in konstruierenden Deutungen, die - mit Ausnahme der fundamentalen und möglicher „höchster" Deutungen - jeweils sowohl auf anderen Deutungen beruhen als auch selbst wiederum zur Basis anderer Deutungen werden können: „Von den niedersten Stufen der Synthesis, in welchen das Individuum noch ganz an die Grundlage der Gattung gebunden erscheint, bis hinauf zu ihrem schöpferischen Walten in der Poesie ist das Wesen dieses Aktes stets gerichtet auf die Erzeugung der Einheit, der Harmonie, der vollkommnen Form."[5] Je höher die jeweilige Synthesis (im allgemeinen Sinne, für uns gleichbedeutend mit „Deutung") in der „Hierarchie" der Deutungen steht, desto mehr tritt in ihr der Aspekt des Deutens eines Gegebenen zugunsten des schöperischen, konstruktiven Aspekts zurück, tritt, in Langes Ausdrucksweise, die „Begriffsdichtung" an die Stelle der Synthesis.

Was wir in den vorangegangenen Erläuterungen als „deutungstheoretische" oder „interpretationistische" Position bezeichnet haben, nennt Lange den *Standpunkt des Ideals*: daß die Welt, in der wir uns bewegen und auf die wir handelnd Einfluß nehmen, Ergebnis von Deutungen, also stets eine erdeutete Welt ist, formuliert Lange mit den Worten, daß „das Weltbild, welches die Sinne uns geben, unwillkürlich nach dem uns innewohnenden Ideal geformt ist"[6].

---

[1] a.a.O.
[2] a.a.O.
[3] a.a.O.
[4] a.a.O.
[5] ebd. S.982 f.
[6] ebd. S.983

All diese Überlegungen führen bei Lange jedoch genausowenig wie bei Kant dazu, daß die alltägliche Wirklichkeit bzw. der Glaube an diese Wirklichkeit für unsicher erklärt würde: „Wird jene Grundlage [= die empirische physische Wirklichkeit] vernachlässigt, so kann auch die Spekulation nicht mehr typisch, nicht mehr bedeutungsvoll werden; sie verliert sich ins Phantastische, in subjektive Willkür und spielende Gehaltlosigkeit. Vor allem aber ist die möglichst unverfälschte Auffassung der Wirklichkeit die ganze Grundlage des täglichen Lebens, die notwendige Bedingung des menschlichen Verkehrs. Das Gemeinsame der Gattung in der Erkenntnis ist zugleich das Gesetz alles Gedankenaustausches. Es ist aber noch mehr als dies: es ist zugleich der einzige Weg zur Beherrschung der Natur und ihrer Kräfte."[1] Die materielle Welt bleibt auch vom „Standpunkt des Ideals" aus betrachtet so real, wie sie vor jeder philosophischen Reflexion ist: sie ist die Grundlage unseres Erkennens und Handelns, die wir in der Spekulation (in einem eher negativen Sinne des Wortes) nicht sinnvollerweise verlassen können. Im Rahmen der materiellen Wirklichkeit haben nicht nur die Naturgesetze (und damit auch die Gesetze der Sinnesphysiologie) uneingeschränkte Gültigkeit, in ihr *leben*, *existieren* wir auch, in ihr *erkennen*, *handeln* und *kommunizieren* wir. Sie ist in diesem Sinne nicht hintergehbar, geschweige denn aufhebbar; gleichzeitig kann die materielle Welt, die Natur, nur welt- bzw. naturimmanent sinnvoll und erfolgreich zum Gegenstand von Erkenntnisbemühungen werden: genuin philosophische Antworten auf die Frage nach dem Wesen und den Grenzen unserer Erkenntnis können von der Naturforschung nicht erwartet werden. Wenn der Materialismus nur konsequent verfolgt wird, so stößt er an einem bestimmten Punkt an eine Grenze, die für ihn nicht zu überschreiten ist: stellt man die transzendentale Frage, die Frage nach den Bedingungen der Möglichkeit der Existenz von Erfahrungsgegenständen überhaupt, so zeigt es sich, daß der Materialismus keine Antwort zu geben vermag; eine solche kann vielmehr nur mit genuin philosophischen Mitteln gefunden werden. Die „Selbstüberwindung" des materialistischen Standpunkt besteht darin, daß der Materialismus als Erklärungsmuster eine bestimmte Grenze nicht zu überschreiten vermag, an dieser Grenze aber gleichsam darauf verweist, mit welchen Mitteln sie zu überschreiten ist.

Daraus, daß die empirische Wirklichkeit nur Erscheinung, nur erdeutete, und somit relative Realität ist, ergibt sich natürlich - auch dies wurde oben schon behandelt - die Frage nach den Grundlagen dieser relativen Wirklichkeit, nach dem , was *als* empirische Realität gedeutet wird: wir haben immer schon „die Überzeugung, daß [unseren] Vorstellungen und der aus ihnen erwachsenden Welt etwas zugrunde liegt, das nicht aus uns selbst stammt."[2] Diese Überzeugung rührt daher, daß in der materiellen Welt Zusammenhänge und Wechselwirkungen festzustellen sind, die als Inhalte der Erfahrung zwar deren allgemeinen Formen unterworfen, von diesen aber im einzelnen nicht festgelegt, die also, um mit Kant zu sprechen, nicht a priori sind. Deutungstheoretisch ausgedrückt heißt das, daß diese Zusammenhänge zwar in ihrer Form innerhalb eines bestimmten Deutungsrahmens liegen, im einzelnen aber nicht (wie in der Form) als von uns in die Wirklichkeit hineingebracht gelten können: „Wir haben in den Naturgesetzen nicht nur Gesetze unsres Erkennens vor uns, sondern auch Zeugnisse *eines andern*, einer Macht, die uns bald zwingt, bald sich von uns beherrschen läßt. Wir sind im Verkehr mit dieser Macht ausschließlich auf die Erfahrung und auf unsre Wirklichkeit angewiesen, und keine Spekulation hat je die Mittel gefunden, mit der Magie des

---

[1] ebd. S.984
[2] a.a.O.

bloßen Gedankens in die Welt der Dinge einzugreifen."[1] Während also die allgemeinsten Formen der Erfahrung zugleich die fundamentalen Prinzipen der Synthesis / Deutung sind, bedürfen die Geschehnisse innerhalb des (Deutungs-)Rahmens der Erfahrung, bedarf die Tatsache, daß wir es überhaupt mit einer uns in ihren Einzelheiten nicht a priori bekannten Welt zu tun haben, einer Erklärung, die weder von der Spekulation noch von der (selbst auf Erfahrung aufbauenden) Naturwissenschaft geleistet werden kann. Es ist zu fragen, welcher notwendiger Bedingungen es *außer* des subjektiven Deutungsrahmens der Gattung bedarf, um konkrete Erfahrungen überhaupt erst hervorzubringen, was also das in der als Deutung / Synthesis verstandenen Erfahrung das *Ge*deutete, also dasjenige, was gedeutet wird, was den Deutungen zugrundeliegt, ist. - „Die *Methode* aber, welche sowohl zur Erkenntnis als auch zur Beherrschung der Natur leitet, verlangt nichts Geringeres, als eine beständige Zertrümmerung der synthetischen Formen, unter denen uns die Welt erscheint, zur Beseitigung alles Subjektiven."[2] Das Resultat dieser „Methode" ist bereits mehrfach vorweggenommen worden: aus dem „Standpunkt des Ideals" folgt - sofern er konsequent eingenommen wird - , daß „auch unsre Wirklichkeit *keine absolute Wirklichkeit* ist, sondern Erscheinung: für den einzelnen zwingend und seine zufälligen Kombinationen berichtigend; für die Gattung ein notwendiges Produkt ihrer Anlage im Zusammenwirken mit unbekannten Faktoren. Diese unbekannten Faktoren stellen wir uns vor als Dinge, welche unabhängig von uns bestehen, und denen also jene absolute Wirklichkeit zukäme, welche wir eben für unmöglich erklärten. Allein es bleibt bei der Unmöglichkeit; denn schon im Begriff des *Dinges*, das als eine Einheit aus dem unendlichen Zusammenhang des Seins herausgehoben wird, liegt jener subjektive Faktor, der als Bestandteil unsrer menschlichen Wirklichkeit ganz an seiner Stelle ist, jenseits derselben aber nur die Lücke für das absolut Unfaßbare, welches gleichwohl angenommen werden muß, nach Analogie unsrer Wirklichkeit ausfüllen hilft."[3]

Damit ist Lange wieder beim Ding an sich, bei der Wirklichkeit an sich, dem an sich existierenden nichtsubjektiven Fundament jeder weltkonstituierenden Deutung angelangt. Klarer als Kant vor ihm stellt Lange jedoch den höchst problematischen Charakter des Begriffs „*Ding* an sich" heraus: auch die Bezeichnung eines gänzlich unbekannten Faktors der Erkenntnis mit dem Ausdruck „Ding" stellt bereits eine Leistung des Subjekts, eine Deutung dar, in der der, der materiellen Wirklichkeit zugehörige Begriff „Ding" mit zumindest einigen seiner üblichen Implikationen (z.B. Identität mit sich selbst, klare Unterscheidbarkeit von anderen Dingen) metaphorisch auf einen Bereich übertragen wird, in dem er strengenommen keine Gültigkeit haben kann. Der Ausdruck „*Ding* an sich" ist daher lediglich eine Art begriffliches „Füllsel" (oder eine im „Fiktion" im Sinne Vaihingers (siehe Kapitel 4)), das die „Lücke für das absolut Unfaßbare" in „provisorischer", aber einzig möglicher Weise füllt. Wird der „Standpunkt des Ideals" als Lehre von der zentralen Rolle der Deutung in der Erkenntnis konsequent eingenommen, so ist die Annahme einer solchen „Lücke", gleichzeitig mit der Einsicht in ihre Unüberbrückbarkeit, d.h. die Annahme einer „absoluten" / ungedeuteten Wirklichkeit „hinter" der materiellen Realität, unumgänglich.

2.2.2 Die „Religion des Ideals"

Wie bereits angedeutet, erschöpft sich das „Ideal" nicht in in den Ebenen der fundamental-weltkonstituierenden und der physiologischen Deutung, sondern wirkt auch dort weiter, wo

---

[1] ebd. S.984 f.
[2] ebd. S.985
[3] ebd. S.986 f.

kein zu Deutendes, kein Ding an sich und auch keine materiellen Gegenstände zugrundeliegen. Das „Ideal" äußert sich nicht nur in Synthesis / Deutung, sondern auch in dem, was Lange „Begriffsdichtung" nennt:

> „Eins ist sicher: daß der Mensch einer Ergänzung der Wirklichkeit durch eine von ihm selbst geschaffene Idealwelt bedarf, und daß die höchsten und edelsten Funktionen seines Geistes in solchen Schöpfungen zusammenwirken. Soll aber diese freie Tat des Geistes immer und immer wieder die Truggestalt einer beweisenden Wissenschaft annehmen? Dann wird auch der Materialismus immer wieder hervortreten und die kühneren Spekulationen zerstören, indem er dem Einheitstriebe der Vernunft mit einem Minimum von Erhebung über das Wirkliche und Beweisbare zu entsprechen sucht."[1]

Zweck dieser „Ergänzung der Wirklichkeit" ist auch, den „Rückfall" in den absolut verstandenen Materialismus zu verhindern. Um dies zu erreichen, muß eine Möglichkeit der Beschreibung oder Erklärung der Welt als ganzer gefunden werden, der nicht der der Naturwissenschaft ist. Dieser Weg ist für Lange nun der Weg der Religion; allerdings nicht im Sinne überlieferter religiöser Lehren, sondern in einem ethisch-ästhetischen Sinne, den Lange vor allem in den Dichtungen Schillers zum Ausdruck gebracht sieht, dessen Leistung „mit edelster Gedankenstrenge die höchste Erhebung über die Wirklichkeit verbindet und welche dem Ideal eine überwältigende Kraft verleiht, indem sie es offen und rückhaltlos in das Gebiet der Phantasie verlegt."[2]

Das „Ideal" erreicht seine höchste und zugleich „edelste" Aufgabe nicht in der Erdeutung von Wirklichkeit, auch nicht in der „Begriffsdichtung" im Sinne von Philosophie / Metaphysik, sondern darin, daß sie erdeutete Wirklichkeit in einen zwar auch metaphysischen, aber vor allem *religiösen* Kontext einbettet, die Wirklichkeit ins Religiöse transzendiert, um so ein Gesamtbild zu erhalten, das sämtliche Aspekte menschlichen Denkens und Erkennens einschließt.

Damit verläßt Lange endgültig den Boden dessen, was als „Realität" auch im weiteren Sinne bezeichnet werden kann. Die ästhetisch-religiöse Spekulation, die religiöse „Begriffsdichtung" bezieht sich nicht mehr auf eine „Wirklichkeit", mit der wir es in unserem Umgang mit der physischen Welt zu tun haben oder die dieser als Welt von „Dingen an sich" zugrundeliegt. Die „idealisierende" Tätigkeit des menschlichen Geistes verläßt in ihr vielmehr den Bereich der Realitätsschaffung und (Er)Deutung und stößt in einen Bereich vor, in dem der Mensch philosophisch-religiöse Entscheidungen in dem Bewußtsein trifft, daß es sich bei deren Hervorbringungen lediglich um Erdichtungen, um eigene „Erzeugnisse" handelt. Diese „dichtende" Leistung des menschlichen Geistes ist „bewußte Erhebung über die Wirklichkeit und [der definitive] Verzicht auf die Verfälschung des Wirklichen durch den Mythus"[3]: auch der „Mythus", die überlieferten Religionen „erheben" sich über die Wirklichkeit, transzendieren und verfälschen sie zugleich, weil sie einen Wahrheits- und Erkenntnisanspruch in sich tragen. Der höchste Zweck des „Ideals" ist jedoch nicht der Glaube im Sinne irgendeiner religiösen Überlieferung, sondern vielmehr eben die Erreichung des „Gipfels" des Ideals, einer Art von Religiosität, die sich erst aus der Kritik am überlieferten Religionsverständnis ergibt:

---

[1] ebd. S.987
[2] ebd. S.987 f.
[3] ebd. S.988

„Solange man den Kern der Religion suchte in gewissen Lehren über Gott, die menschliche Seele, die Schöpfung und ihre Ordnung, konnte es nicht fehlen, daß jede Kritik, welche damit begann, nach logischen Grundsätzen die Spreu vom Weizen zu sondern, zuletzt zur vollständigen Negation werden mußte. Man sichtete, bis nichts mehr übrigblieb.

Erblickt man dagegen den Kern der Religion in der Erhebung der Gemüter über das Wirkliche und in der Erschaffung einer Heimat der Geister, so können die geläutertsten Formen noch wesentlich dieselben psychischen Prozesse hervorrufen wie der Köhlerglaube der ungebildeten Menge, und man wird mit aller philosophischen Verfeinerung der Ideen niemals auf Null kommen. [...]

Man gewöhne sich also, dem Prinzip der schaffenden Idee an sich und ohne Übereinstimmung mit der historischen und naturwissenschaftlichen Erkenntnis, aber auch ohne Verfälschung derselben, einen höheren Wert beizulegen als bisher; man gewöhne sich, die Welt der Ideen als bildliche Stellvertretung der vollen Wahrheit für gleich unentbehrlich zu jedem menschlichen Fortschritt zu betrachten, wie die Erkenntnisse des Verstandes, indem man die größere oder geringere Bedeutung jeder Idee auf ethische und ästhetische Grundlagen zurückführt."[1]

Der letzte Grund, die eigentliche Begründung des religiösen Glaubens liegt also in der Ethik: ganz im Sinne Kants[2] baut Religion für Lange auf der Moral auf; religiöse Lehren und religiöser Glaube sind für ihn lediglich Mittel zum Zweck der moralischen Verbesserung des Menschen; der Wert der Religion besteht „im ethischen und nicht im logischen Inhalt"[3].

Das bedeutet jedoch nicht, daß so etwas wie eine „Vernunftreligion" anzustreben wäre; die „Religion des Ideals", wie man Langes Standpunkt in seinem Sinne wohl nennen könnte, kann auch sozusagen über den „Umweg" der traditionellen christlichen Religion ausgeübt werden. - „Niemals, nie wird der entschlossene Freidenker eine Sympathie empfinden können mit dem starren Kirchenregiment und dem toten Buchstabenglauben; wohl aber mit der prophetenhaften Erhebung eines Frommen, in dem das Wort Fleisch geworden ist, und der Zeugnis ablegt von dem Geist, der ihn ergriffen hat."[4] Nicht auf die äußere Form der Glaubensausübung, nicht auf die Art des Ritus, sondern auf den „Kern der Religion", der für Lange im Ethischen besteht, kommt es an: die „Form des geistigen Lebens"[5], nicht ein bestimmter Ritus, macht den wahren Gläubigen aus, und diese Form ist bestimmt von ethischen Überlegungen: als Moralphilosoph wendet Lange sich gegen das „Prinzip des ethischen Materialismus"[6], gegen „die Interessenmaxime der Volkswirtschaft und gegen die gesamte Dogmatik des Egoismus"[7]. Welche Moralprinzipien Lange in positiver Weise vertritt, läßt sich der *Geschichte des Materialismus* allerdings nicht entnehmen. Wie immer diese aber aussehen mögen: sie sind es, die den „Kern der Religion" bilden, um ihretwillen soll in der recht verstandenen Religion eine „Erhebung über die Wirklichkeit" stattfinden, die schließlich die höchste erreichbare Ebene des „Ideals" darstellt. - Religion kann nur dann sinnvoll ausgeübt und aufrechterhalten werden,

---

[1] ebd. S.989 f.
[2] vgl. z.B. Höffe, Immanuel Kant S.247 ff.
[3] Geschichte des Materialismus S.990
[4] ebd. S.994
[5] a.a.O. (im Original hervorgehoben)
[6] ebd. S.995
[7] ebd. S.993

wenn sie - ebenso wie Metaphysik - als „Begriffsdichtung" betrachtet wird. Im Gegensatz zu dieser ist sie jedoch von unmittelbarer lebenspraktischer Relevanz, insofern sich im Verhalten des religiösen Menschen die Prinzipien der Moral verwirklichen sollen.

Die formale Orientierung an Kant, die sich auch in Langes Auffassungen von Sinn und Zweck religiösen Denkens zeigt, ist ein zentrales Merkmal der in der *Geschichte des Materialismus* dargelegten Position: wie Kant vor ihm erhebt Lange den Anspruch, Erkenntnisgrenzen abzustecken und Absolutheitsansprüchen den Boden zu entziehen. Während Kant jedoch vor allem der reinen Vernunft, dem rationalistischen Erkenntnisideal seine Grenzen weist, ist es bei Lange die naturwissenschaftliche Betrachtungsweise, deren Möglichkeiten als auf einen bestimmten Bereich limitiert erwiesen werden: der Materialismus ist zumindest prinzipiell imstande, jedes Ereignis innerhalb der empirischen, physischen Welt aus einfachen Gesetzen zu erklären; es gibt innerhalb der Welt, die für uns immer schon die „reale" ist, keine Ausnahmen und keine Abweichungen von diesen Gesetzen. Auch die physischen - hauptsächlich biochemischen und elektrochemischen - Ereignisse in unserem Gehirn und unserem Nervensystem, denen bestimmte mentale Zustände entsprechen, folgen diesen streng allgemeinen Gesetzen. Der Materialismus bietet ein Erkärungsschema für jedes physische Einzelereignis.

Begibt man sich auf die Ebene der philosophischen Fragestellung nach einer Erklärung für die Existenz der empirischen Welt als ganzer, von Erscheinungen für uns *überhaupt*, so erweist sich der Materialismus aber als untaugliches Mittel: auf der Ebene der transzendentalen Fragestellung scheitert er, da er die Existenz materieller Teilchen und bestimmter Gesetze ihrer Wechselwirkung, die es begreiflich zu machen gilt, stets schon voraussetzt. Indem er dergestalt an seine gewissermaßen natürliche Grenze stößt, verweist er gleichzeitig auf einen Weg, diese zu überschreiten; die „Selbstüberwindung" des materialistischen Standpunkts besteht nicht etwa darin, daß dieser an einem gewissen Punkt in sein Gegenteil umschlagen würde, sondern vielmehr darin, daß seine Grenzen derart deutlich gezogen sind, daß der Weg zu ihrer Überschreitung sich klar zeigt.

Dieser Weg ist der eines dem Kantischen sehr ähnlichen Idealismus: die Welt, der für uns immer schon Realität zukommt, ist stets schon erdeutete Welt, ist das Resultat einer Interpretation, oder, wie Lange unter Verwendung der Kantischen Terminologie sagt, einer Synthesis. „Hinter" dieser unhintergehbaren Realität steht auch nach Langes Überzeugung eine „Welt an sich", über deren Beschaffenheit wir jedoch nie etwas sagen können werden, weil sie uns schlicht unzugänglich ist. Auch Lange spricht von „Dingen an sich", allerdings nur im Sinne einer Fiktion, da der Ausdruck „Ding" selbst Resultat einer Deutung / Synthesis und strenggenommen nur auf empirische „Dinge" anwendbar ist. Dennoch müssen wir die Verhältnisse in der „Welt an sich" so betrachten, *als ob* auch die Welt, wie sie an sich beschaffen sein mag, aus „Dingen" bestände, da wir eine fundamentale Isomorphie zwischen den Relationen in der empirischen Wirklichkeit und der „Welt an sich" annehmen müssen (dies ist vermutlich so zu verstehen, daß wir die nicht näher beschreibbaren Relationen zwischen „Dingen" an sich als Relationen, die den Gesetzen der Mechanik ähneln, gedeutet werden).

Die Welt für uns, die physische Welt, deren Einzelereignisse meß- und kategorisierbar sind, ist jedoch nicht notwendigerweise mit der Welt der je konkreten, einzelnen Erfahrungen identisch; vielmehr stellt auch sie wiederum eine Basis dar, die von je einzelnen Individuen in Teilen verschiedenen Interpretationen unterworfen ist, die jedoch nicht mehr der Erklärung mit rein philosophischen Mitteln bedürfen. Sie sind entweder dem Aufbau und der Funktion bestimmter Organe des Einzelnen (hauptsächlich der Sinnesorgane) zuzuschreiben und lassen sich so auf materialistisch-mechanistischem Wege erklären, oder aber sie sind (wie im Falle der Religion) das Resultat der bewußten Entscheidung eines Individuums, und somit Objekt (auch philosophisch-)psychologischer Überlegungen. Wir leben zwar in einer intersubjektiven, mit wissenschaftlichen Mitteln beschreibbaren, allen Individuen in gleicher oder zumindest sehr ähnlicher Weise zugänglichen physischen Welt, die als Interpretierte der Gattung im oben erläuterten Sinne zuzuschreiben ist, die jedoch von jedem Individuum in bestimmten Teilen als seine je eigene Welt erlebt wird, die teilweise auch individuell erdeutet ist. Wir können in Langes Denken also drei Ebenen von „Realität" im engeren Sinne (unter Ausklammerung der „praktischen Realität" religiöser Ideen) ausmachen:

- Die „Welt an sich" ist uns prinzipiell unzugänglich; über ihre Beschaffenheit und die Art der in ihr herrschenden Relationen, kann nur ausgesagt werden, daß sie die Grundlage der entsprechenden Verhältnisse in der physischen Welt sind.
- Die intersubjektiv zugängliche, fundamental erdeutete Welt ist Objekt der Naturwissenschaft; der Materialismus als Erklärungsschema ist in ihr uneingeschränkt gültig. Sie bildet die Grundlage unseres Handelns und Interagierens, ist uns jedoch in ihrer „reinen" Form nur partiell zugänglich.
- Die je subjektive Realität ist Resultat individueller, entweder der Physiologie bestimmter Organe (und somit den Naturgesetzen) oder aber individuellen, bewußten Entscheidungen zuzuschreibenden Deutungen der intersubjektiven physischen Welt. Diese Deutungen sind einander teilweise ähnlich, teilweise unterscheiden sie sich krass voneinander; auf ihrer Unterschiedlichkeit beruht die Tatsache, daß verschiedene Menschen die Welt um sich unterschiedlich wahrnehmen und auch unterschiedliche „Weltanschauungen" entwickeln; auf ihre Ähnlichkeit und teilweisen Gleichheit ist es zurückzuführen, daß diese Unterschiede kommunikativ thematisiert und diskutiert werden können, aber wohl auch, daß wir davon überzeugt sind, doch alle in ein- und derselben Welt zu leben.

Wie bereits erwähnt, sind systematische Äußerungen Langes in der *Geschichte des Materialismus* nicht unbedingt breitgestreut, außerdem sind sie nicht immer klar und scheinen einander teilweise (etwa was die Äußerungen über die Natur der Dinge an sich angeht) zu widersprechen. Dennoch scheint die eben dargelegte „Dreiteilung" der Realität dem, was Lange über die Wirklichkeit sagen will, einigermaßen nahezukommen. Wohl wären auf der zweiten und dritten „Realitätsebene" noch einige Zwischenstufen einzufügen (etwa die Abstufung zwischen metaphysischer Spekulation, Dichtung und Religion), die jedoch am Grundgedanken nichts ändern: die Realität, in der wir uns selbst immer schon vorfinden, ist das Resultat von Deutungen auf verschiedenen Ebenen, denen letztendlich so etwas wie eine „Realität an sich" zugrundeliegt, die uns jedoch nicht zugänglich ist: auch für Lange gibt es keinen Weg, „hinter" die empirische, alltägliche, teilweise intersubjektive, teilweise individuelle Realität zu blicken und sie quasi epistemisch aufzuheben: die „reale" Welt, in der wir leben, ist die uns einzig zugängliche.

3. Interpretation und Wirklichkeit in der Philosophie Nietzsches

„Das bedeutendste philosophische Werk, was in den letzten Jahrzehnten erschienen ist"[1]; „ein Buch, das unendlich mehr gibt als der Titel verspricht, und das man als einen wahren Schatz wieder und wieder anschauen und durchlesen mag"[2] – diese euphorischen Urteile über Langes *Geschichte des Materialismus* stammen von keinem geringeren als Friedrich Nietzsche, dessen Urteile für ihre Strenge, ja Gnadenlosigkeit berüchtigt sind. Langes Werk hat auf Nietzsche einen tiefen Eindruck gemacht; und unabhängig davon, ob man Nietzsche in Hinblick auf die im vorliegenden Kapitel zu erläuternden Aspekte seines Denkens „direkt als [einen] Schüler und Fortsetzer Langes" (Vaihinger)[3] betrachten will, so ist der Einfluß, den Lange auf Nietzsche ausgeübt hat, doch kaum zu leugnen.[4]

Konkret sind es folgende – im vorigen Kapitel bereits angeführte und erläuterte - zentrale Punkte von Langes Theorie, an die Nietzsche anknüpft:
1. „Die Sinnenwelt ist ein Produkt unsrer Organisation."[5]
2. „Unsre sichtbaren (körperlichen) Organe sind gleich allen andern Teilen der Erscheinungswelt nur Bilder eines unbekannten Gegenstandes."[6]
3. „Die transzendente Grundlage unsrer Organisation bleibt uns daher ebenso unbekannt, wie die Dinge, welche auf dieselbe einwirken. Wir haben stets nur das Produkt von beiden vor uns."[7]

Der auf diesen Thesen Langes aufbauende Aspekt von Nietzsches Denken, in dem „Interpretation" in einem bestimmten Sinne aufs engste mit Wirklichkeit verbunden ist, und der mit Ausnahme des im folgenden Abschnitt 3.1 behandelten Essays aus dem Jahre 1873 nirgends geschlossen dargestellt ist, ist Inhalt dieses Kapitels.

3.1 Deutung und Realität in *Ueber Wahrheit und Lüge im aussermoralischen Sinne*

Die früheste Darstellung von Nietzsches perspektivistischem Interpretationismus findet sich in der zu Lebzeiten des Autors nicht veröffentlichten, um 1872/73 entstandenen Schrift *Ueber Wahrheit und Lüge im aussermoralischen Sinne*. Nietzsche skizziert darin das Programm einer Erkenntnistheorie, deren Grundsatz lautet, daß „Erkennen" niemals lediglich im Perzipieren besteht, sondern vielmehr stets von Deutungen des Subjekts bestimmt wird, die nichtrationalen Charakter haben: wie wir die Welt wahrnehmen, hängt von unseren Bedürfnissen, von Trieben, vom Wollen ab.

Diese früheste Darstellung der Erkenntnislehre Nietzsches ist zugleich die einzige ausführliche und vor allem zusammenhängende: die entsprechenden Ausführungen in den veröffentlichten

---

[1] Brief an Hermann Mushacke vom November 1866, Sämtliche Briefe Bd.2 S.184, zit.n.Ceynowa, Zwischen Pragmatismus und Fiktionalismus S.133
[2] Brief an Carl von Gersdorff vom 16.Februar 1868, Sämtliche Briefe Bd.2 S.257, zit.n.Ceynowa, Zwischen Pragmatismus und Fiktionalismus S.134
[3] Vaihinger, Philosophie des Als Ob S.772
[4] vgl. dazu Ceynowa, Zwischen Pragmatismus und Fiktionalismus S.221 (Anm.3 zu S.134)
[5] Lange, Geschichte des Materialismus S.864
[6] a.a.O.
[7] a.a.O.

Werken sind zumeist nur kursorisch, diejenigen im Nachlaß der Achtzigerjahre bestehen zum größten Teil aus Entwürfen und Fragmenten.

Ueber Wahrheit und Lüge im aussermoralischen Sinne beginnt mit einer Kritik Nietzsches am Anthropozentrismus der traditionellen Erkenntnistheorie: der seine Sonderstellung innerhalb der Natur betonende Mensch betrachtet sich selbst (als Spezies) als Mittelpunkt der Welt, insofern er seine Erkenntnis (bzw. das, was er dafür hält) als absolut, unverrückbar und unkorrigierbar, als eine Abbildung der „wahren" Verhältnisse in einer objektiv gegebenen Außenwelt ansieht; diese Außenwelt hat den erkennenden Menschen nach dessen Auffassung von vornherein in ihren Mittelpunkt gestellt: der Mensch - auch der Philosoph - neigt dazu, „von allen Seiten die Augen des Weltalls teleskopisch auf sein Handeln und Denken gerichtet zu sehen."[1] Nietzsches Kritik zielt also nicht nur einfach auf einen naiven empiristischen Realismus ab, sondern auch auf den diesem seiner Meinung nach inhärenten Fehler, den Erkennenden in den Mittelpunkt der Welt zu stellen.[2] Derartige Auffassungen betrachtet Nietzsche jedoch als anmaßend. - „Könnten wir uns [...] mit der Mücke verständigen, so würden wir vernehmen, dass auch sie mit diesem Pathos durch die Luft schwimmt und in sich das fliegende Centrum dieser Welt fühlt."[3] Jedes erkennende Subjekt, und sei seine Erkenntnis auch noch so rudimentär und (vermutlich) unreflektiert, erhebt Nietzsche zufolge den Anspruch, in seiner Erkenntnis den Mittelpunkt der Welt zu bilden - und führt diesen Anspruch gerade dadurch ad absurdum.

Die Auffassung, Erkennen bestehe in passiver Wahrnehmung einer objektiv gegebenen Welt, muß demgemäß natürlich fallengelassen werden. Der menschliche Verstand, das menschliche Erkenntnisvermögen, in der Philosophie traditionellerweise für (zumindest potentiell) fähig gehalten, „objektive" Gegebenheiten zu erfassen, muß vielmehr als ein Vermögen der (Selbst-)*Täuschung* gesehen werden: die vermeintlich privilegierte Stellung des Menschen in der Welt ist eine Hervorbringung eben dieses Vermögens, der menschliche Verstand „entfaltet seine Hauptkräfte in der Verstellung"[4]. - „Seine allgemeinste Wirkung ist Täuschung [...]."[5] Im vermeintlich „objektiven" Erkennen und im Handeln ist der Mensch stets in Täuschungen verstrickt - und selbst ist er auch daran gewöhnt, sich selbst und andere auf mannigfache Art und Weise zu täuschen: „die Täuschung, das Schmeicheln, Lügen und Trügen, das Hinter-dem-Rücken-Reden, das Repräsentiren, das im erborgten Glanze Leben, das Maskirtsein, die verhüllende Convention, das Bühnenspiel vor Anderen und vor sich selbst"[6] liegt in der Natur des Menschen. Ist dem jedoch so, so ist eines unerklärlich: der offensichtliche Hang des Menschen, nach „Wirklichkeit" und „Wahrheit", nach der eigentlichen Beschaffenheit der Welt zu suchen, scheint mit der für die menschliche Existenz nach Nietzsche konstitutiven

---

[1] Ueber Wahrheit und Lüge im aussermoralischen Sinne S.369 f.
[2] Tatsächlich stellt Nietzsche selbst in seinem späteren Denken das erkennende Subjekt in den Mittelpunkt der Welt - wenn auch in gänzlich anderer Form, nämlich der des interpretationistischen Perspektivismus, der auf der Prämisse aufbaut, daß in gewisser Hinsicht jeder „in seiner eigenen Welt" lebt und sich sozusagen in deren epistemischem Mittelpunkt befindet.
[3] ebd. S.369
[4] ebd. S.370
[5] a.a.O.
[6] a.a.O.

Eingebundenheit in die Unwahrheit nicht vereinbar. - „Woher, in aller Welt, bei dieser Constellation der Trieb zur Wahrheit!"[1]

Nach Nietzsche ist dieser Wahrheits- oder Wirklichkeits-"Trieb" auf praktische Notwendigkeiten zurückzuführen: Der Mensch vermag nur innerhalb einer Gesellschaft, „gesellschaftlich und heerdenweise"[2] zu existieren. Soll eine Gesellschaft diesen Namen aber verdienen, d.h. soll sie zumindest in grundlegender Weise als Gemeinwesen funktionieren, so bedarf es eines zumindest minimalen Konsens, der wenigstens die allerschlimmsten, die Gesellschaft als solche bedrohenden Konflikte zu unterbinden vermag. Ein solcher Konsens muß zuallererst in bezug auf die Sprache, das heißt in bezug auf ihre Verwendung erzielt werden: „Jetzt wird nämlich das fixirt, was von nun an ´Wahrheit´ sein soll d.h. es wird eine gleichmässig gültige und verbindliche Bezeichnung der Dinge erfunden und die Gesetzgebung der Sprache giebt auch die ersten Gesetze der Wahrheit: denn es entsteht hier zum ersten Male der Contrast von Wahrheit und Lüge [...]."[3] Lügner ist nun - gewissermaßen per definitionem - derjenige, der die Sprache gebraucht, „um das Unwirkliche als wirklich erscheinen zu machen"[4]. Tut er dies in einer Weise, die der Gesellschaft schadet, so wird man ihm nicht mehr trauen und ihn aus dieser Gesellschaft ausschließen. Der *Wert* der Wahrheit ergibt sich also aus ihrem *sozialen Nutzen*: „wahr" ist, was für die Gesellschaft, was für das Zusammenleben der Menschen nützlich ist, was es erleichtert bzw. erst ermöglicht. Der „Wahrheitstrieb" ergibt sich aus bestimmten Bedürfnissen und ist an ihnen orientiert: Wahrheit korreliert mit Nutzen, sie ist Wahrheit ausschließlich in einem pragmatischen Sinne. Als solche ist sie jedoch zugleich (wenn auch in einem gänzlich anderen, metaphorischen Sinne (s.u.)) eine „Lüge": aus der Notwendigkeit zum Leben in einer Gesellschaft ergibt sich für deren Mitglieder „die Verpflichtung nach einer festen Convention zu lügen, schaarenweise in einem für alle verbindlichen Stile zu lügen."[5] Dieses konventionelle „Lügen" ist mit der Wahrheit im eben erläuterten Sinne identisch, Wahrheit im pragmatisch-sozialen Sinne, als Bedingung gesellschaftlicher Existenz ist zugleich in einem anderen Sinne Lüge, Täuschung und (Ver-)Fälschung einer unverfälscht niemals zugänglichen Wirklichkeit. „Wahrheit" ist „ein bewegliches Heer von Metaphern, Metonymien, Anthropomorphismen kurz eine Summe von menschlichen Relationen, die, poetisch und rhetorisch gesteigert, übertragen, geschmückt wurden, und die nach langem Gebrauche einem Volke fest, canonisch und verbindlich dünken: die Wahrheiten sind Illusionen, von denen man vergessen hat, dass sie welche sind, Metaphern, die abgenutzt und sinnlich kraftlos geworden sind, Münzen, die ihr Bild verloren haben und nun als Metall, nicht mehr als Münzen in Betracht kommen."[6]

Der Ausdruck „Lüge" wird von Nietzsche (ebenso wie „Täuschung" und „Metapher") hier offenkundig in *zwei unterschiedlichen Bedeutungen* gebraucht: einmal als Gegensatz zu gesellschaftlich-konventioneller „Wahrheit", ein anderes Mal in einem metaphorischen Sinne zur Kennzeichnung des Charakters der konventionellen Wahrheitsauffassung als ganzer: diese ist „Lüge", ist „erlogen" in Relation nicht zu „Wahrheit", sondern zu („objektiver") Wirklichkeit, die durch sie „verfälscht", durch eine den Bedürfnissen des Menschen

---

[1] ebd. S.371
[2] a.a.O.
[3] a.a.O.
[4] a.a.O.
[5] ebd. S.375
[6] ebd. S.374 f.

entsprechende empirische Wirklichkeit ersetzt wird. „Täuschung" und „Lüge" in diesem, sprachlich metaphorischen, für Nietzsches Auffassung des Verhältnisses von Erkenntnis und Wirklichkeit aber wesentlichen Sinne, können mit einem das offensichtlich Gemeinte treffenderen Ausdruck als „Deutung" oder „Interpretation" sozusagen übersetzt werden, und tatsächlich ist es der Ausdruck „Interpretation", der im Zentrum von Nietzsches späterer, entwickelterer Lehre von Erkenntnis und Realität steht. (vgl.Abschnitt 3.2)

Fundament der konventionellen, „erlogenen" Wahrheit ist die Sprache und die ihr inhärenten Möglichkeiten zur „Verfälschung" der Welt (die zugleich Konstitution der empirischen Welt ist): unser Weltbild ist sprachvermittelt, immer schon von der Sprache und ihren Strukturen bestimmt, es ist sozusagen „sprachimprägniert"; die Sprache ist, um auf die von uns bereits verwendete Terminologie zurückzugreifen, ein Deutungsprinzip, ein Deutungsrahmen. Erst die Sprache „schafft" mit ihrer Grammatik und ihren Begriffen Dinge, denen bestimmte Eigenschaften zugeschrieben werden; die Sprache grenzt „Dinge" erst voneinander ab und faßt sie unter allgemeine Begriffe zusammen, sie schafft Gattungen und Arten erst, indem sie „eigentlich" Nichtgleiches gleichsetzt und willkürlich unter einen Begriff bringt. (Die Welt wird, wie man mit einem neueren und ganz und gar un-nietzscheanischen Begriff sagen könnte, durch ein *Begriffsschema* geordnet.) „[Die] Natur [kennt] keine Formen und Begriffe, also auch keine Gattungen [...], sondern nur ein für uns unzugängliches und undefinirbares X."[1] Die tatsächliche, „wahre" Ordnung (bzw. Nichtordnung) der Welt („wahr" hier im stärkeren, „absoluten" Sinn gebraucht), ist uns nicht zugänglich - obwohl ihre Existenz für Nietzsche hier offenbar vorauszusetzen ist.

Die Struktur der empirischen Welt, ihre Zusammensetzung aus „Dingen", die Eigenschaften dieser Dinge und die Relationen zwischen diesen Dingen beruhen also weitgehend auf der Struktur und den Relationen der Sprache, auf der Grammatik. Daraus muß die Konsequenz gezogen werden, daß viele vermeintlichen Entdeckungen in der Welt und über die Welt als ganze - vor allem aber auch die Resultate von Metaphysik im Sinne von Ontologie - keineswegs „Entdeckungen" im strengen Sinne des Wortes, sondern vielmehr *Wieder*entdeckungen sind, Wiederentdeckungen von Strukturen, die der Realität nicht „an sich" zukommen, sondern nur durch die Sprache (um den Ausdruck noch einmal zu verwenden: durch ein Begriffsschema) vom „Erkennenden" zuvor *in die Welt hineingelegt* worden sind. Der Mensch „vergisst [...] die originalen Anschauungsmetaphern als Metaphern und nimmt sie als die Dinge selbst."[2] Die Realität im alltäglichen Sinne des Wortes, die empirische Welt, in der wir existieren und zumindest in einem rudimentären Sinne zumeist erfolgreich agieren, ist sprachlich gedeutet in dem Sinne, daß wir sie durch „erstarrte Metaphern" vermittelt wahrnehmen: die Begriffe, nach Nietzsches Auffassung ursprünglich bewußt als „Metaphern" (der Ausdruck „Metapher" scheint hier selbst metaphorisch im üblichen Sinne gebraucht zu werden), also als „verfälschend" gebraucht, sind irgendwann „erstarrt", d.h. ihr rein pragmatischer Charakter geriet in Vergessenheit und sie werden nun in eigentlich unangemessener Weise als Mittel zur adäquat-objektiven Beschreibung der Welt, als unabhängige Korrelate der tatsächlich erst durch sie geschaffenen Dinge betrachtet; das ursprünglich durch seinen *Nutzen* legitimierte „Ding(e)"-Weltbild degeneriert gewissermaßen zur vermeintlich adäquaten Abbildung einer ebenso vermeintlichen Realität: die empirische Realität, die Alltagswirklichkeit ist für Nietzsche nicht mehr als das Resultat eines schlampigen

---

[1] ebd. S.374
[2] ebd. S.377

Umgangs mit der Sprache, die „erstarrt", weil sie nicht mehr als Ansammlung von „Metaphern", von nützlichen „als ob"-Ausdrucksweisen betrachtet wird und daher ihres eigentlichen Charakters verlustig gegangen ist.

„Aber das Hart- und Starr-Werden einer Metapher verbürgt durchaus nichts für die Nothwendigkeit und ausschliessliche Berechtigung dieser Metapher."[1] Die Tatsache, daß wir als Menschen mit bestimmten physischen und psychischen Gegebenheiten und in einem spezifischen historischen und gesellschaftlichen Umfeld eine bestimmte Auffassung von Wirklichkeit und Wahrheit haben, bedeutet eben nicht, daß nicht eine gänzlich andere Auffassung der Welt, ein gänzlich anderes Weltbild - sei es nun im Sinne des bewußt metaphorischen Gebrauchs von Sprache oder aber auch als auf eine bestimmte andere sprachlich „erstarrte" Weise - möglich wäre. Die Ding-Struktur der Welt ist von uns selbst in diese hineingelegt, und gleiches gilt für ihre mathematische bzw. mathematisierbare Struktur, die Ausdrückbarkeit bestimmter Beziehungen zwischen Dingen in zahlenmäßig bestimmten Größen: auch die mathematisch – in der *Sprache* der Mathematik - formulierten Naturgesetze sind nichts einfach Vorgefundenes, sondern vielmehr erst in die Natur „Hineingelegtes" und später Wieder-"Entdecktes":

> „Alles Wunderbare [...], das wir gerade an den Naturgesetzen anstaunen [...], liegt gerade und ganz allein nur in der mathematischen Strenge und Unverbrüchlichkeit der Zeit- und Raum-Vorstellungen. Diese aber produciren wir in uns und aus uns mit jener Nothwendigkeit, mit der die Spinne spinnt; wenn wir gezwungen sind, alle Dinge nur unter diesen Formen zu begreifen, so ist es dann nicht mehr wunderbar, dass wir an allen Dingen eigentlich nur eben diese Formen begreifen: denn sie alle müssen die Gesetze der Zahl in sich tragen, und die Zahl gerade ist das Erstaunlichste in den Dingen. Alle Gesetzmässigkeit, die uns im Sternenlauf und im chemischen Process so imponirt, fällt im Grund mit jenen Eigenschaften zusammen, die wir selbst an die Dinge heranbringen, so dass wir damit uns selber imponiren."[2]

Die vom Menschen selbst in die Welt hineingelegte Ding-Struktur der Welt, die sich ursprünglich aus der *Sprache* (und fundamental aus bestimmten Bedürfnissen) ergeben hat, wird in einem späteren Stadium von der *Wissenschaft* weitergeführt. Wissenschaft im aristotelischen Sinne, mit ihrem Bestreben, die Dinge zu ordnen und unter exaktere Begriffe zu bringen, ist so in ihrer Funktion als Ordnungs- und Deutungsprinzip sozusagen die „Fortsetzung" der Sprache.

Der striktere Deutungsrahmen der Wissenschaft vermag den „Trieb zur Metaphernbildung, [jenen] Fundamentaltrieb des Menschen, den man keinen Augenblick wegrechnen kann, weil man damit den Menschen selbst wegrechnen würde"[3], jedoch noch nicht endgültig sozusagen ruhigzustellen: auch im Mythos und in der Kunst wird er befriedigt, aber auf eine Art und Weise, die der wissenschaftlichen „Metaphern"-Bildung entgegengesetzt ist: in ihnen schafft sich der Mensch vielmehr eine Welt, "so bunt unregelmässig folgenlos unzusammenhängend, reizvoll und ewig neu [...], wie es die Welt des Traumes ist."[4] Diese Welt steht vollkommen gleichberechtigt, mit gleich starken Gründen gerechtfertigt, weil aus der selben Quelle

---

[1] ebd. S.378
[2] ebd. S.379 f.
[3] ebd. S.381
[4] a.a.O.

hervorgehend, neben dem „grossen Columbarium der Begriffe"[1], der Wissenschaft. Wissenschaft dient ebenso wie Kunst und Mythos letztlich der Befriedigung von Trieben, ergibt sich aus existenziellen Notwendigkeiten, die für das menschliche Dasein konstitutiv sind.

Gegen Ende von *Ueber Wahrheit und Lüge* relativiert Nietzsche diese eigentliche Gleichberechtigung der beiden Formen menschlicher Metaphernbildung aber: seine Ausdrucksweise läßt keinen Zweifel daran, daß er von den beiden, den beiden Arten der Metaphernbildung entsprechenden Menschentypen (einen Menschen, der sowohl Kunst als auch Wissenschaft betreibt, scheint er nicht für möglich zu halten) den künstlerischen dem wissenschaftlichen vorzieht: im Gegensatz zum wissenschaftlichen Menschen ist sich dieser des eigentlichen Charakters der Welt, ihrer Relativität, ihrer Un-„Wahrheit" und Un-„Wirklichkeit" voll bewußt; er steht dieser „Unwahrheit" sogar bejahend gegenüber, weil er aus ihr Gewinn in Form einer Art von Erhebung zieht: „Während der von Begriffen und Abstractionen geleitete Mensch durch diese das Unglück nur abwehrt, ohne selbst aus den Abstraktionen sich Glück zu erzwingen, während er nach möglichster Freiheit von Schmerzen trachtet, erntet der intuitive [= künstlerische] Mensch, inmitten einer Kultur stehend, bereits von seinen Intuitionen, ausser der Abwehr des Uebels eine fortwährend einströmende Erhellung, Aufheiterung, Erlösung."[2] Der fundamentale Unterschied zwischen den beiden Menschentypen besteht in ihrer Haltung der ständigen „Täuschung" und Selbst-„Täuschung" gegenüber: während der eine sie weitgehend oder vollständig leugnet, den Anspruch erhebt, objektive Erkenntnis über die Beschaffenheit der Realität an sich erlangen zu können, und sich damit doch nur wiederum auf einer weiteren Ebene selbst täuscht, steht der andere der „ertäuschten" Welt aufgeschlossen und bejahend gegenüber, ja zieht sogar Nutzen aus ihr. Die grundlegende Situation beider als der Gattung Mensch zugehörige Individuen ist jedoch dieselbe: beider Erkenntnis und Existenz ist auf „Täuschung" im erläuterten Sinne, auf „Metaphernbildung", auf Deutungen angewiesen, von diesen abhängig und immer schon von ihnen geprägt.

Wie oben bereits gesagt, enthält *Ueber Wahrheit und Lüge im aussermoralischen Sinne* schon sämtliche entscheidenden Resultate dessen, was als Nietzsches Erkenntnistheorie bezeichnet werden kann und das in späteren Schriften (hauptsächlich jedoch im Nachlaß) ausgebaut und auf eine sehr eigenwillige ontologische Basis (die Lehre von dem bzw. den Willen zur Macht) gestellt wird. Die zentralen Elemente von Nietzsches Erkenntnislehre sind jedoch hier bereits vorhanden und können daher vorläufig in einigen Punkten zusammengefaßt werden:

- Eine objektive Realität im allerweitesten Sinne des Wortes existiert zwar, hat jedoch mit der empirischen Realität nichts gemeinsam. Letztere ist durch die Existenz statischer Dinge, durch Ordnung und Struktur gekennzeichnet, wohingegen man sich eine „objektive Wirklichkeit" wohl als dynamische, in stetiger Veränderung begriffene vorstellen muß. (Tatsächlich kann in Nietzsches späterer, weiter entwickelter Ontologie kaum mehr von einer „Welt" oder „Realität", sondern lediglich von einem „Geschehen" gesprochen werden.(s.u.))
- Die die empirische Realität bzw. die empirischen Realitäten kennzeichnenden Strukturen, das starke statische Element einer Welt *für* ein Subjekt wird von diesem Subjekt selbst in die Welt hineingebracht, ist von ihm selbst „gemacht", innerhalb

---

[1] ebd. S.380
[2] ebd. S.383

eines von strengen Strukturen geprägten Interpetationsrahmens *erdeutet*. Die empirische(n) Welt(en) in der bzw. in denen wir als Individuen leben, innerhalb deren wir uns als Individuen wie als Spezies immer schon vorfinden, sind tatsächlich in ihren allgemeinen Strukturen wie auch in allen Einzelaspekten, in denen sich Ordnung zeigt, von uns erst erdeutet. - In diesem Aspekt zeigt sich wiederum der rote Faden der vorliegenden Arbeit, und damit auch eine offensichtliche Parallele zum Kantischen Denken (obwohl Nietzsche selbst eine solche Parallele wohl geleugnet hätte[1]): Erkenntnis über die (empirische) Welt kann nur erlangt werden, wenn deren allgemeinsten Formen und Gesetze immer schon - auf welche Weise auch immer - vorgegeben sind. „Die Möglichkeit von Wahrheit über Objekte der Natur beruht auf der Angemessenheit der als wahr geltenden Begriffe und Sätze an die allgemeine Gesetzgebung, die der Verstand im Blick auf die Objektheit dieser Objekte entworfen und befohlen hat. Räumliche, zeitliche, kausale, quantitative Bestimmungen der Gegenstände finden wir an ihnen, weil wir sie durch diese allgemeine Gesetzgebung überhaupt von vornherein in die Natur hineingelegt haben." (Kaulbach)[2] Der zweite Teil dieser Aussage trifft nach den bisherigen Ausführungen auf Nietzsches System ganz offensichtlich zu. Daß dies auch für den ersten Teil (für den dies nicht so offensichtlich ist) gilt, soll im Verlauf der weiteren Ausführungen noch klar werden.

- Daß die Welt uns nicht so begegnet, wie sie an sich ist, sondern vielmehr der Deutungen bedarf, liegt nicht etwa in einem theoretischen, sondern vielmehr in den ursprünglichsten praktischen Interessen, Bedürfnissen und Trieben des Menschen begründet. In einer Welt, die von sich ins kleinste Detail ebenso wie in die allgemeinsten Strukturen erstreckender ständiger Veränderung geprägt ist, wäre dem Menschen keine Existenz möglich. Die Erdeutung einer für den Menschen erträglichen Welt ist eine praktische Notwendigkeit: ohne Deutung keine Existenz. Der deutenden bzw. gedeuteten Erkenntnis kommen in diesem Sinne zwei Funktionen zu: Erkenntnis ist einerseits Mittel zur Selbstbehauptung gegenüber der Welt (der Mensch strebt danach, sich der Welt begrifflich zu bemächtigen), und schützt den Menschen andererseits vor der dynamischen, nicht faßbaren Realität „an sich". In beiden Funktionen der Deutung „tritt die fiktive Welt der Symbole [in unserer Terminologie: der Deutungen] in den Dienst der Befriedigung von elementaren Bedürfnissen" (Habermas)[3].
- Die Sprache ist der zentrale Deutungsrahmen, dessen Strukturen sich in der Welt widerspiegeln. Wie wir die Welt wahrnehmen und in ihr agieren, hängt wesentlich von der Struktur der Sprache(n), die wir sprechen, ab. All unser Handeln und Erkennen ist mehr oder weniger sprachvermittelt, und somit ist ein genaueres Verständnis der Sprache und ihrer Struktur für ein Verständnis der Welt und ihrer verschiedenen (Er-)Deutungen unumgänglich.

Diese Kennzeichen von Nietzsches Erkenntnistheorie, die in *Ueber Wahrheit und Lüge im aussermoralischen Sinne* bereits zu finden sind, bleiben auch in seinen späteren, entwickelteren Auffassungen von Erkenntnis, Deutung und Realität erhalten; sie werden jedoch teilweise

---

[1] Die Abneigung Nietzsches gegen die Kantische Philosophie ist bekannt; sie wird recht eindrucksvoll illustriert durch eine Reihe von Zitaten bei Dietzsch (Hg.), Philosophen beschimpfen Philosophen S.16 ff.
[2] Kaulbach, Philosophie des Perspektivismus I S.299
[3] Habermas, Nachwort S.249

detaillierter ausgeführt und erhalten vor allem ein vollkommen neues Fundament: die Lehre vom Willen zur Macht.

3.2 Interpretation und Wirklichkeit im Rahmen von Nietzsches Willen-zur-Macht-Lehre

Nietzsche, der das systematische Denken und die systematische Darstellung ablehnte, hat seine ausgereifte interpretationistische Erkenntnislehre nirgends geschlossen dargestellt; sie läßt sich lediglich anhand einzelner Stellen aus den veröffentlichten Werken und zahlreicher Fragmente aus dem Nachlaß (und auch vor dem Hintergrund vom *Ueber Wahrheit und Lüge im aussermoralischen Sinne*) rekonstruieren. Eine solche selbständige Rekonstruktion wäre allerdings äußerst aufwendig und würde den Rahmen eines einzelnen Kapitels einer Arbeit, die sich für Nietzsches Interpretationsphilosophie in einem weiteren Zusammenhang interessiert, bei weitem sprengen. Der vorliegende Abschnitt stellt daher vielmehr einen Überblick über die Resultate solcher Rekonstruktionsversuche (v.a. von Wolfgang Müller-Lauter und Günter Abel) dar, ergänzt durch einige Zitate aus einer von Jürgen Habermas 1968 herausgegebenen Auswahl von Nietzsches „erkenntnistheoretischen" Schriften.[1] Dargestellt werden sollen die Grundzüge einer von „Interpretation" in einem bestimmten Sinne geprägten, für Nietzsches Verhältnisse geradezu systematischen Ontologie und Erkenntnistheorie, die einen der vielen Aspekte von Nietzsches Denken herausstellt und die damit zugleich nur eine von vielen möglichen Lesarten von Nietzsches Philosophie darstellt.

3.2.1 Die Willen-zur-Macht-Lehre als ontologischer Entwurf

Das Fundament von Nietzsches Interpretationsphilosophie bildet die Lehre vom „Willen zur Macht" bzw. von *den* „Willen zur Macht". An Schopenhauer anknüpfend, dessen Ansichten aber radikal verändernd, setzt Nietzsche den bzw. die Willen zur Macht als dynamische Grundelemente der Realität an: wie die Welt ist und wie, d.h. als was sie von uns erkannt wird, ist der Wirkung und Wechselwirkung von und zwischen Willen zur Macht zuzuschreiben. Nietzsches Metaphysik[2] beruht auf der Annahme, daß „das innerste Wesen des Seins Wille zur Macht ist"[3]. „Wille(n) zur Macht" ist kein psychologischer oder soziologischer Begriff, sondern Nietzsches Antwort auf die philosophische Grundfrage „Was gibt es?", das zentrale (und einzige) Element seiner Ontologie: die Welt *ist* Wille zur Macht. - „Diese Welt ist der Wille zur Macht - und nichts außerdem! Und auch ihr selber seid dieser Wille zur Macht - und nichts außerdem!"[4]

---

[1] Die in diesem Abschnitt angeführten Nietzsche-Zitate sind stets Zitate, die entweder den zugrundeliegenden Arbeiten *über* Nietzsches Philosophie oder der Auswahl *Erkenntnistheoretische Schriften* entnommen sind. Zum größten Teil wurden diese anhand der *Kritischen Gesamtausgabe* (KGA) überprüft und gegebenenfalls ergänzt oder korrigiert. Ausnahmen bilden die Nachlaß-Fragmente aus den *Erkenntnistheoretischen Schriften*, die dort nicht belegt sind und einige weitere Nachlaß-Fragmente, die trotz Quellenangaben in der KGA nicht aufzufinden waren.

[2] Nietzsche hätte die Bezeichnung von Elementen seines Denkens als „metaphysisch" wohl zurückgewiesen; allerdings spricht einiges dafür, diese Bezeichnung für eine Lehre zu verwenden, die erfahrungstranszendente und erfahrungserklärende Elemente - und nichts anderes sind Nietzsches „Willen zur Macht" - enthält. (vgl. Müller-Lauter, Nietzsches Lehre vom Willen zur Macht S.1 f.u.13 f. (Anm.32 zu S.13))

[3] Nachlaß, KGA VIII 3 S.52, zit.n.Müller-Lauter, Nietzsches Lehre vom Willen zur Macht S.3

[4] Nachlaß, KGA VII 3 S.339, zit.n.Grimm, Nietzsche´s Theory of Knowledge S.1

Nietzsches Ontologie ist dynamisch, nicht statisch: die Welt *ist* wesenhaft Geschehen, Dinge und Ereignisse sind ontologisch sekundär, ergeben sich erst (als Interpretationen) aus bestimmten Arten von Ereignissen. Alles Geschehen ist Wille-zur-Macht-Geschehen, ist „Wirkung"[1] der Willen zur Macht; die Welt ist mit den Wille-zur Macht-Geschehen, mit der Wechselwirkung zwischen den einzelnen Willen zur Macht identisch.

Rein begrifflich ist der „Wille zur Macht" eine Form des Willens, d.h. ein bestimmtes *Wollen*. Wollen ist jedoch nie Abstraktum, sondern richtet sich *auf etwas*; Wollen ist stets Etwas-Wollen, so etwas wie ein blindes, zielloses Wollen gibt es für Nietzsche nicht. Das „Etwas", auf das der Wille zur Macht gerichtet ist, ist eben „Macht" in Nietzsches metaphysischen Sinne: das Wollen strebt danach, seinen „Machtbereich" zu erweitern, sich gegen andere Wollen, gegen andere Willen zur Macht durchzusetzen, sie zu überwältigen, zu „übermächtigen", sich ihrer zu bemächtigen: das Wille-zur-Macht-Geschehen ist ein „Kampf-Geschehen", die Welt selbst ist ein ständiger Kampf zwischen unzähligen Willen zur Macht, auf der metaphysischen Ebene ebenso wie im Bereich unserer Erfahrung; besonders deutlich wird dies für Nietzsche am Lebendigen in der Welt - „Leben selbst ist Wille zur Macht - : die Selbsterhaltung ist nur eine der indirekten und häufigsten Folgen davon."[2] - und daher natürlich auch am Menschen selbst: auch wir selbst *sind* wesenhaft Wille zur Macht, Nietzsche führt alle Handlungen des Menschen darauf zurück, daß auch dieser ein Macht-Wollender in seinem Sinne ist, daß auch er *als* Wille zur Macht wirkt, ein „Machtzentrum" ist: „Unsere Triebe sind reducirbar auf *den Willen zur Macht*. Der Wille zur Macht ist das letzte Faktum, zu dem wir hinunterkönnen."[3] Da *alles* Wille zur Macht bzw. Wechselwirkung zwischen Willen zur Macht ist, unterscheiden sich lebende Organismen nur graduell, nicht prinzipiell von unbelebter Materie - die Distinktion zwischen „organisch" und „anorganisch" muß unter den Bedingungen von Nietzsches Philosophie aufgegeben werden. Jedes Lebewesen - und damit natürlich auch der Mensch - *ist* nicht mehr und nicht weniger als ein Wille zur Macht bzw. eine Akkumulation von untergeordneten Willen zur Macht; menschliches Leben ist „an especially rich and complicated aggregation of power-quanta (e.g. drives, instincts, faculties, etc.) which, by joining forces, are better able to extend and express themselves."(Grimm)[4] Alle Bedürfnisse und Triebe des Menschen sind lediglich bestimmte Ausdrucksformen des Willens zur Macht, der der Mensch selbst *ist*. Lust und Unlust sind keineswegs irreduzibel, sondern vielmehr aus dem Willen zur Macht hervorgehende Phänomene: was dem menschlichen Willen zur Macht entgegenkommt, d.h. Handlungen oder Wahrnehmungen, die dessen Durchsetzung gegenüber konkurrierenden Willen zur Macht bedeuten, ziehen Lust nach sich, auf Widerstände folgt hingegen Unlust. Nietzsche sagt, daß „der Wille zur Macht die primitive Affekt-Form ist, daß alle anderen Affekte nur seine Ausgestaltungen sind: [...] Daß alle treibende Kraft Wille zur Macht ist, das es keine physische, dynamische oder psychische Kraft außerdem giebt ..."[5] Lust

---

[1] "Wirkung" ist hier nicht kausal, sondern ungefähr in dem Sinne zu verstehen, in dem wir vom „Wirken" einer Person sprechen. In einem dritten Sinne - nämlich offensichtlich als Synonym für „Geschehen" - verwendet Danto den Ausdruck, wenn er in bezug auf Nietzsches Ontologie von „einer Welt von Wirkungen, jedoch nicht von Wirkungen, die auf irgend etwas zurückgehen" (Danto, Nietzsche als Philosoph S.264) spricht.

[2] Jenseits von Gut und Böse, KGA VI 2 S.21, zit.n.Erkenntnistheoretische Schriften S.157)

[3] Nachlaß, zit.n.Müller-Lauter, Nietzsches Lehre vom Willen zur Macht S.3

[4] Grimm, Nietzsche´s Theory of Knowledge S.7

[5] Nachlaß, KGA VIII 3 S.92, zit.n.Grimm, Nietzsche´s Theory of Knowledge S.10

und Unlust werden nicht (wie vom Utilitarismus angenommen wird) um ihrer selbst willen, sondern allein aufgrund der Natur des Willens zur Macht erstrebt bzw. nach Möglichkeit vermieden. Die Lehre vom Willen zur Macht erklärt so nicht nur die fundamentalen Lebensäußerungen des Menschen[1], sondern vielmehr *alle* seine Handlungen (z.B. auch die kollektiven Handlungen sozialer Gebilde).

Alles, womit wir in der Welt konfrontiert werden, *ist* Wille zur Macht bzw. Wechselwirkung zwischen Willen zur Macht, der Wille zur Macht ist „*die einzige Qualität* [...], *die sich auffinden läßt, was immer man auch in Betracht zieht.*" (Müller-Lauter)[2] Alles, womit wir zu tun haben, ist wesenhaft und ausschließlich Wille zur Macht. „Die ganze Welt ist Wille zur Macht; es gibt nichts Grundlegenderes, weil es nichts anderes als ihn und seine Abwandlungen gibt." (Danto)[3] In einem Entwurf aus dem Jahr 1888 listet Nietzsche unter dem Titel „Wille zur Macht. Morphologie" auf: „W i l l e z u r M a c h t / als ´Natur´ / als Leben / als Gesellschaft / als Wille zur Wahrheit / als Religion / als Kunst / als Moral / als Menschheit"[4] Alles, was Nietzsche hier aufzählt, ist Wille zur Macht in einer je spezifischen Ausformung (und nicht etwa nur so etwas wie dessen Manifestation o.ä.), ist spezifische Form oder spezifischer Modus des Willens zur Macht.

Die meisten Machtwillen sind genaugenommen Einheiten, Ansammlungen untergeordneter, übermächtigter Willen zur Macht. „Was Nietzsche jeweils *einen* Willen zur Macht nennt, ist faktisch Gegenspiel und Zusammenspiel von vielen jeweils in sich ebenfalls zu Einheiten organisierten Willen zur Macht." (Müller-Lauter)[5] Gleichzeitig sind diese zusammengesetzten Willen zur Macht selbst wiederum Teile übergeordneter Willen zur Macht, insofern sie selbst wiederum mit anderen Willen zur Macht interagieren und konkurrieren. Die Wechselwirkung zwischen den Willen zur Macht ist mit aller Veränderung in der Welt identisch - es ist „keine V e r ä n d e r u n g vorstellbar, bei der es nicht einen Willen zur Macht giebt"[6]. „Wir wissen eine Veränderung nicht abzuleiten, wenn nicht ein Übergreifen von Macht über andere Macht statt hat."[7] Aus solchen Übermächtigungsprozessen, der Übermächtigung der schwächeren durch die stärkeren Willen zur Macht ergeben sich, wie bereits angedeutet, auch erst die übergeordneten Willen zur Macht. Ist ein geringerer von einem stärkeren Willen zur Macht „übermächtigt" worden, so wirkt dieser dann „als Funktion [des] größeren"[8], er wird zu einem Teil des mächtigeren Machtwillens.

Das Wille-zur-Macht-Geschehen, das mit allem Geschehen überhaupt identisch ist, ist also ein „Konflikt", ein „Kampf" zwischen den Willen zur Macht, der sich aus deren Natur ergibt. („Der Wille zur Macht kann sich nur an W i d e r s t ä n d e n äußern, er sucht nach dem, was ihm widersteht [...]"[9] „Der Grad von Widerstand und der Grad von Übermacht - darum handelt

---

[1] So sind z.B. alle Bedürfnisse und Triebe des Menschen Erscheinungsformen des Willens zur Macht: „der Sexualtrieb, der Essenstrieb oder irgendein anderer Trieb - sie alle sind nichts als Modi und Fälle des Willens zur Macht." (Danto, Nietzsche als Philosoph S.259)
[2] Müller-Lauter, Nietzsches Lehre vom Willen zur Macht S.19 f.
[3] Danto, Nietzsche als Philosoph S.259
[4] Nachlaß, KGA VIII 3 S.46, zit.n.Müller-Lauter, Nietzsches Lehre vom Willen zur Macht S.21
[5] Müller-Lauter, Nietzsches Lehre vom Willen zur Macht S.27
[6] Nachlaß, KGA VIII 3 S.52, zit.n.Müller-Lauter, Nietzsches Lehre vom Willen zur Macht S.26
[7] a.a.O.
[8] Nachlaß, KGA VIII 2 S.50, zit.n.Müller-Lauter, Nietzsches Lehre vom Willen zur Macht S.26
[9] Nachlaß, KGA VIII 2 S.88, zit.n.Grimm, Nietzsche´s Theory of Knowledge S.5

<es> sich bei allem Geschehen"[1].) Alles Geschehen ist letztlich die konfliktartige Interaktion zwischen Willen zur Macht oder „Machtquanten", die sich nicht prinzipiell, sondern lediglich graduell voneinander unterscheiden: jedes Machtquantum, jeder Wille zur Macht ist charakterisiert durch seine Stärke und den „Kontext", in dem er sich gerade befindet, d.h. mit welchen anderen Willen zur Macht er gerade interagiert. Diese Willen zur Macht oder Machtquanten existieren *ausschließlich als Aktivität*, sie sind *mit ihrem Wirken identisch* und nicht etwa „Dinge", denen z.B. Stärke als Eigenschaft zukommt. Jedes dieser Machtquanten strebt nach der Übermächtigung anderer Machtquanten; dieses Streben ist seine eigentliche Natur (bzw. das einzelne Machtquantum, der einzelne Wille zur Macht ist mit diesem Streben *identisch*). Dabei können die interagierenden Machtquanten jedoch niemals so etwas wie ein stabiles Gleichgewicht erreichen; daher ist die Welt in permanenter Veränderung begriffen.

Letztlich faßt Nietzsche also alles in der Welt Anzutreffende und Geschehende „als Herrschaftsgefüge, als hierarchisch organisierte Machtquanten" (Müller-Lauter)[2] auf, die durch das permanente Übermächtigen einzelner Willen zur Macht durch andere entstehen. Es muß „[alles] Geschehen, alle Bewegung, alles Werden als ein Feststellen von Grad- und Kraftverhältnissen, als ein K a m p f"[3] betrachtet werden: die Welt (und das heißt: alle Veränderung in der Welt, denn so etwas wie eine statische Welt existiert nicht) ist ein ewiger „Kampf" zwischen Willen zur Macht. Dieser Kampf ist strenggenommen, das einzige, was es „gibt": Dinge und Sachverhalte, alles Statische ist nur scheinbar (ist Interpretation (s.u.)), wird über kurz oder lang vom Strom der Veränderung, des „Kampfes" zwischen den Willen zur Macht mitgerissen, aus dem es für kurze Zeit hervorgegangen ist.

Auch die Naturgesetze (bzw. das, was wir dafür halten) sind Resultate dieses Kampfes[4]: „Die unabänderliche Aufeinanderfolge gewisser Erscheinungen beweist kein ´Gesetz´, sondern ein Machtverhältniß zwischen 2 oder mehreren Kräften. Zu sagen ´aber gerade dies Verhältniß bleibt sich gleich!´ heißt nichts Anderes als: ´ein und dieselbe Kraft kann nicht auch eine andere Kraft sein´."[5] Die Naturgesetze beschreiben weder im alltäglichen Sinne des Wortes die Notwendigkeit bestimmter Ereignisse, noch sind sie „zeitlos": die Notwendigkeit ist vielmehr jene, „mit der die Kämpfe der Machtquanten velaufen." (Müller-Lauter)[6] Die Naturwissenschaft (jedenfalls in der Form, in der sie zur Zeit Nietzsches betrieben wurde) beruht auf einem Verkennen des eigentlichen Charakters der Welt als Wille-zur-Macht-Geschehen. - „Hinter der ´unwahren Notwendigkeit´ der Mechanik sucht Nietzsche die ´wahre Notwendigkeit´ aufzuweisen. Sie besteht darin, daß jedes Machtquantum zu jeder Zeit nur eine

---

[1] Nachlaß, KGA VIII 3 S.49, zit.n.Grimm, Nietzsche´s Theory of Knowledge S.6
[2] Müller-Lauter, Nietzsches Lehre vom Willen zur Macht S.32
[3] Nachlaß, KGA VIII 2 S.49, zit.n.Müller-Lauter, Nietzsches Lehre vom Willen zur Macht S.32
[4] Diese Darstellung der Naturgesetze als gewissermaßen unmittelbare Resultate des Willen-zur-Macht-Geschehens scheint mit Nietzsches Auffassungen vom Charakter der Naturgesetze als Interpretationen (siehe dazu den folgenden Abschnitt) nicht unbedingt vereinbar zu sein. Zwar sind die Naturgesetze auch unter den Voraussetzungen von Nietzsches Interpretationslehre (da diese auf der Lehre vom Willen zur Macht basiert) Hervorbringungen des Wille(n)-zur-Macht-Geschehens, allerdings erst über den systematischen „Umweg" der Auffassung des Wille(n)-zur-Macht-Geschehens als Interpretationsgeschehen. (s.u.)
[5] Nachlaß, KGA VIII 1 S.133 f., zit.n.Müller-Lauter, Nietzsches Lehre vom Willen zur Macht S.36
[6] Müller-Lauter, Nietzsches Lehre vom Willen zur Macht S.36

bestimmte Konsequenz in seiner Relation zu den anderen Machtquanten ziehen kann."
(Müller-Lauter)[1]

Um es noch einmal zu wiederholen: die Lehre von dem bzw. den Willen zur Macht besagt im wesentlichen, daß die Welt aus dynamischen Elementen besteht, die mit ihrer Aktivität identisch sind und aus deren Wechselwirkung, die für Nietzsche als ein permanenter „Kampf" zu verstehen ist, sich alle Phänomene, die wir in der Welt antreffen, als mehr oder minder kurzfristige Zustände ergeben. Diese grundlegende Wille(n)-zur-Macht-Lehre bietet jedoch noch keine befriedigende Erklärung in Hinsicht auf das genaue Wie des Entstehens von Dingen und Sachverhalten. Dies leistet erst die Auffassung des Willen-zur-Macht-Geschens als Deutungsgeschehen: Nietzsches Lehre vom Willen zur Macht, in ihren Grundzügen lediglich eine Ontologie, wird durch diese entscheidende Erweiterung zur interpretationistischen Erkenntnistheorie.

3.2.2 Das Willen-zur-Macht-Geschehen als Interpretationsgeschehen

Alles, was in der Welt vorzufinden ist und in ihr geschieht, ergibt sich aus bzw. ist *identisch* mit dem Zusammen- und Gegeneinanderspiel der Willen zur Macht; das bedeutet letztlich, daß auch unsere Erkenntnis (oder das, was wir dafür halten) aus dem Willen-zur-Macht-Geschehen heraus erklärbar sein muß. Nietzsche bietet eine solche Erklärung in Form einer Erkenntnistheorie, die Karl Jaspers als eine „Theorie allen Weltseins als eines bloßen Ausgelegtseins, des Weltwissens als einer jeweiligen *Auslegung*"[2] bezeichnet: alle Willen zur Macht *interpretieren, legen aus, deuten* und *erdeuten*; alle Gegenstände der Welt ebenso wie unser „Wissen" über die Welt sind wesenhaft Interpretation bzw. Interpretiertes:

„Der Wille zur Macht *interpretiert* [...]: er grenzt ab, bestimmt Grade, Machtverschiedenheiten. Bloße Machtverschiedenheiten könnten sich noch nicht als solche empfinden: es muß ein wachsenwollendes Etwas da sein, das jedes andre wachsen-wollende Etwas auf seinen Wert hin interpretiert. *Darin* gleich - - In Wahrheit ist Interpretation ein Mittel selbst, um Herr über etwas zu werden. (Der organische Prozeß setzt fortwährend *Interpretieren* voraus.)"[3]

Die Wille-zur-Macht-Geschehen als Übermächtigungsgeschehen sind perspektivische Interpretationsgeschehen, die Übermächtigung eines Willen-zur-Macht-Geschehen ist eine Interpretation. „[Das] Willen-zur-Macht-Geschehen vollzieht sich *als Interpretations-Geschehen*. Darin gründet der ´interpretative Charakter´ jeden Geschehens." (Abel)[4] Jede Übermächtigung ist „ein Neu-Interpretieren, ein Zurechtmachen"[5]. Da *alles* Geschehen Wille-zur-Macht-Geschehen und alles Wille-zur-Macht-Geschehen als Übermächtigungsgeschehen Interpretationsgeschehen ist, ist alles Geschehen, d.h. auch alles Erkennen und Handeln Interpretationsgeschehen; es ist „das Interpretieren Medium der Machtsteigerung, und diese vollzieht sich *als* Interpretation." (Abel)[6] Jeder einzelne Wille zur Macht interpretiert, deutet, legt aus, indem er seinem Bestreben, sich auszudehnen, andere Machtquanten zu übermächtigen, nachkommt, und schafft sich so seine „eigene Welt" - allerdings ist auch die

---

[1] ebd.S.38
[2] Jaspers, Nietzsche, zit.n.Müller-Lauter, Nietzsches Lehre vom Willen zur Macht S.42
[3] Nachlaß, zit.n.Erkenntnistheoretische Schriften S.185
[4] Abel, Nietzsche S.133
[5] Zur Genealogie der Moral, KGA VI 2 S.330, zit.n.Abel, Nietzsche S.140
[6] Abel, Nietzsche S.142

Ausdrucksweise, der (einzelne) Wille zur Macht *interpretiere*, ebenso falsch wie die Ausdrucksweise, der Wille zur Macht *strebe* danach, andere Willen zur Macht zu übermächtigen. Die tatsächliche Relation, in der Subjekt und Prädikat dieses Satzes stehen, ist nicht die von Handelndem und Handlung, sondern vielmehr die der *Identität*: wie bereits erläutert, sind die einzelnen Willen zur Macht mit ihrem (Übermächtigungs-)Streben *identisch*; nun ist eben dieses Geschehen aber Interpretationsgeschehen und die Willen zur Macht daher mit eben diesem Interpretationsgeschehen identisch. Das Willen-zur-Macht-Geschehen *ist* Interpretationsgeschehen, die Willen zur Macht sind eben keine Subjekte, denen Interpretation als ihr Handeln zuzuschreiben ist, sondern sind vielmehr mit dieser Aktivität *identisch*. Die Willen zur Macht sind überhaupt keine Subjekte, denen Prädikate welcher Art auch immer zukommen, sondern vielmehr selbst Ereignisse. Der je einzelne Wille zur Macht, ist, da er mit „seinem" Machtstreben identisch ist, auch mit diesem als Interpretationsgeschehen identisch. -

> „Man darf nicht fragen: ´*wer* interpretiert denn?´ sondern das Interpretieren selbst, als eine Form des Willens zur Macht, hat Dasein (aber nicht als ein ´Sein´, sondern als ein *Prozeß*, ein *Werden*) als ein Affekt."[1]

Die Welt ist mit dem Willen-zur-Macht- / Interpretationsgeschehen identisch, das die einzige „Kategorie", die Basis allen Geschehens, aller Tatsachen und Dinge ist. Alles *ist* Interpretation. Dies darf jedoch nicht so verstanden werden, als ob mit „Interpretation" bei Nietzsche auch nur in groben Zügen das gemeint sei, was unter diesem Ausdruck üblicherweise verstanden wird. In der Alltagssprache bedarf das Verb „interpretieren" eines Subjekts und zweier Objekte: *jemand* interpretiert *etwas als etwas*. In Nietzsches Willen-zur-Macht-Ontologie gibt es hingegen weder ein interpretierendes Subjekt noch ein „hinter" den Interpretationen liegendes Objekt (ein Interpretandum) oder eine Welt, *das* oder *die* als etwas interpretiert wird:

- Die Willen zur Macht sind nicht Subjekte, *die* interpretieren, denen Interpretieren als ihre Tätigkeit zugeschrieben werden könnte, sondern vielmehr als Geschehen mit dem Interpretieren *identisch*. Da die Willen zur Macht aber alles sind, was es gibt, gibt es *nur* Interpretationen, d.h. die Welt als ganze besteht aus Interpretationsgeschehen, die sozusagen die sich permanent ändernden, einzigen Grundelemente der Welt sind. Wenn es nun aber nur Interpretation(sgescheh)en gibt, so kann es keine(n) Träger geben, nichts bzw. niemanden, das bzw. der interpretiert. Interpretation muß daher als autonomes, von einem Subjekt im eigentlichen Sinne unabhängiges Grundgeschehen und als einzige „Kategorie" aufgefaßt werden.
- Ebensowenig ist Nietzsches Interpretationsgeschehen Interpretation *von etwas*, es gibt nicht *etwas, das* (als etwas) interpretiert wird, denn dies würde voraussetzen, daß es so etwas wie eine objektive, von Interpretationen unabhängige Welt gibt, die in bzw. zu verschiedenen Weltbildern, Auffassungen über den Charakter der Welt, interpretiert wird. Interpretation ist aber Interpretation „von etwas", insofern sie Wechselwirkung einzelner Willen zur Macht mit anderen Willen zur Macht ist, was aber nicht so zu verstehen ist, daß andere Willen zur Macht im Sinne des alltäglichen Ausdrucks „interpretiert" würden; Interpretation ist vielmehr die Wechselwirkung zwischen Willen zur Macht. In *diesem* Sinne „*interpretieren*" die Willen zur Macht *einander*. Da außer den Willen zur Macht aber nichts existiert, existieren eben auch Interpretationen sozusagen „an sich", unabhängig sowohl von einem interpretierenden Subjekt, als auch von zu interpretierenden Objekten.

---

[1] Nachlaß, zit.n.Erkenntnistheoretische Schriften S.183

Im einzelnen ist der interpretative Übermächtigungsprozeß ein Prozeß der Selektion von Vorstellungen, von Elementen, aus denen sich für jeden Willen zur Macht - und damit eben auch für jeden Menschen - eine in gewissem Ausmaß „wahre" Welt zusammensetzt. - „ursprüngliches Chaos der Vorstellungen / die Vorstellungen, die sich miteinander vertrugen, blieben übrig, die größte Zahl ging zu Grunde - und geht zu Grunde."[1] Jeder einzelne Wille zur Macht ist ein Selektieren, ein Ordnen des Chaos der Vorstellungen nach Maßgabe der eigenen Bedürfnisse. Da diese Bedürfnisse aber verschieden sind, existiert für jeden Willen zur Macht eine „eigene Welt", die aber nicht als nicht „real" bezeichnet werden kann: „´Scheinbarkeit´ ist eine zurechtgemachte und vereinfachte Welt, an der unsere praktischen Instinkte gearbeitet haben: sie ist für uns vollkommen recht: nämlich wir leben, wir können in ihr leben: Beweis ihrer Wahrheit für uns ..."[2]

Was für Willen zur Macht im allgemeinen gilt, gilt also auch für komplexe Willen zur Macht, d.h. auch für alle lebendigen Wesen, und das heißt, auch für den Menschen: der Zweck unserer Erkenntnisausstattung liegt nicht im Theoretischen, sondern im Praktischen: wir bedürfen seiner zur Beherrschung, zur Übermächtigung der Welt: „Der ganze Erkenntnis-Apparat ist [...] nicht auf Erkenntnis gerichtet, sondern auf *Bemächtigung* der Dinge [...]."[3] Was wir als „Erkennen" bezeichnen, ist tatsächlich darauf ausgerichtet, sich der Welt begrifflich wie praktisch zu bemächtigen: „Wissenschaft - Umwandlung der Natur in Begriffe zum Zweck der Beherrschung der Natur - das gehört in die Rubrik ´Mittel´."[4]

Alles Wissen, alle unsere Meinungen und vermeintlich sicheren Annahmen über eine „objektive Realität" sind lediglich Interpretationen; von einer „objektiven" Welt, einer Welt „an sich" kann nicht gesprochen werden. Die Grundbedingung, unter der alles Interpretieren steht, ist dessen *Perspektivität*: jede Interpretation ist je einmalig, da sie von einem je einmaligen Standpunkt, dem „Standpunkt" des einzelnen Willens zur Macht aus erfolgt. Die Welt besteht aus den Willen zur Macht als „perspektivischen Ursprungspunkten" (Danto)[5], als „Interpretationszentren", die danach streben, die Welt in der Übermächtigung anderer Willen zur Macht nach ihren je eigenen Perspektiven zu organisieren.

Die Perspektivität ist für Nietzsche „Grundbedingung alles Lebens"[6]: alles Interpretationsgeschehen ist als mit je individuellen Willen zur Macht identisches Geschehen von seiner Stellung innerhalb der Gesamtheit der Willen zur Macht abhängig; daraus ergibt sich auch für unsere Erkenntnis deren Einzigartigkeit: jedes Interpretieren findet unter individuellen Bedingungen statt, jeder Erkennende erkennt (d.h. interpretiert, (er)deutet) von seinem eigenen Standpunkt aus, besitzt eine individuelle Perspektive, von der es abhängig ist. „Wir können nicht um unsre Ecke sehn: es ist eine hoffnungslose Neugierde, wissen zu wollen, was es noch für andre Arten Intellekt und Perspektive geben könnte [...]"[7] Sowohl die Welt (unsere Welt) als ganze als auch die einzelnen in ihr vorfindlichen Dinge werden von uns stets aus unserer individuellen Perspektive erkannt. - „Es giebt nur ein ein perspektivisches Sehen,

---

[1] Nachlaß, KGA VII 1 S.687, zit.n.Grimm, Nietzsche´s Theory of Knowledge S.68
[2] Nachlaß, KGA VIII 3 S.63, zit.n.Grimm, Nietzsche´s Theory of Knowledge S.69
[3] Nachlaß, zit.n.Erkenntnistheoretische Schriften S.178
[4] a.a.O.
[5] Danto, Nietzsche als Philosoph, S.103
[6] Jenseits von Gut und Böse, KGA VI 2 S.4, zit.n.Gerhardt, Die Perspektive des Perspektivismus S.263
[7] Die fröhliche Wissenschaft, KGA V 2 S.308, zit.n.Gerhardt, Die Perspektive des Perspektivismus S.263

nur ein perspektivisches ´Erkennen´"[1]. Daß die Welt ist, wie sie ist (und das heißt natürlich: daß sie uns so erscheint, wie sie uns erscheint) und in einer bestimmten Art und Weise Dinge enthält, ist Resultat perspektivischer Interpretationen.

(Der perspektivistische Aspekt von Nietzsches Denken leistet einen bedeutenden Beitrag zur „*Abwehr dogmatischer Behauptungen* über das Wesen der Welt" (Gerhardt)[2] –allerdings, wie wohl ergänzt werden muß, zur Abwehr dogmatischer Behauptungen über das Wesen der *empirischen* Welt. Er ist eine erkenntniskritische Position, insofern er die Relativität, die Bedingtheit jeglichen Erkennens betont. Der Perspektivismus wendet sich seiner Natur nach gegen allzu dogmatische metaphysische Systeme – insofern er mit der Willen-zur-Macht- und Interpretationsontologie verknüpft ist, ist er natürlich selbst in einem gewissen Ausmaß dogmatisch - und damit gegen jeglichen Anspruch, mit philosophischen oder gegebenenfalls auch wissenschaftlichen Mitteln zu absoluter, objektiver Erkenntnis zu gelangen. Perspektivistisches Denken betont im Gegenteil die Gedeutetheit, die subjektive Bedingtheit jeglichen Erkennens. Für Nietzsche stellt die Vernachlässigung, die Nichtbeachtung des perspektivischen Charakters jeder Erkenntnis den Kardinalfehler jedes dogmatischen Sytems, z.B. der Philosophie Platons, dar: „Es hiess allerdings die Wahrheit auf den Kopf stellen und das Perspektivische, die Grundbedingung alles Lebens, selber verleugnen, so vom Geiste und vom Guten zu reden, wie Plato gethan hat ..."[3]. Vor allem unter diesem Gesichtspunkt kann Nietzsches Denken als Skeptizismus bezeichnet werden.[4])

Es gibt für Nietzsche keinen absoluten, objektiven Standpunkt, von dem aus es möglich wäre, zu absolut gültiger Erkenntnis über die Welt zu kommen - aus dem einfachen Grunde, daß es so etwas wie eine Welt im üblichen Sinne des Wortes nicht gibt. Es gibt daher auch kein eigentliches Kriterium für „wahr" und „falsch"; die spezifische Wertigkeit der Interpretationen liegt in ihrer Nützlichkeit, ihrer Lebensdienlichkeit. Die Frage, die in Hinsicht auf eine bestimmte Interpretation zu stellen ist, ist nicht die nach ihrer „Wahrheit", sondern die nach ihrem *Nutzen*. So etwas wie eine „wahre", eine „richtige" Interpretation gibt es nicht, weil es sie nicht geben kann. Auch für Nietzsche ist das, was wir üblicherweise als „die Welt" ansehen und bezeichnen, als Interpretation *Erscheinung*: die Welt, mit der wir immer schon konfrontiert sind, ist nicht *die* „wahre" Welt, weil es auch diese nicht geben kann: „Die ´scheinbare´ Welt ist die einzige: die ´wahre Welt´ ist nur hinzugelogen."[5] Eine „wahre" Welt, eine Welt an sich, „hinter" den Interpretationen anzunehmen, wäre ein Fehler, der auf einem grundlegenden Mißverständnis von Nietzsches Begriff von Interpretation beruht. Tatsächlich gibt es „an sich" eben *nur* Interpretationen, die in einem bestimmten Sinne „wahr" sind, aber an keiner interpretationsunabhängigen, objektiv „wahren" Welt gemessen werden können.

In diesem absoluten Sinne kann Nietzsche sagen, das menschliche Leben sei „tief in die Unwahrheit eingesenkt"[6] - allerdings ist diese Aussage praktisch von keinerlei Relevanz: Aussagen können durchaus „wahr", wenn auch in gänzlich anderem Sinne sein. Nietzsches perspektivistischer Interpretationismus ist pragmatisch oder pragmatistisch, da Erkenntnis sich in letzter Konsequenz immer an praktischen Zielen orientiert; das grundlegende (weil

---

[1] Zur Genealogie der Moral, KGA VI 2 S.383, zit.n.Gerhardt, Die Perspektive des Perspektivismus S.271
[2] Gerhardt, Die Perspektive des Perspektivismus S.271
[3] Jenseits von Gut und Böse, KGA VI 2 S.4, zit.n.Kaulbach, Philosophie des Perspektivismus I S.255
[4] vgl. z.B. Danto, Nietzsche als Philosoph S.93
[5] Götzen-Dämmerung, KGA VI 3 S.69, zit.n.Danto, Friedrich Nietzsche S.235
[6] Menschliches, Allzumenschliches, KGA IV 2 S.50, zit.n.Erkenntnistheoretische Schriften S.142

genaugenommen einzige) Ziel des Menschen - wie jedes Willen zur Macht - ist die Übermächtigung konkurrierender Machtwillen, die eben durch Interpretation geschieht (bzw. Interpretation *ist*). Bestimmte Annahmen über die Welt, bestimmte Begriffe können in dem Maße als „wahr" bezeichnet werden, in dem sie dem Machtstreben dienlich sind, in dem sie also von *Nutzen* sind; sie sind sozusagen „vorläufig wahr", insofern „das Kriterium der Wahrheit in der Steigerung des Mächtigseins" (Abel)[1] liegt. Ist eine bestimmte Interpretation dem spezifisch menschlichen Machtwillen dienlich, d.h. fördert sie die Befriedigung der spezifisch menschlichen Bedürfnisse (die sich aus den Machtwillen ergeben), so ist sie dadurch (und durch nichts anderes) legitimiert und geradezu als notwendig erwiesen. Ihre Wahrheit besteht in ihrem Nutzen.

Wir sind also in unserer Existenz auf Urteile angewiesen, die in einem „absoluten" Sinne als „falsch" bezeichnet werden müßten, könnten aber ohne solche Urteile nicht existieren. Nietzsche ist davon überzeugt, daß „ohne ein Geltenlassen der logischen Fiktionen, ohne ein Messen der Wirklichkeit an der rein erfundenen Welt des Unbedingten, Sich-selbst-Gleichen, ohne eine beständige Fälschung der Welt durch die Zahl der Mensch nicht leben könnte, - dass Verzichtleisten auf falsche Urtheile ein Verzichtleisten auf Leben, eine Verneinung des Lebens wäre."[2] Wir können uns nur auf diese fingierende Weise, in der Schaffung der Welt durch uns selbst in dieser zurechtfinden, nur so gelingt uns die interpretative Übermächtigung anderer Willen zur Macht. Dies bedeutet auch, daß die Struktur, der Aufbau der Welt nicht ein für allemal festgelegt ist. Die Welt als ganze könnte sich ändern, wenn sich unsere Interpretationen ändern, d.h. wenn sich andere Interpretationen als *nützlicher* erwiesen: „Die bestgeglaubten a priorischen ´Wahrheiten´ sind für mich - Annahmen bis auf Weiteres z.B. das Gesetz der Causalität sehr gut eingeübte Gewöhnungen des Glaubens, so einverleibt, daß nicht daran glauben das Geschlecht zu Grunde richten würde. Aber sind es deswegen Wahrheiten? Welcher Schluß! Als ob die Wahrheit damit bewiesen würde, daß der Mensch bestehn bleibt!"[3] Selbst die allgemeinsten Prinzipien unseres Denkens sind nicht unrevidierbar, nicht ein für allemal feststehend: sie verlieren ihre Legitimation in dem Maße, in dem sich andere als nützlicher, als lebensdienlicher herausstellen. Dies gilt umso mehr, je weniger grundlegend ein bestimmter Aspekt unseres Weltbildes ist, je mehr er von spezifischen Erfahrungen abhängt.

Beispielsweise ist das mechanistische Weltbild ebenso wie alle denkbaren alternativen Weltbilder, Welt-Interpretationen „objektiv" falsch, aber „wahr", insofern es der menschlichen Praxis von eminentem Nutzen ist; Nietzsche sagt, es sei „wunderbar, daß für unsere Bedürfnisse (Maschinen Brücken usw.) die Annahmen der Mechanik ausreichen"[4]. Ist diese Interpretation nur von Nutzen, so ist es nicht von Belang, ob sie „dumm, grob, fehlerhaft" (Müller-Lauter)[5] ist.

Müller-Lauter faßt den Grundgedanken von Nietzsches perspektivistischem Interpretationismus folgendermaßen zusammen: „Alle Interpretationen sind perspektivistisch; es gibt keinen absoluten Maßstab, an dem man prüfen könnte, welche ´richtiger´ ist und welche ´weniger richtig´ ist; das einzige Kriterium für die Wahrheit einer Auslegung der Wirklichkeit

---

[1] Abel, Nietzsche S.156
[2] Jenseits von Gut und Böse, KGA VI 2 S.12, zit.n.Erkenntnistheoretische Schriften S.148
[3] Nachlaß, KGA VII 2 S.150 f., zit.n.Grimm, Nietzsche´s Theory of Knowledge S.72 f.
[4] Nachlaß, KGA V 2 S.429, zit.n.Müller-Lauter, Nietzsches Lehre vom Willen zur Macht S.46
[5] Müller-Lauter, Nietzsches Lehre vom Willen zur Macht S.46

besteht darin, ob und in welchem Maße sie sich gegen andere Auslegungen durchzusetzen imstande ist. Jede Auslegung hat soviel Recht, wie sie Macht hat."[1]

Wie andere interpretationistische Lehren auch hat Nietzsches Denken die Konsequenz, daß das erkennende Subjekt im Erkennen nur das wiederfindet, was es zuvor selbst (er)deutend in „die Welt" hineingelegt hat, daß die erscheinende Welt als ganze sein eigenes Werk ist: „Der Mensch findet zuletzt in den Dingen nichts wieder, als was er selbst in sie hineingesteckt hat: - das Wiederfinden heisst sich Wissenschaft, das Hineinstecken - Kunst, Religion, Liebe, Stolz."[2] „Wir können nur eine Welt *begreifen*, die wir selber *gemacht* haben."[3] Die Tatsache, daß uns die Welt in ihren allgemeinsten Charakteristika und auch in bestimmten einzelnen Aspekten immer schon vertraut ist, ist darauf zurückzuführen, daß diese allgemeinsten Charakteristika eben von uns in die Welt hineingelegt worden sind; - „der menschliche Intellect hat die Erscheinung erscheinen lassen und seine irrthümlichen Grundauffassungen in die Dinge hineingetragen."[4] „Die Welt *erscheint* uns logisch, weil *wir* sie erst logisiert *haben*."[5] Das bedeutet aber auch, daß für anders wahrnehmende (und das heißt: anders interpretierende) Wesen als wir es sind, es eine völlig andere Welt geben müßte, da deren Perspektive von der unseren grundverschieden wäre.

Der Nietzscheanische Interpretationsgedanke bringt eine „grundsätzliche Infragestellung des Objektivitätsideals der neuzeitlichen Wissenschaft" (Abel)[6] mit sich; er „zerstört [...] die für die Tradition des metaphysischen Denkens charakteristische Idee der Erkenntnis objektiver Wahrheit, eines *an sich* Wahren, Guten und Schönen." (Abel)[7] Er tut dies nach Abel in dreierlei Hinsicht[8]:

1. Interpretation ist autonom, ist nicht Interpretation von etwas; es gibt keine interpretationsunabhängigen Dinge, Ereignisse oder Sachverhalte. Gewissermaßen per definitionem ist *alles* Interpretation: Substanzen, Dinge, das Subjekt, kurz: alle begrifflichen Elemente der klassischen Metaphysik sind Interpretationen, die durch ihre Nützlichkeit in Hinblick auf das Machtstreben legitimiert sind. Unsere Begrifflichkeit ergibt sich nicht - wie in der klassischen Metaphysik beansprucht wird - als Modell oder Darstellung einer objektiven Realität, sondern allein aus den Bedürfnissen, die dem Menschen als Wille zur Macht zukommen.
2. Auch die Naturgesetze sind daher nicht Ausdruck irgendwelcher objektiver Gesetzmäßigkeiten, sondern ebenso - um einen Ausdruck Hans Lenks (vgl. Kapitel 8) zu gebrauchen - Interpretationskonstrukte. Die Gesetzmäßigkeit der Natur ist für Nietzsche „nur eine naiv-humanitäre Zurechtmachung und Sinnverdrehung"[9]; die

---

[1] ebd. S.48
[2] Nachlaß, zit.n.Müller-Lauter, Nietzsches Lehre vom Willen zur Macht S.49
[3] Nachlaß, zit.n.Erkenntnistheoretische Schriften S.175
[4] Menschliches, Allzumenschliches, KGA IV 2 S.33, zit.n.Danto, Nietzsche als Philosoph S.95
[5] Nachlaß, zit.n.Erkenntnistheoretische Schriften S.190
[6] Abel, Nietzsche S.143
[7] a.a.O.
[8] vgl. Abel, Nietzsche S.142 ff.
[9] Jenseits von Gut und Böse, KGA VI 2 S.31, zit.n.Abel, Nietzsche S.148

Naturwissenschaft ist ebenso wie die Natur selbst Interpretation, die Naturgesetze Interpretationen von Interpretationen.[1]

3. Es ist nicht möglich, aus der Perspektivität und Interpretativität gleichsam „herauszutreten"; als (vermeintliche) Subjekte, sind auch wir einerseits selbst Interpretationen und sind andererseits auch nicht in der Lage, den eigenen Interpretationshorizont, die eigene Perspektive hinter uns zu lassen - so etwas wie eine „richtige" Interpretation - die eine objektive Welt korrekt wiedergeben würde - kann es nicht geben. („Als ob eine Welt noch übrig bliebe, wenn man das Perspektivische abrechnete! Damit hätte man ja die Relativität abgerechnet"[2].)

Letztlich hat unter den Bedingungen von Nietzsches perspektivistischem Interpretationismus alles, womit wir in der Welt konfrontiert sind, mehr oder minder als unser Werk, als aus unserer spezifischen Perspektive heraus Erdeutetes zu gelten:

- Bereits die fundamentalen Sätze der traditionellen Logik (Satz der Identität, Satz vom ausgeschlossenen Widerspruch, Satz vom ausgeschlossenen Dritten etc.) sind für Nietzsche nur Interpretationen, die sich durch ihren offensichtlichen Nutzen rechtfertigen. Die Annahme, es gebe in der Welt mit sich selbst gleichbleibende Gegenstände ist eine grundlegende Bedingung unserer Existenz, da wir es andernfalls mit einer Welt völlig verschiedenartiger und sich permanent verändernder Gegenstände zu tun hätten, in der wir nicht existieren könnten. - „Das Leben ist auf die Voraussetzung eines Glaubens an Dauerndes und Regulär-Wiederkehrendes gegründet; je mächtiger das Leben, um so breiter muß die errathbare, gleichsam seiend gemachte Welt sein. Logisirung, Rationalisirung, Systematisirung als Hülfsmittel des Lebens."[3]

- Entsprechendes gilt auch für die Kategorien der Metaphysik: auch sie sind Deutungen, sie haben Realität - und das heißt letztlich: praktische Berechtigung - als Werkzeuge zur Durchsetzung des spezifisch menschlichen Machtwillens. Sie sind „Mittel [...] zum Zurechtmachen der Welt zu Nützlichkeits-Zwecken (also, ´prinzipiell´, zu einer nützlichen *Fälschung*)"[4], und nicht etwa Kriterien für Wahrheit oder Wirklichkeit im klassischen Sinne; ihre Legitimation liegt wie die aller Interpretationen in ihrer Nützlichkeit.

- Der Kausalitätsbegriff bzw. die Kausalitätskategorie stellt einen Sonderfall dar, insofern kausale Einwirkung unter den Bedingungen von Nietzsches Denken auch

---

[1] "Interpretation liegt dabei auf allen Ebenen vor: in der Ausgrenzung dessen, was überhaupt als Gegenstandsbereich gilt; im Ausblenden der die Annahme identischer Fälle destruierenden Einsicht in den prinzipiellen Fluß allen Geschehens; in der damit zugleich vorgenommenen Projektion identischer Einheiten, wiederholbarer und unter Verwendung der Begriffe ´Ding´ und ´Zahl´ mathematisierbarer Vorgänge; im Aufstellen von Formeln und Gesetzen selbst; in deren Anwendung; und schließlich darin, den Umstand, *daß* sich die Mathematik [...] überhaupt auf Naturvorgänge erfolgreich anwenden läßt, als eine Art sekundäre Teleologie der Natur [...] auszulegen. Dies bedeutet, wird der vernunft-konstruierende Charakter der Naturgesetze hervorgekehrt, eine Steigerung des subjektiven Machtgefühls, insofern darin, um die Wendung Kants zu gebrauchen, der Verstand seine Gesetze nicht aus der Natur schöpft, sondern umgekehrt der Natur die seinigen vorschreibt. Die ganze Konstruktion dessen, was dann als Wirklichkeit angesprochen wird, ist ein übermächtigendes und ausdeutendes Interpretieren." (Abel, Nietzsche, S.150)

[2] Nachlaß, KGA VIII 3 S.163, zit.n.Abel, Nietzsche S.152

[3] Nachlaß, KGA VIII 2 S.49, zit.n.Grimm, Nietzsche´s Theory of Knowledge S.79

[4] Nachlaß, zit.n.Erkenntnistheoretische Schriften S.211

über einen „Umweg" a fortiori ausgeschlossen werden kann: Kausalität setzt voneinander getrennte Dinge voraus, die nach bestimmten Gesetzmäßigkeiten aufeinander einwirken. Da es für Nietzsche aber eigentlich keine getrennten Dinge gibt (auch diese sind nur nützliche Interpretationen) ist die Existenz von Kausalbeziehungen von vornherein ausgeschlossen.[1] Auch der Kausalitätsbegriff ist eine Fiktion, deren spezifischer Nutzen darin besteht, daß sie - ähnlich wie die logischen Grundprinzipien - Ordnung und Vorhersagbarkeit in die Welt einbringt und so die Grundlage der Naturwissenschaft bildet. - „Die Kausalität wird erst durch die Hineindenkung des Zwanges in den Folgevorgang geschaffen. Ein gewisses ´Begreifen´ entsteht dadurch, d.h. wir haben uns den Vorgang angemenschlicht, ´bekannter´ gemacht [...]."[2]

- So wie jede Interpretation „falsch" sind natürlich auch vermeintliche synthetische Urteile a priori; auch für sie gilt, daß es darauf ankommt, „zu begreifen, dass zum Zweck der Erhaltung von Wesen unsrer Art solche Urtheile als wahr geglaubt werden müssen"[3].

- Nietzsche charakterisiert die Naturwissenschaft seiner Zeit als den „Versuch, für alle Erscheinungen eine gemeinsame Zeichensprache zu schaffen, zum Zwecke der leichteren Berechenbarkeit und folglich Beherrschbarkeit der Natur"[4], als „Umwandlung der Natur in Begriffe zum Zweck der Beherrschung der Natur"[5]. Er weist damit den Anspruch der Naturwissenschaft seiner Zeit, eine objektive Realität zu beschreiben, zurück. Auch die Resultate der Wissenschaft sind Ergebnisse von Übermächtigungsprozessen zwischen Willen zur Macht - in diesem Falle zwischen Mensch und Natur - und also auch Interpretationen; was sie beschreiben, ist nicht eine objektiv existierende Welt an sich, sondern lediglich die Welt *für uns*, die aber durch die spezifisch wissenschaftliche Form der Interpretation abstrahiert wird. (Insofern er betont, daß wir auch in den Wissenschaften in der Welt nur das interpretierend wiederfinden, was wir selbst interpretierend in sie hineingelegt haben, nimmt Nietzsche gewisse Aspekte des Weltbilds der modernen Physik vorweg.[6]) Auch die Naturgesetze sind Deutungen, allerdings gewissermaßen solche höherer Ordnung (s.o.): „Die ´Regelmäßigkeit´ der Aufeinanderfolge ist nur ein bildlicher Ausdruck, *wie als ob* hier eine Regel befolgt werde: kein Tatbestand. Ebenso ´Gesetzmäßigkeit´. Wir finden eine Formel, um eine immer wiederkehrende Art der Folge auszudrücken: damit haben wir *kein ´Gesetz´ entdeckt*, noch weniger eine Kraft, welche die Ursache zur Wiederkehr von Folgen ist."[7] Auch die Resultate der Naturwissenschaft sind „nur eine Welt-Auslegung und -Zurechtlegung (nach uns! mit Verlaub gesagt) und nicht eine Welt-Erklärung"[8]; auch (und vor allem) ihre Legitimation ergibt sich aus ihrem Nutzen, aus ihrer technischen Anwendbarkeit. Aber auch die Ordnung, die wir in der Natur zu „entdecken" glauben, ist unser eigenes Werk, ist Interpretation, ist

---

[1] vgl. Danto, Nietzsche als Philosoph S.120 f.

[2] Nachlaß, zit.n.Danto, Nietzsche als Philosoph S.120

[3] Jenseits von Gut und Böse, KGA VI 2 S.19, zit.n.Erkenntnistheoretische Schriften S.155

[4] Nachlaß, KGA VII 2 S.207, zit.n.Kirchhoff, Zum Problem der Erkenntnis bei Nietzsche S.29 f.

[5] Nachlaß, KGA VII 2 S.192, zit.n.Kirchhoff, Zum Problem der Erkenntnis bei Nietzsche S.30

[6] vgl. Kirchhoff, Zum Problem der Erkenntnis bei Nietzsche S.26 ff.

[7] Nachlaß, zit.n.Erkenntnistheoretische Schriften S.185

[8] Jenseits von Gut und Böse, KGA VI 2 S.22, zit.n.Erkenntnistheoretische Schriften S.158

Erdeutung. Tatsächlich ist auch die Natur als ganze Interpretation, in ständiger Veränderung begriffen und nur von uns zu Nützlichkeitszwecken als geordnet und bestimmten Regeln folgend interpretiert.

Wir haben es also in allen Aspekten unseres Denkens und Erkennens mit Interpretationen zu tun bzw. genaugenommen *ist* all unser Denken und Erkennen Interpretation. Wir sind in die Interpretativität und Perspektivität verstrickt und können ihr nicht entkommen, nicht nur weil wir auf sie angewiesen sind, sondern weil *außer ihr nichts existiert*. Damit ist der erste und entscheidende Schritt hin zur Beantwortung derjenigen Frage, die noch offen bleibt, bereits getan: der Frage nach der Realität unter den Bedingungen von Nietzsches Ontologie und Erkenntnislehre.

3.2.3 Konsequenzen für die Realitätsfrage

Für unser alltägliches Realitätsverständnis ist die Existenz von *Dingen* zentral; wir gehen von der bewährten Annahme aus, daß es in der Außenwelt Gegenstände gibt, die sowohl von uns als auch voneinander klar abzugrenzen sind, und die einander teilweise ähnlich bzw. untereinander gleichartig oder gleich (d.h. nur numerisch verschieden) sind. Unter den Voraussetzungen von Nietzsches Denken ist diese alltägliche Auffassung von einer in sehr klarer Weise strukturierten Außenwelt natürlich nicht haltbar: wie alle Grundzüge der Welt ist auch dieser, die Dingheit, die Gegenständlichkeit im Sinne eigenständiger, von anderen Elementen der Welt unabhängiger Existenz, vom Erkennenden „gemacht". Die Gegenstände, mit denen wir immer schon konfrontiert sind, mit denen wir handelnd umgehen, haben keine „echte" Basis, da es keine objektive, vom Menschen unabhängige, auch nur kurzfristig statische Realität gibt. - „Die Annahme der Vielheit setzt immer voraus, dass es Etwas gebe, das vielfach vorkommt: aber gerade hier schon waltet der Irrthum, schon da fingiren wir Wesen, Einheiten, die es nicht gibt."[1] Tatsächlich sind dinghafte Einheiten, wie alle Ordnung, von uns mit dem Ziel der Förderung des Lebens, letztlich also der Durchsetzung des spezifisch menschlichen Willens zu Macht, in die Welt eingebracht; „unsere Vorstellungen [sind] willkürliche Strukturierungen des Chaos [...], und die Frage lautet nicht, ob sie wahr sind, sondern ob und warum wir ihnen glauben sollten." (Danto)[2] Auch für die grundlegende Vorstellung von Dingen gilt, daß auf diese Frage mit dem Hinweis auf ihren Nutzen, d.h. letztlich auf ihre Dienlichkeit zur Durchsetzung des Machtwillens, zu antworten ist. Das von uns selbst in die Welt eingebrachte Konzept der Dingheit ermöglicht uns ein Zurechtfinden in der Welt durch Wiederfinden von ähnlichem, also durch Erfahrung. Ohne einen Dingbegriff wäre unsere Welt ungeordnet, in ständigem Fluß begriffen, eine Welt, der wir nicht standhalten könnten, deren Wille(n) zur Macht den menschlichen Machtwillen übermächtigen und so in letzter Konsequenz den Menschen selbst vernichten würde(n).

Aus der Tatsache, daß nicht nur die empirischen Dinge, sondern der Begriff der Dingheit überhaupt unser eigenes Werk sind, folgt - was allerdings schon aus Nietzsches grundlegender Wille-zur-Macht-Ontologie deutlich hervorgeht - daß es so etwas wie „Dinge an sich" nicht geben kann. - „Das ′Ding an sich′ widersinnig. Wenn ich alle Relationen, alle ′Eigenschaften′, alle ′Tätigkeiten′ eines Dinges wegdenke, so bleibt *nicht* das Ding übrig: weil Dingheit erst von uns *hinzufingiert* ist aus logischen Bedürfnissen , also zum Zweck der Bezeichnung, der

---

[1] Menschliches, Allzumenschliches, KGA IV 2 S.36, zit.n.Erkenntnistheoretische Schriften S.129
[2] Danto, Nietzsche als Philosoph S.93

Verständigung [...]."¹ Die Annahme der Existenz von Dingen an sich „würde voraussetzen, daß das *Interpretieren* und *Subjekt-sein nicht* wesentlich sei, daß ein Ding aus allen Relationen gelöst noch Ding sei."² Das „Ding an sich" ist ebenso von uns „gemacht" wie die konkreten empirischen Dinge, allerdings auf einer abstrakteren, rein spekulativen, dem Leben nicht dienlichen Ebene; da er also in Nietzsches Sinne nicht nützlich ist, kann (bzw. muß!) auf den Begriff „Ding an sich" verzichtet werden.

Erst im Interpretationsgeschehen, im interpretierenden Vollzug werden Dinge *als* Dinge, *als etwas überhaupt* konstituiert - das interpretierende „Subjekt" *setzt* die Grenzen der Dinge nicht, sondern *ist* selbst diese Grenze („die Dinge sind nur die Gränzen des Menschen"³); ohne ein Interpretierendes könnte nicht von Dingen und daher auch nicht von Realität gesprochen werden. Das heißt aber auch, daß eine Änderung der spezifischen Interpretationsperspektive zugleich eine Änderung der Welt selbst bedeutet. „Die Grenzen der Interpretation *sind* die Grenzen der Welt. [...] Welt, Wirklichkeit und Sinn *sind* nur *in und als* Interpretation." (Abel)⁴ Die Frage nach der *Realität* ist daher stets nur innerhalb je einer bestimmten Interpretations-Welt zu stellen. „Realität ist eine interne Funktion des Interpretations-Schemas, das, obwohl in den Weisen seines Gebrauchs seinerseits nichts zeitlos Unveränderliches, nichts Feststehendes und nichts Abgeschlossenes, nicht abgeworfen bzw. nicht im Sinne eines objektiven Standpunktes hintergangen werden *kann*." (Abel)⁵ In diesem „internen" Realismus ist die Frage nach der Wirklichkeit von Dingen und Tatsachen berechtigt und sinnvoll, solange sie im Rahmen der unhintergehbaren Erfahrungsrealität gestellt wird; wird darüber hinaus nach einer Welt „an sich", nach einer objektiven, absoluten Realität gefragt, so kann diese Frage nur negativ, mit dem Hinweis auf die Interpretativität jeglicher „Welt", beantwortet werden. Von *der* Welt kann dabei aber stets nur im Rahmen eben der internen Erfahrungsrealität gesprochen werden. Tatsächlich gibt es so viele *Welten, Realitäten*, wie es Willen zur Macht gibt.

Die (zum Teil) statische Realität, in der wir uns immer schon vorfinden, ist nur interpretierte Welt, Resultat eines interpretativen Übermächtigungsprozesses; diese Realität, deren Grundzug eine Vielheit von abgrenzbaren, einander teilweise ähnlichen Dingen ist, ist menschliche Erdeutung, die im bereits mehrfach erläuterten Sinne von Nutzen ist. - „Unser Intellekt ist nicht zum Begreifen des Werdens eingerichtet, er strebt die allgemeine Starrheit zu beweisen [...]."⁶ Aus der Nützlichkeit des Erdeutens einer stabilen Welt wurde jedoch für die Menschheit ein dogmatischer Glaube an eine absolute, stabile, dinglich organisierte Wirklichkeit, die unabhängig vom Menschen existiert. („Daß wir in unserm Glauben stabil sein müssen, um zu gedeihen, daraus haben wir gemacht, daß die ´wahre´ Welt keine wandelbare und werdende, sondern eine *seiende ist*."⁷) Obwohl dieser Glaube als Glaube natürlich seinen existentiellen Nutzen nicht verliert, ist er doch insofern ein Schritt in die falsche Richtung, als er in weiterer Folge dazu führt, metaphysische - und damit sinnlose, und im Sinne Nietzsches dekadente - Fragen zu stellen, wohingegen der rein fiktionale „Glaube" an die „objektive" Existenz der Welt, der die Interpretativität der Welt als ganzer betont, dem Leben, und damit dem

---

[1] Nachlaß, zit.n.Erkenntnistheoretische Schriften S.199
[2] Nachlaß, zit.n.Erkenntnistheoretische Schriften S.197
[3] Morgenröthe, KGA V 1 S.49, zit.n.Danto, Nietzsche als Philosoph S.158 f.
[4] Abel, Nietzsche S.169
[5] a.a.O.
[6] Nachlaß, zit.n.Kirchhoff, Zum Problem der Erkenntnis bei Nietzsche S.20
[7] Nachlaß, zit.n.Erkenntnistheoretische Schriften S.198

menschlichen Machtwillen entgegenkommt, indem er derartige Fragen erst gar nicht aufkommen läßt. Er betrachtet „die Welt der ´Phänomene´ [als] die zurechtgemachte Welt, die wir *als real empfinden*. Die ´Realität´ liegt in dem beständigen Wiederkommen gleicher, bekannter, verwandter Dinge, in ihrem *logisierten Charakter*, im Glauben, daß wir hier rechnen, berechnen können [...]."[1]

Es lebt jedoch jedes erkennende Wesen „in einer anderen Welt, als wir leben"[2]; es existiert nicht eine, nicht *die* Realität, sondern eine *Pluralität von Welten / Realitäten*: „die Welt, abgesehen von unserer Bedingung, in ihr zu leben, die Welt, die wir nicht auf unser Sein, unsere Logik, und psychologischen Vorurtheile reduzirt haben / existirt **nicht** als Welt ´an sich´"[3]. Da jede dieser Bedingungen bzw. die Summe solcher Bedingungen für jedes erkennende Individuum einmalig ist, muß von einer Vielheit von Realitäten gesprochen werden, die einander gleichwohl z.T. ähnlich sind, sich z.T. „überschneiden"; so darf z.B. wohl mit Recht angenommen werden, daß andere Menschen die Welt in einer Weise wahrnehmen (d.h. erdeuten), die meiner Wahrnehmungsweise in vielen Dingen ähnlich ist, sich aber zumindest in manchen Details von dieser - und damit von „meiner Welt" - unterscheidet. Vollkommen identische Realitäten kann es nicht geben, da jedes Individuum als individueller Wille zur Macht sich eine Welt erdeutet, die von den Erdeutungen anderer Machtwillen verschieden ist - in einem gewissen Ausmaß lebt also jeder von uns „in seiner eigenen Welt". Diese Welt, die Alltagsrealität, ist jedoch für den in ihr Existierenden so real, wie sie nur sein kann - „eine **andre** Art Realität ist absolut unnachweisbar."[4] „Von einer ´andren´ Welt als dieser zu fabeln hat gar keinen Sinn, vorausgesetzt, dass nicht ein Instinkt der Verleumdung, Verkleinerung, Verdächtigung des Lebens in uns mächtig ist: im letzteren Falle **rächen** wir uns am Leben mit der Phantasmagorie eines ´anderen´, eines ´besseren´ Lebens."[5] Eine „andere" Welt im metaphysischen Sinne anzunehmen, ist das Resultat einer Verkennung der Nützlichkeit, der Lebensdienlichkeit der Interpretations-Welt, in der ich mich immer schon befinde, die für mich so real ist, wie sie nur sein kann, und deren Leugnung letztlich eine Leugnung, eine Verneinung des Lebens selbst bedeuten würde.

Betrachtet man die konkrete Ausformung von Nietzsches Interpretationismus (und natürlich auch seine Ausdrucksweisen), so scheint sich darin, mit Ausnahme einiger grundlegender Annahmen, nicht mehr viel finden zu lassen, das auf den Einfluß Langes verweist. Zu leugnen ist dieser Einfluß aber wohl nicht, und über den Umweg der Philosophie Langes läßt sich in einem zentralen Punkt auch ein Anknüpfen Nietzsches an Kantisches Denken konstatieren: auch Nietzsche vertritt die Position eines *empirischen Realismus*: die Welt, in der wir uns immer schon vorfinden, die relativ statische Welt der mit sich selbst gleichbleibenden Gegenstände, ist so „wirklich", wie sie für uns nur sein kann; Nietzsche will die Alltagswelt, in der sich unsere Lebenspraxis vollzieht, nicht „wegargumentieren". Die Welt ist keine Täuschung, keine Illusion – auch wenn Nietzsches Ausdrucksweise häufig das Gegenteil nahelegt: die Verwendung von Ausdrücken wie „Täuschung", „Lüge", „Unwahrheit" darf nicht zu der Annahme führen, die empirische Realität sei „Schein", eine „Illusion", die zugunsten einer Erkenntnis der „wahren" Wirklichkeit überwunden werden kann, wie man den

---

[1] Nachlaß, zit.n.Erkenntnistheoretische Schriften S.191
[2] Nachlaß, KGA VIII 1 S.244, zit.n.Müller-Lauter, Nietzsches Lehre vom Willen zur Macht S.29
[3] Nachlaß, KGA VIII 3 S.63, zit.n.Müller-Lauter, Nietzsches Lehre vom Willen zur Macht S.30
[4] Götzen-Dämmerung, KGA VI 3 S.72, zit.n.Erkenntnistheoretische Schriften S.174
[5] a.a.O.

Taschenspielertrick eines Zauberkünstlers durchschauen kann. „Unwahrheit", „Lüge" etc. stehen hier nicht im Gegensatz zu „Wahrheit", sondern sind vielmehr als (wohl auch vorsätzlich) dramatische Metaphern aufzufassen, die nichts anderes sagen sollen, als daß Welt stets nur Welt-für-uns bzw. Welt-für-mich sein kann, es so etwas wie eine „wahre" Welt *für uns* unabhängig von den konkreten und für uns unhintergehbaren Welten-für-uns nicht geben kann. (Was für Nietzsche allerdings möglich ist, sind andere Welten, Welten-für-andere-Wesen im Gegensatz zu Welt-für-den-Menschen.)

Die Welt(en), in der bzw. denen wir leben, die uns zugänglichen Gegenstände, Relationen, Sachverhalte sind in keinem absoluten Sinne „wahr" oder „wirklich"; sie sind vielmehr im erläuterten Sinne „erlogen", was letztlich heißt: in einem bestimmten Sinne empirisch real. Diese „Lügen", diese „Verfälschungen" finden ihre praktische Legitimation darin, daß durch sie eben eine Welt „erlogen" wird, in der uns als menschlichen Wesen eine Existenz möglich ist, eine Welt, in der wir uns zurechtfinden, in der wir handeln können. Unser Welt-Bild unsere Welt-Interpretation ist durch ihren *Nutzen*, ihre *Lebensdienlichkeit* legitimiert. *Diese* Welt ist „*nützlich*", insofern wir uns in ihr zu orientieren, in ihr unsere Bedürfnisse zu befriedigen vermögen. Nietzsche zeigt sich in dieser Facette seines Denkens sozusagen als Pragmatist mit existenzphilosophischen Untertönen. In diesem Zusammenhang spielt die *Sprache* eine zentrale Rolle; sie ist es, der ein wesentlicher Anteil an der Konstitution der „nützlichen" empirischen Realität zukommt, die die Welt nach ihren Strukturen ordnet, sozusagen die Ordnung der Grammatik in die Welt einbringt.

Zwar gibt es für Nietzsche keine „wahre" Welt im eigentlichen Sinne des Wortes, so etwas wie den „eigentlichen Charakter" der Welt gibt es aber auch für ihn: es ist dies das Willen-zur-Macht-Geschehen, der permanente „Kampf" zwischen den „Macht-Zentren", den „Macht-Monaden", aus dem wir und unsere empirische Welt für kurze Zeit sozusagen als Epiphänomene hervorgehen; und auch unser „Zurechtmachen" einer Welt, in der wir zu existieren vermögen, ist letztlich eine „Übermächtigung" von „Welt" durch uns, ein Durchsetzen nicht „unserer" Willen zur Macht, sondern von uns *als* Willen zur Macht, die „die Welt" jeweils aus ihrer eigenen Perspektive erkennend konstituieren und konstituierend erkennen. Jeder von uns lebt also zumindest in dem Sinne „in seiner eigenen Welt", als er von seiner eigenen, unaufgebbaren Perspektive abhängig ist, sich die Welt aus dieser Perspektive – aus der sich auch seine Bedürfnisse ergeben – „zurechtmacht".

Die Verwendung des Ausdrucks „Interpretation" durch Nietzsche ist zumindest problematisch. Zwar scheint „Interpretation" in seinem Sinne auch den alltäglichen Gebrauch des Ausdrucks einzuschließen, hauptsächlich meint „Interpretation" hier aber ein Geschehen, das der üblichen Grammatik des Ausdrucks – jemand interpretiert etwas als etwas – nicht entspricht. Letztlich meint Nietzsche mit „Interpretation" das Zusammen- bzw. Gegeneinanderwirken der einzelnen Machtzentren, der Willen zur Macht, deren gegenseitiges „Übermächtigen", aus dem schließlich für kurze Zeit das Ich und die Welt hervorgehen. „Interpretation" ist stets ein Geschehen der Konstitution von Welt, Welterkenntnis, Handeln in der Welt; die Verwendung des *Ausdrucks* „Interpretation" läßt sich wohl darauf zurückführen, daß Nietzsche kein Wort zur Verfügung stand, das das Gemeinte treffender auszudrücken imstande ist. Das Wort „Interpretation" ist im Kontext von Nietzsches Denken nicht unbedingt eine Metapher wie „Lüge" in bezug auf die Welt als ganze, sondern eher eine Art Notlösung, dasjenige Wort, das den gemeinten Vorgängen der Weltkonstitution und Welterfahrung einigermaßen nahe kommt. (Daß es nicht gerade eine idealer Ausdruck des Gemeinten ist, zeigt sich z.B. an der Ausdrucksweise, die Willen zur Macht würden *einander* „interpretieren".) Auch wenn gewisse grundlegende Ähnlichkeiten bestehen, so muß man Nietzsches Verwendung des

Ausdrucks „Interpretation" doch deutlich von derjenigen trennen, die in Hinblick auf Kant und Lange angemessen erschienen ist. Man könnte geradezu von zwei unterschiedlichen „Interpretations-Paradigmen" sprechen, deren Differenzen erst unter den Bedingungen der Gegenwartsphilosophie, wenn nicht verschwinden, dann doch zumindest verschwimmen (vgl. Kapitel 7, 8 und 9).

Nietzsches Denken wird in der vorliegenden Arbeit noch einige Male Erwähnung finden: Hans Vaihinger nennt Nietzsche als eine Art Zeugen für seine eigene „Philosophie des Als Ob" (Kapitel 4), Friedrich Kaulbach knüpft an seinen Perspektivismus an (Kapitel 5) und Günter Abel wurde durch die Auseinandersetzung mit Nietzsches Philosophie zu seiner eigenen „allgemeinen Interpretationsphilosophie" angeregt (Kapitel 8).

4. Fiktion, Interpretation und Realität in Hans Vaihingers *Philosophie des Als Ob*

Der Kantforscher Hans Vaihinger ist heute vor allem als Verfasser eines (unvollendeten) Kommentars zur *Kritik der reinen Vernunft* und als Entdecker der „Blattversetzung" in den *Prolegomena* bekannt. Daß Vaihinger auch ein eigenes philosophisches System, die „Philosophie des Als Ob" entwickelt hat, ist weitgehend in Vergessenheit geraten.

Hans Vaihinger wurde am 25.September 1852 in Nehren bei Tübingen geboren; 1874 promovierte er in Tübingen, 1877 erhielt er an der Universität Straßburg die Lehrbefugnis. Seine Habilitationsschrift *Logische Untersuchungen. I.Teil: Die Lehre von der wissenschaftlichen Fiktion* wurde später weitgehend unverändert in sein Hauptwerk *Die Philosophie des Als Ob* übernommen. Bereits 1876 hatte er mit *Hartmann, Dühring und Lange. Zur Geschichte der deutschen Philosophie im XIX. Jahrhundert. Ein kritischer Essay* sein erstes Buch veröffentlicht; 1877 und 1878 arbeitete er an der Weiterentwicklung und Vertiefung seines „Fiktionalismus", wobei er auch die berühmte „Blattversetzung" entdeckte. 1879 sah er sich aus finanziellen Gründen gezwungen, die Arbeit an seiner eigenen Philosophie vorläufig einzustellen und begann auf Vorschlag eines Stuttgarter Verlegers mit der Arbeit an einem Kommentar zur *Kritik der reinen Vernunft*, dessen erster Band 1881 erschien und seinem Verfasser einen hervorragenden Ruf als Experte für die Philosophie Kants und schließlich eine außerordentliche Professur in Halle an der Saale eintrug. Der zweite Band des Kommentars erschien 1892; 1897 gründete Vaihinger die bis heute erscheinenden *Kant-Studien*, 1904 die „Kant-Gesellschaft"; bereits 1902 hatte er ein Buch über Nietzsche veröffentlicht. Im Jahre 1906 zwang ihn ein sich stetig verschlimmerndes Augenleiden zur Beendigung sowohl seiner Lehrtätigkeit als auch der weiteren Arbeit am *Kritik*-Kommentar.

1911 erschien Die Philosophie des Als Ob. System der theoretischen, praktischen und religiösen Fiktionen der Menschheit auf Grund eines idealistischen Positivismus, zusammengesetzt aus der Habilitationsschrift von 1876/77, Aufzeichnungen aus den Jahren 1877 und 1878 und vier aus einer ebenfalls zu dieser Zeit angelegten Zitatensammlung entstandenen historischen Anhängen. Vaihinger vertritt in diesem Werk die Auffassung, daß wir sowohl im täglichen Leben als auch in der Wissenschaft und der Philosophie darauf angewiesen sind, mit Begriffen umzugehen, denen in der Realität nichts entspricht, die sich aber durch ihre Nützlichkeit rechtfertigen; solche Begriffe bezeichnet Vaihinger als „Fiktionen". Vaihinger hatte die Habilitationsschrift ursprünglich nicht zur Veröffentlichung bestimmt; daß Die Philosophie des Als Ob schließlich doch in Buchform erschien, begründete ihr Verfasser damit, daß das Werk zum Zeitpunkt der Veröffentlichung „vielleicht eher gehört wird und eher wirken kann, als wenn es in früheren Jahren ans Licht getreten wäre."[1] Was Vaihinger damit meint, ist, daß sein System des „Fiktionalismus" seiner Meinung nach um 1880 von der Fachwelt noch nicht akzeptiert worden wäre; in den Jahren bis etwa 1910 waren jedoch vier philosophische Strömungen aufgetreten, die Vaihinger schließlich zur Veröffentlichung seiner Gedanken ermutigt hatten:

- der Voluntarismus, dessen metaphysische Grundkategorie der Wille als psychische Grundfunktion ist,

---

[1] Philosophie des Als Ob S.XIII

- die biologische Erkenntnistheorie, die die Denk- und Erkenntnisprozesse als Vitalfunktionen in Analogie zur Funktion physischer Organe unter dem Gesichtspunkt der Existenzerhaltung betrachtet,
- die Philosophie Nietzsches, der nach Vaihingers Auffassung als erster das Konzept der „bewusstfalschen, aber doch notwendigen Vorstellungen"[1] entwickelte, und schließlich
- der amerikanische Pragmatismus, insbesondere in der von Peirce entwickelten Form.[2]

Vaihinger betont in den einführenden Worten zur *Philosophie des Als Ob*, daß er nicht den Anspruch erhebt, eine völlig neue Philosophie erarbeitet zu haben: die Gedanken, die er zusammenfaßt und in ein umfassendes (allerdings begrifflich unsicheres und oft genug etwas planloses) System bringt, seinen bereits bei anderen Philosophen, aber auch z.B. bei manchen Naturwissenschaftlern zu finden.[3]

Daß die Veröffentlichung der *Philosophie des Als Ob* Reaktionen auslösen würde, hatte Vaihinger erwartet; wie heftig diese tatsächlich ausfielen, konnte er freilich nicht ahnen: während die eigenwillige Auslegung der Philosophie Kants zum weitgehenden Verlust seines guten Rufes als Philosophiehistoriker und Philologe führte, löste das Werk vor allem unter Naturwissenschaftlern eine Art Manie aus: Vertreter unterschiedlichster Disziplinen glaubten plötzlich zu erkennen, daß sie in ihrer Arbeit tatsächlich auf „Fiktionen" im Vaihingerschen Sinne angewiesen waren. Der unter seinesgleichen nicht mehr ernstgenommene Philosoph Vaihinger wurde zum Guru einer Art „Als-Ob-Kult", dessen Höhepunkte 1920 und 1922 in Halle abgehaltene „Als-Ob-Konferenzen" bildeten; 1919 hatte Vaihinger selbst noch die *Annalen der Philosophie mit besonderer Rücksicht auf die Probleme der Als-Ob-Philosophie* gegründet, die ab 1930 von den logischen Positivisten des Wiener Kreises – die Vaihingers Denken jedoch geradezu totschwiegen - unter dem Titel *Erkenntnis* weitergeführt wurden (und bis heute erscheinen). 1923 erschien eine „Volksausgabe" der *Philosophie des Als Ob*, 1924 eine englische Übersetzung des Werks, dessen Original 1927 die zehnte und letzte Auflage erreichte. Der „Fiktionalismus" geriet allerdings trotz der Popularität, die er in wissenschaftlichen Kreisen noch wenige Jahre zuvor genossen hatte, bald in Vergessenheit; sein mittlerweile erblindeter Schöpfer starb am 17.Dezember 1933 in Halle an der Saale.

Die folgende Darstellung der Als-Ob-Philosophie ordnet diese zuerst (Abschnitt 4.1) als Theorie der Interpretation in den Kontext der vorliegenden Arbeit ein; darauf folgen ein Abschnitt über die Lehre von den „Fiktionen" (Abschnitt 4.2) und ein Abschnitt über Vaihingers Bemühen, Kant, Lange und Nietzsche quasi als historische Zeugen für den „Fiktionalismus" zu präsentieren (Abschnitt 4.3). Der letzte Abschnitt der vorliegenden Kapitels (4.4) widmet sich schließlich der Frage nach der Realität unter den Bedingungen der Als-Ob-Philosophie.

---

[1] ebd. S.XV
[2] Obwohl Vaihingers „Fiktionalismus" einige Parallelen zum amerikanischen Pragmatismus aufweist, ist er doch von diesem völlig unabhängig (wenn auch in etwa zeitgleich) entwickelt worden; es ist jedoch sehr wahrscheinlich, daß sowohl Vaihinger als auch die amerikanischen Pragmatisten von der Arbeit des Psychologen Adolf Horwicz (1831 – 1894) beeinflußt worden sind. (vgl. Ceynowa, Zwischen Pragmatismus und Fiktionalismus S.35 ff. und andere Stellen)
[3] vgl. Philosophie des Als Ob S.XVI ff.

4.1 Die Philosophie des Als Ob als Theorie der Interpretation
4.1.1 Der instrumentalistisch-interpretationistische Grundgedanke

An den Anfang der *Philosophie des Als Ob* stellt Vaihinger eine Frage, die zu beantworten Zweck des Buches ist: in Anlehnung an Kants Frage: „Wie sind synthetische Urteile a priori möglich?"[1] heißt es: „Wie kommt es, dass wir mit bewusstfalschen Vorstellungen doch Richtiges erreichen?"[2] Was damit gemeint ist, wird vorläufig nur in einigen kurzen Erläuterungen umrissen: Vaihinger ortet in den verschiedensten Gebieten der Wissenschaft, aber auch in der Philosophie, der Religion und nicht zuletzt auch im Alltag, Begriffe, die zwar in einem bestimmten Sinne „falsch" sind, sich aber durch ihre *Nützlichkeit* legitimieren. Als erste Beispiele nennt er den in der Physik der Mitte des 19.Jahrhunderts verwendeten Begriff des Atoms, den mathematischen Begriff des unendlich Kleinen und die Idee der menschlichen Willensfreiheit (für ihn „ein logischer Nonsens"[3]). Auf den unterschiedlichsten Gebieten gelangt man durch solche Begriffe „zum Richtigen auf Grundlage und mit Hilfe des Falschen."[4] „Falsche" Begriffe - „Fiktionen" - verhelfen zu Resultaten, die „richtig" in dem Sinne sind, daß sie in einem engeren oder weiteren Sinne von Nutzen sind, einen wesentlichen Beitrag zur Lösung von Problemen leisten, die letztlich - wiederum in engerem oder weiterem Sinne - *praktischer* Natur sind. Die *Philosophie des Als Ob* bietet sowohl eine (allerdings etwas planlose) Aufzählung als auch eine (allerdings stellenweise verwirrende und - wie zu zeigen sein wird - möglicherweise widersprüchliche) Theorie der Fiktionen und ihrer Anwendung. Für seinen Schöpfer ist der von ihm ausgearbeitete „Fiktionalismus" ein System, in dem „die Keime zu einer vollbefriedigenden Welt- und Lebensanschauung enthalten sind."[5]

Grundlage von Vaihingers Lehre von den Fiktionen ist die (ähnlich auch bei Lange zu findende) Betrachtung der psychischen Vermögen des Menschen in Analogie zur Funktionsweise physischer Organe. Ebenso wie diese funktioniert die Psyche *zweckmäßig*, auch ihre Funktion ist es, den Organismus im Dasein zu erhalten. Jedem einzelnen physischen Organ kommt eine bestimmte Funktion zu, die in der Verarbeitung von Stoffen, in der Kompensation von Einwirkungen äußerer Kräfte o.ä., allgemein: in der „geschmeidigen Anpassung an die Umstände und an die Umgebung"[6] besteht. Entsprechendes gilt nun auch für den menschlichen Geist: auch er ist ein *Organ*, das der Erhaltung des Individuums dient. Der Geist ist für Vaihinger „zunächst nicht eine Substanz, sondern die organische Gesamtheit aller sogen. ´seelischen´ Aktionen und Reaktionen"[7]. Diese Ausdrucksweise läßt zumindest vorläufig offen, ob Vaihinger einen materialistischen Standpunkt vertritt - allerdings bleibt diese Frage auch in den weiteren Ausführungen der *Philosophie des Als Ob* genaugenommen ungelöst, da manche Äußerungen auf einen materialistischen, andere auf einen mehr idealistischen Standpunkt hinzudeuten scheinen, ohne daß je ein kohärentes Nebeneinander beider Positionen auf verschiedenen Ebenen (wie bei Vaihingers philosophischem Vorbild Lange) explizit zum Ausdruck gebracht würde. In jedem Falle ist die Psyche für Vaihinger

---

[1] Kant, KrV B 19 (im Original gesperrt)
[2] Philosophie des Als Ob S.XII
[3] a.a.O.
[4] a.a.O.
[5] ebd. S.XX
[6] ebd. S.2
[7] ebd. S.1

jedoch ein „Organ", das ebenso wie die physischen Organe im Dienste der Daseinserhaltung steht, und wie diese ist sie damit befaßt, „Stoffe" in möglichst sparsamer und effizienter Weise zu verarbeiten. Der Geist ist also eine Art „Maschine": es ist seine Aufgabe, bestimmte Ziele (praktischer aber auch „theoretischer"[1] Natur) mit möglichst einfachen Mitteln, d.h. mit möglichst geringem „Denkaufwand" oder „Begriffsaufwand" zu erreichen. („Diese ganze Vorrichtung in der Seele ist zu vergleichen mit jenen mechanischen Vorrichtungen, welche, wie z.B. der Potenzflaschenzug, den Vorteil gewähren, mit geringer Kraft grosse Lasten zu heben."[2]) Der Geist ist also eine Maschine, die bestimmte Aufgaben erfüllt und in der „alles nach psychomechanischen und psychochemischen Gesetzen vor sich geht"[3].

Die „Stoffe", die der Geist zu „verarbeiten" hat, sind die über die Sinnesorgane aufgenommen Reize. Insofern diese nun durch die psychischen „Mechanismen" be- und verarbeitet werden, ist der Geist

„eine organische Gestaltungskraft, welche das Aufgenommene selbständig zweckmässig verändert und ebensosehr das Fremde sich anpasst wie sich selbst dem Neuen anzupassen vermag. Die Seele ist *nicht bloss aufnehmend, sie ist auch aneignend und verarbeitend.* Im Verlaufe ihres Wachstums schafft sie *vermöge ihrer adaptiven Konstitution aus ihrer eigenen Natur, aber nur auf äußere Reize hin*, sich selbst ihre Organe, sie den äusseren Bedingungen anpassend. Solche Organe, welche die Psyche auf äussere Reize hin sich anbildet, sind z.B. die Formen des Anschauens und Denkens, sind gewisse Begriffe und sonstige logische

---

[1] Tatsächlich sind für Vaihinger alle vom Menschen verfolgten Ziele, mögen sie der gängigen Auffassung nach auch noch so „theoretisch" oder „abstrakt" sein (z.B. in der Mathematik oder der theoretischen Philosophie), letztlich „praktische" Ziele, sei es auch „nur", weil sie bestimmte (etwa geistig-intellektuelle) Bedürfnisse befriedigen.

[2] ebd. S.176 (im Original z.T. gesperrt)

[3] ebd. S.177; auch über diese Ausdrucksweise läßt sich kein eindeutiges Urteil hinsichtlich ihres materialistischen Charakters fällen, da (auch aus dem Kontext) nicht klar wird, ob „psychomechanisch" und „psychochemisch" nur als Analogien (diese wären dann allerdings wohl bereits Fiktionen, was mit anderen Äußerungen Vaihingers jedoch durchaus verträglich wäre) oder in dem Sinne zu verstehen sind, daß z.B. „psychomechanisch" meint, daß bestimmte mechanische Vorgänge im Gehirn mit Gedanken, mit psychischen Phänomenen *identisch* sind. Ähnliche Probleme wirft die Formulierung auf, die „psychische Maschine [sei] zu betrachten als eine in den Organismus hineingesetzte kraftersparende Maschine, als eine Vorrichtung, welche den Organismus befähigt, seine Bewegungen möglichst zweckmässig, d.h. rasch, elegant und mit geringstem Kraftaufwand zu vollziehen." (a.a.O.) Hier lassen sich zumindest zwei Fragen stellen:

1) Ist der Geist, die „psychische Maschine" nur so zu *betrachten, als ob* er eben eine Maschine wäre (was einer Fiktion gleichkommen würde) oder *ist* der Geist eine solche Maschine?

2) Was bedeutet „hineingelegt"? Will Vaihinger damit einen materialistischen Standpunkt, die Auffassung des Geistes als Epiphänomen physischer Wechselwirkungen (bzw. die Auffassung von der Identität des Geistes mit bestimmten physischen Ereignissen), bekräftigen oder legt der Ausruck „hineinlegen" gerade einen dualistischen Standpunkt (die Auffassung des Geistes als „von außen" in den Körper hineingelegt) nahe? Ist die „Psychomechanik" tatsächlich als materielle Mechanik zu verstehen oder ist dieser Ausdruck lediglich eine Analogie, eine Metapher - eine Fiktion?

Die Unklarheit und Uneinheitlichkeit von Vaihingers Ausdrucksweise erleichtert die Beantwortung dieser und ähnlicher Fragen nicht gerade; dieser Vorbehalt muß bei jeder Befassung mit der *Philosophie des Als Ob*, also auch in Hinblick auf die vorliegende Arbeit im Blick behalten werden.

Gebilde. Das logische Denken, mit dem wir es speziell hier zu tun haben, ist ein *selbsttätiges Aneignen der Aussenwelt*, es ist eine organisch zweckmässige Verarbeitung des Empfindungsmaterials."[1]

Was Vaihinger hier - offensichtlich auch in Anlehnung an Lange - formuliert, kann in unserer Terminologie als Fundament einer pragmat(ist)isch-interpretationistischen Epistemologie bezeichnet werden: ebenso wie physische Organe die auf sie einwirkenden Kräfte nicht einfach passiv auf sich wirken lassen (würden sie dies tun, so wäre der Ausdruck „Organe" fehl am Platz), ist der Geist „nicht ein blosses Gefäss [...], in das fremde Stoffe einfach eingefüllt werden"[2]: er ist vielmehr das Vermögen, sinnliche Reize zu *verarbeiten*, und das heißt: sie zu *interpretieren*, sie zu *deuten*, und zwar in jeweils der Weise, die die für den Organismus nützlichsten Folgen nach sich zieht. Diese Interpretation ist „eine psychische Arbeitsleistung, deren Resultat die zweckmässige Aneignung des Wahrgenommenen ist."[3] Der Geist ist - innerhalb der Grenzen, die ihm das Abzielen auf den maximalen Nutzen setzt - „eine selbsttätig gestaltende, [...] eine (relativ) schöpferische Kraft."[4] Seine Aufgabe ist es, sich die Welt zu *erdeuten*, und zwar in einer Weise, die die Grundlage für ein erfolgreiches Handeln bildet. Es gilt, eine Welt zu erdeuten, die so gestaltet ist, daß sich der Organismus, daß sich das Individuum in ihr zurechtfinden, ihr im Handeln erfolgreich begegnen kann.

Die Parallelen zu Nietzsches Philosophie sind hier augenfällig: sowohl Vaihinger als auch Nietzsche betrachten den Geist als wesentlich praktisches Vermögen, dessen genaugenommen einzige Funktion es ist, das Individuum im Dasein zu erhalten. Was das ontologische Fundament angeht, so unterscheidet sich Vaihinger jedoch fundamental von Nietzsche: im Gegensatz zu diesem ist er (wenn auch, wie noch zu zeigen sein wird, in einem eher schwachen Sinne des Wortes) Realist: er nimmt die Existenz einer Außenwelt (eines „objektiven Seins"[5]) an, *die* interpretiert wird, die aber mit Hilfe der erdeuteten Welt (also gewissermaßen über den „Umweg" der Interpretation) „erschlossen" werden kann. Er meint offenbar, daß es zumindest fundamentale Parallelen zwischen der objektiven und der erdeuteten Realität gibt und daß gewisse Deutungen nicht nur nützlich sind, sondern auch sehr „nahe" an das „objektive Sein" herankommen. Im allgemeinen legitimieren sich Deutungen aber durch ihren Nutzen: Erkenntnis ist keine „theoretische Abbildung einer Aussenwelt im Spiegel des Bewusstseins"[6], sondern sie entspringt dem Vermögen des Geistes - in Analogie zu den Vermögen physischer Organe - die jeweils nützlichsten „Produkte" hervorzubringen. „Das Denken ist also als ein Mechanismus, eine Maschine, ein Instrument im Dienste des Lebens zu betrachten."[7] - ein Satz, der in ebendieser Form auch bei Nietzsche zu finden sein könnte: Erkenntnis ist niemals

---

[1] ebd. S.2 f. (im Original z.T. gesperrt, Hervorhebungen v. Verf.); „organisch" ist hier natürlich nicht im Sinne von „abhängig von körperlichen Organen" o.ä. zu verstehen, sondern bezieht sich auf die zuvor genannten – vor allem begrifflichen – „Organe"; tatsächlich könnte die Ausdrucksweise „organisch zweckmäßig" hier ohne weiteres einfach durch „zweckmäßig" ersetzt werden, da seine Zweckmäßigkeit auch ein solches begriffliches „Organ" erst zum Organ macht.
[2] ebd. S.2
[3] ebd. S.3
[4] ebd. S.4
[5] vgl. Philosophie des Als Ob S.5
[6] Philosophie des Als Ob S.5 (im Original z.T. gesperrt)
[7] ebd. S.7

Selbstzweck, sondern enthält stets einen fundamental praktischen Zug. Erkenntnis / Denken / Interpretation ist wesentlich ein *Werkzeug*, ein Instrument, das in seiner Funktion prinzipiell verbessert werden kann, und zwar, indem sich bestimmte Deutungen als besser (im Sinne von zweckmäßiger) als andere erweisen können. Diese Verbesserung hat jedoch auch ihre Grenzen; Vaihinger spricht von einem möglichen „praktische[n] Zusammenstimmen unserer Vorstellungen und Urteile mit den sogen. 'Dingen'"[1], das die Existenz von sozusagen „maximal richtigen" (im Sinne von „maximal nützlichen") Interpretationen nahelegt, und davon, daß „die logischen Funktionen, wenn sie nach ihren eigenen Gesetzen arbeiten, schliesslich doch immer wieder mit dem Sein zusammentreffen"[2], was, sollen die oben erläuterten Voraussetzungen nicht untergraben werden, wohl ebenfalls im Sinne einer Deutung von „maximaler Nützlichkeit" zu verstehen ist - was allerdings wiederum die Frage aufwirft, wie ein solcher Status „maximaler Nützlichkeit" einer spezifischen Interpretation überhaupt festgestellt werden könnte: da die *faktische* Übereinstimmung des Erdeuteten mit dem Gedeuteten nicht nur - auf der erkenntnistheoretischen Ebene - nicht festgestellt werden kann (da dies ein „Heraustreten" aus der erdeuteten Welt bedeuten würde), sondern auch - auf der ontologischen Ebene - einfach nicht möglich ist (da das *Er*deutete in diesem Falle mit dem, *was* gedeutet wurde, identisch wäre), bleibt nur die Möglichkeit, „interpretations-intern" die „maximale Nützlichkeit" einer bestimmten Deutung festzustellen - was aber aufgrund der prinzipiellen Verbesserbarkeit, d.h. Ersetzbarkeit jeder Deutung durch eine im oben erläuterten Sinne „effizientere" gerade unmöglich zu sein scheint. (Dieses Problem ist allerdings nicht so gravierend, wie es sich auf den ersten Blick darstellt: Vaihinger äußert sich in der *Philosophie des Als Ob* mehr als einmal in unklarer bzw. anderen Stellen zumindest zum Teil widersprechender Weise; es ist daher m.E. nicht nur legitim, sondern notwendig, bestimmten Äußerungen nicht nur geringeres Gewicht als anderen beizumessen, sondern sie gegebenenfalls auch gänzlich zu ignorieren, um zu einem einigermaßen kohärenten Bild von Vaihingers Philosophie zu gelangen. Der Hinweis auf die Frage nach dem Verhältnis von „Nützlichkeit" und „Übereinstimmung mit dem objektiven Sein", die in modifizierter Weise in späteren Abschnitten wieder aufgegriffen werden wird, dient daher auch als Illustration der Probleme, die die Beschäftigung mit der *Philosophie des Als Ob* aufwirft.)

Derjenige Teil von Vaihingers Philosophie, dem der Einfluß Langes deutlich anzumerken ist[3], und den als „Deutungsphilosophie" oder „Interpretationismus" zu bezeichnen daher als legitim erscheint, ist damit auch schon ausgeschöpft. Für die eigentliche „Als-ob-Philosophie", den „Fiktionalismus" ist damit jedoch nur das Fundament bereitgestellt. Es wird sich aber im folgenden zeigen, daß der Mittelpunkt des Fiktionalismus selbst, die „Fiktionen", ebenfalls als Mittel für Interpretationen aufgefaßt werden können - und daß für Vaihinger das menschliche Erkennen und Denken letztlich möglicherweise *als ganzes* auf solchen Fiktionen beruht.

Das Fundament des „Fiktionalismus" bildet die eben erläuterte Lehre vom Geist als einer „Maschine", die bestimmte „Materialien" in bestimmter Weise „verarbeitet". Vaihinger widmet sich nun einer speziellen Ausprägung dieser Tätigkeit des Geistes (die jedoch, wie weiter unten ersichtlich werden wird, möglicherweise keineswegs nur eine solche Ausprägung,

---

[1] ebd. S.12
[2] a.a.O. (im Original gesperrt)
[3] Vaihinger selbst beruft sich im hier behandelten Abschnitt der *Philosophie des Als Ob* allerdings vor allem auf den Philosophen und Sprachwissenschaftler Heymann Steinthal (1823 - 1899); vgl. v.a. Philosophie des Als-Ob S.1 ff.

sondern vielmehr das Grundmuster des interpretierenden Erkennens überhaupt ist): es handelt sich dabei um solche - um in unserer Terminologie zu bleiben - Deutungen, die - zumindest zum Teil[1] - *bewußt* vorgenommen werden. Vaihinger unterscheidet zwei Arten[2] solcher bewußter Deutungen:

- Als „**Kunstregeln**" bezeichnet er „das Zusammen aller jener technischen Operationen, vermöge welcher eine Tätigkeit ihren Zweck, wenn auch mehr oder weniger verwickelt, so doch direkt zu erreichen weiss"[3].
- Im Gegensatz dazu stehen „**Kunstgriffe**" als „solche Operationen, welche, einen fast geheimnisvollen Charakter an sich tragend, auf eine mehr oder weniger paradoxe Weise dem gewöhnlichen Verfahren widersprechen"[4], die ihre Ziele auf „Umwegen" bzw. auf Wegen, die auf den ersten Blick vollkommen ungeeignet erscheinen, erreichen; solche „Kunstgriffe" sind für Vaihinger „wunderbar zwecktätige Äusserungen der organischen Funktion des Denkens."[5]

Die „Kunstgriffe" sind nun diejenigen Gedankengebilde, die Hauptthema der *Philosophie des Als Ob* sind, und deren sprachliches Merkmal eben die Partikelverbindung „als ob" ist: die Fiktionen. Vaihinger gibt diesem Ausdruck eine von der alltäglichen etwas abweichende (dieser aber in vielen Punkten durchaus ähnliche) Bedeutung, die diese jedoch auch präzisiert: „Fiktionen" in seinem Sinne sind „Hilfsbegriffe", ihnen ist „die Unmöglichkeit eines ihnen irgendwie entsprechenden objektiven Gegenstandes mehr oder weniger an die Stirn geschrieben"[6]. Zwar entspricht ihnen - das macht sie eben zu „Kunstgriffen" - kein Gegenstand in der Welt, aber sie legitimieren sich durch ihr wichtigstes Merkmal: ihre Nützlichkeit. Fiktionen sind eben die in der die *Philosophie des Als Ob* eröffnenden Frage gemeinten „bewußtfalschen Vorstellungen", mit denen wir „doch Richtiges erreichen".

Dies ist nun - zumindest vorläufig, d.h. unter den bereits geäußerten Vorbehalten - durchaus so zu verstehen, daß Begriffen, die *keine* Fiktionen sind, tatsächlich Gegenstände in der Welt entsprechen, d.h. daß Vaihinger auf dieser Ebene die empirische Realität (die ja nach seinen oben dargelegten früheren Ausführungen zumindest in ihrer konkreten Gestalt Resultat bestimmter Vermögen des Subjekts ist) bereits voraussetzt, ihren ontologischen Status aber vorläufig nicht zur Debatte stellt. Vor diesem Hintergrund beschreibt der Fiktionalismus vor

---

[1] Auch diese Aussage Vaihingers, daß Fiktionen stets *bewußt* gebildet werden, kann angesichts des ontologischen und epistemologischen Gesamtsystems, als das sich der „Fiktionalismus" letztlich erweist, nicht aufrechterhalten werden: von den fundamentalen Fiktionen kann, wie im Laufe des vorliegenden Kapitels ersichtlich werden wird, kaum behauptet werden, daß sie *bewußt* gebildet würden.

[2] Wels weist darauf hin, daß die „Kunstregeln" (deren „direkter" Zugang zur Realität nach Vaihingers späteren Ausführungen vermutlich als schlicht unmöglich gelten muß) letztlich wohl den „Kunstgriffen" als Teilklasse untergeordnet werden müssen, da vieles dafür spricht, auch die in den „Kunstregeln" angeblich direkt erreichte Wirklichkeit bereits als fiktiv (in unserer Terminologie: als erdeutet) zu betrachten. (vgl. Wels, Die Fiktion des Begreifens und das Begreifen der Fiktion S.79) M.E. ist diese Überlegung völlig korrekt; Wels zieht mit ihr eine Konsequenz aus den ausführlicheren, detaillierteren Erläuterungen Vaihingers, die denen der „Vorbemerkungen", der „Allgemeinen Einleitung" und des „Ersten Teiles" der *Philosophie des Als Ob* oft genug widersprechen.

[3] Philosophie des Als Ob S.17

[4] a.a.O.

[5] a.a.O.

[6] ebd. S.19

allem eine *Methode*, die in der Naturwissenschaft ebenso zur Anwendung kommt wie in der Philosophie und im Alltagsleben. Auf dieser Ebene sind Fiktionen „falsch" oder „nicht zutreffend" in bezug auf die materielle Wirklichkeit. Auch auf dieser Ebene kann noch von Interpretation bzw. Erdeutung gesprochen werden, wobei das Gewicht mehr auf den konstruktiven und weniger auf den im engeren Sinne deutenden Aspekt zu legen ist.

Tatsächlich erschöpft sich der Fiktionalismus aber nicht in der Darstellung und Analyse einer in den verschiedensten Bereichen (bewußt oder unbewußt) angewandten Methode auf der Basis der Anerkennung der materiellen Realität: es wird sich zeigen, daß die „Als-ob-Philosophie" ein großangelegtes philosophisches System mit spezifischen Konsequenzen für die Realitätsfrage darstellt. Einen systematisch[1] ersten Schritt hin zu diesem System bilden Vaihingers Erörterungen zu den „fiktiven Elementarmethoden"; dieser „Genese" der Fiktionen - immer noch unter den Bedingungen ihrer *bewußten* Bildung - ist der folgende Abschnitt gewidmet.

4.1.2 Die „fiktiven Elementarmethoden"

Mit dem Begriff „fiktive[2] Elementarmethoden" bezeichnet Vaihinger jene grundlegenden Denkoperationen, auf denen die einzelnen Fiktionen beruhen, aus denen sie hervorgehen. Vaihinger geht auf sechs „Elementarmethoden" näher ein:

In der **Zerlegung** wird „das gegebene Wirkliche, aber Unbegreifliche in zwei zusammengehörige Werte [zerlegt]"[3]; man „erreicht dadurch erstens: die Möglichkeit praktischer Berechnung, zweitens: den Schein der Begreiflichkeit."[4] Das mathematische Äquivalent zu dieser Methode ist die („fiktive") Aufspaltung eines Zahlenwertes in eine Summe (symbolisiert durch die einfache Formel $x = y + z$): Ein x wird in einer Gleichung als Summe von y und z behandelt, um diese Gleichung so besser lösen zu können; Vaihinger führt als Bespiel hierfür die Lösung kubischer Gleichungen nach der Methode von Cardano an.[5] Außerhalb der Mathematik besteht eine solche Zerlegung darin, eine Erklärung eines bestimmten Phänomens zu erlangen, indem dieses gewissermaßen in eine Zweiheit aufgespalten wird: die klassischen philosophischen Dichotomien Einheit - Vielheit, Ding - Eigenschaft, Ursache - Wirkung, Subjekt - Objekt, Ding an sich - Erscheinung, etc.[6] sind für Vaihinger Resultate eben solcher Zelegungen: die empirischen Gegenstände werden so angesehen, *als ob* zwischen ihnen Kausalrelationen bestünden, *als ob* sie nur Erscheinungen seien, hinter denen Dinge an sich stehen usw. Das entscheidende Merkmal dieser Gegensatzpaare besteht darin, daß sie nur *als Paare* sinnvoll (und das heißt: von Nutzen) sind: ebensowenig wie das y oder das z in der Formel $x = y + z$ für sich alleine eine Lösung möglich

---

[1] Ich spreche hier deswegen ausdrücklich davon, daß die „fiktiven Elementarmethoden" einen *systematisch* ersten Schritt zu Vaihingers System bilden, weil sie in der *Philosophie des Als Ob* selbst aus nicht vollständig nachvollziehbaren Gründen erst *nach* den konkreten Arten von Fiktionen behandelt werden. (vgl. Philosophie des Als Ob S.116 ff.)

[2] Die Formulierung „fiktiv" ist etwas unglücklich gewählt: die Methoden selbst sind natürlich nicht „fiktiv", „fiktiv" sind erst die von den einzelnen Fiktionen bezeichneten Entitäten; die Methoden selbst sollten wohl eher als „fiktional" o.ä. bezeichnet werden.

[3] Philosophie des Als Ob S.117 (im Original gesperrt)

[4] a.a.O. (im Original gesperrt)

[5] vgl. Philosophie des Als Ob S.116 f.

[6] vgl. Philosophie des Als Ob S.118

machen, besitzt ein aus einem solchen Gegensatzpaar herausgelöster Einzelbegriff einen Sinn: von einem Ding an sich zu sprechen ohne gleichzeitg Erfahrungsgegenstände anzunehmen, oder den Begriff Ursache anzuwenden, ohne eine Wirkung dazuzusetzen, ist schon begrifflich sinnlos: die Begriffe, aus denen ein durch Zerlegung entstandenes Gegensatzpaar besteht, sind voneinander abhängig, sie stützen einander, sind komplementär. Sie dürfen nicht voneinander isoliert werden, da sie als Einzelbegriffe diejenige Eigenschaft verlieren, die sie letztlich legitimiert: ihren Nutzen, d.h. ihren Wert als Bestandteile eines Erklärungsrahmens. Die Zerlegung leistet einen Beitrag zur Erklärung von faktisch nicht weiter analysierbaren Phänomenen, indem sie sie begrifflich aufspaltet und so betrachtet, *als ob* es sich bei ihnen gewissermaßen um eine Synthese aus zwei voneinander getrennten Teilsapekten handelte; tatsächlich handelt es sich aber stets um irreduzible Phänomene, die Aufspaltung erfolgt lediglich auf der begrifflich-methodischen Ebene. (Dieser Punkt gilt - entsprechend abgewandelt - auch für alle weiteren „Elementarmethoden".)

Der Zerlegung entgegengesetzt ist die **Zusammenfassung**: Einzeldinge werden zu einem Ganzen zusammengefaßt, und es wird hernach so verfahren, *als ob* dieses Ganze als eigenständige Entität existierte.[1]

Allgemeinbegriffe sind wohl das beste Beispiel für das Resultat einer Zusammenfassung: eine Reihe von Dingen, die bestimmte gemeinsame Merkmale aufweisen, wird in einem einzigen Begriff zusammengefaßt, mit dem nun in der Philosophie und der Wissenschaft ebenso wie in der alltäglichen Rede operiert werden kann. (Tatsächlich sind zumindest die Alltagssprache und die wissenschaftliche Sprache auf Allgemeinbegriffe notwendig angewiesen.) Der zentrale Punkt der Zusammenfassung (in dem ihr Nutzen besteht) liegt nun darin, daß der Allgemeinbegriff (bzw. die von ihm bezeichnete fiktive Entität) stets wieder durch die Summe der Einzeldinge ersetzt werden kann - was letztlich sogar geschehen muß: „Allgemeinbegriffe sind nur wertvoll, wenn ihre Einzelnen, für welche sie gesetzt sind, für sie eingesetzt werden."[2] Der Allgemeinbegriff wurde gebildet, nicht um etwas über ihn, sondern über die in ihm zusammengefaßten Begriffe von Einzeldingen zu erfahren.[3] Ist dieses Ziel einmal erreicht, so

---

[1] Auch für die „Zusammenfassung" gibt Vaihinger ein mathematisches Muster an, das jedoch zur Illustration eher ungeeignet erscheint: „Schon die gewöhnliche Summierung der Zahlen ist eine solche Methode. Es werden also y, x, z, a, b, c ... zu U zusammengefaßt; mit diesem U wird gerechnet, **als ob** es jene x, y, z etc. wären, und nachher werden diese wieder eingesetzt." (Philosophie des Als Ob S.119) Aus heutiger Sicht könnte es so scheinen, als meine Vaihinger hier die Zusammenfassung von Zahlen (oder anderen Gegenständen) zu *Mengen*; als wäre mit U hier eine Menge U={x, y, z, a, b, c, ...} gemeint, die dann als eigenständige Entität angesehen und mit der als eigenständigem Objekt weiter operiert werden kann. Der Begriff der Menge stand Vaihinger zu Zeit der Abfassung der Habilitationsschrift, aus der später *Die Philosophie des Als Ob* wurde, aber noch gar nicht zur Verfügung; Cantors *Grundlage einer allgemeinen Mannigfaltigkeitslehre* erschien 1883, Vaihingers Habilitationsschrift bereits 1876.Tatsächlich dürfte Vaihinger hier die Auffassung von (natürlichen) Zahlen als Summen meinen: „Schon die gewöhnliche Summenzahl, also z.B. 100, ist eine solche fiktive Zusammenfassung, ohne welche eine höhere Rechnung natürlich gar nicht möglich wäre." (a.a.O.) Eine Zahl wird hier als „Zusammenfassung" im Sinne einer Summe betrachtet: $100 = 1 + 1 + 1 + ... + 1$. (vgl. dazu auch die übernächste Anmerkung)

[2] ebd. S.120 (im Original z.T. gesperrt)

[3] Hier wird der Unterschied zwischen Allgemeinbegriffen und Mengen offenkundig: im Gegensatz zu durch Zusammenfassung im Sinne Vaihingers entstandenen Allgemeinbegriffen (die ja in einer

hat der Allgemeinbegriff seine Funktion verloren und fällt aus den Überlegungen wieder heraus. Man könnte bei Vaihingers „Zusammenfassung" von so etwas wie einem „methodischen Universalienrealismus" sprechen.

Wiederum in der Mathematik hat die dritte „Elementarmethode" ihr paradigmatisches Beispiel: die simple Einsetzung von Buchstaben als Variablen an Stelle konkreter Zahlen ist für Vaihinger ein Fall von **symbolischer Bezeichnung**, deren allgemeine Bedeutung allerdings nicht ganz klar wird: Vaihinger sagt, daß diese Methode hauptsächlich in der „Bezeichnung der Begriffe mit Worten"[1] zur Anwendung kommt: dies scheint zu implizieren, daß die symbolische Bezeichnung die systematische Grundlage von Sprache überhaupt ist, wofür auch spricht, daß es unmittelbar darauf heißt: „Im gewöhnlichen Begriff sind [...] schon diese beiden Fiktionen[2] vereinigt: a) die Zusammenfassung, b) die symbolische Bezeichnung."[3] (Es dürfte hier von Allgemeinbegriffen die Rede sein.) Allerdings findet sich in der *Philosophie des Als Ob* an keiner anderen Stelle eine systematische Grundlegung einer Sprachphilosophie, wie sie in diesen Worten angedeutet zu werden scheint. Möglicherweise drückt sich Vaihinger hier einfach etwas zu allgemein aus, zumal zu den „Symbolen" u.a. auch „alle jene Metaphern wie Kraft u.s.w."[4] zählen, Ausdrücke also, die in Analogie zu ihrer ursprünglichen Bedeutung verwendet werden, um etwas anderes (aber in irgendeiner Weise Verwandtes oder Ähnliches) zu bezeichnen; möglicherweise sind hierzu überhaupt alle Arten von Metaphern, deren Funktion keine rein ästhetische ist, zu zählen.

Ein Fall von **Isolierung** liegt vor, wenn „ein real untrennbarer Komplex [...] in verschiedene Elemente zerlegt, und jedes dieser Elemente [...] in seiner Isolierung betrachtet"[5] wird. Es handelt sich hier sozusagen um einen „methodischen Reduktionismus", der darin besteht, ein Ganzes in seinem Aufbau und / oder seiner Funktion in Gedanken in kleinere Einheiten zu zerlegen und diese eben isoliert zu betrachten, um so zu einem Verständnis des Ganzen zu gelangen. Dabei muß stets darauf geachtet werden, „ob nicht das isolierte Element in seiner realen untrennbaren Verbindung etwas modifizierte Eigenschaften zeigt; d.h. die Gesetze des als isoliert Betrachteten gelten nicht immer unmittelbar auch für dasselbe Element in seiner realen Verbindung mit anderen ebenfalls nur gedanklich loslösbaren Elementen."[6] Das Ganze ist seiner Struktur und seiner Funktion nach „mehr" als die Summe seiner Teile, die isolierte Betrachtung darf nicht dazu führen, die realen Verbindungen der einzelnen Teile außer acht zu lassen, d.h., der Teil kann zwar so betrachtet werden, *als ob* er für sich allein bestünde, es muß jedoch stets beachtet werden, *daß* dies tatsächlich *nicht* der Fall ist, und daß eben dieses Faktum der Als-ob-Betrachtung unter Umständen ihre Legitimität entziehen könnte (da die

---

bestimmten Weise die Einzeldinge bzw. ihre Begriffe „enthalten") können Mengen als solche und um ihrer selbst Willen zum Gegenstand von Untersuchungen werden, die gänzlich anders geartet als die Untersuchungen ihrer Elemente sind.

[1] a.a.O.
[2] Vaihinger hält sich hier, wenn er Zusammenfassung und symbolische Bezeichnung als Fiktionen bezeichnet, offensichtlich nicht an seine eigene Terminologie; tatsächlich sollte hier wohl nicht von „Fiktionen" sondern vielmehr von „fiktiven Elementarmethoden" die Rede sein.
[3] a.a.O. (im Original z.T. gesperrt)
[4] a.a.O.
[5] ebd. S.121
[6] ebd. S.122

isolierte Betrachtung eines Teiles, der in einem sehr komplexen Zusammenhang steht, möglicherweise einfach nicht *nützlich* wäre).¹

Die **Generalisation** oder **abstrakte Verallgemeinerung** besteht in der Betrachtung eines bestimmten empirisch Gegebenen als Sonderfall einer allgemeinen Regel, eines allgemeingültigen Naturgesetzes o.ä. Es wird hier nicht um der Einfachheit einer Theorie willen von bestimmten Faktoren abgesehen, sondern ganz im Gegenteil eine methodische Verkomplizierung, eine Vermehrung von Entitäten vorgenommen. Ein Einzelfall oder eine Gruppe von Einzelfällen werden als Sonderfälle eines allgemeinen Gesetzes aufgefaßt, um so, über den „Umweg" des Allgemeineren, zu einem besseren Verständnis des konkreten Einzelfalles zu gelangen; es geht darum, „aus dem Generalisierten allgemeine Gesetze u.s.w abzuleiten und davon auf das spezielle Gegebene, auf das Konkrete zweckmässige Anwendung zu machen."² Es werden „abstrakte Möglichkeiten geschaffen, deren Betrachtung die konkrete Wirklichkeit schärfer zu erfassen lehrt."³ Als Beispiele für diese „fiktive Elementarmethode" nennt Vaihinger zuallererst die allgemeine Geometrie n-dimensionaler Räume, in deren Rahmen die Geometrie des dreidimensionalen Raumes als Sonderfall betrachtet werden kann. In der Generalisation nimmt das Denken „die Bestandteile des Seienden selbst auseinander und legt sie in viel allgemeinerer Weise wieder zusammen und findet die vielen Möglichkeiten, welche noch - möglich gewesen wären"⁴.

Eine **unberechtigte**⁵ **Übertragung** liegt dort vor, wo etwas so betrachtet und behandelt wird, *als ob* es unter eine bestimmte Regel fiele, die auf es jedoch „eigentlich" nicht anwendbar ist. Die Anwendung der Regel auf einen bestimmten Fall geschieht sozusagen auf „uneigentliche" - aber durch ihren Nutzen gerechtfertigte - Weise. Naheliegendstes Beispiel für diese Methode ist die „Entdeckung" oder auch „Erfindung" verschiedener Arten oder Mengen von Zahlen: die Menge der negativen (und damit auch die der ganzen) Zahlen wird sozusagen *er*rechnet (wie: „*er*deutet"), indem Größeres von Kleinerem subtrahiert wird, wozu es in der Realität keine Entsprechung gibt. Äquivalente Vorgehensweisen führen zur Menge der rationalen Zahlen

---

¹ In einer Anmerkung heißt es: „[Die] Isolierung ist die Stärke und zugleich die Schwäche der Wissenschaft [...]. Das wichtigste Beispiel ist die Isolierung der Aussenwelt durch die Naturwissenschaft ohne Rücksicht auf das Subjekt; darum muss die Naturwissenschaft stets fragmentarisch bleiben. Umgekehrt vollzieht eine gewisse Art der Philosophie die Isolierung des Geistes, ohne Rücksicht auf die Natur, und findet dann nicht mehr den Rückweg zur Aussenwelt." (ebd. S.121 f. (Anm.1 zu S.121)) - Offensichtlich ist dies ein unangemessenes Beispiel, da die Subjekt-Objekt-Trennung nach Vaihingers eigenen Ausführungen durchaus nicht Resultat einer *Isolierung*, sondern vielmehr einer *Zerlegung* ist (s.o.). Dieses Beispiel dient eher der Illustration dessen, was geschieht, wenn *durch Zerlegung gewonnene Begriffe* - die ja jeweils nur paarweise sinnvoll und legitim sind - unberechtigterweise isoliert werden, als der Illustration der Folgen unbedachter Isolierung im allgemeinen.
² ebd. S.122 (im Original z.T. gesperrt)
³ a.a.O. (im Original z.T. gesperrt)
⁴ ebd. S.77 f. (im Original gesperrt); dieser Gedanke scheint ein aufklärerisch-emanzipatorisches Potential in sich zu bergen: „Die grossen Reformatoren des sozialen Lebens denken sich stets das Bestehende als einen Spezialfall unter vielen Möglichkeiten."(ebd. S.78) Politische und soziale Gegebenheiten sind also niemals so geartet, daß sie nicht auch *anders* gedacht und demgemäß geändert werden könnten.
⁵ Der Ausdruck „unberechtigt" ist wohl etwas unglücklich gewählt. Die „unberechtigte" Übertragung ist unter Vaihingers Voraussetzung sehr wohl in dem Sinne „berechtigt", in dem alle Fiktionen und fiktiven Elementarmethoden berechtigt sind: sie legitimieren sich durch ihren Nutzen.

(Division einer ganzen Zahl durch eine andere, die kein echter Teiler der ersten Zahl ist), der reellen Zahlen (Anwendung der Radizierung auf rationale Zahlen, die keine Quadrate rationaler Zahlen sind) und der imaginären und komplexen Zahlen (Anwendung der Radizierung auf negative Zahlen). Der Nutzen dieser „Betrachtung solcher Gebilde als Zahlen, welche gar keine rechten Zahlen sind"[1] ist offenkundig und bedarf keiner weiteren Ausführungen. Eine unberechtigte Übertragung ist auch die „Subsumtion unter einen nur analogen Fall"[2] (wobei allerdings die Analogie offensichtlich nur in einer Art Isomorphie bestehen darf, da es sich sonst wohl schlicht und einfach um eine reguläre Anwendung eines Gesetzes auf einen Einzelfall handeln würde), wofür Vaihinger die juristischen Fiktionen (s.u.) als Beispiel nennt.

Vaihinger zählt noch eine ganze Reihe weiterer „fiktiver Elementarmethoden" auf, darunter u.a. die „Bildung künstlicher Gegensätze"[3], die „Vernachlässigung (absichtliche Weglassung gewisser Elemente der Wirklichkeit)"[4] und die „Verunendlichung"[5]; daß eine von diesen allerdings tatsächlich eine wesentliche Ergänzung der sechs ausführlich erläuterten Methoden darstellt, ist zu bezweifeln, zumal Vaihinger selbst meint, daß „sich wohl alle diese Formen auf einige wenige reduzieren"[6] ließen; diese wenigen könnten durchaus die sechs oben behandelten Methoden sein. Allen diesen fiktiven Elementarmethoden ist nun ein wesentliches Merkmal gemeinsam: ihre Aufgabe ist die „willkürliche, aber zweckmässige Veränderung der Wirklichkeit."[7] Sie sind die methodischen Grundlagen, die Wege zur Bildung der konkreten „Fiktionen", mit deren Hilfe schließlich Deutungen vorgenommen werden (bzw. die z.T. selbst Deutungen sind). Ihre Anwendung bildet den allgemeinsten Rahmen, innerhalb dessen wir konkrete Deutungen vornehmen. Dabei müssen sie aber, wie sich noch zeigen wird, keineswegs, so wie Vaihinger dies tut, als unbedingt *bewußt* hervorgebracht gelten, sie können vielmehr in einer auf Vaihingers Überlegungen basierenden Erkenntnistheorie durchaus eine allgemeinere erkenntnismetaphysische Position einnehmen.

Im Rahmen einer solchen Erkenntnistheorie werden schließlich auch diejenigen konkreten Denkgebilde ihren Platz finden, deren Hervorbringung Aufgabe der „fiktiven Elementarmethoden" ist: das folgende Kapitel richtet die Aufmerksamkeit auf den eigentlichen Kern der *Philosophie des Als Ob*, auf die „Fiktionen".

4.2 Die Philosophie des Als Ob als Lehre von den Fiktionen
4.2.1 Kennzeichnung und Theorie der Fiktionen

Die jeweils aus einer oder mehreren „Elementarmethoden" hervorgegangenen Begriffe bezeichnet Vaihinger als *Fiktionen*. Er übernimmt damit einen in der Philosophie ebenso wie in der Alltagssprache gebräuchlichen Begriff und gibt ihm eine exakt festgelegte Bedeutung; der Ausdruck „Fiktion" wird in der *Philosophie des Als Ob* nun im Sinne des Autors definiert, der vorschlägt, solche „Fiktionen", die seine aufgestellten Kriterien nicht erfüllen (z.B. in der

---

[1] ebd. S.81; „rechte Zahlen" sind für Vaihinger vermutlich die natürlichen Zahlen.
[2] ebd. S.122 (im Original z.T. gesperrt)
[3] a.a.O. (im Original gesperrt)
[4] ebd. S.123 (im Original z.T. gesperrt)
[5] a.a.O. (im Original gesperrt)
[6] a.a.O.
[7] a.a.O. (im Original gesperrt)

Mythologie, der bildenden Kunst oder der Literatur), als „Figmente" zu bezeichnen.[1] („Also z.B. Pegasus ist ein Figment, Atom ist eine Fiktion."[2])

Eine Fiktion[3] in Sinne der Als-ob-Philosophie, des „Fiktionalismus" ist nun ein Begriff (bzw. eine Annahme), *dem in der Realität kein Gegenstand entspricht, dessen Verwendung aber durch seinen Nutzen gerechtfertigt ist.* Dieser Gedanke mutet zunächst absurd an: in welcher Weise sollte die Verwendung eines Begriffs, der nichts bezeichnet, was in der Welt tatsächlich vorzufinden ist, sich in der Praxis (im weitesten Sinne) als nützlich erweisen? Die im Sinne Vaihingers naheliegendste Antwort besteht in einem Verweis auf die Geschichte der Wissenschaften und der Philosophie: in der Geometrie kann man mit Fiktionen arbeiten, d.h., man kann z.B. so vorgehen, *als ob* der Kreis eine Ellipse sei, deren Brennpunkte in einem Punkt zusammenfallen, d.h., es lassen sich die die Ellipse beschreibenden Formeln auf den Kreis anwenden; in der Smithschen Nationalökomomie wird die Fiktion gemacht, daß menschliches Handeln ausschließlich vom Eigeninteresse bestimmt sei, um unter diesen Voraussetzungen relativ einfache ökonomische Gesetze formulieren zu können; Descartes geht im methodischen Zweifel so vor, *als ob* auch die mathematischen Gewißheiten falsch seien, um so letztlich zum *cogito ergo sum* zu gelangen, etc. Allen diesen Beispielen sind zwei Aspekte gemeinsam: zum einen basieren sie auf Annahmen, die mit der Wirklichkeit (in einem bestimmten, dem alltäglichen sehr nahekommenden Sinne) nicht übereinstimmen: ein Kreis ist keine Ellipse, sondern eben ein Kreis, Menschen handeln nicht ausschließlich egoistisch, und einfachste mathematische Sätze können, so man sie versteht, nicht bezweifelt werden; zum anderen erweisen sich diese Annahmen als nützlich, da sie im höchsten Maße zweckmäßige Resultate zeitigen: einen Weg der mathematischen Beschreibung des Kreises, eine ökonomische Lehre, einen Satz, der die Basis für weitere Überlegungen ist. - „Es ist Unsinn, aber es ist Methode darin."[4] Fiktionen sind also Begriffe oder gedankliche Konstrukte, denen zwar in der Welt keine Gegenstände oder Sachverhalte entsprechen, die aber durch ihren *Nutzen* legitimiert sind.

Logisch / sprachphilosophisch betrachtet handelt es sich bei einer Fiktion sozusagen um eine „uneigentliche" Gleichsetzung, es wird etwas mit etwas gleichgesetzt, mit dem es faktisch nicht identisch, ja in den meisten Fällen nicht einmal gleichartig ist. Es wird A an die Stelle von B in dem Sinne gesetzt, daß die Konsequenzen von B auf A angewandt, in Zusammenhang mit A zur Verwendung gebracht werden, ohne daß dabei aber die Konsequenzen von B *realiter* als Konsequenzen von A angesetzt werden. A wird vielmehr nur so betrachtet, *als ob* die Konsequenzen von B diejenigen von A wären, d.h., es wird stets daran festgehalten, daß dies nicht der Fall ist. Das fiktionale Vorgehen besteht darin, „ein vorliegendes Etwas mit

---

[1] vgl. Philosophie des Als Ob S.129 f.
[2] Philosophie des Als Ob S.129 (im Original z.T. gesperrt bzw. fett)
[3] "Fiktion" ist nur eine mögliche, wenn auch wahrscheinlich die deutlichste Ausdrucksweise, für das was Vaihinger meint. Tatsächlich werden an einer Stelle der *Philosophie des Als Ob* mehr als 80 Synonyme für „Fiktion" aufgezählt (vgl. Philosophie des Als Ob S.169 ff.), wobei Vaihinger eine besondere Sympathie für den Ausdruck „Finte" hegt (dieser sei „das beste deutsche Wort für Fiktion und bezeichnet das Erfinderische, Schlaue, welches in der logischen Funktion sich zeigt".(Philosophie des Als Ob S.171)).
[4] ebd. S.548; zwar bezieht sich diese recht pointierte Äußerung konkret auf die von Vaihinger ausführlich erläuterte Infinitesimalrechnung, sie eignet sich jedoch hervorragend zur Charakterisierung des fiktionalen Vorgehens im allgemeinen.

den Konsequenzen aus einem unwirklichen oder unmöglichen Falle gleichzusetzen."[1] Dieser Prozeß besteht aus drei Schritten[2]:
1. Setzung eines „falschen" Sachverhaltes,
2. Untersuchung der Konsequenzen aus diesem „fingierten" Sachverhalt,
3. Gleichsetzung der Fälle, d.h. Anwendung der Konsequenzen aus dem „falschen" Fall auf den tatsächlichen Sachverhalt.

Das sprachliche Kennzeichen der Fiktion sieht Vaihinger in der bereits mehrmals gebrauchten Partikelverbindung, die dem Werk seinen Namen gegeben hat: „*als ob*". Der ideale sprachliche Ausdruck der Fiktivität ist der „*als ob*"-Satz: Es wird so vorgegangen, *als ob* der Kreis eine Ellipse sei, *als ob* der Mensch nur aus egoistischen Antrieben handle, *als ob* an einfachsten mathematischen Sätzen gezweifelt würde bzw. werden könnte. Die allgemeine Form solcher Sätze ist also die folgende:

Ein Gegenstand A wird so betrachet bzw. behandelt, **als ob / wie wenn** er die Eigenschaften a, b, c, etc. hätte, die er jedoch *faktisch nicht hat*.

Die eigentliche, vollständige Form dieses Satzes lautet:

Der Gegenstand A ist methodisch so zu behandeln, **wie** er zu behandeln wäre, **wenn** er die (ihm faktisch nicht zukommenden) Eigenschaften a, b, c, etc. besäße.

Es handelt sich dabei also um eine Gleichsetzung, die jedoch zugleich für nicht tatsächlich zutreffend (eben für fiktiv) erklärt wird. - „Beim fiktiven Urteil, wie wir dieses zusammengesetzte Urteil nennen können, wird also die Möglichkeit oder Notwendigkeit einer Vergleichung, eines Urteils ausgesprochen, mit der gleichzeitigen Bemerkung, dass dieses Urteil aber subjektive Giltigkeit, keine objektive Bedeutung besitze [...]."[3] Zu erwähnen ist, daß zu den einem Gegenstand so zugeschriebenen Eigenschaften auch (im Falle der sogenannten „echten" Fiktionen (s.u.)) die Existenz zählen kann, d.h., es werden faktisch oder notwendigerweise nicht vorhandene Gegenstände oder Sachverhalte als tatsächlich existierend gesetzt; ebenso kann (wie im Falle der Smithschen Fiktion des rein egoistisch motivierten menschlichen Handelns) auch eine fiktive Absprechung bestimmter Eigenschaften stattfinden.

(Was die sprachliche Form der Fiktion betrifft, hat Vaihinger das „als ob" allerdings möglicherweise (zumindest teilweise) falsch eingeschätzt. Die der *Philosophie des Als Ob* ihren Namen gebende Partikelverbindung wird keineswegs, wie Vaihinger nahzulegen scheint, auch in der Alltagssprache immer gebraucht, um einen nicht als real geglaubten Sachverhalt auszudrücken, worauf Adickes in seinem Buch *Kant und die Als-Ob-Philosophie* nachdrücklich hinweist: ein „als ob" findet sich durchaus auch in Sätzen, die kaum oder überhaupt nicht bezweifelte Sachverhalte ausdrücken, wie z.B.: „Das Korn steht so schön, *als ob* eine gute Ernte zu erwarten sei. Mir ist so, *als ob* ich ihn schon einmal gesehen habe (hätte). Er grüßt dich so vertraut, *als ob* er dich schon länger kenne [...]."[4] etc. - „In allen diesen Fällen ist von Irrealität keine Rede. Was das ´als ob´ zum Ausdruck bringen soll, ist nur ein Mangel an Gewißheit, der sehr verschiedener Schattierungen fähig ist; es kann sich um leise Wahrscheinlichkeiten und vage Möglichkeiten handeln, aber auch um festeste subjektive

---

[1] ebd. S.591
[2] vgl. Philosophie des Als Ob S.586
[3] Philosophie des Als Ob S.167 (im Original z.T. gesperrt bzw. fett)
[4] Adickes, Kant und die Als-Ob-Philosophie S.23 (Hervorhebungen v. Verf.)

Überzeugungen, denen nur der Charakter objektiver Gewißheit und Allgemeingültigkeit fehlt."[1])

Der Hinweis Adickes´ ist zwar hilfreich, betrifft aber tatsächlich nur einen relativ unbedeutenden Aspekt von Vaihingers Denken; zwar zeigt dieser durchaus für die sprachliche Form „als ob" eine besondere Vorliebe, was aber mit der systematischen Charakterisierung der Fiktion nicht in Konflikt gerät. Eine Fiktion muß nicht unbedingt sprachlich ausdrücklich als solche charakterisiert sein; vielmehr sind es inhaltlich-methodische Kriterien, anhand derer zu entscheiden ist, ob eine Annahme eine Fiktion (und keine Hypothese (s.u.)) ist. Vaihinger listet vier Merkmale von Fiktionen auf:

1. Fiktionen sind „falsch" oder „unzutreffend" in dem Sinne, daß in ihnen entweder ein faktisch Unwirkliches, sei es nun zur Gänze oder zum Teil, an die Stelle eines Wirklichen gesetzt wird, oder aber das Wirkliche von einem logisch Unmöglichem ersetzt wird (zu dieser Unterscheidung - zwischen Semifiktionen und „echten" Fiktionen - s.u.).
2. Die „falschen", unwirklichen Elemente fallen automatisch weg, sobald das gewünschte Resultat erreicht ist (da dieses ja ein „wirkliches" sein soll).[2]
3. Fiktionen sind keine „Irrtümer" im eigentlichen Sinn, da sie bewußt und zielgerichtet als Teil einer Methode verwendet werden.
4. Fiktionen sind nützlich. Sie werden nicht aufgrund theoretischer Gründe, sondern aufgrund der Tatsache gebildet, daß sie es erlauben, bestimmte Ziele - seien diese nun (relativ) praktischer ode erkenntnismäßiger Natur - schneller zu erreichen, als wenn die tatsächlichen Sachverhalte vollständig berücksichtigt würden.

Diese vier Merkmale (der „Steckbrief"[3] der Fiktion) sollen es ermöglichen, „sofort jede Fiktion erkennen und rekogniszieren [zu] können"[4]. Dabei gelten sie für beide Arten von Fiktionen, die Vaihinger unterscheidet:

- **Semifiktionen** sind Gedankengebilde, die „nur der gegebenen Wirklichkeit widersprechen, resp. von ihr abweichen"[5]; sie sind faktisch, nicht aber notwendig (logisch) falsch. Die Welt bzw. ein Teil von ihr wird so betrachtet, *als ob* bestimmte ihrer Elemente anders beschaffen seien als sie es tatsächlich sind, wobei die fiktive Beschaffenheit logisch möglich sein muß. Es findet eine gedankliche Modifikation der Wirklichkeit statt, die inhaltlicher Natur ist, bestimmte ihrer Elemente werden graduell verfälscht bzw. durch prinzipiell gleichartige ersetzt. Semifiktionen sind, wie Vaihinger sagt, „bewusste Fehler"[6].

---

[1] a.a.O.

[2] Das „Wegfallen" der Fiktion, das das Resultat einer mit Hilfe einer Fiktion vorgenommenen Überlegung erst zu einem „wirklichen" Resultat macht, ist ein Punkt, dem Vaihinger hohe Bedeutung zumißt Die „Methode der Korrektur willkürlich gemachter Differenzen" bzw. „Methode der entgegengesetzten Fehler" (vgl. Philosophie des Als Ob S.194 ff.) ist jedoch hauptsächlich von logisch-methodologischer Bedeutung und kann somit im Kontext der vorliegenden Arbeit, die die *Philosophie des Als Ob* in erster Linie als Theorie der Interpretation behandelt, vernachlässigt werden.

[3] Philosophie des Als Ob S.175

[4] a.a.O.

[5] ebd. S.24

[6] ebd. S.128 (im Original gesperrt)

- Als „bewusste Irrtümer"[1] hingegen können die **echten** oder **eigentlichen Fiktionen** bezeichnet werden. Diese sind „Vorstellungsgebilde [...], welche nicht nur der Wirklichkeit widersprechen, sondern auch in sich selbst widerspruchsvoll sind"[2]. Vaihingers klassisches Beispiel für eine echte Fiktion ist das Ding an sich (vgl. Abschnitt 1.4.3). Hier findet eine Modifiktation formaler Natur statt, es werden in Gedanken Dinge in die Welt gebracht, die nicht existieren können, weil sie Widersprüche enthalten. Der Gedanke, ein widerspruchsvoller Begriff könnte in irgendeiner Weise von praktischem Nutzen sein, wirkt befremdlich; tatsächlich zeigt sich in Vaihingers Aufzählung der einzelnen Arten von Fiktionen, daß der Nutzen der meisten echten Fiktionen zwar durchaus vorhanden, jedoch oft weniger offensichtlich als im Falle der Semifiktionen ist.

(Wenig überzeugend ist Vaihingers Behauptung, daß die beiden Arten von Fiktionen nicht strikt voneinander zu trennen seien und es Übergänge zwischen ihnen, d.h. Fiktionen, die in gewisser Hinsicht beiden bzw. keiner der beiden Arten eindeutig zuzuordnen sind, gäbe. Der von Vaihinger selbst herausgestrichene Unterschied ist nicht gradueller, sondern fundamentaler Natur: Semifiktionen weichen in kontingenter Weise von der Wirklichkeit ab, echte Fiktionen sind in sich widersprüchlich - eine Mischform ist also nur als Kombination von zwei systematisch nacheinander vorgenommenen Fiktionen denkbar, keineswegs als eine Art „Hybrid"-Fiktion, die „teilweise widersprüchlich" sein müßte, was ganz offensichtlich absurd ist.)

Jede Fiktion bedeutet eine bewußte und vor allem zielgerichtete mehr oder wenige starke, aber niemals vollständige Abweichung von der Wirklichkeit. Hier wird nun auch ersichtlich, was Vaihinger meint, wenn er sein Denken (bereits im ausführlichen Untertitel der *Philosophie des Als Ob*) als „idealistischen Positivismus" bezeichnet. Der Fiktionalismus ist eine Lehre, in der „die beiden Dinge, auf welche es überhaupt ankommt, gleichermassen zur Geltung kommen: T a t s a c h e n u n d I d e a l e."[3] Vaihinger verbindet also zwei üblicherweise als entgegengesetzt betrachetete philosophische Grundauffassungen bzw. hebt teilweise den Gegensatz zwischen ihnen auf (oder beansprucht dies zumindest). In dieser Hinsicht ähneln seine Absichten denjenigen Kants (bei dem Vaihinger den „idealistischen Positivismus" angelegt, aber nicht ausgearbeitet sieht[4]) und Langes (der den dogmatischen Materialismus mit dem reinen Idealismus zu verbinden sucht).[5] Der „idealistische Positivismus" (oder „positivistische Idealismus"[6]) besitzt also in dieser Hinsicht zwei Aspekte: einen positivistischen und einen idealistischen:

- Die Als-ob-Philosophie ist **positivistisch**, insofern sie „mit aller Entschiedenheit und Offenheit einzig und allein im Gegebenen fusst"[7], d.h. Wirklichkeit in strengem Sinne nur den empirischen Gegenständen zubilligt. (Wie sich noch herausstellen wird, ist es, angesichts der Tatsache, daß andere Äußerungen Vaihingers in dieser Hinsicht weniger klar sind, vermutlich besser, hier nicht von „Positivismus", sondern eher von

---

[1] a.a.O. (im Original gesperrt)
[2] ebd. S.24
[3] ebd. S.XX
[4] vgl. Philosophie des Als Ob S.XX und Abschnitt 4.3 der vorliegenden Arbeit
[5] vgl. Wels, Die Fiktion des Begreifens und das Begreifen der Fiktion S.118
[6] vgl. Philosophie des Als Ob S.XX
[7] Philosophie des Als Ob S.XX

"Phänomenalismus" zu sprechen.) Vom reinen Positivismus unterscheidet sie sich jedoch darin, daß sie „die Depotenzierung des Erkenntnissubjekts zu einem bloßen Rezipienten sinnlich gegebener Tatsachen nicht mitmacht." (Ceynowa)[1]

- Sie ist **idealistisch** in der Hinsicht, daß sie „die aus [...] intellektuellen und ethischen Bedürfnissen entstandenen 'Ideen' anerkennt"[2] - aber eben nur als Fiktionen, als nicht in einem ontologisch realistischen Sinne zu verstehende Annahmen. Der Wert dieser „Ideen" besteht in ihrem methodisch-heuristischen, in letzter Konsequenz immer in irgendeiner Weise praktischen Nutzen. (Man muß hier wohl von einem „methodischen" oder „heuristischen" Idealismus sprechen, der sich von ontologisch verstandenen Idealismen fundamental unterscheidet.)

Mit einer Fiktion wird eine epistemologisch-methodische Modifikation der Wirklichkeit zum Zweck der Erreichung einer jeweils bestimmten Art von Resultat vorgenommen. Die in der Fiktion beschriebene - fiktive - Realität darf dabei nicht mit den tatsächlichen Gegebenheiten verwechselt werden. Das heißt: wer eine Fiktion benutzt, erhebt damit *nicht* den Anspruch, etwas über die tatsächliche Beschaffenheit der Welt auszusagen. Eine Fiktion kann zwar als Annahme bezeichnet werden, allerdings stets nur im Sinne eines „als ob": es wird gewissermaßen nur „so getan", *als ob* etwas angenommen würde. Wird etwas faktisch angenommen, d.h. erhebt man mit einer Annahme den Anspruch, etwas über einen Teil der Wirklichkeit auszusagen, so handelt es sich dabei niemals um eine Fiktion, sondern vielmehr um eine *Hypothese*. Vaihinger widmet dieser Unterscheidung umfangreiche Ausführungen, denn obwohl Fiktion und Hypothese völlig verschiedene Funktionen erfüllen und verschiedenen Methodologien unterworfen sind, sind sie einander doch „äusserlich sehr ähnlich"[3] und laufen daher Gefahr, verwechselt zu werden.

Wer eine Hypothese aufstellt, behauptet, die Realität oder zumindest ein Teil von ihr sei so beschaffen, wie es in der Hypothese ausgesagt wird; die Hypothese enthält mit anderen Worten einen *Wahrheitsanspruch* in sich, was bedeutet, daß sie sich auf welche Weise auch immer verifizieren oder falsifizieren lassen muß; „die Wirklichkeit und nur die Wirklichkeit ist das Ziel aller hypothetischen Annahmen."[4] Eben dies ist bei einer Fiktion nicht der Fall; sie kann nicht verifiziert und braucht nicht falsifiziert zu werden, weil sie im Bewußtsein ihrer Falschheit aufgestellt wurde, und somit auch keinerlei Wahrheitsanspruch enthält. Die Fiktion ist letztlich nur Mittel zum Zweck, ein (wenn auch wesentlicher) Schritt auf dem Weg zu einem gewünschten Resultat. - „Die Hypothese ist [...] ein Resultat des Denkens, die Fiktion ein Mittel und eine Methode desselben."[5] Vaihinger vergleicht die Fiktion mit „einem Balkengerüste [...], das nach vollendetem Bau wieder abgebrochen wird"[6], während die Hypothese zu vergleichen ist „mit dem Balkengerüste, welches in dem Bau selbst mit verwertet wird als integrierender Teil des Baues."[7] Ob dieser Vergleich glücklich gewählt ist, darf allerdings bezweifelt werden: allem Anschein nach werden Fiktionen und Hypothesen, trotz ihrer formalen Ähnlichkeit, zum „Bau" verschiedenartiger „Gebäude" verwendet: der in der

---

[1] Ceynowa, Zwischen Pragmatismus und Fiktionalismus S.26
[2] Philosophie des Als Ob S.XX
[3] ebd. S.143
[4] ebd. S.606
[5] ebd. S.149
[6] ebd. S.148 (Anm.1)
[7] a.a.O.

Hypothese „x ist p" enthaltene Anspruch, etwas über die Beschaffenheit der Welt auszusagen, ist von der Aufgabe der in dem Satz „Ich betrachte und behandle x so, *als ob* es p wäre." ausgedrückten Fiktion nicht nur graduell, sondern wesentlich verschieden. Es handelt sich um zwei formal entfernt ähnliche Sätze, die jedoch völlig unterschiedlichen Inhalts sind: die Hypothese legitimiert sich letztlich durch die Möglichkeit ihrer Verifikation, die Fiktion hingegen - gänzlich unabhängig von ihrer „Wahrheit" durch ihren Nutzen.[1] [2]

Neben Hypothesen und Fiktionen kennt Vaihinger auch noch eine dritte Form dessen, was er unter dem Oberbegriff „Ideen" subsumiert, nämlich „Dogmen". *Ein und dieselbe Idee* kann *als* Dogma, *als* Hypothese oder *als* Fiktion auftreten und auch von der einen in die andere Form übergehen. Dies geschieht nach bestimmten Regelmäßigkeiten, die im „*Gesetz der Ideenverschiebung*" beschrieben werden. Was eine Fiktion ist, ist bereits ausführlich dargelegt worden, ebenso was Vaihinger unter einer Hypothese versteht. Ein *Domga* liegt dann vor, wenn eine bestimmte Vorstellung „als Ausdruck der Wirklichkeit (*ohne Zweifel daran*) [gilt]"[3]. Inhaltlich identische Ideen können im Laufe wissenschafts- oder sozialgeschichtlicher Entwicklungen (aber auch im Verlauf der Entwicklung von Individuen) eine Veränderung hinsichtlich ihres formalen Charakters durchmachen; diese Veränderungen beschreibt das „Gesetz der Ideenverschiebung" im Rahmen einer philosophischen Psychologie bzw. einer „Psychomechanik" (s.o.):

- Eine Hypothese „[stellt] einen Spannungszustand [dar], welcher der Seele äusserst unangenehm sein muss."[4] Sie bildet in der Psyche ein „labiles Gleichgewicht"; demgegenüber ist das „psychische Gleichgewicht" des Dogmas ein stabiles. Es bedarf daher „psychomechanisch" nur einer minimalen Einwirkung, um den Spannungszustand aufzuheben, das labile in ein stabiles Gleichgewicht überzuführen: das Dogma verleiht dem Denken einen der Hypothese nicht möglichen Grad an Sicherheit i.S.v. Ruhe.
- Der Übergang von der Fiktion zur Hypothese beruht für Vaihinger auf der äußeren Ähnlichkeit der beiden Ideenarten - „nichts natürlicher, als dass zwei so ähnliche Gebilde verwechselt werden."[5] Aber auch hier ist vom Abbau einer psychischen

---

[1] Was natürlich nicht bedeuten soll, daß Hypothesen nicht von Nutzen wären; der spezifische (auch praktische) Nutzen wissenschaftlicher Hypothesen steht für Vaihinger außer Frage. (vgl. Wels, Die Fiktion des Begreifens und das Begreifen der Fiktion S.95)

[2] Für Vaihinger scheinen sich Fiktionen von Hypothesen allein durch ihre Funktion, nicht aber durch ihre Form zu unterscheiden. Dies läuft jedoch der üblichen Terminologie, nach der unter einer Hypothese eine Aussage zu verstehen ist, zuwider, da es sich bei den Vaihingerschen Fiktionen offensichtlich um Begriffe, und nicht etwa um Aussagen, handelt. Vaihinger scheint, wenn er Fiktionen mit Hypothesen (und Dogmen) auf eine Ebene stellt, nicht nur - um zu einem anschaulichen Vergleich zu greifen - Äpfel mit Birnen, sondern geradezu Äpfel mit Birn*bäumen* zu vergleichen. Um die sich hieraus ergebende Konsequenz zu vermeiden, die wohl in der Eliminierung des Begriffs der Hypothese aus der Als-Ob-Philosophie bestehen müßte, wäre Vaihingers Auffassung wohl dahingehend zu korrigieren, daß auch Fiktionen Aussagen (der Form „Wir gehen (zu einem bestimmten Zweck) so vor, *als ob* A die Eigenschaften a, b, c, ... (die es tatsächlich nicht hat) hätte."), und damit mit Hypothesen („A hat die Eigenschaften a, b, c, ...") vergleichbar sind.

[3] Philosophie des Als Ob S.220 (im Original z.T. gesperrt; Hervorhebung v. Verf.)

[4] a.a.O. (im Original z.T. gesperrt)

[5] ebd. S.221

„Spannung" zu sprechen, da eine Fiktion natürlich ein noch wesentlich diffizileres Konstrukt als eine Hypothese darstellt; sie ist schwieriger zu begreifen und folglich auch schwieriger aufrechtzuerhalten als eine Hypothese, die zumindest der Möglichkeit nach mit der Wirklichkeit übereinstimmt.
- Dogmen werden manchmal aufgrund von Erfahrung und Überlegung zweifelhaft, können als Dogmen nicht mehr akzeptiert werden. Vaihingers „Psychomechanik" greift (überraschenderweise) auch in diesem Fall: „nach dem Gesetz der Beharrung sucht die Psyche die Vorstellungen indessen noch festzuhalten, und behält sie auch bei, und wenn es nicht mehr mit stabilem Gleichgewicht geht, wenn die Position schon zu sehr erschüttert ist, so begnügt sie sich mit dem labilen Gleichgewicht der Hypothese."[1] Das Gleichgewicht hat sich nunmehr von einem stabilen in ein labiles verwandelt, bleibt aber immer noch ein Gleichgewicht.
- Dieser Prozeß findet nun unter Umständen eine Fortsetzung: weiterer Zweifel (und gezieltes empirisches Vorgehen) kann zur Einsicht führen, daß eine vorläufig als Hypothese akzeptierte Idee als falsch, als nicht zutreffend erkannt wird. An diesem Punkt sieht Vaihinger nun zwei mögliche Entwicklungslinien: die Idee wird entweder (weil sie keine wichtige Funktion einnimmt) vollständig verworfen oder aber, so sie von praktischem Wert ist, als Fiktion beibehalten. („[E]inmal festgewurzelte Vorstellungsgebilde werden lieber noch als Fiktionen festgehalten, als dass man sie ganz wegwirft."[2])
- Der direkte Übergang von der Fiktion zum Dogma dürfte im Rahmen der „Psychomechanik" als (wohl unter extremen Umständen stattfindende) gewissermaßen „ruckartige" Verschiebung anzusehen sein.
- Der direkte Übergang vom Dogma zur Fiktion (ohne „Zwischenstopp" in Form einer Hypothese) wird von Vaihinger hingegen offenbar nicht für möglich gehalten.

Vaihinger nimmt u.a. an, daß es Ideen gibt, die ursprünglich als Fiktionen in die Welt gesetzt wurden, sich dann über den Zustand der Hypothese zum Domga und später auf umgekehrtem Wege wieder zur Hypothese entwickelt haben. Das „Gesetz der Ideenverschiebung" stellt er Comtes Dreistadiengesetz gegenüber[3]: während sich die Vorstellungen in letzterem, wie Vaihinger meint, dem Inhalt, nicht aber der Form nach ändern, ist es in seinem eigenen „Gesetz der Ideenverschiebung" gerade umgekehrt: ein und dieselbe Idee (in einer etwas moderneren Terminologie könnte man vielleicht sagen: derselbe propositionale Gehalt) kann in drei verschiedenen Formen - als Dogma, als Hypothese oder aber als Fiktion - auftreten.

4.2.2 Arten von Fiktionen

Vaihingers Aufzählung der einzelnen Arten von Fiktionen ist mit den Worten „akribisch, aber planlos"[4] (Lenz) recht treffend charakterisiert: einige werden nach ihrer logischen Funktion, andere nach den Bereichen ihrer Anwendung eingeteilt, zudem finden in der Aufzählung auch einige von Vaihinger für besonders wichtig gehaltene spezifische Fiktionen Platz. Ausreichende Klarheit herrscht nur in Bezug auf die Reihung der Semifiktionen vor den echten Fiktionen (wenn auch in manchen Fällen nicht klar ist, welcher der beiden Gruppen eine bestimmte Art von Fiktionen zuzuordnen ist). Die folgende Aufzählung übernimmt Vaihingers

---

[1] ebd. S.222
[2] ebd. S.223
[3] vgl. Philosophie des Als Ob S.227
[4] Lenz, In Fiktionen verstrickt

Reihenfolge nur zum Teil, in der Hoffnung, eine etwas klarere Ordnung der Fiktionen als der Verfasser der *Philosophie des Als Ob* selbst zu erreichen.

Die **künstliche Klassifikation** ist eben das, was die Bezeichnung sagt: die Einteilung einer bestimmten Art von Gegenständen in willkürliche Klassen, in dem Bewußtsein, daß diese Einteilung eine willkürliche, weil auf willkürlich ausgewählten Merkmalen basierende ist. Als Beispiele nennt Vaihinger Einteilungssysteme der Biologie (wie das Linnésche oder das Lamarcksche[1]). Vaihinger selbst nimmt allerdings in bestimmten Fällen durchaus die Existenz natürlicher Arten, d.h. eines natürlichen Systems an; die Notwendigkeit der Fiktion ergibt sich jedoch auch daraus, daß „die Wissenschaft schon aus praktischen Gründen nicht warten [kann], bis das natürliche System aufgestellt ist."[2] Die künstliche Einteilung dient zwei Zwecken: der vorläufigen Einteilung von Gegenständen einerseits, aber andererseits auch dem Auffinden des natürlichen Systems, „in welchem die Wesen [...] nach denselben Prinzipien geordnet sind, welche die Natur bei der Produktion derselben befolgt zu haben scheint"[3]; sie hat damit auch heuristische Funktion. An sich beruht die künstliche Einteilung auf der Ausrichtung an einem oder mehreren konkreten, willkürlich ausgewählten Merkmalen, deren verschiedene Ausprägungen die Grundlage für die fiktive systematische Ordnung einer bestimmten Klasse von Gegenständen bilden; das künstliche System soll aber eben auch bei der Auffindung des natürlichen Systems von Nutzen sein, die „bewusste Abweichung von der Wirklichkeit soll die Erreichung der letzteren vorbereiten."[4]

Eine **abstraktive** oder **neglektive Fiktion** wird dort notwendig, wo die tatsächlichen Zusammenhänge in ihrer Komplexität, d.h. die hohe Anzahl der mehr oder minder relevanten Faktoren, die Bearbeitung eines Problems erschweren oder faktisch unmöglich machen. Sie besteht im bewußten Absehen, im methodischen Ignorieren von einzelnen Faktoren, mit dem Ziel, ein Problem einfacher lösbar zu machen. Um zu einem zwar nicht völlig exakten, aber zumindest in irgendeiner Weise brauchbaren Ergebnis zu gelangen, wird so vorgegangen, *als ob* nur bestimmte Faktoren eine Rolle spielen würden. Als klassisches Beispiel für eine solche abstraktive Fiktion nennt Vaihinger die bereits genannte Theorie Adam Smiths, die menschliches Handeln auf ausschließliches Vorgehen in Verfolgung des Eigeninteresses reduziert.

Eng miteinander (aber auch mit den abstraktiven) verwandt sind **schematische, paradigmatische** und **utopische Fiktionen**. Zu ihnen gehören z.B. graphische Darstellungen, die nur die wesentlichen Elemente etwa des Aufbaus einer Pflanze oder einer Maschine berücksichtigen, unwichtige Faktoren und Details aber nicht enthalten, um eine Theorie und / oder ihre Anwendung möglichst einfach zu halten, oder aber auch, um so etwas wie einen allgemeinen Fall, eine allgemeine Darstellung von etwas zu erhalten, in der die allen Einzelfällen gemeinsamen Details sozusagen zu „Idealelementen" gemacht werden. Diese „idealen" Fälle können als „paradigmatische" Muster für alle Einzelfälle (z.B.der Konstruktion von Geräten) dienen, oder aber auch beispielsweise im Rahmen einer historisch-fiktionalen Betrachtungsweise so angesehen werden, als ob sie die „Urbilder" konkreter Sachverhalte

---

[1] vgl. Philosophie des Als Ob S.26 f.
[2] Philosophie des Als Ob S.330 f.
[3] ebd. S.25
[4] ebd. S.27 (im Original z.T. gesperrt)

seien, aus denen diese hervorgegangen sind (wie im Falle der Vorstellung einer „Urpflanze" oder aber auch eines „Urstaates"[1]).

Symbolische oder **analogische Fiktionen** sind Analogien: an die Stelle des realen Gegenstandes oder Sachverhaltes wird (z.B. in Form einer literarischen Metapher) etwas anderes gesetzt, das diesem auf eine bestimmte Weise ähnelt: diese Ähnlichkeit besteht in aller Regel in den Relationen, die Relationen des Realen sollen den Relationen des Bildes - um einen von Vaihinger nicht verwendeten Ausdruck zu gebrauchen - isomorph sein. Vaihinger listet unter dieser Art von Fiktionen allerdings zahlreiche Beispiele auf, deren Zuordnung zumindest fragwürdig ist: daß in den analogischen Fiktionen der „formale Ursprung der Poesie"[2] zu finden sein soll, ist zwar durchaus noch nachzuvollziehen, ebenso die Betrachtung der in der christlichen Theologie üblichen Rede von der Beziehung Gottes zu den Menschen als die eines Vaters zu seinen Kindern als analogische Fiktion; in welcher Weise jedoch die Kategorien als solche, als „[erkenntnistheoretische] Analogien"[3] einzuordnen sein sollen, bleibt unklar.[4] Das klarste von Vaihinger angeführte Beispiel ist die organologische Staatsauffassung, also die Betrachtung eines Staatsgebildes als „Organismus", die „oft zur Ableitung richtiger theoretischer Gesetze"[5] dient.

Eine Art Untergruppe der analogischen scheinen die **personifikativen Fiktionen** zu sein, wobei die Bezeichnung irreführend ist, läßt sie doch an gewisse mythisch-religiöse Vorstellungen von bestimmten Prinzipien oder Naturphänomenen als (göttliche) Personen denken (die freilich unter Umständen auch als Fiktionen akzeptiert werden können). Tatsächlich weist der Ausdruck aber nicht auf derartige Vorstellungen, sondern auf ihre „Nachfolger" im Comteschen Sinne, auf bestimmte abstrakte Begriffe in Naturwissenschaft und Philosophie hin. An erster Stelle steht hier der Begriff der „Kraft" sowohl in der (Newtonschen) Physik als auch in Bereichen, in denen er als Vorbild für Begriffe wie „Lebenskraft" oder „vis dormitiva" dient. Aber auch der mechanische Kraftbegriff selbst ist für Vaihinger nur eine Fiktion, so z.B. wenn von Gravitations-"Kraft" gesprochen wird: „die Phänomene sind natürlich real, aber die Zuschreibung derselben an eine Gravitations*kraft* ist eben nur ein zusammenfassender Ausdruck für die gesetzlichen Phänomene."[6] Anders ausgedrückt ist der Kraftbegriff lediglich ein (Interpretations-)Konstrukt, das sich durch seinen spezifischen Nutzen, seine Brauchbarkeit für die Berechnung, legitimiert.

Ähnlich wie die personifikatorischen Fiktionen entstehen auch die als Fiktionen anzusehenden **abstrakten Begriffe** (die offenbar nicht mit den abstraktiven *Fiktionen* identisch sind). Sie beruhen auf einer willkürlichen „Trennung einer Sache von einer anderen, deren Teil sie ist"[7], d.h. es werden bestimmte Eigenschaften von Dingen, die von diesen tatsächlich nicht zu trennen sind (z.B.Farben), isoliert und als allgemeine Qualitäten oder Wesenheiten betrachtet. Diese Eigenschaften werden nun substantialisiert, d.h. begrifflich substantiviert und lassen so Begriffe wie „Süssigkeit, Röte, Raum, Kausalität, Identität, Grund, Folge, Verhältnis, Tugend,

---

[1] vgl. Philosophie des Als Ob S.38 f.
[2] Philosophie des Als Ob S.40 (im Original z.T. gesperrt)
[3] ebd. S.41 f. (im Original gesperrt)
[4] vgl. Philosophie des Als Ob S.41 ff.
[5] Philosophie des Als Ob S.45
[6] ebd. S.50 (im Original z.T. gesperrt, kursive Hervorhebung im Original fett)
[7] ebd. S.384

Schönheit, Liebe, Allmacht, Hass"¹ entstehen, mit denen nun operiert werden kann. Dabei darf jedoch die Fiktivität dieser Entitäten niemals außer acht gelassen werden, es darf nur so vorgegangen werden, *als ob*, nicht angenommen werden, *daß* Röte, Tugend, Kausalität etc. tatsächlich als reale (oder gar, wie in der Platonischen Philosophie, als „realste") Gegenstände existieren.

Auch die **Allgemeinbegriffe** sind Fiktionen, und zwar **summatorische Fiktionen**; in ihnen wird „eine Summe von Phänomenen nach ihren Hauptzügen zusammengefasst"². Die summatorischen Fiktionen sind nun in unterschiedlicher Hinsicht als Teilklasse zweier anderer Arten von Fiktionen aufzufassen; sie sind den personifikatorischen Fiktionen zuzurechnen, insofern sie „zugleich zu Abbildern real sein sollender Dinge gemacht werden"³, und gehören den abstraktiven Fiktionen an, da in ihnen „nur das Wesentliche festgehalten, Unwesentliches vernachlässigt wird"⁴. Auch die Allgemeinbegriffe sind Fiktionen deswegen, weil es tatsächlich nur konkrete Einzeldinge gibt; wenn eine Reihe von Einzeldingen aber gewisse gemeinsame Merkmale aufweist, so bildet das Denken eine „gemeinsame Verschmelzungsmasse"⁵, eben einen Allgemeinbegriff. Allgemeinbegriffen entsprechen keine realen Gegenstände, sie bezeichnen vielmehr abstrake, ideale Objekte. So bezeichnet der Begriff „Baum" beispielsweise „einen Baum, welcher nicht belaubt und nicht blätterlos, nicht reich und nicht arm an Zweigen u.s.w. ist."⁶ Der Allgemeinbegriff enthält also Widersprüche (und scheint damit bereits den echten Fiktionen zuzuordnen zu sein); tatsächlich existieren aber eben nur konkrete Einzeldinge. Theoretisch ist Vaihinger also, dem positivistischen Grundzug seines Denkens entsprechend, Nominalist; er betont jedoch den praktischen Nutzen eines fiktionalen Universalienrealismus: ohne Allgemeinbegriffe wäre keinerlei (Natur-)Wissenschaft, die ja allgemeine Sätze zu erlangen sucht, möglich, die Wissenschaft strebt nach Erkenntnissen, die nicht nur für spezifische einzelne Objekte, sondern vielmehr jeweils für Klassen von Objekten (die nach Vaihingers Ausführungen wohl selbst als Fiktionen, als Resultat künstlicher Einteilung, zu verstehen sind) gelten. Allgemeinbegriffe ermöglichen erst allgemeine Urteile, deren Subjekte jedoch fiktiv sind: nicht „der Mensch" ist sterblich, sondern jeder konkrete Einzelmensch, „der Mensch" ist nur eine Fiktion, eine fingierte allgemeine Wesenheit.

Nicht mehr der Struktur, sondern vielmehr dem konkreten praktischen Anwendungsfeld enspricht die Auszeichnung bestimmter Fiktionen als **juristische Fiktionen**. Tatsächlich handelt es sich bei diesen um spezifische Anwendungen bereits erläuterter Arten von Fiktionen: Grundlage jeder Gesetzgebung ist, daß allgemeine Fälle fingiert werden, um so allgemeine gesetzliche Normen, unter die einzelne Handlungsweisen fallen, formulieren zu können. Der zentrale Punkt ist, daß in der Praxis der Rechtsprechung dann jeweils „ein einzelner Fall unter ein für ihn nicht eigentlich bestimmtes Vorstellungsgebilde subsumiert wird, dass also die Apperzeption eine bloss **analoge** ist."⁷ Einen klaren Fall dieser Art stellt ein von Vaihinger angeführtes Beispiel dar: es handelt sich dabei um eine Bestimmung, die

---

[1] ebd. S.383
[2] ebd. S.53
[3] a.a.O.
[4] a.a.O.
[5] ebd. S.400
[6] a.a.O.
[7] ebd. S.46

besagt, daß „eine nicht rechtzeitig dem Absender wieder zur Verfügung gestellte Ware zu betrachten [ist], *als ob* sie vom Empfänger **definitiv** genehmigt und akzeptiert sei."[1] Diese Betrachtungsweise ist eine rein praktische, sie hat nichts damit zu tun, ob der Empfänger die Ware *tatsächlich* „definitiv genehmigt und akzeptiert" hat. In dem Fall, daß die Ware in irgendeiner Weise zum Objekt juristischer Überlegungen wird, kommen die Bestimmungen zum Tragen, die auch dann anzuwenden wären, wenn der Empfänger die Ware ausdrücklich angenommen hätte. Der praktische Wert dieser Fiktion liegt darin, daß sie sozusagen Gesetze „spart", indem sie gewisse Fälle Bestimmungen zuordnet und unterwirft, unter die diese *eigentlich* nicht fallen (in der Praxis sollten solche Abweichungen aber wohl ein bestimmtes Maß nicht überschreiten).

Am klarsten sind Vaihingers Ausführungen dort, wo es um **mathematische** (und geometrische) **Fiktionen** geht: für ihn beruhen sowohl die gesamte Geometrie als auch Teile der Mathematik auf (echten) Fiktionen: „Die Grundbegriffe der Mathematik sind der Raum und zwar der leere Raum, die leere Zeit, der Punkt, die Linie, die Fläche, und zwar Punkte ohne Ausdehnung, Linien ohne Breite, Flächen ohne Tiefe, Räume ohne Erfüllung. Alle diese Begriffe sind widerspruchsvolle Fiktionen: die Mathematik ruht auf einer vollständig imaginativen Grundlage, sogar auf Widersprüchen"[2]; allein der Begriff des Raumes ist „ein Nest von Widersprüchen"[3] (was Vaihinger allerdings nicht ausführlich begründet). Im Falle der grundlegenden Objekte der Geometrie ist seine Auffassung allerdings leicht nachvollziehbar; die geometrischen Figuren können sogar als Musterbeispiele für Fiktionen überhaupt gelten: obwohl ausdehnungslose Punkte, Geraden ohne Breite etc. in der Realität nicht vorkommen *können* (ob diese Begriffe wirklich *in sich widersprüchlich* sind, ist eine andere Frage), sind sie doch offensichtlich von enormem Nutzen, insofern mit ihrer Hilfe erfolgte Konstruktionen und Berechnungen auf empirische Gegenstände stets erfolgreich angewandt worden sind.[4]

Zwar sind alle Arten von Fiktionen ihrem Wesen, d.h. ihrer Funktion nach, praktischer Natur, die **praktischen Fiktionen** sind jedoch solche, die in Zusammenhang mit Ethik und Theologie stehen. Grundlegende praktische Fiktion ist die Freiheit im Sinne von Handlungsfreiheit, die Annahme, der Mensch sei zumindest prinzipiell imstande, sich frei für oder gegen bestimmte Handlungen zu entscheiden, und damit für sein Handeln verantwortlich. Dieser Begriff der Freiheit „widerspricht nicht nur der beobachteten Wirklichkeit, in der Alles nach unabänderlichen Gesetzen folgt, sondern auch sich selbst: denn eine absolut freie, zufällige Handlung, die also aus Nichts erfolgt, ist sittlich gerade so wertlos wie eine absolut notwendige."[5] Dennoch „betrachten und behandeln [wir] uns selbst und andere, als ob die menschlichen Handlungen frei wären, obgleich wir theoretisch doch überzeugt sind, dass alle

---

[1] ebd. S.48 („als ob" im Original fett)

[2] ebd. S.71 (im Original z.T. gesperrt)

[3] ebd. S.75

[4] Dem möglichen Einwand, daß der Mathematiker gar nicht den Anspruch erhebt, über reale Objekte zu sprechen, könnte entgegengehalten werden, daß Mathematik hier tendenziell pragmatisch als Methode zur Beschreibung der Wirklichkeit verstanden wird; sind die tatsächlich vorhandenen Gegenstände mathematisch nicht oder nur schwer erfaßbar, so bedarf es einer - eben fiktionalen – Idealisierung der tatsächlichen Verhältnisse, mit der aber immer noch in etwas weiterem Sinne der Anspruch erhoben wird, die (empirische) Realität zu beschreiben.

[5] ebd. S.59

Funktionen der Psyche durch unverbrüchliche Gesetze bedingt und bestimmt sind."[1] Der Freiheitsbegriff ist also zwar widersprüchlich, besitzt aber einen offensichtlichen Nutzen: auch unter der Annahme eines materialistischen oder metaphysischen Determinismus ermöglicht er es uns, uns eben so zu betrachten, *als ob* wir frei wären, und damit - so sind Vaihingers diesbezügliche Aussagen wohl zu verstehen - nicht an der Welt und unserer faktischen Unfreiheit zu verzweifeln.[2] Die Auszeichnung des Freiheitsbegriffs als Fiktion rettet diesen sozusagen vor dem Determinismus.

Zu den praktischen Fiktionen zählt auch die von Kant (vgl. Abschnitt 4.3) übernommene Auffassung, der eigentliche Sinn der Religion bestehe in ihrer moralischen Dimension: die Religion mitsamt ihren Geboten und Riten soll (was allerdings offenbar wiederum echte Handlungsfreiheit voraussetzt) als eine „Religion des Als Ob" aufgefaßt werden: es ist so zu handeln, *als ob* Gott existiere und *als ob* die moralischen Gebote von ihm als einem obersten Gesetzgeber erlassen worden seien. Der wahre Zweck der Religion besteht also in der moralischen Verbesserung des Menschen. (Dieser Aspekt von Vaihingers Denken wird von Sigmund Freud in der Schrift *Die Zukunft einer Illusion* unter dem Gesichtspunkt seiner eigenen Lehre betrachtet: für Freud ist das Konzept einer „Religion des Als Ob" ein - darin dem berühmten Satz „Credo quia absurdum" verwandter[3] - Versuch, religiöse Vorstellungen trotz ihrer prinzipiellen Unbeweisbarkeit nicht verwerfen zu müssen. Dieser Versuch erweckt in Freud jedoch „den Eindruck krampfhafter Bemühung [...], dem Problem zu entgehen."[4] Die Forderung, im vollen Bewußtsein der Nichtexistenz einer göttlichen Wesenheit dennoch so zu handeln, *als ob* eine solche existiere, sei „eine solche, wie sie nur ein Philosoph aufstellen kann. Der durch die Künste der Philosophie in seinem Denken nicht beeinflußte Mensch wird sie nie annehmen können, für ihn ist mit dem Zugeständnis der Absurdidät, der Vernunftwidrigkeit, alles erledigt. Er kann nicht dazu verhalten werden, gerade in der Behandlung seiner wichtigsten Interessen auf die Sicherheiten zu verzichten, die er sonst für alle seine gewöhnlichen Tätigkeiten verlangt."[5] Freud betrachtet die Konzeption einer fiktionalen Religion und Religiosität also als aufgrund der Natur des Menschen zum Scheitern verurteilt.)

Obwohl mit Ausnahme der eben genannten „praktischen" alle Arten von Fiktionen auch (um nicht zu sagen: wesentlich) von heuristischem Wert sind, finden sich in Vaihingers Aufzählung auch spezifisch als solche bezeichnete **heuristische Fiktionen**. („Zwar sind mehrere der bisher gennanten Fiktionen[6] auch zugleich von heuristischem Wert; allein gerade diejenigen Fiktionen, welche wir speziell unter diesem Namen hier zusammenfassen, sind ganz besonders

---

[1] ebd. S.572
[2] Diese (an Nietzsches „amor fati" erinnernde) Auffassung von „Freiheit" als eine Art allgemeine Einstellung gegenüber dem Leben, geht aus Vaihingers Ausführungen nicht explizit hervor, sie ist aber m.E. die einzige konsistente Deutung dieser Ausführungen; die ebenfalls in Betracht gezogene Maxime, so zu handeln, *als ob* man frei sei, scheint ganz offensichtlich einen (nicht nützlichen) Widerspruch zu enthalten. (vgl. Philosophie des Als Ob S.59 ff. und 571 ff.)
[3] vgl. Freud, Die Zukunft einer Illusion S.162 f.
[4] Freud, Die Zukunft einer Illusion S.162
[5] ebd. S.163
[6] In der Aufzählung der Fiktionen im „Ersten Teil" der *Philosophie des Als Ob* finden sich die heuristischen Fiktionen nach der künstlichen Einteilung, den abstraktiven, schematischen, analogischen, juristischen, personifikativen und summatorischen Fiktionen.

heuristischen Zwecken gewidmet."[1]) Von anderen Fiktionen mit ebenfalls heuristischem Wert sollen sich diese primär durch ihren Status als echte Fiktionen (im Gegensatz zu Semifiktionen) unterscheiden, also darin, daß „direkt ein ganz Unwirkliches an Stelle des Wirklichen gesetzt [wird]."[2]

Auch einige (echte) Einzelfiktionen führt Vaihinger an. Zu diesen zählen u.a.

- die mathematische Fiktion des **Unendlichen** („Der Begriff des Unendlichen zeigt sich als ein Hilfsbegriff, den das Denken zur Erleichterung seiner Operationen eingeführt hat, und der gerade durch seinen immanenten Widerspruch ein erfolgreiches Denken ermöglicht."[3])
- die Fiktion des **Absoluten**, die zwar die „letzte und höchste Fiktion"[4] sein soll, aber dennoch nicht ausführlich erläutert wird (abgesehen von einigen Beispielen (Absolutes als Substanz, Absolutes als Weltkraft, absolute Moral, absolutes Recht etc.[5])) - „Das Absolute = Sein überhaupt ist [...] eine Fiktion, da wir nur relatives Sein kennen."[6]
- der Ende des 19.Jahrhunderts gebräuchliche **Atombegriff** („die Haupt- und Grundfiktion der mathematischen Physik, ohne welche eine feinere und höhere Ausbildung dieser Wissenschaft ganz unmöglich ist."[7]), und schließlich
- das **Ding an sich**, ein Begriff, der nach Vaihingers Auffassung durch unberechtigte Übertragung, durch „die Anwendung der Kategorien von Ding und Eigenschaft (und von Kausalität) auf ein Etwas, wo seine Anwendung sinnlos wird, nämlich auf das eigentliche und letzte Wirkliche"[8] entsteht. (vgl. dazu Abschnitt 1.4.3)

4.3 Vaihingers historische „Gewährsmänner": Kant, Lange und Nietzsche

Bevor im Schlußabschnitt dieses Kapitels auf die Frage nach Natur und epistemischer Zugänglichkeit von Realität unter den Bedingungen der Philosophie des Als Ob eingegangen wird, soll hier ein Blick auf die Art und Weise geworfen werden, wie Vaihinger sein Denken unter Berufung auf andere Autoren gewissermaßen abzusichern sucht. Teil III der *Philosophie des Als Ob* trägt den Titel „Historische Bestätigungen"[9] und besteht aus philologisch-philosophiegeschichtlichen Untersuchungen der Schriften Kants, Langes, Nietzsches und des (hier unberücksichtigt bleibenden) Religionsphilosophen Friedrich Karl Forberg (1770 - 1848), die herausstellen sollen, daß sich bereits bei diesen Ansätze zu einem bzw. ein in bestimmten Bereichen auch ausgearbeiteter Fiktionalismus finden.

Im Rahmen dieser Untersuchungen ist **Kant** Vaihingers historischer Hauptzeuge; auf über hundert Seiten sucht Vaihinger darzulegen, daß sich der Als-ob-Gedanke bereits bei Kant mehr oder minder explizit findet. Allerdings sieht Vaihinger in der Kantischen Philosophie zwei

---

[1] Philosophie des Als Ob S.54
[2] a.a.O. (im Original z.T. gesperrt)
[3] ebd. S.87 (im Original z.T. gesperrt; worin der „immanente Widerspruch" des Begriffes des Unendlichen bestehen soll, wird allerdings nicht erklärt.)
[4] ebd. S.114
[5] vgl. Philosophie des Als Ob S.114 ff.
[6] Philosophie des Als Ob S.115
[7] ebd. S.104 f.
[8] ebd. S.111
[9] vgl. Philosophie des Als Ob S.613 - 790

nebeneinander bestehende Arten des Denkens: einer „metaphysisch-dogmatischen" Philosophie, die Begriffe wie „Gott", „Seele", „Freiheit" etc. zwar der transzendentalphilosophischen Kritik unterwirft, den Anspruch, mit ihnen reale Entitäten zu bezeichnen, letztlich aber nicht aufgibt, steht ein „radikal-fiktionalistisches" Denken gegenüber, das eben diesen Anspruch aufgibt und die zentralen Begriffe der klassischen Metaphysik als Fiktionen auffaßt, denen nichts Reales entspricht bzw. entsprechen kann, die jedoch durch ihre Funktion in der wissenschaftlichen oder der Lebenspraxis gerechtfertigt sind. Dieses fiktionalistische Denken ist es nun, dem Vaihinger im Hinblick auf Kant seine Aufmerksamkeit widmet und auf das hin er nicht nur dessen veröffentlichte Werke, sondern auch den Briefwechsel und das Opus Postumum untersucht.[1] Im folgenden sollen aus den einschlägigen Ausführungen Vaihingers nur zwei Punkte herausgegriffen werden:

Die für Vaihinger „klassische Stelle"[2] für Kants vermuteten Fiktionalismus findet sich in der „Transzendentalen Methodenlehre" der *Kritik der reinen Vernunft*:

„Die Vernunftbegriffe sind [...] bloße Ideen, und haben freilich keinen Gegenstand in irgend einer Erfahrung, aber bezeichnen darum doch nicht gedichtete und zugleich dabei für möglich angenommene Gegenstände. Sie sind bloß problematisch gedacht, um, in Beziehung auf sie (als heuristische Fiktionen), regulative Prinzipien des systematischen Verstandesgebrauchs im Felde der Erfahrung zu gründen."[3]

Im Zentrum dieser Überlegungen stehen also die „Ideen der reinen Vernunft": Gott, die Seele und die Welt als ganze, die in der Kantischen Philosophie nicht „konstitutive", sondern „regulative" Funktion haben; sie sind notwendige Vorstellungen des Denkens, das vom Bedingten auf ein Unbedingtes schließt. Diesem Unbedingten kann jedoch zumindest keine Realität in dem Sinne zugesprochen werden, daß es Gegenstand möglicher Erfahrung sein könnte.[4]

Diese Vernunftideen sind es nun, die Vaihinger vor allem aufgrund der zitierten Stelle als Fiktionen interpretiert. Für diese Auffassung sprechen seiner Meinung nach die Bezeichnungen „bloße Ideen" und - vor allem natürlich - „heuristische Fiktionen": die transzendentalen Vernunftideen besitzen heuristische Funktion, insofern sie regulativ sind, d.h. jede Einzelerkenntnis in einen Rahmen einordnen, der das „Bild" der Einzelwissenschaften und -erkenntnisse, das „Welt-Bild" erst vollständig macht oder, um eine andere Metapher zu verwenden, als (transzendentale) „Fluchtpunkte"[5] dienen, die zwar erkenntnismäßig sozusagen

---

[1] Vaihinger betont an anderer Stelle, daß er nicht den Anspruch erhebt, mit der fiktionalistischen Auslegung des Kantischen Denkens die definitive, einzig wahre Kant-Interpretation geleistet zu haben: „Wenn ich auch meine eigene Kant-Auffassung für die einzig richtige halte, so habe ich doch kein Recht, den ´echten Kant´ in ihr zu predigen, um so weniger, als ich doch wußte, daß andere namhafte Kantforscher mir durchaus nicht zustimmen würden, daß gerade meine Auffassung allein den ´echten Kant´ widerepiegele."(Die Philosophie des Als Ob und das Kantische System gegenüber einem Erneuerer des Atheismusstreites S.23) Tatsächlich hielt der Kantforscher Erich Adickes Vaihingers Kantauslegung für dermaßen verfehlt, daß er ihrer Widerlegung nicht etwa nur einen Aufsatz, sondern gleich ein ganzes, teilweise in äußerst polemischem Ton gehaltenes Buch (*Kant und die Als-Ob-Philosophie*) gewidmet hat.
[2] Philosophie des Als Ob S.619 (im Original gesperrt)
[3] Kant, KrV B 799
[4] vgl. Kant, KrV B 380
[5] vgl. Höffe, Immanuel Kant S.167

„anvisiert", aber niemals erreicht werden können. - „Die Vernunftideen sind wie der Horizont, der bei jedem Vorwärtsgehen zurückweicht, so daß man nie an seinen Rand, nie endgültig zum Stehen kommt." (Höffe)[1] Die Vernunftideen sind also heuristische Fiktionen im Sinne Vaihingers, insofern sie verhindern, daß irgendein jeweils erreichter Erkenntnisstand für endgültig gehalten wird. Vaihinger führt nun eine akribische Untersuchung vor allem der „Transzendentalen Dialektik" durch, deren Ziel es ist, Kants Auffassung von den reinen Vernunftbegriffen als Als-ob-Lehre zu erweisen, was auch zum Teil recht überzeugend gelingt (in bezug auf manche Stellen aber eher gezwungen wirkt). Für seine Auffassung scheint Vaihinger v.a. zu sprechen, daß nach Kant die Betrachtung der Vernunftbegriffe als Begriffe, die reale Gegenstände bezeichnen, in eine „Sackgasse" in Form von Antinomien, Paralogismen und ungültigen Gottesbeweisen führt. Als rein regulative Begriffe sind sie jedoch äußerst nützlich, was Vaihinger v.a. in folgender Stelle aus der *Kritik der reinen Vernunft* bestätigt findet:

„Ob wir nun gleich von den transzendentalen Vernunftbegriffen sagen müssen: s i e   s i n d   n u r   I d e e n, so werden wir sie doch keineswegs für überflüssig und nichtig anzusehen haben. Denn, wenn schon dadurch kein Objekt bestimmt werden kann, so können sie doch im Grunde und unbemerkt dem Verstande zum Kanon seines ausgebreiteten und einhelligen Gebrauchs dienen, dadurch er zwar keinen Gegenstand mehr erkennt, als er nach seinen Begriffen erkennen würde, aber doch in dieser Erkenntnis besser und weiter geleitet wird."[2]

Überzeugender als Vaihingers Auslegung von Kants theoretischer Philosophie ist jene seiner praktischen Philosophie. Die Vernunftbegriffe finden ihre Legitimation v.a. in der Praxis: der Mensch hat so zu handeln, *als ob* er frei wäre, *als ob* er eine unsterblich Seele hätte und *als ob* es einen Gott gäbe, der ihn für seine Taten zur Verantwortung zieht. Der Mensch folgt, indem er so handelt, dem Kategorischen Imperativ, dessen zweite Formulierung in der *Grundlegung zur Metaphysik der Sitten* (für Vaihinger „eine der kühnsten und konsequentesten Schriften Kants"[3]) das wohl bekannteste „als ob" der Kantischen Philosophie enthält:

„[H]andle so, *als ob* die Maxime deiner Handlung durch deinen Willen zum allgemeinen Naturgesetze werden sollte."[4]

Auch in Kants Religionsphilosophie glaubt Vaihinger Fiktionen erkennen zu können, ebenso in seiner Rechts- und Staatsphilosophie.[5]

Im bereits todkranken **Lange** fand Vaihinger einen begeisterten Unterstützer, der ihn ermutigte, seine Arbeit an der *Philosophie des Als Ob* fortzusetzen; in der Antwort auf einen Brief Vaihingers, in der dieser ihm die Grundgedanken des Fiktionalismus erläutert hatte, schrieb Lange am 16.5.1875: „Wiewohl mich eine schwere Krankheit fast an jeder Korrespondenz verhindert, möchte ich Ihnen doch mit wenigen Worten meine volle Zustimmung zu dem von Ihnen ergriffenen Gedanken aussprechen. Ich bin sogar überzeugt, dass der von Ihnen hervorgehobene Punkt einmal ein Eckstein der philosophischen Erkenntnistheorie werden wird."[6] Es ist durchaus denkbar, daß Vaihinger sein Werk bereits

---

[1] Höffe, Immanuel Kant S.167
[2] Kant, KrV B 385
[3] Philosophie des Als Ob S.647
[4] Kant, Grundlegung zur Metaphysik der Sitten BA 52 (im Original gesperrt; Hervorhebung v. Verf.)
[5] Zu den verschiedenen Aspekten von Vaihingers Kantinterpretation vgl. die Diplomarbeit d.Verf.
[6] Lange, Brief an Vaihinger vom 16.5.1875, zit.n. Philosophie des Als Ob S.XIII (dort gesperrt)

viel früher veröffentlich hätte, wäre Lange nicht nicht ein halbes Jahr nach dem Briefwechsel mit Vaihinger gestorben und somit als prominenter Förderer ausgefallen.

Ganz offensichtlich hat Langes Denken einen starken Einfluß auf Vaihinger ausgeübt; der „Standpunkt des Ideals" ist für ihn eine (Vor)Form des Fiktionalismus, Vaihinger meint, Lange habe zwar „die Bedeutung der Kantischen Als-Ob-Lehre nicht erkannt"[1], sein eigener Standpunkt, der sich aus der Kantischen Philosophie, wie er sie verstanden hat, entwickelt hat, sei dieser jedoch sehr ähnlich; der „Standpunkt des Ideals" wäre demgemäß also ein Als-ob-Standpunkt. Langes „Begriffsdichtungen" sind für Vaihinger Fiktionen: sie werden im Bewußtsein ihrer Fiktivität, ihrer Unangemessenheit „erdichtet", erfüllen aber einen praktischen Zweck, insofern sie bestimmten (metaphysischen und / oder religiösen) Bedürfnissen des Menschen nachkommen. Am deutlichsten soll sich dies in Langes Religionsauffassung zeigen, die darauf hinausläuft, „die religiösen Vorstellungen mit B e w u s s t s e i n a l s M y t h e n z u v e r e h r e n"[2], sich ihnen gegenüber zwar so zu verhalten, als ob man in ihnen etwas Reales erblickte, dies jedoch in dem Bewußtsein zu tun, daß dies gerade nicht der Fall ist. Die materielle Welt muß nach Lange in Vaihingers Worten „ergänzt werden, durch das Erdichtete, das Eingebildete"[3]. Damit habe Lange „die letzte, tiefste Wurzel des ganzen metaphysischen und religiösen Dichtens aufgedeckt"[4] - ihren praktischen, d.h. existenziellen und moralischen Nutzen. Bereits Lange habe demgemäß „erkannt, dass dem Denken und Leben Fiktionen unentbehrlich sind"[5], was Vaihinger auch anhand zahlreicher Stellen aus der *Geschichte des Materialismus* zu belegen sucht.[6]

Mit den Schriften **Nietzsches** kam Vaihinger erst mehr als zwei Jahrzehnte nach der Fertigstellung der den ersten Teil der *Philosophie des Als Ob* bildenden Habilitationsschrift in Berührung, fand in ihnen aber gleich, wie er sagt, „ein ganz frisches Quellwasser"[7]. Von Lange und - wie Vaihinger überzeugt ist - Kant[8] beeinflußt, „lehrt [Nietzsche] die hohe Bedeutung des ´Scheins´ in allen Gebieten der Wissenschaft und des Lebens"[9]. Vaihinger weist hier ausdrücklich auf *Ueber Wahrheit und Lüge im aussermoralischen Sinne* hin, wo er die einschlägigen Gedanken des frühen Nietzsche zusammengefaßt sieht[10]: die von Nietzsche in dieser Schrift postulierte und gleichzeitig legitimierte „bewusste Abweichung von der Wirklichkeit"[11] in verschiedenen Bereichen des menschlichen Lebens, die „fälschende"

---

[1] Philosophie des Als Ob S.757

[2] ebd. S.765

[3] ebd. S.766

[4] a.a.O.

[5] ebd. S.771 (im Original z.T. gesperrt)

[6] vgl. Philosophie des Als Ob S.753 ff.

[7] Philosophie des Als Ob S.IV

[8] Vaihinger betont, daß er die Kantische Philosophie als eine wichtige Grundlage der einschlägigen Schriften Nietzsches ansieht: „Nietzsche hat tatsächlich sehr viel von Kant, freilich nicht von dem Kant, wie er in den Schulbüchern steht [...], sondern vom Geiste Kants, des echten Kant, der den Schein bis in seine tiefsten Wurzeln durchschaut, aber auch die Nützlichkeit und Notwendigkeit des durchschauten Scheins mit Bewusstsein erkennt und anerkennt." (ebd. S.772) Nietzsche habe „viel mehr von Kant, als man gemeinhin glaubt." (ebd. S.778 (Anm.1))

[9] ebd. S.772

[10] vgl. Philosophie des Als Ob S.772 f.

[11] Philosophie des Als Ob S.773

Funktion der Sprache und die Äußerung Nietzsches, der „Trieb zur Metaphernbildung"[1] sei ein „Fundamentaltrieb des Menschen"[2] weisen - zumindest der Form nach - deutliche Ähnlichkeiten mit Vaihingers eigener Konzeption auf. Vaihinger listet zahlreiche Stellen auf, die Nietzsches Lehre vom bewusstgwollten Schein illustrieren und in denen Nietzsche z.B. die Naturgesetze, den statischen Aspekt der Realität, die Trennung von Subjekt und Objekt ebenso wie die von Ding an sich und Erscheinung für solchen Schein, für lebensnotwendige Erdichtungen erklärt.[3] Vaihinger findet also auch bei Nietzsche „Ansätze zu einer Metaphysik des Als-Ob"[4]. (Vaihinger stellt außerdem Spekulationen darüber an, wie Nietzsches Denken sich entwickelt hätte, wäre bei diesem nicht seine schwere Krankheit ausgebrochen: Vaihinger glaubt, daß Nietzsche - wie er es bereits in einigen Schriften tut[5] - seine radikale Religionskritik relativiert und den Wert einer „Religion des Als Ob" erkannt und herausgestrichen hätte; „er hätte die Nützlichkeit und Notwendigkeit der religiösen Fiktionen ´gerechtfertigt.´"[6])

4.4 Fiktion, Interpretation und Realität

Entsprechend den Ausführungen in Abschnitt 4.2 stellt sich Vaihingers Fiktionalismus vor allem als eines dar: als Theorie einer Methode, die in den unterschiedlichsten Wissenschaften - z.B. der Mathematik, der Rechtswissenschaft, der Staatstheorie - , in der Religion, in der allgemeinen Lebenspraxis und schließlich auch in der Philosophie selbst zur Anwendung gelangt. Sie beschreibt die Genese und den Gebrauch von Vorstellungen bzw. Begriffen, denen in der Realität keine Gegenstände entsprechen, deren Anwendung es jedoch gestattet, bestimmte Probleme schneller, effizienter, mit geringerem „Denkaufwand" zu lösen bzw. solche Probleme zu lösen, die vermutlich oder erwiesenermaßen auf keine andere Weise zu lösen sind. Die Lehre von den Fiktionen erweist sich auf dieser Ebene als Theorie einer Methode, die eine Vorgehensweise analysiert (und präzisiert), ohne die - wie sich aus den empirischen Befunden ergibt - menschliches Denken und Handeln wie wir es kennen, nicht denkbar wäre. Sie befaßt sich mit der Genese und Funktion von Begriffen, die zumindest in dem Sinne abstrakt sind, daß ihnen keine Gegenstände in der Welt zuzuordnen sind. Diese Begriffe, die Fiktionen, sind *Konstrukte*: der menschliche Geist bringt sie um bestimmter Zwecke willen hervor, konstruiert sie, um bestimmte Resultate unmittelbar praktischer oder auch theoretischer Art zu erreichen. Mit ihrer Hilfe werden konkrete Erscheinungen geordnet, diese werden *als etwas anderes* betrachtet, als sie tatsächlich sind: sie werden mit anderen Worten als etwas anderes *interpretiert*: konkrete Gegenstände oder Ereignisse werden z.B. *als Fälle einer allgemeinen Regel interpretiert*, um über den Umweg dieser allgemeinen Regel Erkenntnisse über diese Einzelfälle zu gewinnen, obwohl die Regel auf sie im eigentlichen Sinne nicht oder nicht völlig paßt; das facettenreiche menschliche Handeln wird *als rein egoistischen Motiven folgendes interpretiert*, der Kreis wird *als Ellipse, deren Brennpunkte in einem Punkt zusammenfallen, interpretiert* etc. Die allgemeine Regel (der allgemeine Fall), das rein egoistische Handeln, die Ellipse, deren Brennpunkte in einem einzigen Punkt zusammenfallen, sind *Interpretationskonstrukte*. Ihnen entsprechen keine Gegenstände oder

---

[1] Nietzsche, Ueber Wahrheit und Lüge im aussermoralischen Sinne S.381
[2] a.a.O.
[3] vgl. Philosophie des Als Ob S.771 ff.
[4] Philosophie des Als Ob S.787 (im Original z.T. gesperrt)
[5] vgl. Philosophie des Als Ob S.788 ff.
[6] Philosophie des Als Ob S.790

Sachverhalte in der Welt: es gibt keinen „allgemeinen Fall", das menschliche Handeln ist tatsächlich wesentlich vielschichtiger als es die Smithsche Theorie darstellt, und ein Kreis (sofern man davon sprechen möchte, daß Kreise überhaupt existieren) *ist* eben ein Kreis und keine Ellipse.[1] Die so konstruierten Begriffe sind entweder faktisch „falsch", d.h., ihnen entspricht kein Gegenstand, oder aber „unmöglich", weil widersprüchlich, aber sie erlauben effizientere „Denkoperationen" und sind somit von Nutzen.

Diese speziellen Interpretationskonstrukte, deren spezifische Eigenheiten oben ausführlich erläutert worden sind, haben - abgesehen von ihrer Struktur und ihrer Funktion - noch zweierlei gemeinsam:
 1. Sie werden, wie Vaihinger oft genug betont, *bewußt* gebildet.
 2. Sie basieren auf einer zugrundegelegten *Common sense*-Auffassung von Wirklichkeit.

Punkt (1) ist zumindest im Falle gewisser grundlegender Fiktionen, vor allem der Allgemeinbegriffe zweifelhaft; zwar entstehen Allgemeinbegriffe wohl durchaus in einem psychischen „Mechanismus", der in etwa dem entspricht, den Vaihinger beschreibt, es ist jedoch fraglich, ob ein solcher Mechanismus bewußt vor sich gehen muß. Tatsächlich wird sich im folgenden zeigen, daß die Bildung solcher Interpretationskonstrukte keineswegs notwendigerweise von Bewußtsein begleitet ist.

Punkt (2) ist nun in Hinblick auf den Status von Vaihingers Fiktionalismus überhaupt von höchster Bedeutung: alle konkret aufgezählten Arten von Fiktionen und Einzelfiktionen setzen, als von der Wirklichkeit abweichende Konstrukte, eine Wirklichkeit voraus, *von der sie abweichen*. Um bei dem oben genannten Beispiel zu bleiben: die Bildung eines Allgemeinbegriffs setzt die konkrete Erfahrung von einzelnen Fällen voraus; ebenso setzt beispielsweise die Fiktion vom aus rein egoistischen Motiven handelnden Menschen die konkrete Erfahrung von menschlichem Handeln und setzt die künstliche Klassifikation von Gegenständen die Existenz von Gegenständen mit klar feststellbaren und mit einiger Exaktheit voneinander abgrenzbaren Eigenschaften voraus. Mit anderen Worten: der Fiktionalismus setzt eine *Common sense*-Auffassung von Realität voraus. Ohne Realität gibt es und kann es auch keine Verfälschung von Realität geben.

Dies ist jedoch nur ein Teil dessen, was sich der *Philosophie des Als Ob* als Vaihingers Ontologie und Epistemologie entnehmen läßt: im Verlauf der Lektüre wird deutlich, daß die Theorie der Fiktionen sich mit der Anerkennung der materiellen Realität im Sinne des Common Sense nicht begnügt; die materielle Wirklichkeit wird (wie schon in Abschnitt 4.1.1 angedeutet) ebenfalls zur Disposition gestellt, insofern die unseren empirischen Weltzugang

---

[1] Vaihingers Ellipsen-Beispiel ist allerdings nicht sehr überzeugend, da es offenbar auf der sprachlichen Konvention beruht, einen Kreis *nicht* als Ellipse zu bezeichnen, obwohl er dies eben tatsächlich doch (wenn auch auf durchaus „seltsame" Weise) *ist*: die Ellipsenformel $b^2x^2 + a^2y^2 = a^2b^2$ geht im Falle $a^2 = b^2 (= r^2)$ in die Kreisformel $x^2 + y^2 = r^2$ über. Ein Kreis ist in mathematischer und geometrischer Sicht sehr wohl eine Ellipse, ein Sonderfall, aber dennoch eine Ellipse. Die sprachliche Konvention, einen Kreis *nicht* als Ellipse zu bezeichnen, die Vaihinger hier offensichtlich zugrundelegt, ist einfach unsere übliche, alltägliche Art über Ellipsen und Kreise zu sprechen, die wohl darauf zurückzuführen ist, daß wir in unserem Leben viel früher mit „Kreisen" als mit „Ellipsen" konfrontiert werden. Tatsächlich neigen wohl viele Menschen dazu, eher eine Ellipse als ein Art deformierten Kreis, als einen Kreis als den Sonderfall einer Ellipse zu betrachten, und diese Einstellung ist es wohl, die Vaihinger den Kreis nur fiktional als Ellipse auffassen läßt.

erst konstituierenden Begriffe, d.h. der Begriff „Ding" und die Kategorien, als Fiktionen, und damit als (Interpretations)Konstrukte gelten müssen. Das Fundament der „Hierarchie" der Fiktionen ist nicht die materielle Welt, vielmehr ist auch sie das Resultat einer Konstruktion, ist wesentlich *erdeutete* Wirklichkeit.

Bereits die Bezeichnung bestimmter Wahrnehmungs- bzw. Eigenschaftsbündel als „Dinge" ist demgemäß eine Fiktion, eine Konstruktion; so etwas wie ein „Ding" besitzt keine eingenständige Existenz im Sinne einer „Substanz", die von ihren Eigenschaften prinzipiell zu trennen wäre, da ein solches „Ding" niemals Inhalt von Erfahrung sein könnte. „Das Ding" ist nicht mehr als „die Summe seiner Attribute"[1]; wir können uns aus der Betrachtung nicht von „Summen von Attributen", sondern eben von Dingen aber nicht lösen, denn auf uns wirkt die „subjektive Nötigung, [...] zu allem Beobachteten Dinge hinzuzudenken."[2]

Entsprechendes gilt nun nicht nur für den Begriff des Dinges (und den komplementären Begriff der Eigenschaft), sondern für alle kategorialen Begriffe: auch die Kategorien, zu denen es jeweils einen komplementären Begriff gibt[3], sind Fiktionen und damit Interpretationskonstrukte, wenn auch auf einer anderen Ebene als diejenigen, die auf der materiellen Realität als zu verfälschender aufbauen: diese materielle, nach bestimmten Kriterien immer schon geordnete Realität wird durch die Kategorien erst hervorgebracht: die Ordnung des „Empfindungschaos"[4] zu Strukturen, zu Dingen, denen Eigenschaften zukommen, die aus klar voneinander abgrenzbaren Teilen bestehen etc., ist „eine rein subjektive Tat."[5] Dies ist teilweise im Kantischen Sinne zu verstehen; Vaihingers Erörterungen enthalten aber auch Gedanken, die an Hume oder an Nietzsche denken lassen: tatsächlich gibt es in der Welt keine identischen Gegenstände, keine Dinge, und somit auch keine Trennung zwischen Dingen und ihren Eigenschaften. In seinen konkreten Wahrnehmungen erlebt das Subjekt jedoch stets ähnliche Dinge und gleichartige Verknüpfungen bestimmter Eigenschaften. Werden bestimmte Gleichförmigkeiten in ausreichender Zahl erfahren, so schlägt das Denken (wohlgemerkt: „das Denken", nicht etwa das denkende Subjekt, d.h., diese Vorgänge geschehen nicht bewußt) den einfachsten, den nützlichsten Weg in der Verarbeitung des Erfahrenen ein: es „springt die Form des Dinges mit seiner Eigenschaft hervor"[6]; d.h., gewisse Empfindungen werden „Dingen" zugeschrieben, denen andere Empfindungen als deren „Eigenschaften" zukommen. Der Geist bringt eine fiktive Relation hervor, die ihm seine „Aufgabe", das Denken und damit letztlich auch den praktischen Umgang mit der Welt, erleichtert bzw. in bestimmtem Umfang erst möglich macht: der Substanzbegriff ist eine Fiktion, das Ding als Träger von Eigenschaften ist eine *nützliche* Vorstellung, aber dennoch eine „Veränderung und Verfälschung der reinen Erfahrung"[7], eine „Verfälschung der gegebenen Wirklichkeit."[8] Das „Empfindungschaos" wird - von Begriffen geleitet - zerlegt in zwei Komponenten, die aber hernach wieder zu konkreten Dingen mit Eigenschaften „zusammengesetzt" werden. Dabei ist aber doch jedes „Ding" ebenso wie jede „Eigenschaft"

---

[1] ebd. S.412
[2] ebd. S.190
[3] vgl. dazu die Erläuterungen zur „Zerlegung" in Abschnitt 4.1.2
[4] Philosophie des Als Ob S.297
[5] a.a.O.
[6] ebd. S.299 (im Original z.T. gesperrt)
[7] ebd. S.301
[8] ebd. S.302

eine Fiktion, ein Konstrukt, Resultat der Ordnung einer Realität, die an sich nur in einem „Empfindungschaos" besteht, in dem es keine Identitäten, keine Dinge und dementsprechend keine Eigenschaften gibt. - „**Das Denken fingiert ein Ding, dem es seine eigenen Empfindungen als Eigenschaften anhängt; mit Hilfe dieser Fiktion arbeitet es sich heraus aus dem Meer der anstürmenden Empfindungen.**"[1] Das spezifisch „Falsche" an der Ding-Eigenschaft-Fiktion ist ein Zweifaches: sowohl die dem „Empfindungschaos" durch ordnendes Eingreifen abgewonnene, erdeutete Dinglichkeit, als auch die systematisch erst später erfolgende Trennung von Ding und Eigenschaft ist eine Fiktion, wobei letztere erst auf der nächsthöheren, bereits begrifflichen Ebene liegt: „das Wort gestattet die Fixierung des Irrtums."[2] (Diese Ausdrucksweise läßt an Nietzsche denken.) Was für die Ding-Eigenschaft-Dichotomie gilt, gilt nun entsprechend auch für andere Kategorien wie die Kausalität oder die Teil-Ganzes-Relation: auch sie sind Fiktionen, Interpretationskonstrukte, Resultat von nicht bewußten, sondern vielmehr die empirische Welt erst konstituierenden Zerlegungen und Synthesen, die konkrete Erfahrung und damit den Umgang mit der Welt erleichtern bzw. erst möglich machen.

Damit wird auch klar, daß die „Philosophie des Als Ob" als Theorie der Fiktionen und die „Philosophie des Als Ob" als Theorie der Interpretation letztlich ein und dasselbe System darstellen: der Fiktionalismus ist nicht nur die Theorie einer Methode, sondern eine umfassende Theorie des Erkennens und Handelns. Die Betrachtung der Fiktionen als nur *eine* spezifische Form des interpretierenden Erkennens der Welt (als „Kunstgriffe" im Gegensatz zu den „Kunstregeln" (s.o.)) muß zugunsten der Auffassung aufgegeben werden, daß menschliches Erkennen letztlich immer - allerdings auf unterschiedlichen Ebenen - auf Fiktionen beruht, auf Begriffen und Vorstellungen, die Konstrukte sind, die zwar jeweils auf einem bestimmten „Rohstoff" beruhen, aber in ihrer Form, ihren allgemeinen Eigenschaften Hervorbringungen des Subjekts darstellen. Man kann von einer „Hierarchie" der Fiktionen sprechen, auf Fiktionen können wiederum Fiktionen angewendet werden, d.h., ein Gebilde, das selbst (wie z.B. die materielle Realität) als fiktiv gelten muß, ist in Hinblick auf ein auf ihr basierendes Konstrukt gewissermaßen „relativ real", insofern dieses von ihr als seiner Basis abhängig ist - „[e]s ist eben eine **stetig und allmählich ansteigende Verfälschung der Wirklichkeit** durch das Denken zu konstatieren, so, dass auf Einem Punkte das Vorhergehende als Wirklichkeit gilt, während es doch selbst schon schliesslich in Fiktionen wurzelt."[3]

Vaihinger will „ein ´Kantianer´ sein, aber ein Kantianer des 20.Jahrhunderts."[4] (Tatsächlich bezeichnet er seine Philosophie gelegentlich als „Kritizismus"[5]). Worin sein Kantianismus besteht, ist nunmehr offensichtlich: die *Philosophie des Als Ob* ist ein allgemeines Erkenntnismodell, das die synthetisierende, deutende Leistung des erkennenden Subjekts in den Vordergrund stellt. („Seit Kant betrachten [...] wir die ganze Vorstellungswelt nicht mehr mit naiv-blödem Staunen, sondern ganz kühl und nüchtern als ein theoretisches

---

[1] ebd. S.305
[2] ebd. S.306
[3] ebd. S.175 f.
[4] "Die Philosophie des Als Ob". Mitteilungen über ein unter diesem Titel soeben erschienenes neues Werk S.113
[5] z.B. Philosophie des Als Ob S.324 (dort gesperrt)

Vorstellungsgebilde, welches zur Vermittlung der Empfindungsreihen dient."[1]) Kant und der ebenfalls von Kant angeregte Lange standen diesem System Pate, durch Nietzsches Denken wurde es in gewisser Hinsicht nachträglich gerechtfertigt. Für Vaihinger ist Erkenntnis kein bloßes Abbilden einer objektiv gegebenen Außenwelt, sondern vielmehr ein „der schöpferischen Einbildungskraft sich verdankender Umwandlungsprozeß." (Wels)[2] Was in diesem Prozeß umgewandelt wird, sind die dem empirischen Subjekt als solche nicht bewußt werdenden reinen Sinneswahrnehmungen; Vaihingers Philosophie ist in einem schwachen Sinne sensualistisch[3], da die fundamentalen Fiktionen, die als für das empirische Ich epistemisch unhintergehbare Basis allen Erkennens die Grundlage aller weiteren interpretativen Konstrukte darstellen, eines „Rohmaterials" bedürfen, das interpretiert, das verarbeitet wird; dieses „Rohmaterial" sind die ungeordneten sinnlichen Eindrücke, das „Empfindungschaos", das als solches niemals Inhalt von Erfahrung sein kann. Dem nicht-empirischen Subjekt, der „Psyche", kommt wesentlich eine ordnende Rolle zu; sie ist es, die „das ihr dargebotene Material der Empfindungen, also die ihr einzig und allein gegebene Grundlage mit Hilfe der logischen Formen verarbeitet"[4]. Das „Empfindungsmaterial" wird von ihr nach bestimmten Kriterien (allen voran nach dem Kriterium einer bestimmten Art von „Nützlichkeit") geordnet; dabei wird „die unmittelbare Wirklichkeit alteriert"[5], die geordnete empirische physische Gegenstandswelt stellt eine „Abweichung von der Wirklichkeit"[6] dar. Diese „Wirklichkeit" ist aber nicht etwa so etwas wie eine „objektive Realität", sondern vielmehr lediglich das „Chaos der Empfindungen"[7]. Diese Empfindungsinhalte sind „das letzte, worauf wir überall, sowohl in unserem praktischen Erleben, als in unserer theoretischen Analyse stoßen"[8], sie sind in diesem Sinne „unbestreitbare Erlebnistatsachen"[9]. Die Empfindungsinhalte sind „ein Absolutes"[10] in dem Sinne, daß sie die unhintergehbare Basis aller Erfahrung ausmachen (selbst jedoch keine Gegenstände möglicher Erfahrung sind).

Auch auf der fundamentalen Ebene geschieht die Interpretation also unter dem Gesichtspunkt des Nutzens; die Welt unserer Vorstellungen soll kein Abbild einer objektiven Wirklichkeit sein, sondern vielmehr „ein Instrument, um sich leichter in derselben zu orientieren"[11] - wir leben demgemäß also zwar „in" einer objektiven Realität, ohne aber zu ihr je direkten, nicht-interpretativen Zugang zu haben; die „Verfälschung" der „objektiven" Realität durch unsere

---

[1] ebd. S.181 (im Original z.T. gesperrt)
[2] Wels, Die Fiktion des Begreifens und das Begreifens der Fiktion S.61
[3] vgl. Oesterreich, Die deutsche Philosophie des XIX.Jahrhunderts und der Gegenwart S.412
[4] Philosophie des Als Ob S.287
[5] a.a.O.
[6] ebd. S.288
[7] ebd. S.286 (im Original z.T. gesperrt)
[8] Ist die Philosophie des Als Ob Skeptizismus? S.532
[9] a.a.O.
[10] ebd. S.536 (im Original gesperrt; Vaihinger weist darauf hin, daß er den Ausdruck „*das* Absolute" vermeidet, um nicht in Sinne z.B. eines absoluten Idealismus mißverstanden zu werden (vgl. Ist die Philosophie des Als Ob Skeptizismus? S.536); der fragwürdige Gebrauch des Ausdrucks „das Absolute" in Verbindung mit dem unbestimmten (eine Mehrzahl suggerierenden) Artikel dient also lediglich der Abwehr von Auslegungen, die den Intentionen des Autors zuwiderlaufen könnten.)
[11] Philosophie des Als Ob S.22 (im Original gesperrt)

Erkenntnisausstattung dient dem Zweck, dem alle Fiktionen dienen: dem Sich-Zurechtfinden in der Welt (ohne mit dieser je direkt konfrontiert zu sein). Auch auf der fundamentalen Deutungsebene erweist sich der Fiktionalismus somit als eine Spielart des Pragmatismus, insofern „der Erkenntnisprozeß allein auf die Entwicklung solcher Theorien abzielt, die dem Handelnden die Möglichkeit geben, sich innerhalb des Gegenstandsbereiches dieser Theorien erfolgreich zu verhalten." (Ceynowa)[1] (Die Parallelen zu Nietzsches Denken sind auch hier wieder augenfällig.) Die Vorstellungswelt ist lediglich „ein Symbol, mit Hilfe dessen wir uns bewegen."[2] Sie dient nicht der Erkenntnis, sondern der „Berechnung", wir sind imstande uns in ihr erfolgreich zu bewegen, erfolgreich mit ihr bzw. ihren Elementen umzugehen; ihr „Zweck" ist die Ermöglichung erfolgreichen Handelns. Das „Rohmaterial" wird vom solcherart zweckmäßig arbeitenden Gehirn bzw. „in demjenigen Teil der Wirklichkeit, den wir als Gehirn anschauen"[3] erst zu Vorstellungen verarbeitet: natürlich ist auch das Gehirn, als Erfahrungsgegenstand, nur eine Vorstellung, ein „Symbol", so etwas wie ein „Gehirn an sich" (ein Ausdruck, den Vaihinger nicht benutzt) muß zwar existieren, ist uns aber unzugänglich, da wir es stets nur mit seinen „Erzeugnissen" zu tun haben. Hier treten Parallelen zu Lange hervor, wenn es auch bei Vaihinger - im Gegensatz zu Lange - so scheint, als sei er letztlich Materialist in einem weiteren Sinne, nämlich in dem, daß es das unzugängliche Gehirn „an sich" ist, das unsere Vorstellungswelt ebenso wie alle hierarchisch höheren Fiktionen hervorbringt, und damit möglicherweise mit „der Psyche", „dem Geist", identisch ist.

Wenn Vaihingers Fiktionalismus hier als einigermaßen kohärentes philosophisches System dargestellt worden ist, in dem Erkenntnismetaphysik und Wissenschaftsmethodologie auf dem selben Prinzip - der „Verfälschung" einer zugrundegelegten Wirklichkeit - beruhen, so muß ausdrücklich gesagt werden, daß diese Auslegung natürlich bestreitbar ist: die Uneinheitlichkeit und - man muß es wohl so nennen - Unausgegorenheit der *Philosophie des Als Ob* läßt es nicht zu, ihr ein System zu entnehmen, das nicht durch den Verweis auf bestimmte Textstellen in Frage gestellt werden könnte. Dennoch scheint die Auslegung des Fiktionalismus als Spielart des Interpretationskonstruktionismus den Intentionen Vaihingers zumindest in einigen wesentlichen Punkten zu entsprechen. Ihr zufolge kann - ganz ähnlich wie bei Lange - der aus materiellen Dingen bestehenden empirischen Realität zwar kein „absoluter" Status zugesprochen werden, in ihr finden wir uns aber immer schon vor und können wir uns handelnd und erkennend orientieren. Sie ist es, die wir durch bewußt eingesetzte Fiktionen „verfälschen" - nicht im dem Sinne, daß wir bestimmte Gegenbenheiten tatsächlich ändern könnten, sondern im Sinne des Vorgehens-"*als-ob*", das letztlich immer wieder auf die empirische Realität abzielt - denn damit etwas „verfälscht" werden kann, muß seine wahre Beschaffenheit bekannt sein. Diese „wahre Beschaffenheit" ist eben in Hinblick auf die methodisch-technischen Fiktionen die materielle Realität, die, damit sie in fiktiver Weise „verfälscht" werden kann, immer schon als eigentlich gegeben vorauszusetzen ist und faktisch auch vorausgesetzt wird.[4] Tatsächlich ist aber auch diese materielle, empirische Wirklichkeit

---

[1] Ceynowa, Zwischen Pragmatismus und Fiktionalismus S.171
[2] Philosophie des Als Ob S.93
[3] ebd. S.96
[4] Damit erledigt sich in gewisser Hinsicht wohl auch der Einwand Heintels gegen Vaihingers System: Heintel meint, wo keine Wirklichkeit erkennbar ist, sei auch keine Abweichung von ihr möglich. Konkret meint Heintel, daß, nimmt man mit Vaihinger an, daß bereits die kategorialen, vor jeder Erfahrung vorhandenen Begriffe, verfälschende Funktion haben, „Wahrheit" im Sinne der Korrespondenztheorie

das Resultat von „Verfälschungen", die jedoch nicht von „uns", sondern - um auf die Kantische Terminologie zurückzugreifen - von einem „transzendentalen Subjekt" geleistet werden, das möglicherweise als im weitesten Sinne „materiell" (d.h. zumindest nicht rein geistig) betrachtet werden muß. Die Welt als ganze ist eine „Fiktion", aber sie ist nicht „unsere" (bewußte) Fiktion: für uns ist sie eben *die* reale Welt, in der wir erkennen und in deren Grenzen wir handeln können; zwar ist diese Welt unter Vaihingers Bedingungen „nur" ein Interpretationskonstrukt, von dem wir aber niemals wissen können, *was*, welche „objektive" Welt „hinter" ihr steht: eine „objektive" Realität ist im Rahmen des Fiktionalismus zwar zu postulieren, aber zugleich für unzugänglich zu erklären.

(als Übereinstimmung eines Satzes mit der Wirklichkeit) und damit auch Hypothesen (die ja einen Wahrheitsanspruch enthalten) nicht mehr möglich sind. (vgl. Heintel, Nietzsches „System" in seinen Grundbegriffen S.81 ff.) Die Unterscheidung zwischen Hypothesen und Fiktionen dürfte tatsächlich im Bereich „fundamentaler" Fiktionen sinnlos sein, und nur dort in sinnvoller Weise zur Anwendung gelangen können, wo eine fixe „Realität" grundgelegt wird; dies ist v.a. der Bereich der Naturwissenschaften, die stets die materielle Realität zugrundelegen.

5. Perspektive und Wirklichkeit in Friedrich Kaulbachs Philosophie des Perspektivismus

Friedrich Kaulbach, geboren am 15.Juni 1912, Professor an der Universität Münster von 1959 bis 1980, hat mit seinem an Kant und Nietzsche anknüpfenden Perspektivismus eine Position entwickelt, die, wie zu zeigen sein wird, durchaus auch als „Interpretationismus" im Sinne der vorliegenden Arbeit gekennzeichnet werden kann: die Art, wie wir die Welt und die Dinge in ihr erkennen, wie wir mit „Welt" konfrontiert sind, uns zu und in dieser Welt verhalten, ist von *Perspektiven* geprägt, die nicht als „wahr" im traditionellen Sinne erwiesen, jedoch durch ihren Nutzen als sinnstiftende Prinzipien legitimiert werden können; sie ermöglichen es dem Subjekt, „sich in eine Welt zu versetzen, die ihm einen seiner Stellung zum Sein angemessenen Sinn bietet."[1]

Aufgrund seines Todes 11.Mai 1992 hat Kaulbach seinen Perspektivismus allerdings nicht mehr umfassend systematisch darstellen können: der geplante zweite Teil der *Philosophie des Perspektivismus*, in dem dies hätte geschehen sollen, ist nicht mehr erschienen. Die eher kursorischen Ausführungen des vorliegenden Kapitels stützen sich auf den 1990 erschienen historisch orientierten Teil I, in dem Kaulbach sich dem perspektivistischen Denken bei Kant, Nietzsche und (dem hier nicht berücksichtigten) Hegel widmet; außerdem auf einige Aufsätze Kaulbachs.

Zuallerest ist jedoch ein kurzer Blick auf den Ausdruck „Perspektive" zu werfen: in der Optik meint dieser, daß uns kein „objektiver" Blick auf die Gegenstände möglich ist, sondern, wie wir einen Gegenstand sehen, stets von unserem (prinzipiell veränderlichen) *Standpunkt*, unserer räumlichen Relation zu diesem Gegenstand abhängt. Wir sehen nie den „ganzen" Gegenstand, sondern stets nur eine oder mehrere „Seiten", und selbst wenn wir imstande sind, uns vorzustellen, wie ein Gegenstand aus jeder beliebigen Perspektive aussehen würde, so ist uns damit doch kein Zugang zum „ganzen" Gegenstand gegeben; der „ganze" Gegenstand bleibt ein Abstraktum, dessen deutlichste Darstellung wohl seine Beschreibung mit den Mitteln der Physik und Mathematik ist.

Der von Nietzsche geprägte Perspektivenbegriff der Philosophie ist demgegenüber jedoch ein wesentlich weiterer: der „Blick" auf die Welt kann nicht nur von verschiedenen „Standpunkten" aus erfolgen, die sich (wie unterschiedliche räumliche Ansichten) nur graduell unterscheiden, sondern kann prinzipiell unter vollkommen anderen – auch hier haben wir es wieder mit einer räumlichen Metapher zu tun – Gesichtspunkten erfolgen. Die Welt aus verschiedenen Perspektiven zu betrachten, bedeutet, sie anders zu *interpretieren*, anders zu *deuten*, andere Maßstäbe anzulegen, sie in einen anderen *Rahmen* zu setzen. Und genauso, wie unter den Bedingungen von Nietzsches Perspektivismus / Interpretationismus durchaus mit Recht danach gefragt werden kann, ob eine Realität außerhalb des Interagierens der Interpretationen überhaupt angenommen zu werden braucht, wird auch im Perspektivismus gefragt werden können, ob den unterschiedlichen Welt-Perspektiven überhaupt so etwas wie eine „objektive" Welt zugrundeliegt, oder ob auf eine solche Annahme nicht zugunsten einer Vielheit von Perspektiven-Welten verzichtet werden kann.

„Im Mittelpunkt perspektivistischer Philosophie steht der Gedanke, daß die Wahrheit über unsere Welt von der Stellung abhängt, die wir dem Sein gegenüber einnehmen, und von der

---

[1] Philosophie des Perspektivismus I S.IX

dieser gemäßen Art und Weise, wie wir diese Welt deuten, sie ´sehen´ und unter welchen Gesichtspunkten wir in ihr handeln."[1] Mit diesen Worten, die am Beginn der *Philosophie des Perspektivismus* stehen, ist der Charakter des Kaulbachschen Perspektivismus als eines Denkens, das die Frage nach der Welt wesentlich zur Frage nach dem *Verhältnis zwischen „der Welt" und den Subjekten* macht, und damit als eines Denkens, das zumindest in seinen allgemeinsten Zügen an die Philosophie Kants anknüpft, dargelegt: Dem Perspektivismus geht es nicht um einen Objektivitätsanspruch, sondern – gerade im Gegenteil – darum, die Perspektivität jeder menschlichen Stellung und jedes menschlichen Zugangs zu „Welt" herauszuarbeiten. Wie wir erkennenden Subjekte die Welt vorfinden, uns zu ihr mit ihr umgehend verhalten – und all das heißt: *was und wie die Welt für uns ist* – ist von unserer Stellung ihr gegenüber abhängig, abhängig eben von der *Perspektive*, unter der wir sie betrachten. Grundbegriffe jeder als perspektivistisch auffaßbaren Philosophie sind „Stellung, Attitüde zum Sein und die ihr angemessene Perspektive, Stand und Standpunkt, Übergang von einem Stand, von seiner Perspektive zu einem ihm überlegenen, Auf-stieg zu höheren Perspektiven usf."[2]

Ein grundlegendes Kennzeichen unserer „Weltperspektiven" ist, daß sie zumindest in einem bestimmten Ausmaß frei wählbar sind, wir uns für je bestimmte Perspektiven *entscheiden* können. Das bedeutet allerdings nicht, daß die Wahl der Perspektiven eine relativistisch-beliebige wäre: vielmehr sieht sich das perspektiven-wählende Subjekt genötigt, sich für eine Perspektive zu entscheiden, „in welcher sich [die Welt] in einer Weise darstellt, welche den Erkenntniswillen des Subjekts zu befriedigen vermag."[3] Zu befriedigen vermag eine Perspektive den Erkenntniswillen des Subjekts dann, wenn die in der jeweiligen Perspektive erschlossene (auch hier könnte man sagen „erdeutete" (vgl. Kapitel 6)) Welt der „Welterwartung"[4] des Subjekts genügt, den Ansprüchen und Erwartungen gerecht wird, die das Subjekt an seine „Welt" und das Wissen über diese stellt. Ist dies der Fall, so wird die jeweilige Perspektive als „sinnvoll" (bzw. „sinnwahr" (s.u.)) erfahren. - „Perspektivistische Philosophie sucht die Wahrheit nicht in dogmatischen Aussagen über Objekte und Objektverhältnisse in der Welt, sondern in Perspektiven, in denen die Welt selbst zu Begriff und Sprache gebracht wird."[5] Jede Perspektive ist eine bestimmte Welt*deutung*, die aber zugleich auch in einem bestimmten Sinne eine welt*schaffende* Leistung beinhaltet.[6]

Kaulbach entwickelt seinen Perspektivismus aus der Auseinandersetzung mit der Kantischen Philosophie einerseits und mit dem Denken Nietzsches andererseits. (Tatsächlich sieht er – ähnlich wie Vaihinger (vgl. Abschnitt 4.3) - zwischen Kant und Nietzsche in dieser Hinsicht eine Kontinuität; seines Erachtens hat „Nietzsche [...] die Tradition des perspektivistischen Denkens, in der Kants Kritik eine Schlüsselrolle spielt, radikal zu Ende gedacht."[7]) So spricht Kaulbach u.a. von „Wege[n] der Kantischen Philosophie [...], die in den Bereich des

---

[1] ebd. S.1
[2] ebd. S.2
[3] ebd. S.5
[4] a.a.O.
[5] ebd. S.9
[6] vgl. Der Philosoph und seine Philosophie S.13 f.
[7] Philosophie des Perspektivismus I S.307; zur Kritik an Kaulbachs Nietzsche-Deutung vgl. Konhardt, Ein „Odysseus des Geistes"

Perspektivenprinzips führen"[1]: als menschliche Wesen sind wir in der Abhängigkeit unserer Erkenntnis von den Formen der Anschauung und des Verstandes „auf die *Perspektive* eingestellt, in der uns durch sinnliche Anschauung die Dinge ´erscheinen´"[2]; wir erfahren die Welt stets in einer bestimmten Perspektive, was darauf zurückzuführen ist, daß wir einen bestimmten „Standpunkt" einnehmen, der es uns unmöglich macht, die Welt anders als in eben derjenigen Perspektive, die sich aus diesem Standpunkt ergibt, zu erfahren. Wir erfahren die Welt jeweils „von einer Hier-Stelle und von einem Jetzt aus"[3], die als Orientierung für die Einordnung von Gegenständen und Ereignissen in räumlicher ebenso wie in zeitlicher Hinsicht (Vergangenheit – Gegenwart – Zukunft) dienen. Was immer wir erfahren, ist stets in dieser Perspektive Erfahrenes, ist Ding (oder Welt) *für uns*, niemals perspektivenfreies „Ding an sich"; erfahrbar sind nur Dinge, „die in einer möglichen Raum-Zeit-Perspektive zur Erscheinung kommen."[4]

Kaulbach übernimmt nun den solcherart terminologisch modifizierten Standpunkt Kants, erweitert diesen jedoch in Verbindung mit Nietzsches Perspektivismus zu einer Position, die unterschiedliche Auffassungen, unterschiedliche Weltbilder eben als unterschiedliche *Perspektiven* betrachtet, die jeweils von bestimmten Standpunkten aus ihre Berechtigung besitzen und zumindest im Prinzip nebeneinander bestehen können, ohne einander zu widersprechen, da jede von ihnen ihrer eigenen Logik folgt, in gewisser Hinsicht wohl auch ihre eigene Logik bestimmt oder mit dieser „identisch" ist. Dieses Nebeneinanderbestehen ist möglich, obwohl – oder gerade weil - verschiedene Perspektiven „inkommensurabel" sind, jede Perspektive in einem spezifischen Bereich „ihre eigene Welt" konstituiert.

Beispielsweise liegen unterschiedliche Perspektiven – auf einer sehr einfachen Ebene – dann vor, wenn zwei Ausdrücke einen unterschiedlichen Sinn, aber die gleiche Bedeutung (jeweils im Fregeschen Sinne) haben; z.B. hat „der ´Sinn´ der Wörter Morgenstern und Abendstern mit dem zeitlichen Standpunkt und der subjektiven *Perspektive* zu tun [...], in der diese Wörter gebraucht werden."[5] Aber auch im Bereich gänzlich anderer Fragestellungen leistet der Perspektivismus einen Beitrag zur Lösung philosophischer Probleme: Kaulbachs oft verwendetes Beispiel betrifft die beiden Aspekte, unter denen die Frage nach der Freiheit des Menschen beantwortet werden kann: die Naturdeterminiertheit des Menschen einerseits, eine ihm mögliche „Kausalität aus Freiheit" andererseits schließen einander nicht aus, sondern stellen lediglich unterschiedliche *Perspektiven* dar, unter denen menschliches Handeln jeweils *zu unterschiedlichen Zwecken* betrachtet werden kann.

Auch betrachtet perspektivistisches Denken jeglichen philosophischen Standpunkt eben als *Standpunkt*, der mit einer bestimmten Perspektive einhergeht, die Bedeutung und Wahrheit (s.u.) jeweils für den besitzt, der diesen Standpunkt einnimmt. Perspektivistisches Denken und Reflexion über „perspektiv(ist)ische Vernunft" selbst ist in diesem Sinne eine „Philosophie der Philosophie bzw. der Philosophien"[6].

---

[1] Wahrheit, Wirklichkeit und Perspektive S.251
[2] ebd. S.252 (Hervorhebung v.Verf.)
[3] a.a.O.
[4] ebd. S.253
[5] Friedrich Kaulbach (Selbstdarstellung) S.197 f. (Hervorhebung v.Verf.)
[6] Philosophie des Perspektivismus I S.225

Kaulbach möchte seinen Perspektivismus allerdings keinesfalls als einen Relativismus (miß)verstanden wissen: ein solcher trivial-relativistischer Perspektivismus bestünde in der Annahme, „daß [der Perspektivismus] keine allgemeine logische Verbindlichkeit zur Annahme einer philosophischen Wahrheit und keinen Maßstab der Wahrheit beim Streit über Aussagen der Philosophie zuläßt, weil ihm gemäß jeder zu seiner subjektiven Entscheidung berechtigt ist"[1]. Eben dies will Kaulbachs Perspektivismus aber nicht implizieren: zwar ist im Prinzip eine Vielzahl, sind vielleicht sogar unendlich viele unterschiedliche Perspektiven denkbar, tatsächlich erfolgt die „Wahl" der jeweils relevanten Perspektive(n) aber stets aus einer gewissen Notwendigkeit, aus gewissen Bedürfnissen des Subjekts heraus, *für das* die diesen Bedürfnissen entsprechenden Perspektiven in einem bestimmten, noch zu erläuternden Sinne, „wahr" (nämlich „sinnwahr") sind.

Perspektivistische Philosophie befaßt sich nicht mit Gegenständen, ihren Eigenschaften, Zusammenhängen etc. selbst, sondern reflektiert auf die diesen zugrundeliegenden Perspektiven, ihre Entstehung, ihren Gebrauch, ihre Logik. Das perspektivistische Denken ist also *transzendental*, insofern es die grundlegende, weltkonstituierende Funktion von Perspektiven betont und untersucht. Jede Perspektive schafft erst eine bestimmte Welt, deren Ordnung und Strukturen, und das perspektivistische Denken erweist sich darin als (auch) transzendentalphilosophischer Entwurf, daß es darauf reflektiert, welche Perspektiven bestimmten „Welten", bestimmten Arten des Umgangs mit „Welt(en)" zugrundeliegen.

Der transzendentale Ansatz geht natürlich auf Kant zurück, und Kaulbach versucht einerseits, seinen Perspektivismus auf Kant aufzubauen, und andererseits die Kantische Transzendentalphilosophie bereits als Form perspektivistischen Denkens in seinem eigenen Sinne zu erweisen. Er will zeigen, daß Kants Abkehr von der dogmatischen Metaphysik hin zum Kritizismus zugleich auch eine Hinwendung zum perspektivistischen Erkenntnismodell darstellt. Transzendentalphilosophie als Philosophie, die nach den Bedingungen der Möglichkeit von Gegenstandserfahrung überhaupt fragt, richtet ihr Augenmerk damit immer auf „die *Perspektive*, in die wir den Gegenstand rücken, wenn wir ihn als möglichen Erkenntnisgegenstand ansprechen."[2] Gegenstände werden erst dadurch erkennbar, „daß wir sie a priori in der Perspektive möglicher Erfahrung deuten und ihnen dadurch den Charakter der Gegenständlichkeit geben."[3] Nur aus dieser spezifischen Perspektive heraus sind Gegenstände überhaupt möglich, sie ist diejenige „Weltperspektive"[4], die diesen Erkenntnisanspruch zu erfüllen imstande ist. Dieser spezifischen Perspektive, insofern sie imstande ist, „den Erkenntnisanspruch des Subjekts zu erfüllen"[5], kommt „Wahrheit" in einem bestimmten (noch zu erläuternden) Sinne zu. Mit der Frage nach den Grenzen unserer Erkenntnis „zieht [Kant] eine Horizontlinie um die Dinge, welche in die Perspektive der möglichen Erfahrung [...] fallen"[6], eine „Horizontlinie der Welt möglicher Erfahrung"[7], die sich aus den Interessen, den Ansprüchen, die den jeweiligen Perspektiven zugrundeliegen, ergibt. Die Perspektive geht einher mit einer Grenzziehung, mit der Abgrenzung des Bereichs der in der jeweiligen

---

[1] Einheit als Thema des transzendentalen Perspektivismus S.26
[2] Philosophie des Perspektivismus I S.17 (Hervorhebung v.Verf.)
[3] a.a.O.
[4] ebd. S.19
[5] ebd. S.20
[6] ebd. S.34
[7] a.a.O.

Perspektive möglichen Erfahrung. Auch z.B. Kants regulative Ideen sind nach Kaulbach als Grenzziehungen in diesem Sinne, also als Perspektiven aufzufassen, „in welche die endlose Erkenntnisarbeit des theoretischen Verstandes gestellt wird."[1] Sie bilden die Perspektive des Ganzen, in das empirische Erkenntnis und Verstandeserkenntnis eingeordnet sind, einen übergeordneten Zusammenhang; diese ist eine Perspektive, die über die der Gegenstandserfahrung hinausgeht, „die prinzipielle Perspektive [...], in welcher die Gegenstände zur Erkenntnis gebracht werden."[2]

Kant berühmte Kennzeichnung von „transzendentaler" Erkenntnis - „Ich nenne alle Erkenntnis **transzendental**, die sich nicht so wohl mit Gegenständen, sondern mit unserer Erkenntnisart von Gegenständen, so fern diese a priori möglich sein soll, überhaupt beschäftigt."[3] - wird von Kaulbach also so verstanden, daß transzendentalphilosophische Überlegungen „auf die Eigenart von Perspektiven, in welche der theoretische Verstand die Dinge rückt, um sie zu Gegenständen zu machen"[4], abzielen. Transzendentalphilosophie in diesem Kantischen Sinne ist Suche nach und Reflexion über *apriorische* Perspektiven, über *Perspektiven*, die bestimmte Formen von Erkenntnis, die Erkenntnis (Erfahrung) von Gegenständen, erst möglich machen, in denen sich erst Gegenstände zeigen, und so eben Aussagen *a priori* über Gegenstände (einer bestimmten Perspektive) *im allgemeinen* ermöglichen. Zugleich legitimiert oder deligitimiert sich damit auch der Anspruch auf Wahrheit, auf wahre Erkenntnis, der mit jeder Aussage über empirische Gegenstände einhergeht. Transzendentalphilosophie ist als Reflexion über und Legitimation von Perspektiven zu betrachten, als eine „Gesetzgebung [...], durch welche den Sachen ihre gegenständliche Verfassung vorgeschrieben wird: sie werden dadurch, daß sie dieser Gesetzgebung genügen, in den Staat möglicher Erkenntnis aufgenommen."[5] Transzendentalphilosophie als Reflexion über die Bedingungen der Möglichkeit bestimmter Arten von Erkenntnis überhaupt, ist für Kaulbach Reflexion über eine bestimmte Erkenntnis*perspektive*, sie befaßt sich – im Kantischen Falle der Reflexion über die Bedingungen der Möglichkeit von Gegenstandserfahrung überhaupt – „mit der *Perspektive* [...], in welche der Erkennende a priori seine Gegenstände rückt."[6] Diese Perspektive ist die der Gegenständlichkeit, in der sich erst überhaupt Gegenstände, wie wir sie kennen, zeigen, die damit aber (als diese Gegenstände) als „von uns", von einer bestimmten Perspektive abhängig, zu gelten haben. Erst in der „*Perspektive* [der] gegenständlichen Verfassung"[7] haben wir es mit quantitativ und qualitativ bestimmten, spezifischen Gesetzmäßigkeiten unterworfenen Gegenständen zu tun, erst das perspektivenabhängige und „gesetzgebende" Subjekt bringt die Gegenstände *als Gegenstände* in einer je spezifischen Perspektive hervor. Mit Perspektiven haben wir es jedoch keineswegs nur auf der Ebene der Gegenstandskonstitution zu tun; so sind wir auf der Ebene der Vernunft ebenfalls von Perspektiven abhängig, sind jedoch in der Wahl unserer Perspektiven in einem gewissen Ausmaß frei (s.u.); so ist die Vernunft z.B. frei in der Entscheidung zwischen der Perspektive des Determinismus und der einer Welt, in der „Kausalität aus Freiheit" möglich ist; wie diese Wahl jeweils ausfällt, wird von den

---

[1] ebd. S.40
[2] ebd. S.42
[3] Kant, KrV B 25
[4] Perspektivismus und Rechtsprinzip in Kants Kritik der reinen Vernunft S.29
[5] ebd. S.30
[6] Autarkie der perspektivischen Vernunft bei Kant und Nietzsche S.90
[7] ebd. S.91

Bedürfnissen abhängen, deren Befriedigung die jeweilige Perspektive dienen soll. Tatsächlich sind wir aber noch in einem weiteren Sinne „frei", autark, nämlich darin, daß die Vernunft als „philosophische" Vernunft „sich selbst aufgrund ihres apriorischen Vermögens perspektivischen Entwerfens genug"[1] ist, da sie es niemals mit bestimmten Gegenständen, sondern stets nur „mit Perspektiven und ihrem gesetzmäßig geregelten Gebrauch zu tun hat"[2]. Diese Autarkie ist es auch, die die Freiheit der Perspektivenwahl erst ermöglicht, es möglich macht, sogar von einander widersprechenden Perspektiven in der Weise Gebrauch zu machen, daß jede dieser Perspektiven als zu einem bestimmten Zweck, einem bestimmten Bedürfnis entsprechend, „wahr" („sinnwahr") gelten kann.

Erkenntnisperspektiven als transzendentale Prinzipien sind also keineswegs Einschränkungen unserer Erkenntnis, sondern vielmehr Bedingungen der Möglichkeit dieser. Sie sind – wie man bei einer Überstrapazierung von „Perspektive" als optische Metapher vielleicht annehmen könnte – keine „Scheuklappen", die das Feld möglicher Erfahrung in willkürlicher Weise abgrenzen oder einschränken, sondern vielmehr eben erst Bedingungen der Möglichkeit von Erkenntnis je einer bestimmten Art. Perspektiven schränken nicht etwa einen „Gottesgesichtspunkt" in willkürlicher Weise ein, sondern ermöglichen Erkenntnis, Erfahrung überhaupt – wenn auch keine Perspektive je als definitiv, als *die* absolute, überzeitlich gültige angesehen werden darf. „Die perspektivischen Bedingungen sind *interne Konditionen der menschlichen Erkenntnis*" (Gerhardt)[3], die wir nicht ablegen können, auf die wir auch nicht verzichten können, ohne damit gleichzeitig auf die Möglichkeit von Erkenntnis überhaupt zu verzichten. Insofern er dies betont, steht der Perspektivismus eben in der Tradition der Kantischen Transzendentalphilosophie, deren Ziel es ist, die Grenzen menschlicher Erkenntnis(möglichkeiten) abzustecken. Und auch Kants Neubestimmung der Metaphysik bleibt unter den Bedingungen perspektivistischen Philosophierens in modifizierter Form erhalten: Metaphysik ist „methodisch normierter Gebrauch von Weltperspektiven und ihren Sprachen"[4] und hat als solcher auch unter den Bedingungen der Kantischen Metaphysikkritik und des an diese anknüpfenden Perspektivismus seine Berechtigung.

Kaulbach spricht in Hinblick auf Perspektiven von der Möglichkeit ihrer „Sinnwahrheit", ein Terminus, den er von „Wahrheit" über Gegenstände, die er „Objektwahrheit" nennt, unterscheidet. Sinnwahrheit soll nicht Wahrheit *über etwas*, sondern vielmehr „Wahrheit" *für jemanden* sein. Eine Perspektive ist *sinnwahr* dann, wenn sie sich „in der Bedeutung als wahr erweist, daß sie sich als fähig zeigt, einem Vernunftbedürfnis, einer Willensverfassung, einer Stellung zum Leben, einem Interesse die *Welt* entwerfend und deutend zu verschaffen, deren diese bedürfen."[5] Ihr Wert für das Subjekt liegt darin, daß sie imstande ist, „die Sinnerwartung des Subjekts zu erfüllen."[6] Sinnwahrheit hat Bedeutung nicht in dem Sinne, daß sie „etwas" bedeutet, sondern darin, daß sie für ein Subjekt *bedeutsam* ist.[7] Jegliche Sinnwahrheit ist jeweils in einer bestimmten Perspektive zu finden, die sich – teils sinn-notwendig, teils frei - aus den Bedürfnissen, den (Sinn-)Erwartungen eines Subjekts ergibt; sie „ergibt sich nicht aus

---

[1] ebd. S.93
[2] a.a.O.
[3] Gerhardt, Die Perspektive des Menschen S.XIII
[4] Philosophie des Perspektivismus I S.70
[5] Autarkie der perspektivischen Vernunft bei Kant und Nietzsche S.95
[6] Philosophie des Perspektivismus I S.287
[7] vgl. Philosophie des Perspektivismus I S.287

objektiver, sondern aus subjektiver Bedeutungsquelle."[1] Sinnwahrheit ist jeweils Wahrheit-für-ein-Subjekt, Gültigkeit-für-ein-Subjekt, ist stets subjektiv-kontingente „Wahrheit". Eine Perspektive ist sinnwahr, solange sie die ihr zugrundeliegenden Sinnerwartungen erfüllt und sie ist es nicht mehr (und muß somit durch eine andere ersetzt werden), sobald dies nicht mehr der Fall ist; Perspektiven *rechtfertigen* sich durch ihre Eignung zur Erfüllung bestimmter Bedürfnisse.

„Die Wahrheit der Perspektive hat invertierenden Charakter, sofern sie auf der Bedeutsamkeit dieser Perspektive für das Subjekt besteht."[2] – Insofern sie für das Subjekt bedeutsam ist, verweist sie zurück auf dieses und dessen Bedürfnisse, auf das Subjekt, „welches sich diese Welt entwirft, um an ihr Sinnorientierung zu finden."[3]

Sinnwahrheit ist nicht theoretisch beweis- oder begründbar, folgt jedoch der *Sinn-Notwendigkeit* (s.u.), aus der heraus sie zugleich, in einer von der Rechtfertigung eines Anspruchs auf Objektwahrheit vollkommen verschiedenen Weise *als* Sinnwahrheit gerechtfertigt ist. Eine Rechtfertigung im Sinne der Objektwahrheit, d.h. unter Rückgriff auf „wissenschaftliche" Argumente im weitesten Sinne, *kann* hier nicht gelingen, wäre ein völlig verfehltes Unterfangen, da *die Objektwahrheit selbst* Resultat einer perspektivischen Setzung, also keineswegs eine irgendwie (absolut) „objektive" Wahrheitsauffassung, sondern selbst nur unter einer bestimmten Perspektive sinnwahr ist. Die Sinnwahrheit ist die grundlegendere, ursprüngliche Form von „Wahrheit". (Allerdings ist die Bezeichnung sowohl von Sinn- als auch von Objektwahrheit als „Wahrheit" vielleicht etwas unglücklich gewählt, da sie Ähnlichkeiten suggeriert, wo solche nicht vorhanden sind: während unter Objekt-„wahrheit" „Angemessenheit einer Aussage an die ´Sache´, um die es geht"[4] - also durchaus so etwas wie „Wahrheit" im Sinne des Korrespondenzmodells - zu verstehen ist, steht die Verwendung des Ausdrucks Sinn-„wahrheit" einem wesentlich weiter gefaßten Wahrheitsbegriff näher: Sinnwahrheit „ist einer Perspektive eigentümlich, durch deren deutende Kraft ich mir die Welt verschaffe, die mir Sinn für mein Denken und Tun gibt"[5]. Es handelt sich hier sozusagen um „existenzielle" „Wahrheit", die mit einem Ausdruck wie „Geltung(-für-jemanden)" vielleicht weniger mißverständlich bezeichnet wäre (zumal Objektwahrheit eine bestimmte Perspektive, und das heißt, deren Sinnwahrheit immer schon voraussetzt, Sinnwahrheit Bedingung der Möglichkeit von Objektwahrheit ist.))

Perspektivistische Philosophie ist nach Kaulbach auch zu verstehen als Philosophie der Philosophie, als Meta-Philosophie in der Tradition von Nietzsches philosophischer Psychologie[6]; in der Perspektive des Perspektivismus ist jede Philosophie der „Entwurf der Perspektive einer Welt, an welcher ein Leben und sein Seinsstellung erkennbar wird, welche dieser Perspektive bedürfen."[7] Philosophische Sätze können und sollen demgemäß keine „wahren" Sätze im Sinne der Objektwahrheit sein, sondern haben Bedeutung stets *für* denjenigen, aus dessen Bedürfnissen sie sich als „seine" ergeben: sie sind eben *sinnwahr* (oder können es zumindest sein).

---

[1] Kants Auffassung von der Wissenschaftlichkeit der Philosophie S.9
[2] Philosophie des Perspektivismus I S.45
[3] ebd. S.134
[4] Kant und Nietzsche im Zeichen der kopernikanischen Wendung S.362
[5] a.a.O.
[6] vgl. Der Philosoph und seine Philosophie S.11 ff.
[7] Der Philosoph und seine Philosophie S.14

Der Perspektivismus ist ein philosophischer Standpunkt, der eine bestimmte Form der Freiheit des Subjekts betont, nämlich die – allerdings natürlich nicht absolute – Freiheit *in der Wahl der Perspektive(n)*, der Art(en), wie Gegenstände, wie die Welt überhaupt gesehen wird, welche Aussagen überhaupt über sie getroffen werden können, welche *Form* von Aussagen, welche Sprache überhaupt zur Beschreibung der Welt, zum Sprechen über Gegenstände verwendet werden kann, diesen Zwecken angemessen ist. – „Die Sprache, in der die Natur zu antworten hat, wird vom Subjekt vorgeschrieben."[1] Die „´prinzipielle´ und grund-legende Handlung des Subjekts"[2], die Wahl des Standpunktes, aus dessen Perspektive, die Welt (jeweils zu einem bestimmten Zweck) betrachtet wird, ist in dieser Hinsicht eine *freie* Handlung.

Die Freiheit, die Autarkie der perspektivistischen Vernunft besteht für Kaulbach darin, daß das Individuum einen *Sinn* seiner Existenz nicht der Welt zu entnehmen braucht[3], sondern Sinn (und damit Sinn-*wahrheit*) selbst durch die Wahl von Perspektiven in die Welt einbringt. Die Tätigkeit der perspektivischen Vernunft besteht „in dem Vermögen der philosophischen Phantasie, sinngebende Weltperspektiven zu entwerfen und diejenige zu wählen, die dem jeweiligen Lebenszustand angemessen ist."[4] Dabei ist die jeweils „angemessene", als den Bedürfnissen, aus denen sie sich ergibt, adäquate, zu deren Befriedigung geeignete, auch zugleich die in diesem Zusammenhang sinnwahre Perspektive, insofern sie Sinn in die Welt einbringt bzw. eine für das jeweilige Subjekt sinn-volle Welt erst konstituiert. Diese Sinnwahrheit kann sich auf nichts außerhalb ihrer „Ursachen", der Bedürfnisse, deren Erfüllung sie dient, auf keine theoretischen Beweise oder Bestätigungen stützen, das Individuum ist für sie sich selbst gegenüber verantwortlich. „Sie muß dem philosophischen Gewissen eines jeden Individuums anheim gestellt werden."[5]

Freiheit im hier gemeinten Sinne „ist Stand aller möglichen Standpunkte und Perspektive aller möglichen Perspektiven"[6]; der Ausdruck „Perspektive" ist „Stichwort für das Programm des auf *Autarkie* beruhenden Weltdeutens"[7].

Diese Freiheit beinhaltet auch die Anerkennung der Tatsache, daß keine Welt-Perspektive jemals für endgültig gehalten, als „die definitiv gültige" Perspektive aufgefaßt werden kann oder darf. Keine Perspektive darf auf diese Weise „Macht" über denjenigen ausüben, dessen Perspektive sie ist; vielmehr hat das Individuum seine „Macht" über die verschiedenen Welt-Perspektiven dergestalt auszuüben, daß es über Perspektiven, die ihren Zweck, die Befriedigung eines bestimmten (Sinn-)Bedürfnisses, nicht mehr zu erfüllen vermögen, die somit nicht mehr *sinnwahr* sind, hinauszugehen, sie durch andere, neue Perspektiven zu ersetzen und zu überwinden hat. In dieser Fähigkeit, sinn-los, nutz-los gewordene Perspektiven zu überwinden, sie durch andere, „bessere", angemessenere zu ersetzen, besteht die „souveräne Freiheit"[8] des Individuums in Hinblick auf die Perspektiven, die perspektivischen Welt-Bilder.

---

[1] Philosophie als Wissenschaft S.30
[2] ebd. S.31
[3] vgl. Nietzsches Kritik an der Wissensmoral und die Quelle der philosophischen Erkenntnis S.78
[4] Nietzsches Kritik an der Wissensmoral und die Quelle der philosophischen Erkenntnis S.79
[5] a.a.O.
[6] Philosophie als Wissenschaft S.32
[7] Autarkie der perspektivischen Vernunft bei Kant und Nietzsche S.95 (Hervorhebung v.Verf.)
[8] Nietzsches Idee einer Experimentalphilosophie S.64

Diese Freiheit in der Wahl der Perspektiven ist natürlich keine absolute Freiheit – vielmehr ist sie mit einer ihr komplementären Form von *Notwendigkeit* verknüpft, der *Sinn-Notwendigkeit*, die sich aus den (Sinn-)Bedürfnissen des Individuums, das danach strebt, seinem Handeln, seiner Existenz eben *Sinn* zu geben, ergibt, aus dem Bedürfnis, sich in einer Welt wiederzufinden, in der das eigene Handeln nicht umsonst ist, in der es möglich ist, „meiner Existenz als dem Inbegriff meines Denkens und Tuns Sinn zu geben."[1] Sinn-Notwendigkeit ist dann „Notwendigkeit" der Wahl einer bestimmten Perspektive, die geeignet ist, dieses Sinn-Bedürfnis zu erfüllen; und die ihr komplementäre Freiheit besteht darin, sich für eben eine solche Perspektive (vielleicht für eine von vielen, die in dieser Funktion gleichwertig sind) zu entscheiden.

Es fällt auf, daß Kaulbach in Zusammenhang mit der Perspektivenbildung häufig den Ausdruck „Deutung" (gelegentlich auch „Interpretation"[2]) verwendet. Perspektivenbildung ist *Deutung*, Weltperspektiven sind Welt*deutungen*, in jeder Perspektive wird die Welt anders *interpretiert*. Was Kaulbach „Perspektivismus" nennt, kann mit daher wohl mit Recht ebensogut als „Interpretationismus" bezeichnet werden, insofern es sich um eine philosophische Position – eine philosophische *Perspektive* – handelt, die die Abhängigkeit der Welt, wie sie uns konkret erscheint, unseres Welt-Bildes bzw. unserer Welt-Bilder von einer *Aktivität* des erkennenden Subjekts betont.

Im Kontext von Kaulbachs Perspektivismus ist diese Aktivität eine Wahl, die das Subjekt zu treffen hat, und die in gewissem Ausmaß als frei in einem sehr speziellen, aber auch recht starken Sinne des Wortes gelten kann. Diese Freiheit der Perspektivenwahl ist jedoch eingeschränkt durch den Zweck, den eine Perspektive jeweils zu erfüllen hat. Das Subjekt ist einem eigentümlichen Spannungsfeld von Freiheit und Notwendigkeit ausgesetzt: jegliche Perspektivenwahl erfolgt aus einer existenziellen Notwendigkeit heraus, aus der Notwendigkeit, eben zu einer Welt-Perspektive (oder Welt-Interpretation) zu gelangen, die bestimmte Bedürfnisse, etwa das nach der Möglichkeit gezielten Eingreifens in die Welt, zu erfüllen imstande ist. Die konkrete Perspektive, die dieser Wahl entspringt, ist aber durch diese Form der Notwendigkeit (die Sinn-Notwendigkeit) nicht determiniert, es ist prinzipiell stets eine Vielzahl von Perspektiven vorstellbar, die den Erfordernissen einer spezifischen Sinn-Notwendigkeit genügen.

Die solchen Akten *notwendig gemachter freier Wahl* entspringenden Welt-Perspektiven können dabei – da sie vollkommen unterschiedlichen Bedürfnissen entspringen – so verschieden sein, daß es wohl berechtigt ist, von „Perspektiven-Welten", und davon, daß jede perspektivische Deutung ihre eigene Welt „schafft", zu sprechen. Daß diese Welten sich voneinander z.T. radikal unterscheiden, spricht nun nicht gegen sie, spricht nicht gegen ihre *Wirklichkeit*: jede Perspektiven-Welt ist so „real" wie sie zu sein hat, um der ihr zugrundeliegenden Sinn-Notwendigkeit zu entsprechen. Die unterschiedlichen Perspektiven-Welten, Deutungs-Welten mögen einander, da sie vielleicht aus (in einem etwas anderen Sinne) „widersprüchlichen" Bedürfnissen hervorgehen, sogar widersprechen; aber ebenso wie solche Bedürfnisse und Notwendigkeiten nebeneinander zu bestehen vermögen, schließen einander die unterschiedlichen „Welten" auch dann nicht aus, wenn die in ihnen gültigen (Objekt-)Wahrheiten widersprüchlich sind: auch verschiedene Perspektiven-Welten können

---

[1] ebd. S.30
[2] z.B. Philosophie des Perspektivismus I S.287

zumindest so lange nebeneinander bestehen, wie die ihnen zugrundeliegenden Sinn-Notwendigkeiten nebeneinander bestehen.

Wir können also mit gutem Recht sagen, daß wir – „gleichzeitig" oder auch „nacheinander", diese Unterscheidung dürfte aber keine allzu große Rolle spielen – in *verschiedenen Welten*, den verschiedenen Perspektiven-Welten leben, die jeweils dadurch, daß sie bestimmten Zwecken dienen, nicht nur gerechtfertigt, sondern *für uns* auch so real wie nur möglich sind. Die Frage, die sich nun stellt, muß lauten: liegt allen diesen Welten eine gemeinsame, *die* (objektive) Welt, zugrunde oder kann auf eine solche Annahme zugunsten einer Vielheit nicht von Welt-Perspektiven sondern eben von *Perspektiven-Welten* verzichtet werden?

Vor welche Entscheidung stellt uns diese Frage - „Welt-Perspektiven oder Perspektiven-Welten?" – eigentlich? In letzter Konsequenz scheint es sich um eine Entscheidung zwischen einer zumindest rudimentären Form von (ontologischem) Realismus und einem Perspektiven-Idealismus zu handeln: Sprechen wir von „Welt-Perspektiven" (im Gegensatz zu „Perspektiven-Welten"), so meinen wir, daß eine objektive Realität, eine von uns unabhängige Welt existiert, die wir jedoch stets nur von einem bestimmten Standpunkt aus, eben in einer bestimmten Perspektive zu erfassen, zu erkennen imstande sind, die jedoch allen möglichen Welt-Perspektiven zugrundeliegt. In diesem Falle wäre allerdings der Ausdruck „Perspektive" etwas unglücklich gewählt: seine Herkunft aus der Optik bzw. der darstellenden Geometrie insinuiert, daß so etwas wie eine objektive, von jeglicher Perspektive unabhängige Beschreibung der Welt möglich sein könnte[1], was durch den transzendentalen, gegenstandskonstituierenden Charakter des perspektivistischen Prinzips aber gerade ausgeschlossen ist. Mangelnde Angemessenheit des Ausdrucks „Perspektive" müßte allerdings auch im gegenteiligen Fall der Annahme autonomer Perspektiven-Welten kritisiert werden: Die Perspektivenmetapher wäre einer perspektiven-idealistischen Auffassung, die *ausschließlich* Perspektiven, ausschließlich Standpunkte, aber keinen objektiv beschreibbaren oder auch nur überhaupt existierenden Gegenstand, der in den unterschiedlichen „Perspektiven" erfaßt wird, kennt, noch viel weniger angemessen. Wir haben es also mit der Wahl zwischen zwei äußerst unterschiedlichen Positionen zu tun, die beide den Eindruck erwecken, als seien sie mit dem Ausdruck „Perspektivismus" nicht sehr glücklich bezeichnet. Allerdings ist die Perspektivenmetapher – wie auch bei „Interpretation" oder „Deutung" handelt es sich bei „Perspektive" im Kaulbachschen (wie auch im Nietzscheanischen) Sinne um eine Metapher – unter den Bedingungen eines Perspektiven-Pluralismus mit zugrundegelegtem ontologischen Realismus eher aufzulösen als unter der Annahme einer Pluralität autonomer Perspektiven-Welten: die „Perspektiven", in denen wir die Welt erkennen, sind theoretische Rahmen, Deutungsrahmen (auch dies sind allerdings wieder Metaphern!), innerhalb derer „ein und

---

[1] Dieser Punkt läßt sich vielleicht durch Erläuterungen Hilary Putnams illustrieren, die dieser im Zusammenhang der Auseinandersetzung mit der Position Bernard Williams´ gibt: „In der Optik ist klar, was unter einer ´objektiven Beschreibung´ einer Szene zu verstehen wäre, nämlich eine Beschreibung der Größe, Gestalt und Lage aller auf dem Schauplatz vorhandenen Körper und sämtlicher Lichtquellen. Unter Zuhilfenahme dieser objektiven Beschreibung und der optischen Gesetze, die wir als Bestandteile der objektiven Beschreibung deuten dürfen, können wir vorhersagen, wie die Szene ´perspektivisch´ betrachtet, von jedem beliebigen Blickpunkt aussehen wird, so daß z.B. angegeben wird, warum Elisabeth winzig aussieht, wenn Heinrich sie vom Gipfel eines Hügels herab anschaut, und warum Heinrich zum gleichen Zeitpunkt winzig auf Elisabeth wirkt. In diesem Sinne *erklärt* die objektive Beschreibung alle ´lokalen Perspektiven´." (Putnam, Für eine Erneuerung der Philosophie S.111)

dieselbe", wenn auch als solche unzugängliche Realität zu verschiedenen Zwecken (zur Erfüllung verschiedener Bedürfnisse) beschrieben werden kann: beispielsweise stellen die Perspektiven „Naturkausalität" und „Kausalität aus Freiheit" so betrachtet unterschiedliche Rahmen dar, die unterschiedliche Zwecke zu erfüllen haben: der eine soll sichere Vorhersagen des Naturgeschehens (und gezielte Eingriffe in dieses) ermöglichen, der andere verstehbar machen, inwiefern Freiheit in einem bestimmten Sinne als möglich gelten kann. Jede „Perspektive" würde demgemäß einen Rahmen bilden, innerhalb dessen bestimmte Arten der Erklärung und bestimmte Arten des Zugangs zur und des Umgangs mit Welt erst als möglich gelten können.

Auf die Frage „Welt-Perspektiven oder Perspektiven-Welten?" findet sich in den – großteils philosophiehistorisch orientierten – Schriften Kaulbachs zum Perspektivismus aber letztlich keine vollständig klare Antwort; Kaulbachs Position ist zwischen der Kants und der Nietzsches anzusiedeln und scheint von beiden etwa gleich weit entfernt zu sein. Eine Aussage wie: „Welt bedeutet den Inbegriff der in der Geschichte geleisteten und noch möglichen Weltperspektiven."[1] könnte – ähnlich wie z.B. auch Kaulbachs Kritik an Kants Konzeption der „Dinge an sich"[2] – eine Präferenz in Richtung Nietzsche andeuten, andere Ausführungen lassen allerdings die Annahme „der (einen) Welt" zumindest im rudimentären Kantischen Sinne zu. Die Frage „Welt-Perspektiven oder Perspektiven-Welten?" läßt sich somit nur schwer beantworten. Ein zentraler Punkt von Kaulbachs Perspektivismus ist jedoch klar: womit immer wir es in der Welt (oder den Welt*en*) zu tun haben, ist uns niemals in einer wie auch immer zu verstehenden objektiven oder absoluten Weise, sondern stets nur in einer bestimmten Perspektive zugänglich, in deren Wahl wir zu einem gewissen Grad frei sind. Diese Wahl ist aber stets eine Wahl *zwischen Perspektiven*, sie kann niemals zu einem perspektivenfreien Weltzugang, zur Erkenntnis einer „objektiven" Realität führen; Perspektivität ist Bedingung der Möglichkeit jeglichen Zugangs zu „Welt(en)".

Dieser zentrale transzendentalphilosophische Aspekt verbindet sich in Kaulbachs Perspektivismus mit (von Nietzsche herkommenden) lebensphilosophischen und pragmati(sti)schen Aspekten zu einer philosophischen Position, die im Inhalt wie im Ausdruck

---

[1] Einheit als Thema des transzendentalen Perspektivismus S.38
[2] Für Kaulbach ist Kants Argumentation für die Existenz von „Dingen an sich" als „hinter" den Erscheinungsgegenständen stehenden nicht imstande, solche „Dinge an sich" als perspektivenfreie, ungedeutete zu erweisen: auch Überlegungen über „Dinge an sich" sind stets perspektivisch, an Perspektiven gebunden: das „Ding an sich" „bedeutet [...] einen ´Gegenstand´, der dem Erkenntniswillen von einer anderen Perspektive her bekannt ist und den der theoretische Verstand jetzt in *seine* Perspektive des Konstituierens der Gegenstände rückt." (Philosophie des Perspektivismus I S.68)

klar in philosophischen Traditionen wurzelt, dabei aber – als perspektivistischer Interpretationismus verstanden – zumindest grundlegende (aber deutliche) Ähnlichkeiten zu Standpunkten aufweist, die diese Traditionen zwar ebenfalls aufgreifen, sie aber mit neueren Auffassungen (z.B. der analytischen Philosophie) und deren Terminologie verknüpfen, wie dies in den interpretationsphilosophischen Entwürfen Hans Lenks und Günter Abels (vgl. Kapitel 7 und 8) geschieht.

6. (Er)Deutung und Wirklichkeit in Gerold Prauss´ Deutungstheorie

Gerold Prauss, geboren 1936, Professor in Freiburg im Breisgau, vertritt eine Philosophie, die im Inhalt wie im Ausdruck an Kant anknüpft. Derjenige Aspekt der Kantischen Philosophie, auf dem sein Denken primär beruht, ist der der Erkenntnis als *Aktivität* des Subjekts: Erkennen ist wesentlich *Deuten*, und was erkannt ist, ist immer schon in einer bestimmten Weise ge- bzw. *er*deutet, interpretiert. Diese Position, entwickelt im Rahmen der Auseinandersetzung mit dem Problem des Verhältnisses zwischen Dingen an sich und Erscheinungsdingen bei Kant[1], hat Prauss zuerst in seiner 1980 erschienen *Einführung in die Erkenntnistheorie* (die allerdings mehr als eine reine Einführung ist) dargelegt. Diese *Einführung* ist es auch, die den folgenden Ausführungen hauptsächlich zugrunde liegt; auf das wesentlich umfangreichere (und teilweise schwerverständliche) Werk *Die Welt und wir* wird nur dort zurückgegriffen, wo es bestimmte Aspekte der *Einführung* ergänzt.

6.1 Kennzeichnung von "Erkenntnistheorie" als Transzendentalphilosophie

Prauss charakterisiert jeden Prozeß, der zu "Erkenntnis" (man könnte auch sagen: Wissen) im weitesten Sinne des Wortes führt, als die Bemühung, zu einer *Aussage* über etwas zu gelangen. So etwas wie "reine" Erkenntnis anzunehmen wäre begrifflich widersinnig, Erkenntnis ist vielmehr stets Erkenntnis *von etwas*; gleichzeitig ist sie aber - als *Aussage* über etwas - selbst "etwas". Jede Erkenntnisbemühung richtet sich darauf, "´etwas über etwas´ oder ´etwas von etwas´ auszusagen."[2]

In der Reflexion über Erkenntnis sind demgemäß zwei Aspekte, zwei Dimensionen von Erkenntnis zu berücksichtigen; in jeder Erkenntnis gibt es

- dasjenige ("Etwas"), *das* ausgesagt wird (= die Aussage selbst), und
- dasjenige ("Etwas"), *wovon* etwas ausgesagt wird (das Objekt der Erkenntnis).

Beide Erkenntnis-"Faktoren" können unabhängig voneinander betrachtet werden; der Aspekt, um den es Prauss hier im Hinblick auf den einen wie auf den anderen geht, ist die Unterscheidung zwischen "empirisch" und "nichtempirisch". Erkenntnis (oder, wie Prauss auch sagt, "Wissenschaft") kann selbst *empirische* oder *nichtempirische* sein, sich also methodisch auf Erfahrung stützen oder eben auch nicht; sie kann aber auch - unabhängig davon - Wissenschaft *vom Empirischen* oder Wissenschaft *vom Nichtempirischen* sein. Beide Faktoren berücksichtigend lassen sich also vier Arten von Wissenschaft unterscheiden:

    a) empirische Wissenschaft vom Empirischen
    b) empirische Wissenschaft vom Nichtempirischen
    c) nichtempirische Wissenschaft vom Empirischen
    d) nichtempirische Wissenschaft vom Nichtempirischen.

Bei (a) handelt es sich um die Naturwissenschaften im engeren Sinn (d.h. unter Ausschluß der Mathematik), bei (d) um die Formalwissenschaften Mathematik und Logik. Bei (b), der empirischen Wissenschaft vom Nichtempirischen, handelt es sich um das, was Prauss als "schlechte Metaphysik"[3] bezeichnet: diese besteht darin, "über Nichtempirisches, das heißt

---

[1] vgl. Erscheinung bei Kant und Kant und das Problem der Dinge an sich
[2] Einführung in die Erkenntnistheorie S.10 f.
[3] ebd. S.12

über solches, was im Bereich des Empirischen nicht vorfindbar ist, in einer Weise zu sprechen, als habe [man] gleichwohl einen besonderen empirischen Zugang zu ihm, der [einem] auch eine eigene Art empirischer Aussagen darüber ermögliche."[1] Derartige "schlechte Metaphysik" (wie Prauss sie z.B. in Platons Ideenlehre erblickt) macht Empirisches zum Ausgangspunkt für Aussagen *über* Nichtempirisches. Die verbleibende Art von „Erkenntnis" / „Wissenschaft", hier unter (c) genannt, ist diejenige, die versucht, zu *nichtempirischen Aussagen über Empirisches* zu gelangen, d.h. etwas über Empirisches *im allgemeinen* auszusagen, ohne sich dabei *methodisch* auf Empirisches zu berufen.

Eben solche nichtempirische Wissenschaft vom Empirischen ist *Erkenntnistheorie* in Prauss´ Sinne. Erkenntnistheorie - als genuin philosophische Disziplin - soll "[dem] Empirischen einen nichtempirischen Sinn abgewinnen"[2], sie soll über das Empirische *im allgemeinen* Aussagen treffen, die selbst nichtempirischen Charakters sind. Erkenntnistheorie "geht vom Empirischen aus, doch nicht, wie transzendente Metaphysik, über dieses Empirische hinaus, sondern recht eigentlich in das Empirische hinein"[3]; als "[nichtempirische] Reflexion auf [das] Empirische"[4] strebt sie nach Erkenntnis vom Empirischen, ohne sich dabei auf konkretes Empirisches zu berufen. Als solche nichtempirische Wissenschaft vom Empirischen im allgemeinen ist sie "nicht transzendent im Sinne schlechter Metaphysik, sondern [...] lediglich transzendental"[5]. "Erkenntnistheorie" in Prauss´ Sinne ist also mit Transzendentalphilosophie identisch[6], sie befaßt sich mit Empirischem - und das heißt eben: mit Empirischem *im allgemeinen*, in Hinblick auf das, was allen empirischen Gegenständen gemeinsam ist - insofern, als sie zu klären versucht, wie die Tatsache, daß es für uns überhaupt Empirisches gibt, zu verstehen ist. Sie hat zu (er)klären, wie Gegenstandserkenntnis überhaupt zustandekommen kann.

6.2 „Unhaltbare Lösungsversuche"

Im Anschluß an die Charakterisierung von Erkenntnistheorie / Transzendentalphilosophie als nichtempirischer Wissenschaft vom Empirischen (im allgemeinen) untersucht Prauss in der *Einführung in die Erkenntnistheorie* zwei klassische Ansätze zur Lösung der Frage nach dem Zustandekommen von Erfahrung, die er allerdings von vornherein als "unhaltbare Lösungsversuche"[7] bezeichnet, und deren Darlegung vor allem dazu dient, auf die Deutungstheorie als dritten Weg jenseits dieser aus unterschiedlichen Gründen zum Scheitern verurteilten Alternativen hinzuführen. Diese beiden "unhaltbaren" Ansätze sind die Abbild- und die Schlußtheorie.

6.2.1 Die Abbildtheorie

Als **Abbildtheorie** gilt für Prauss jede Theorie, die annimmt, Erkenntnis bestünde darin, daß dasjenige, was erkannt wird, im weitesten Sinne "im Subjekt" abgebildet wird, d.h. der Erkennende es mit dem "Abbild" eines Gegenstands zu tun hat, das dem tatsächlichen

---

[1] a.a.O.
[2] ebd. S.16
[3] ebd. S.24
[4] ebd. S.25
[5] ebd. S.24; die Einschränkung "lediglich" kann wohl nur so gemeint sein, daß nichtempirische Wissenschaft vom Empirischen (ganz im Kantischen Sinne) nicht den Anspruch erhebt, das Empirische auf ein wie auch immer geartetes Transzendentes hin zu überschreiten.
[6] vgl. dazu auch Kant und das Problem der Dinge an sich S.213 ff. (§ 12)
[7] Einführung in die Erkenntnistheorie S.28

Gegenstand mehr oder weniger nahekommt. Werden solche Abbilder als "Sinnesdaten", "Reize", o.ä. bezeichnet, dann handelt es sich um diejenige Variante der Abbildtheorie, die Prauss als "psychische" bezeichnet[1], dieser steht die materialistische Variante der Abbildtheorie gegenüber, die bestimmte physische Gegebenheiten (z.B. Netzhautbilder) als Abbildungen (anderer physischer Dinge) auffaßt.

Erkenntnis besteht (beiden Ausformungen) der Abbildtheorie zufolge in einem Verhältnis des Abbildes zum Abgebildeten. Dieses Verhältnis ist gekennzeichnet dadurch, daß ihm eine höhere oder geringere *Deutlichkeit* oder *Angemessenheit* zugesprochen werden kann: ein und derselbe Gegenstand kann in verschiedenen (qualitativ gleichen) Abbildern wiedergegeben werden, die sich durch den Grad ihrer Deutlichkeit, d.h. ihrer Ähnlichkeit mit dem Abgebildeten unterscheiden; verschiedene Abbilder desselben Gegenstandes können diesem - wie Photographien - mehr oder minder deutlich entsprechen, ihn mehr oder minder deutlich wiedergeben. Abbilder sind also stets mehr oder weniger *zutreffend*. Für Prauss besteht ein (wenn nicht *das*) wesentliche Charakteristikum von Erkenntnis aber darin, daß sie *wahre* und (bzw. oder) *falsche* Erkenntnis sein kann.[2]

Was genau meint Prauss hier aber mit dem Ausdruck „Erkenntnis"? Tatsächlich ist es nicht ganz leicht, der *Einführung in die Erkenntnistheorie* eine klare Antwort auf diese Frage zu entnehmen; Prauss scheint den Begriff „Erkenntnis" nicht immer in der gleichen Weise zu verwenden. Da er jedoch „Erkenntnistheorie" im Sinne von Transzendentalphilosophie, als nichtempirische Wissenschaft vom Empirischen (überhaupt) auffaßt, liegt es nahe (und auch die Ergebnisse von Prauss´ Überlegungen (vgl. Abschnitte 6.3 und 6.4) sprechen dafür), „Erkenntnis" im für unsere Überlegungen relevanten Sinne als eng mit *Erfahrung* verbunden aufzufassen. „Erkenntnis" scheint sich hier auf so etwas wie Erfahrungsurteile zu beziehen, und Urteile können zweifellos wahr oder falsch sein. Der Unterschied zwischen „wahrer" und „falscher Erkenntnis" würde demgemäß in etwa dem zwischen einer zutreffenden, „wahren" Erfahrung, und somit einem wahren *Urteil* über einen Erfahrungsgegenstand, und einem falschen, nicht zutreffenden Urteil, einem *Irrtum*, einer *Täuschung* entsprechen. Diese Auslegung von Prauss´ Verwendung des Ausdrucks „Erkenntnis" ist freilich eben nur eine Auslegung; sie scheint mir jedoch dem in der *Einführung in die Erkenntnistheorie* gesagten angemessen zu sein und wird daher den folgenden Ausführungen zugrundegelegt. Um es noch einmal zu sagen: ich verstehe das, was Prauss als „Erkenntnis", die „wahr" oder „falsch" sein kann, bezeichnet, im Sinne von „Erfahrung" bzw. „Erfahrungsurteil".

„Wahre Erkenntnis" unterscheidet sich von „falscher" nun aber in *qualitativer* Hinsicht; „wahre Erkenntnis" wird zu „falscher", „falsche" zu „wahrer" nicht etwa durch eine Zunahme oder Abnahme von etwas. "Wahre Erkenntnis" ist keineswegs etwa mehr Erkenntnis als falsche."[3] Ein solcher qualitativer Unterschied ist nun jedoch im Falle verschieden deutlicher Abbilder von etwas gerade *nicht* festzustellen: ein "maximal verworrenes" Abbild wovon auch immer unterscheidet sich von einem "maximal klaren" (oder "minimal verworrenen") - mögen

---

[1] vgl. Einführung in die Erkenntnistheorie S.28 f.
[2] Dies ergibt sich aus der Auffassung von Erkenntnis als Aussage: Erkenntnis besitzt "grundsätzlich den Status einer Behauptung oder Aussage [...]. Und wie diese auch als falsche jeweils Aussage oder Behauptung sind, so muß deshalb Erkenntnis gleichfalls auch als falsche grundsätzlich Erkenntnis sein." (Einführung in die Erkenntnistheorie S.26 (Anm.6)) „Falsche" Erkenntnis ist ebenso "Erkenntnis" wie „wahre" – „falsche" Erkenntnis bleibt aber stets *Erkenntnis*.
[3] ebd. S.32

ihre Grade an Deutlichkeit bzw. Verworrenheit auch noch so unterschiedlich sein - stets nur in *quantitativer* Hinsicht, das eine ist von *größerer*, das andere von *geringerer* Deutlichkeit.

Damit kommt die Abbildtheorie als „Erkenntnistheorie" im Sinne Prauss´, d.h. als Modell zur Erklärung von Erfahrung überhaupt, nun aber nicht in Frage: der qualitative Unterschied zwischen "wahr" und "falsch" findet in ihr keine Entsprechung (und würde er mit der quantitativen Differenz zwischen "deutlich" und "undeutlich" gleichgesetzt, so müßte davon gesprochen werden können, daß es ein Mehr oder ein Weniger an Wahrheit im Sinne eines Kontinuums gibt, was dem hier verwendeten Begriff von "Wahrheit" zuwiderlaufen würde[1]). "Zwischen Wahrheit und Falschheit einer Erkenntnis besteht [...] ein qualitativer und damit absoluter Unterschied, der durch einen quantitativen und damit relativen Unterschied wie den von Deutlichkeit und Undeutlichkeit eines Abbildes prinzipiell nicht wiederzugeben ist."[2] Deutlichkeit und Undeutlichkeit sind verschieden starke Ausprägungen ein und derselben Relation, die den *prinzipiellen* Unterschied zwischen wahrer und falscher Erkenntnis nicht zu ersetzen vermag. Die Abbildtheorie mag in einer bestimmten Ausformung als *empirische* (etwa sinnesphysiologische) Theorie der Wahrnehmung angemessen sein - als „Erkenntnistheorie" im Sinne von Transzendentalphilosophie im oben erläuterten Sinne ist sie jedoch aufgrund der unüberbrückbaren Differenz zwischen dem Deutlich-undeutlich-Kontinuum einerseits und der Wahr-falsch-Dichotomie andererseits ungeeignet.

6.2.2 Die Schlußtheorie

Die **Schlußtheorie** bildet eine Alternative zur Abbildtheorie insofern, als sie im Gegensatz zu dieser (die sich ausschließlich auf die Sinne beruft) dem *Verstand* eine wesentliche Rolle in der Erkenntnis zuschreibt. Erkennen besteht dieser Theorie zufolge eben in einem *Schluß*; jeder Erkenntnisinhalt besitzt den Charakter einer Konklusion, damit also eines Satzes, und Sätze haben die Eigenschaft, wahr oder falsch sein zu können bzw. in jedem konkreten Fall entweder wahr oder falsch zu sein. Ist es möglich, Erkenntnis als einen Schluß zu erweisen, so würde sich die entsprechende Theorie als der Abbildtheorie zumindest in diesem Punkt klar überlegen erweisen.

Der Schluß, von dem hier die Rede ist, soll ein Schluß *von dem, was wir wahrnehmen, auf die diesem Wahrgenommenen zugrundeliegenden Gegenstände* sein; er soll darin bestehen, "daß wir durch unseren Verstand aus dem, was uns [...] in unserer Sinnlichkeit gegeben ist, auf [...] Objekte schließen."[3] Es soll aus der Tatsache, daß ich Erfahrung von einem Ding habe (daß ich ein Ding wahrnehme) geschlossen werden, daß ein solches Ding tatsächlich *existiert* - aus dem Wahrgenommenwerden von etwas soll auf dessen Vorhandensein, aus dem Wahrgenommenwerden bestimmter Eigenschaften eines Dings darauf, daß dieses Ding selbst diese Eigenschaften besitzt, geschlossen werden.

Auch diese Auffassung der Natur der Erkenntnis wirft jedoch Probleme auf:
- Die Prämisse(n) eines Schlusses, dessen Konklusion den Charakter eines Urteils besitzt, müssen ebenfalls Urteile sein. Nun scheint es sich bei den Prämissen aber genaugenommen um *Sinnesdaten* ("rot-Wahrnehmung", "Tisch-Wahrnehmung" o.ä.) zu handeln. "Sinnesdaten aber sind gerade noch keine Urteile und damit auch keine Prämissen, denn Empfindungen oder Eindrücke in der Sinnlichkeit sind noch nichts,

---

[1] vgl. Einführung in die Erkenntnistheorie S.31
[2] Einführung in die Erkenntnistheorie S.31
[3] ebd. S.38

das wahr oder falsch wäre."¹ Aus Prämissen, auf die die Wahr-falsch-Dichotomie nicht anwendbar ist, können sich jedoch - wenn überhaupt - nur solche Konklusionen ergeben, die ebenfalls weder wahr noch falsch sind. Auf die Frage danach, wie Erkenntnis *als wahre oder falsche* begreiflich gemacht werden kann, ist dieses Modell aber ganz offenkundig keine Antwort.

- Als Alternative ließe sich jedoch annehmen, daß es sich bei den gesuchten Prämissen nicht um Sinnesdaten oder Wahrnehmungen, sondern vielmehr um *Urteile über* Sinnesdaten oder Wahrnehmungen handelt, aus denen zumindest prinzipiell auf andere Urteile geschlossen werden kann. Solche Urteile über Sinnesdaten / Wahrnehmungen wären von der Form "Ich habe eine Wahrnehmung von X." und ihre Konklusion von der Form "Dort ist ein X.", "Es existiert ein X." o.ä. Auch hier tritt jedoch eine Unstimmigkeit zutage: Wenn X, die Existenz von X erst *erschlossen* wird, so kann (in der Prämisse) nicht gesagt werden, es sei X, das wahrgenommen wird - dies würde die Konklusion, daß X *tatsächlich existiert*, schon voraussetzen.

- Um auch dieser Schwierigkeit zu entgehen, könnte man nun annehmen, daß der gesuchte Schluß lediglich darin besteht, von einer *Wahrnehmung* X auf *irgendeine Ursache* dieser Wahrnehmung zu schließen. Eine solche Ursache muß jedoch keineswegs notwendigerweise in der Existenz von Dingen oder einer Außenwelt überhaupt bestehen.

Soll die Schlußtheorie der empirischen Erkenntnis den ihr nach Prauss´ Auffassung inhärenten Schwierigkeiten zum Trotz aufrechterhalten werden, so muß in Kauf genommen werden, daß letztlich *die Existenz einer Außenwelt überhaupt ungewiß wird*, da Wahrnehmung (Erfahrung) grundsätzlich auch anders erklärt werden kann als durch Rückgriff auf die Annahme einer Außenwelt. Sicher bleibt nur die Tatsache der Wahrnehmung selbst, sie alleine vermag aber die Schlußtheorie nicht zu stützen. Die Schlußtheorie führt letztlich dazu, "Wahrnehmung gerade zu leugnen und damit zu behaupten: Was wir in der Wahrnehmung sehen, sind gar nicht […] Steine in der Außenwelt, sondern nur subjektiv-private Sinnesdaten, beispielsweise Rotempfindungen in unserer Innenwelt."² Damit ist sie nun aber keine Theorie der Erkenntnis (im Sinne einer allgemeinen Theorie der Beziehung des Subjekts zur vom Subjekt verschiedenen empirischen Welt der Dinge) mehr, sondern vielmehr nur noch eine Theorie der Sinnesdaten. - "Eine […] Theorie jedoch, die im Verlaufe ihrer Ausbildung dahin gelangt, den von ihr selbst gewählten Gegenstand, den sie als Theorie erklären will, statt dessen vielmehr zu leugnen, hebt eben damit sich als eine sinnvolle Theorie selber auf."³ Auch die Schlußtheorie scheidet also als Theorie der Erkenntnis im allgemeinen aus; allerdings nicht, wie die Abbildtheorie, aus inhaltlichen, sondern vielmehr aus formalen, theorie-internen Gründen.

6.3 Die Deutungstheorie als Alternative

Das Resultat von Prauss´ bisher erläuterten Überlegungen zur „Erkenntnistheorie" im Sinne von Transzendentalphilosophie lautet also, daß weder die Abbildtheorie noch die Schlußtheorie eine adäquate Erklärung der Tatsache der Erfahrung darstellt. Als Alternative, als "dritten Weg" entwickelt Prauss nun eine Theorie, mit der er den Anspruch erhebt, die Schwierigkeiten und Unangemessenheiten beider von ihm abgelehnten Entwürfe zu umgehen, eine Theorie, die

---

¹ ebd. S.39
² ebd. S.42
³ a.a.O.

anerkennt, daß "Wahrnehmung ursprüngliche und unmittelbare Erkenntnis ist"[1], daß sie wahr oder falsch ist, und die eben dies in einer Weise begreiflich macht, die sich nicht in den Problemen der Abbildtheorie und / oder der Schlußtheorie verfängt. Dieses Modell - die **Deutungstheorie** - geht - anknüpfend an Kant[2] - aus von der Kennzeichnung des Erkennens als *Bestimmen*.

Erfahrung („Erkenntnis") besteht für die Deutungstheorie darin, daß *etwas als etwas bestimmt wird*. Dieses Bestimmen erfolgt durch *Begriffe*, es ist eine Leistung des *Verstandes* - die Deutungstheorie kommt somit mit der Schlußtheorie darin überein, dem Verstand eine zentrale Rolle im Erkenntnisprozeß zuzuschreiben. Ganz im Sinne von Kants berühmten Satz: "Gedanken ohne Inhalt sind leer, Anschauungen ohne Begriffe sind blind."[3] ist der Verstand allein aber zuwenig, um Erkenntnis von etwas zu erreichen: um von einer "Bestimmung" im hier intendierten Sinn sprechen zu können, muß etwas vorliegen, *das* (als etwas) bestimmt wird - dieses Etwas ist stets ein Angeschautes, ein anschaulich Gegebenes. Dieses sinnlich Gegebene, das Teil der *Innenwelt* ist, wird *begrifflich als ein Gegenstand der Außenwelt bestimmt*. Erkennen ist niemals ein passives Aufnehmen von etwas, niemals eine "Wahrnehmung von etwas" im Sinne der Abbildtheorie, sondern vielmehr stets eine "Wahrnehmung von etwas *als etwas*"[4]; Erkenntnis wird ausgedrückt in Urteilen der Form "Dies ist ein X." oder "Dies ist x." (und kann damit prinzipiell auch *falsch* sein). Jedes Erkannte ist als solches immer schon ein Bestimmtes, mag dessen Bestimmung auch nur eine ungefähre oder vage sein (etwa "Dies ist blau." oder "Dies ist dreieckig.") Ein vollkommen Unbestimmtes kann niemals Gegenstand von Erkenntnis sein, da ein solches Unbestimmtes nicht einmal ein "Etwas" wäre. Die Rolle des Verstandes im Bestimmen ist eine vermittelnde, er vermittelt zwischen der innenweltlichen Anschauung und dem außenweltlichen Gegenstand in der Weise, daß er erstere *als* letzteren *bestimmt*. Dieses Bestimmen ist zugleich ein Überschreiten, eine "[bestimmende] *Überschreitung* der Innenwelt *zur* Außenwelt"[5], eine "*Überschreitung* jeweils *von* Anschauung *durch* Begriff *auf* einen Gegenstand *hin*"[6]. Diesem Aspekt - der *Überschreitung* - vermag der Ausdruck "Bestimmen" für Prauss nun aber nicht mehr gerecht zu werden - er ersetzt diesen daher durch "Interpretation" bzw. "Deutung".

"Denn [...] ein Deuten ist ebenfalls ein Bestimmen, jedoch ein ganz spezielles dadurch, daß man beim Deuten von etwas gerade nicht bei diesem Etwas, das man deutet, stehen bleibt, sondern es gerade überschreitet und damit etwas prinzipiell anderes als es selbst bestimmt."[7]

Vorläufig läßt sich also sagen, daß

"Wahrnehmung als Erfahrung von Dingen der Außenwelt eine *Deutung* von Vorstellungen der Innenwelt ist"[8].

Anschauungen werden mit Hilfe von *Begriffen* gedeutet: Deuten als überschreitendes Bestimmen von etwas setzt also (und zwar offenkundig in jedem Fall) zwei Faktoren voraus: es

---

[1] ebd. S.67
[2] vgl. z.B. auch Einführung in die Erkenntnistheorie S.67 (Anm.1)
[3] Kant, KrV B 75
[4] Einführung in die Erkenntnistheorie S.138
[5] ebd. S.70
[6] Die Welt und wir I S.679
[7] Einführung in die Erkenntnistheorie S.70
[8] a.a.O. (Hervorhebung v. Verf.)

muß sowohl ein Deut*bares* als auch ein Deut*fähiges* vorliegen: Deut*bares* ist dasjenige, *was* gedeutet wird, Deut*fähiges* dasjenige, *das* deutet oder *durch das* gedeutet wird. In unserem Fall ist das Deut*bare* die Anschauung, das Deut*fähige* der Begriff; beide sind als notwendige Bedingungen für Deutung (für das Vorhandensein eines *Er*deuteten (s.u.)) voneinander nicht zu trennen, sie sind als Deutungs-"Faktoren" gewissermaßen komplementär: Anschauung als Deutbares ist nur durch Begriffe deutbar, Begriffe als Deutfähiges sind nur der Deutung von Anschauungen fähig. (Prauss spricht hier von "strenge[m] Miteinanderauftreten"[1].)

Um das Konzept von Deutung als überschreitendem Bestimmen klarer zu machen, greift Prauss zu einer Analogie: das Lesen eines Textes, der als (im Rahmen der Analogie "unmittelbar") Erfahrenes, Gegebenes eine Ansammlung von Buchstaben ist, besteht keineswegs darin, den Text sozusagen "nachzubuchstabieren", ihn Buchstabe für Buchstabe sozusagen zu "rekonstruieren" - es geht beim Lesen *nicht* um die Buchstaben selbst, sondern um den von ihnen vermittelten *Sinn*[2]; was wir lesen, sind ganze Wörter, ganze Sätze, die den Sinn des Textes enthalten. Es wird im solcherart als Deuten verstandenen Lesen eine Ansammlung von Zeichen auf Papier gerade nicht als solche bestimmt, sondern "auf den dadurch eigentlich bestimmten Sinn hin überschritten."[3] Der Text als physisches Vorkommnis besitzt keine Bedeutung, es bedarf eines Lesers, der sich diesen Sinn erst in der bestimmenden Überschreitung des Textes erschließt.

Eben eine solche Überschreitung findet nun auch in der Erkenntnis statt: in der reinen Sinnlichkeit haben wir es stets lediglich mit Vorstellungen (Kants "Anschauungen ohne Begriffe") zu tun, die als solche der Innenwelt angehören. Deutend werden diese nun *durch Begriffe jeweils als etwas bestimmt*. Dieses Etwas, *als das* sie bestimmt werden, sind nun jedoch keineswegs selbst wiederum Vorstellungen, sondern vielmehr *Dinge der Außenwelt, empirische Gegenstände*. Wird eine bestimmte Vorstellung begrifflich, d.h. in einem Urteil wie "Dies ist ein Stein." bestimmt, so findet darin gerade eine Überschreitung der (innenweltlichen) Vorstellung hin auf den (außenweltlichen, empirischen) Gegenstand hin statt: Erkennen als Deuten besteht in der *begrifflichen Überschreitung der Innenwelt auf die Außenwelt hin*. Dies ist nun aber keine sozusagen rein "interne", innenwelt-immanente Bestimmung einer Vorstellung als eine andere *Vorstellung* (da in diesem Falle auch der empirische *Gegenstand* lediglich eine *Vorstellung* wäre, was ja gerade nicht der Fall sein soll), sondern eine Bestimmung, "die als Vereinigung von Vorstellung mit Begriff dann über bloße Vorstellung hinaus ist und als Erkenntnis etwas prinzipiell anderes, statt [...] Innenwelt vielmehr Außenwelt zum Gegenstand gewinnt. Man ist damit gerade nicht bei sich und seinen subjektiv-privaten Vorstellungen, sondern bei einem intersubjektiv-objektiven Ding."[4] Der Deutung liegen also Vorstellungen, liegt Innenwelt zugrunde, was gegenständlich erfahren wird, ist jedoch gerade *nicht* Innenwelt, sondern eben *Außenwelt, Welt* im ursprünglichen Sinne. Die durch Gegenstände charakterisierte Außenwelt ist das Resultat einer Verbindung von sinnlich-vorgestellter Innenwelt und Begriff, Außenwelt als Gegenstandswelt wird erst konstituiert durch das als Anwendung von Begriffen auf Vorstellungen aufzufassende bestimmende Überschreiten eben dieser Vorstellungen auf eben jene Außenwelt hin. (Mit dieser Auffassung

---

[1] Die Welt und wir I S.548
[2] "Sinn" wird hier ganz offensichtlich nicht in einem philosophisch strengen Sinne, sondern in alltäglicher Weise, d.h. in etwa synonym mit "Bedeutung" (eines Textes) verwendet.
[3] Einführung in die Erkenntnistheorie S.71
[4] a.a.O.

von Wahrnehmung wird für Prauss der Ausdruck "innere Wahrnehmung" für unsinnig erklärt, da (äußere) Wahrnehmung stets Deutung von (inneren) Vorstellungen ist. Wären letztere auch in diesem Sinne "wahrgenommen", so müßten ihnen andere Vorstellungen zugrunde liegen, die in einer "inneren Wahrnehmung" deutend überschritten würden - dies würde jedoch offenkundig in einen infiniten Regreß führen. Tatsächlich kann jedoch in Bezug auf Innenwelt nicht sinnvoll von "Wahrnehmen" gesprochen werden: Vorstellungen ("Sinnesdaten") als solche werden nicht "wahrgenommen"; Prauss spricht davon, daß das Subjekt Vorstellungen, Innenwelt einfach "hat"[1], es "sind uns solche Sinnesdaten als sinnliche Vorstellungen in unserer Innenwelt eben unmittelbar gegeben, gleichsam als Teile von uns selbst"[2].)

Um im Zusammenhang mit dem Terminus "Deutung" bzw. "Deuten" Unklarheiten zu vermeiden, prägt Prauss den (auch in der vorliegenden Arbeit häufig verwendeten) Ausdruck "*er*deuten": *er*deutet ist das *Resultat* einer Deutung im Gegensatz zu dem ihr zugrundeliegenden *Ge*deuteten. Auch hier greift Prauss wiederum zu erläuternden Analogien: auch im Falle z.B. der "Deutung" / Interpretation eines Gedichtes findet eine "Überschreitung" des Gedichtes selbst statt, da eine solche Deutung *als Deutung* um so mehr Deutung ist, je weiter sie sich in ihrem Wortlaut vom Gedicht selbst entfernt: auch das Gedicht wird also im Sinne eines überschreitenden Bestimmens gedeutet. Dabei ist es das Gedicht selbst, das *ge*deutet wird, das Resultat der Deutung, der überschreitenden Bestimmung ist jedoch das, was *er*deutet wird - und dies ist etwas *anderes* als das Gedicht selbst. Entsprechend verhält es sich nun in Prauss Erkenntnismodell: "In ein und demselben Fall einer Wahrnehmung als Erdeutung von etwas wird jeweils *ge*deutet das Sinnesdatum in der Innenwelt und nur dieses, dadurch *er*deutet aber wird das Ding in der Außenwelt und nur dieses."[3] Diese Terminologie ist für Prauss nun klar und eindeutig, d.h. sie läßt keine Verwechslungen oder Mißverständnisse zu: es wäre schlicht sinnlos, zu sagen, Innenwelt würde *er*deutet, Außenwelt *ge*deutet. Wahrnehmung ist Deutung von Sinnesdaten und gleichzeitig *Er*deutung von Gegenständen. Noch klarer wird die Bedeutung von "*er*deuten" durch zwei weitere Analogien. Erstens ist "*er*deuten" ähnlich zu verstehen wie "*er*tasten": kann etwas "nur ertastet" werden, so bedeutet dies, daß es (nimmt man die optische Wahrnehmung als die unmittelbarere an) nur mittelbar wahrgenommen werden kann, in einer Weise, die nicht passiv ist, sondern eine Leistung, eine Aktivität, des tastenden (und hier zugleich auch deutenden) Menschen voraussetzt. Ebenso ist Erkenntnis überhaupt für Prauss nicht passiv, sondern enthält wesentlich eine Leistung des erkennenden (man könnte betonen: des *er*kennenden) Subjekts. Dieser aktiv-spontane Aspekt von Erkenntnis wird an einer zweiten Analogie deutlich, die die Ausdrucksweise "*er*deuten" verdeutlichen soll: stellt ein Bildhauer aus Marmor eine Statue her, so kann, ohne daß Verständnisschwierigkeiten auftreten, sowohl gesagt werden, daß *der Marmor*, als auch, daß *die Statue* geformt werde. Prauss korrigiert diese Terminologie nun und sagt: "Ist der Marmor das, was dabei *ge*formt wird, so ist demgegenüber die Statue vielmehr das, was dadurch *er*formt wird. [...] Was in solch einem formenden ´Bestimmen´ jeweils ´bestimmt´ wird, ist somit überhaupt nicht der Marmor, weil gerade dadurch, daß die ´bestimmende´ Form in ihm auftritt, als das ´Bestimmte´ die Statue auftritt."[4] Entsprechend werden in der Erkenntnis Sinnesdaten *ge*-, Erfahrungsdinge *er*formt bzw. *er*deutet. - "In solcher Wahrnehmung wird

---

[1] vgl. Einführung in die Erkenntnistheorie S.51 ff. (§ 12)
[2] Einführung in die Erkenntnistheorie S.73
[3] ebd. S.108
[4] ebd. S.111

Anschauung der Innenwelt durch den Begriff in etwas anderes ´verwandelt´, in das Ding der Außenwelt als Anschauliches, so wie Marmor durch die Form in etwas anderes verwandelt wird, in die marmorne Statue."[1]

Daß Prauss´ Auffassung von Erkenntnis an Kant orientiert ist, ist ganz offensichtlich. Er selbst bezeichnet sie als "von der Art des Kantischen transzendentalen Apriorismus"[2], daß empirische Erkenntnis als *Deutung von Erscheinungen* aufzufassen ist, sieht er bei Kant bereits ausgesprochen[3]. Empirische Erkenntnis besteht nach Prauss auch für Kant in einem bestimmenden Überschreiten im erläuterten Sinne[4], im Überschreiten der "subjektiven" Erscheinungen auf objektive empirische Gegenstände hin. Es ist "nach Kant gerade das Hinüber dieser Deutung selbst, wodurch wir uns aus dem bloß Subjektiven der Erscheinungen heraus das Drüben einer objektiven Welt von empirischen Dingen an sich erdeuten."[5]

Ganz offensichtlich steht Prauss´ Erkenntnismodell aber vor allem in der Hinsicht in der direkten Kantischen Tradition, daß Erkenntnis in dem Sinne spontan ist, daß eben im Kantischen Sinne nicht unsere Erkenntnis von den Gegenständen, sondern vielmehr die Gegenstände von unserer Art, zu erkennen, abhängen; in Prauss´ Worten: "Ganz im Gegensatz zum rezeptiven Sinn ihrer Bezeichnung muß Wahrnehmung von einer Spontaneität sein, die nicht nur im Wahrnehmen auftritt und vor dem Wahrgenommenen etwa haltmacht, sondern die sich bis in dieses Wahrgenommene hinein erstreckt, so daß nicht etwa das Wahrnehmen vom Wahrgenommenen, sondern gerade umgekehrt das Wahrgenommene vom Wahrnehmen abhängig ist."[6]

Die Auffassung von Erkenntnis / Erfahrung als Deutung erlaubt es nun auch, Erkenntnis in sinnvoller Weise als wahre oder falsche zu kennzeichnen: im Gegensatz zur "inneren Erfahrung", die niemals "wahr" oder "falsch" sein kann, weil Vorstellungen als solche eben gegeben sind, ohne sich auf etwas anderes in einer Weise zu beziehen, die als "wahr" oder "falsch" gekennzeichnet werden könnte, kann "Wahrnehmung [...] als sogenannte ´Sinnestäuschung´ auch Wahrnehmungsirrtum sein, weil sie als Deutung über Innenwelt hinaus auf ein Ding der Außenwelt zwar prinzipiell zielt, dieses Ding dabei jedoch nicht nur als wahre Erkenntnis erzielen, sondern als falsche auch verfehlen kann."[7] Deutung kann "richtig" oder "falsch" ("Mißdeutung"[8]) sein, auch wenn sie ihrer Intention nach natürlich stets den Anspruch erhebt, *richtige* Deutung zu sein. Deutende Spontaneität zielt immer ab auf *erfolgreiche* Deutung, ist immer *Erfolgsintention*. Tatsächlich besteht eine Korrelation zwischen einer Absicht und dem Begriffspaar Erfolg / Mißerfolg: als Erfolg oder Mißerfolg kann etwas nur gekennzeichnet werden, wenn darin eine Absicht verwirklicht bzw. verfehlt worden ist; umgekehrt kann von einer *Absicht* nur dort gesprochen werden, wo prinzipiell Erfolg oder Mißerfolg als Gelingen oder Verfehlen möglich sind. Dasjenige, *worauf* eine Absicht abzielt, ist freilich stets Erfolg. Erfahrung / Deuten („Erkenntnis") als Aktivität des erkennenden

---

[1] ebd. S.111 f.
[2] ebd. S.86
[3] vgl. z.B. Erscheinung bei Kant S.112 (vgl. zu diesem Thema auch Abschnitt 1.5 der vorliegenden Arbeit)
[4] vgl. Erscheinung bei Kant S.38 ff. (§ 3)
[5] Erscheinung bei Kant S.53
[6] Einführung in die Erkenntnistheorie S.105
[7] ebd. S.74
[8] a.a.O.

Subjekts ist also nicht lediglich ein Sich-Richten auf etwas, was gedeutet werden soll, sondern als eine Intention *Erfolgs*intention. Prauss spricht davon, daß Spontaneität "als dauernde Erfolgs*besessenheit* geradezu *auf* [die] Welt auch *los-*, *in* sie *hinein-*, ihr *durch* und *durch* geht und als solche in ihr unverkennbar sich bemerkbar macht"[1]. Daß Spontaneität Erfolgsintention ist, bedeutet natürlich, daß sie ihren Gegenstand unter Umständen auch *verfehlen* kann. Deutung als überschreitende Bestimmung ist in diesem Sinne "nicht nur Wahrheits*intention*, sondern gleicherweise auch Wahrheits*risiko*, weil solche Deutung auch Mißdeutung sein und damit irrtümlich, das heißt unintendiert zur Falschheit führen kann."[2]

Erkenntnis / Erfahrung als Deutung ist stets mit dem Anspruch verbunden, "richtig" zu deuten, d.h. tatsächlich *etwas* zu erdeuten: "Wir prätendieren [...] immer wieder und ausschließlich die *Wahrheit* unserer Deutung als *Er*deutung von *etwas*."[3] Im Falle eines Wahrnehmungsirrtums, einer "Mißdeutung", findet nicht etwa keine Deutung statt, sondern eben keine "richtige", keine "korrekte" Deutung. Prauss drückt sich allerdings etwas mißverständlich aus, wenn er sagt, im Falle eines solchen Wahrnehmungsirrtums handle es sich um "nicht *er*deuten"[4] bzw. "*nichts* erdeuten"[5] - offenbar meint er mit dem Ausdruck, "nichts" werde erdeutet, daß das auf diese Weise (irrtümlich) Erdeutete "nichts" in dem Sinne ist, daß es in der Außenwelt tatsächlich nicht vorkommt - und damit eben kein *Er*deutetes ist, da der Status des *Er*deuteten im eigentlichen Sinne ausschließlich Gegenständen der Außenwelt zukommt. (Zur Frage, wie die Richtigkeit oder Falschheit einer Deutung nach Prauss´ Auffassung überhaupt festzustellen ist s.u.) In jedem Fall zielen wir mit einer Deutung stets auf die Wirklichkeit des durch sie Erdeuteten ab, mit jeder Deutung wird der Anspruch erhoben (in einem noch zu erläuternden Sinne) „richtig" zu deuten; "falsches" (Er)Deuten ist hingegen niemals beabsichtigt, es ist nur begreiflich zu machen als die *Verfehlung* "richtigen" Deutens. Im Erkennen wird niemals Falschheit intendiert, da Erkenntnis uns gerade dazu dient, "uns über das, was ist, in erster Linie über Außenwelt zu *orientieren*"[6]. Ziel von Erkenntnis ist Orientierung, nicht Desorientierung, und Orientierung kann nur möglich sein aufgrund "richtiger" ("wahrer") (Er)Deutung. Erkennen zielt aus eben diesem Grund auf gerade diese Art von Erfolg ab. Damit weist Erkennen aber eine augenfällige Parallele zum *Handeln* auf: ebenso wie Handeln (schon dem Begriff nach) niemals ziellos ist, sondern auf eine bestimmte Veränderung in der Welt abzielt, und das Eintreten dieser Veränderung eben den Erfolg dieser bestimmten Handlung ausmacht, so zielt auch Erkennen auf Erfolg im erläuterten Sinne ab - und ebenso wie eine Handlung mißlingen (d.h. die angestrebte Veränderung nicht erreichen) kann, ist es auch im Erkennen möglich, sein Ziel nicht zu erreichen, es zu verfehlen, seine Absichten nicht verwirklichen zu können. Sowohl Handeln als auch Erkennen beinhalten oder sind wesentlich eine Erfolgsintention und können daher bisweilen auch *scheitern*. Erkennen und Handeln weisen also in dieser Hinsicht bemerkenswerte sozusagen strukturelle Ähnlichkeiten auf. Der wesentliche *Unterschied* zwischen Erkennen und Handeln besteht aber natürlich darin, "daß Erkennen grundsätzlich auf das zielt, was ist, Handeln dagegen ebenso grundsätzlich auf das,

---

[1] Die Welt und wir I S.222
[2] Einführung in die Erkenntnistheorie S.74
[3] ebd. S.127
[4] ebd. S.125
[5] a.a.O.
[6] ebd. S.129

was nicht ist, was vielmehr erst werden soll."¹ (Prauss legt allerdings Wert auf die Feststellung, daß seine diesbezüglichen Ausführungen nicht so aufgefaßt werden sollen, als seien Erkennen und Handeln lediglich Arten einer Gattung, und nur durch eine *differentia specifica* unterschieden.²)

Wie läßt sich nun aber *feststellen*, ob Erkenntnis überhaupt erfolgreich bzw. wahr ist? Wann ist eine Erkenntnis überhaupt wahr - und wann ist sie falsch?

Jede Erfahrung, die wir machen, steht in einem bestimmten "Erfahrungs- oder Wahrnehmungs*kontext*"³, d.h. sie steht mit anderen Erfahrungen in Verbindung. Die Verifikation oder Falsifikation einer bestimmten Erkenntnis geschieht vor dem Hintergrund dieses Kontextes bisheriger Erfahrungen und relativ zu diesem. Um dies zu verdeutlichen, bringt Prauss das drastische Beispiel eines sich plötzlich vom Boden erhebenden und tanzenden Schreibtisches: kaum ein Betrachter würde dieses absonderliche Schauspiel wohl als "real" ansehen, viel eher würde er an eine Halluzination glauben. Zurückzuführen ist diese Auffassung darauf, daß alle Erfahrungen, die wir bisher mit massiven schweren Gegenständen und mit der Gravitation im allgemeinen gemacht haben, einen Erfahrungs- oder Wahrnehmungskontext bereitstellen, der es uns äußerst schwer (de facto wohl unmöglich) macht, die Wahrnehmung eines schwebenden, tanzenden Schreibtischs als "wahr" anzusehen; es ist "in erster Linie die rein quantitative Überzahl jener Erfahrungen von der Gravitation, die als ein wesentlicher Bestandteil in jene Gesamterfahrung eingegangen sind und immer wieder eingehen."⁴

Das gesuchte Verifikations- bzw. Falsifikationskriterium ist also *quantitativer* und *relativer* Natur, was jedoch nicht zu der Annahme verleiten darf, daß mit ihm der Unterschied zwischen *Wahrheit* und *Falschheit* relativiert würde (gerade die Betonung dieses Unterschiedes ist ja eine fundamentale Bedingung, die Prauss an eine adäquate Theorie der Erkenntnis stellt (s.o.)). Daß der „Wahrheitswert" einer Wahrnehmung nur mit mehr oder minder großer Sicherheit *festgestellt* werden kann, bedeutet nicht, daß Erkenntnisse nicht in *absoluter* Weise wahr bzw. falsch sein könnten. Es wäre verfehlt, "Wahrheit mit Verifiziertheit gleichzusetzen und Falschheit mit Falsifiziertheit."⁵ Dennoch ist das Kontext-Kriterium faktisch das einzige Kriterium, das uns zur Verfügung steht, und auch das nur, weil sich in unseren Erfahrungen eine Gleichförmigkeit zeigt, die diesen Kontext überhaupt erst bildet (bzw. genaugenommen mit ihm identisch ist). Dieser Kontext der "Gleichförmigkeit" ist es, in den eine spezifische Erfahrung sich entweder einbetten läßt (womit sie als wahr gilt) oder dem sie widerspricht (womit sie als falsch ausgezeichnet ist). Freilich ist es nun auch möglich, daß sich aufgrund fortgesetzter, dem Erfahrungskontext widersprechender Erfahrungen *der Kontext selbst* ändert: widersprechen mehrere, widersprechen viele Erfahrungen dem Kontext in ähnlicher Weise, so ändert sich dieser, insofern dieser bzw. ein Teil desselben durch einen anderen ersetzt wird, der den dem bisherigen Kontext widersprechenden Erfahrungen Rechnung trägt, sie integriert. Es ist aber auch denkbar, daß ein Kontext, der einen bestimmten Erfahrungsbereich betrifft, aufgrund von Erfahrungen, die ihm auf unterschiedliche, sich untereinander qualitativ unterscheidende Weisen widersprechen, zur Gänze aufgegeben wird.

---

¹ ebd. S.132 f.
² vgl. Einführung in die Erkenntnistheorie S.134 (Anm.7)
³ Einführung in die Erkenntnistheorie S.155
⁴ ebd. S.156
⁵ ebd. S.157

Das Kriterium für die Festlegung von Wahrheit oder Falschheit einer Erfahrung ist also ein Widerspruchsprinzip: eine Erfahrung hat dann als falsch zu gelten, wenn sie dem "Erfahrungskontext" widerspricht (der jedoch selbst unter Umständen "falsch" werden, durch einen anderen ersetzt oder überhaupt aufgegeben werden kann[1]).

Prauss vertritt also eine (seines Erachtens ebenfalls auf Kant zurückgehende[2]) *Kohärenztheorie* nicht der Wahrheit, sondern der Verifikation. Diese steht jedoch der Wahrheitstheorie nicht als unterschieden gegenüber, sie ersetzt sie vielmehr: in diesem Sinne ist diese Version der Kohärenztheorie auch eine Wahrheitstheorie, insofern über eine "tatsächliche" Wahrheit, eine Übereinstimmung mit "Dingen an sich" o.ä. nichts ausgesagt werden kann. Als Wahrheitstheorie (oder vielmehr Wahrheits-"Ersatz"-Theorie) verteidigt Prauss die Kohärenztheorie mit dem Argument, daß sie im Vergleich zur Korrespondenztheorie eine eindeutigere Form des Vergleichs erlaubt: Erfahrungen, die einen Wahrheitsanspruch enthalten (d.h. Urteilscharakter besitzen) können *mit anderen Erfahrungen* problemlos verglichen werden, wohingegen der Vergleich von Urteilen mit Dingen oder Sachverhalten, die als solche weder wahr noch falsch sind, zumindest fragwürdig scheint. Die Korrespondenztheorie "nimmt an, es sei möglich, Erkenntnis und Objekt jeweils miteinander zu vergleichen, um die Übereinstimmung dieser Erkenntnis mit diesem Objekt jeweils festzustellen. Sie geht davon aus, man könne sich gleichsam zwischen Objekt und Erkenntnis stellen und sie so miteinander vergleichen, wie man etwa zwischen zwei Objekten [...] hin- und herblicken kann, um sie in irgendeiner Hinsicht miteinander zu vergleichen."[3] Gerade dies ist nun aber nicht möglich, da ein Objekt ja stets nur *als* irgendwie Erkanntes gegeben ist und so letztlich doch nur ein Vergleich einer Erfahrung *mit einer anderen Erfahrung* möglich ist.

Bevor im folgenden Abschnitt die Konsequenzen untersucht werden, die die Deutungstheorie nach Prauss´ Dafürhalten für die Frage nach der Realität hat, soll hier aus der Perspektive der Deutungstheorie noch ein Blick auf die Mängel der Abbild- und der Schlußtheorie geworfen werden; im besonderen geht es Prauss dabei darum, zu zeigen, inwiefern die Deutungstheorie die Probleme der genannten untauglichen Auffassungen lösen bzw. umgehen soll.

- Der **Schlußtheorie** soll die Deutungstheorie allein schon dadurch überlegen sein, "daß sie zwar alle Vorteile derselben, doch keinen ihrer Nachteile besitzt"[4]; zwischen den beiden Erkenntnismodellen bestehen zwei Gemeinsamkeiten: (a) Erfahrung als Erkenntnis äußerer Gegenstände ist als solche in einem bestimmten Sinne „wahr" oder „falsch"; im Gegensatz zur Schlußtheorie vermag die Deutungstheorie aber den unmittelbaren, ursprünglichen Charakter der Gegenstandserfahrung aufrechtzuerhalten. Das Unmittelbare ist die *Deutung* selbst, "weil jene Anschauung und jener Begriff, die sich jeweils zu ihr verbinden, für sich selbst noch keinen Erkenntnischarakter besitzen"[5] - unter den Bedingungen der Schlußtheorie hingegen müßte die "Prämisse" selbst bereits Erkenntnischarakter besitzen und somit selbst wiederum begründet werden. (b) Der Erfahrung liegen stets Sinnesdaten als Gegebenes zugrunde, sie ist also *vermittelt*. Im Gegensatz zur Schlußtheorie kann die

---

[1] Prauss verweist als Beispiel in diesem Zusammenhang auf Kuhns Konzept der wissenschaftlichen Revolution. (vgl. Einführung in die Erkenntnistheorie S.157 f. (Anm.3 zu S.157))
[2] vgl. Einführung in die Erkenntnistheorie S.161 und S.164 (Anm.11)
[3] Einführung in die Erkenntnistheorie S.165
[4] ebd. S.75
[5] a.a.O.

Deutungstheorie *sowohl* die Unmittelbarkeit *als auch* die Vermitteltheit von Erfahrung behaupten.: (wahre oder falsche) Erkenntnis ist als solche *ursprünglich* und *unmittelbar*, sie ist aber zugleich *vermittelt*, insofern erst die Anwendung von Begriffen auf das Gegebene, auf die Vorstellungen, Gegenständlichkeit konstituiert. Die Außenwelt ist uns vermittelt gegeben, aber *als Gegenstandswelt* unmittelbar erkannt.[1] - "Als deutende Überschreitung [der] Innenwelt gewinnt [Wahrnehmung] [...] allererst die Dinge der Außenwelt selbst und diese somit ursprünglich und unmittelbar zu Gegenständen."[2]

- Wie die **Abbildtheorie** nimmt auch die Deutungstheorie ein von "außen" Empfangenes, ein Gegebenes an. Während für die Abbildtheorie Erkennen aber ausschließlich im "Empfangen" von Sinnesdaten o.ä. besteht, Rezeptivität also hinreichende Bedingung für Erkenntnis im Sinne von Erfahrung ist, sind Sinnesdaten für den Vertreter der Deutungstheorie "lediglich ein Material"[3], das eine nur notwendige Bedingung für Erkennen ist. Erfahrung kommt erst dadurch zustande, daß dieses "Material" durch eine Aktivität des Verstandes bestimmend überschritten, gedeutet wird; Erkenntnis im Sinne von Erfahrung ist kein passives Abbilden, sondern eine aktive Leistung des erkennenden Subjekts.

6.4 "Wirklichkeit" unter den Bedingungen der Deutungstheorie

Der Standpunkt der Deutungstheorie schließt, da er dem Rezeptivitätsmodell von Erkenntnis entgegengesetzt ist, diejenige Auffassung von Realität aus, die vom erkenntnistheoretischen Realismus vorausgesetzt wird; der Vertreter dieser Auffassung nimmt an, daß eine "an sich" reale Welt unabhängig von uns existiert, die so, wie sie ist, von uns eben in rein rezeptiver Weise erkannt werden kann. Unter den Bedingungen der Deutungstheorie kann jedoch von einem wie auch immer gearteten Zugang zu einer Welt oder Realität, wie sie *an sich* sein mag, keine Rede sein.

Die Bestimmung dessen, was als "real" gelten kann, kann im Rahmen der Deutungstheorie nur auf eine Weise geschehen, die dem deutenden Subjekt eine zentrale Rolle zuschreibt: als wirklich kann in Prauss´ Erkenntnismodell nur das gelten, was *von uns erdeutet* bzw. *erdeutbar* ist. - Die Parallele zu Kant, für den das Wirkliche all das ist, was Gegenstand möglicher (bzw. faktisch gemachter) Erfahrung ist, ist unübersehbar. Für Prauss bedeutet „Wirklichkeit" von etwas "im ursprünglichen und eigentlichen Sinne"[4] das Vorkommen dieses Etwas in faktischer, tatsächlicher Erfahrung / Deutung. In diesem Sinne ist *Er*deutung auch *Ver*wirklichung von etwas, das zwar immer schon in einem schwächeren (gleichsam potentiellen) Sinne "wirklich" ist, aber erst durch das spontane, deutende Subjekt (nicht bloß erdeutet, sondern auch) *verwirklicht* wird:

> "Daß etwas wirklich sei, heißt demnach, daß es erdeutet oder daß seine Erdeutung möglich sei und daß es somit in diesem Sinne verwirklicht oder daß seine Verwirklichung möglich sei. Es wird also dadurch, daß etwas sehr wohl wirklich ist, auch wenn es nicht verwirklicht ist, so wenig vorausgesetzt, dieses Etwas sei immer schon wirklich, daß vielmehr diese seine

---

[1] vgl. Einführung in die Erkenntnistheorie S.56 ff. (§ 13) und die Tabelle auf S.64
[2] Einführung in die Erkenntnistheorie S.76
[3] ebd. S.87
[4] ebd. S.185

Wirklichkeit, die angeblich immer schon als ein ´Ansichsein´ vorliegt, lediglich die Möglichkeit seiner Verwirklichung bedeutet."[1]

"Daß es Außenwelt [...] angeblich als immer schon ´ansich´ bestehende ´Wirklichkeit´ gibt, heißt [...] eigentlich, daß es dies als etwas immer erst Erdeutetes oder Erdeutbares und in diesem Sinne erst Verwirklichtes oder Verwirklichbares gibt."[2]

Die in der (Er)Deutung erfolgende Überschreitung der Innenwelt auf Außenwelt hin ist also nicht nur begriffliche Bestimmung, die spontan aus etwas ein (bestimmtes) Etwas erdeutet, sondern auch und zugleich Bestimmung dieses Etwas als *eines Wirklichen* eben im Sinne von Erdeutetem. *Wirklich ist etwas immer aufgrund von Verwirklichung*: "Eine *Überschreitung* jeweils *von* Anschauung *durch* Begriff *auf* [einen] Gegenstand *hin* ist die Wahrnehmung als *Deutung* jeweils *von* Anschauung *durch* Begriff *auf* einen Gegenstand *hin* eben in genau dem Sinn, daß sie ursprüngliche *Behauptung* ist, die dahin geht, genau den Gegenstand - den sie durch Anschauung und durch Begriff, die sie in sich vereinigt, immer schon besitzt - als *wirklich* zu behaupten."[3] Deutung als bestimmende Überschreitung von etwas ist nicht nur Gegenstandskonstitution, sondern besteht gleichzeitig darin, diesen konstituierten Gegenstand als *wirklich* zu behaupten; sie ist gleichzeitig "*Überschreitung* jenes Gegenstandes von Anschauung und Begriff *auf* jenes Gegenstandes Wirklichkeit *hin*"[4]; was erdeutet wird, ist nicht etwa "nur" ein bestimmter Gegenstand, sondern vielmehr ein *wirklicher* bestimmter Gegenstand, d.h. in der Deutung wird der Anspruch erhoben, einen *realen Gegenstand der Außenwelt* zu konstituieren. Deutung ist in diesem Sinne auch Existenzprädikation, eine durch Begriffe bestimmend überschrittene Anschauung (s.o.), ein Gegenstand wird in ihr gleichzeitig zu einem *realen* Gegenstand gemacht, es wird der Anspruch erhoben, einen bestimmten Gegenstand der Außenwelt zu erkennen, *einen realen Gegenstand zu erdeuten*. Tatsächlich ist dieser Anspruch natürlich ein, wenn nicht *der* wesentliche Teil der jeder Deutung zugrundeliegenden *Erfolgsintention* (s.o.): "Etwas intendieren, kann schlechthin nichts anderes bedeuten als, *Verwirklichung* von etwas intendieren"[5]. Intendieren ist wesentlich Intendieren der *Verwirklichung* von etwas; wäre das Intendierte ein schon Wirkliches, so bedürfte es des Intendierens nicht mehr, da es eben schon als Wirkliches ein Gegebenes wäre; etwas schon Wirkliches bräuchte nicht mehr (als Wirkliches) intendiert zu werden.

Wirklichkeit kann einem Gegenstand aber auch fälschlicherweise zugeschrieben werden - womit die Möglichkeit eines (Wahrnehmungs-)*Irrtums* erklärt ist; wäre Deutung als Bestimmung nicht mehr als die Verbindung von Anschauung und Begriff, so wäre ein solcher Irrtum (und das heißt auch: seine Berichtigung) gar nicht möglich, weil in diesem Falle "eine andere als jene durch Vereinigung von Anschauung mit dem Begriff schon immer vorgenommene Bestimmung eines Gegenstandes gar nicht möglich sein kann."[6] Da die Erfolgsintention der (Er)Deutung aber nicht nur Gegenstands- sondern wesentlich auch *Realitäts*intention ist, kann sie auch an diesem Aspekt scheitern und einem Gegenstand fälschlicherweise Existenz zuschreiben. Ist ein solcher Fehler (im Rahmen des "Realitäts-Kontextes" (s.u.)) erkannt, so kann er korrigiert werden, und zwar nicht, indem auf die

---

[1] ebd. S.184 f.
[2] ebd. S.185
[3] Die Welt und wir I S.682
[4] ebd. S.690
[5] ebd. S.243 (Hervorhebung v. Verf.)
[6] ebd. S.687

Existenzzuschreibung im speziellen Fall völlig verzichtet, sondern indem ein anderer Gegenstand als realer bestimmt wird. (Dies ließe sich wohl am einleuchtendsten an speziellen Fällen wie Langes Beispiel mit dem Diorama (siehe Abschnitt 2.1.2) deutlich machen: es ist durchaus denkbar, daß jemand beim Blick in den "Guckkasten" glauben könnte, es mit einer Art Fenster zu tun zu haben und sich vor ihm tatsächlich eine Landschaft ausbreitet; er würde in diesem Falle eben dieser Landschaft Existenz / Realität zuschreiben. Bemerkte er seinen Irrtum, würde er also erkennen, daß er es nur mit zwei Fotografien zu tun hat, die seinen Sehapparat (und damit eigentlich ihn selbst) "überlisten", so würde die Existenzzuschreibung nicht völlig verschwinden, es würde nun vielmehr den beiden Fotografien (und ihrer raffinierten Anordnung) Existenz und damit Realität zugeschrieben. Prauss´ Ausführungen zu Wahrnehmungsirrtümern und ihrer Korrektur dürften wohl ungefähr in dieser (auf optische, akustische und andere Täuschungen anwendbare) Weise aufzufassen sein.)

Die zentrale Rolle der *Ver*wirklichung in der Deutungstheorie wirft ein neues Licht auf deren Verhältnis zu Rezeptivitätsauffassung von Erkenntnis, aber auch auf die Frage, wie Deutungen überhaupt wahr oder falsch sein können.

Das Rezeptionsmodell von Erfahrung setzt eine objektive Wirklichkeit von Gegenständen voraus, die in der Wahrnehmung erfaßt werden. Nur Wirkliches kann Gegenstand von Erfahrung und damit Gegenstand in der Erfahrung werden. Das Deutungsmodell kehrt dieses Verhältnis gerade um: Wirklichkeit von etwas setzt dessen Gegenständlichkeit voraus, Gegenständlichkeit ist notwendige Bedingung von Wirklichkeit; nur Gegenständliches (und das heißt: durch Deutung *Ver*gegenständlichtes) kann wirklich, kann *ver*wirklicht werden. - "Wahre Wahrnehmung als erfolgreiche Deutung kann [...] in der Tat ihren Erfolg schlechterdings nicht in der Gegenständlichkeit von etwas haben, sondern ausschließlich in der Wirklichkeit von etwas, darin nämlich, daß in ihrem Falle mit der Gegenständlichkeit von etwas auch die Wirklichkeit dieses Etwas einhergeht."[1] Ist Wahrnehmung / Deutung hingegen nicht erfolgreich, so bedeutet dies nicht etwa, daß in ihr *nichts* erdeutet wurde, daß also nichts *gegenständlich* geworden wäre, sondern lediglich, daß es nicht *ver*wirklicht wurde. Es verhält sich also so, daß "in falscher Wahrnehmung die Gegenständlichkeit von etwas vorliegt, ohne daß damit auch die Wirklichkeit dieses Etwas einherginge."[2] *Gegenständlichkeit* liegt jedoch in beiden Fällen vor - ohne Gegenständlichkeit hat die Rede von Wirklichkeit schlicht keinen Sinn: "nur das, was grundsätzlich vergegenständlicht ist, kann auch erdeutet oder erdeutbar und damit wirklich sein."[3] Die Aufgabe, die Wirklichkeit eines bestimmten Erdeuteten *festzustellen* - die "*Realifikation*"[4] - fällt nun mit der Aufgabe der *Verifikation* (vgl. Abschnitt 6.3) zusammen: Die Frage, ob ein Gegenstand X real ist, fällt zusammen mit der Frage, ob das *Urteil* "Dies ist X." *wahr* ist: die Wirklichkeit, die Existenz von Gegenständen läßt sich nur in einem "Realitäts-Kontext" (mein Ausdruck!) feststellen. Die Wirklichkeit eines Gegenstandes = eines Gegenständlichen = eines *Ver*gegenständlichten, das ein solches jeweils unabhängig von dieser Wirklichkeit ist, ist nicht in der Weise eines erkenntnistheoretischen Fundamentalismus, d.h. nicht durch den Vergleich mit einem "Ding an sich" o.ä. möglich, sondern ausschließlich durch Rückgriff auf den "Realitäts-Kontext" - der letztlich mit dem im vorigen Abschnitt erwähnten Erfahrungs- oder Wahrnehmungskontext identisch ist. Die

---

[1] Einführung in die Erkenntnistheorie S.188 f.
[2] ebd. S.189
[3] ebd. S.190
[4] a.a.O. (Hervorhebung v. Verf.)

Verifikation des *Urteils* "Dies ist X." ist mit den "*Realifikation*" des *Gegenstandes* X identisch. - "Wahrheit [...] *ist* Wirklichkeit, sofern sie als Erfolg einer entsprechenden Intention zuzuschreiben ist, und Falschheit *ist* Unwirklichkeit, sofern sie als Mißerfolg einer Intention auf Wirklichkeit zuzuschreiben ist."[1]

Prauss´ Deutungstheorie ist wesentlich ein *transzendentalphilosophischer* Entwurf, dessen Zweck es ist, begreiflich zu machen, wie Erfahrung von Gegenständen als möglich begriffen werden kann. Dabei legt Prauss besonderen Wert auf die Erklärung der Möglichkeit des *Irrtums*, der „falschen" im Gegensatz zur „wahren Erkenntnis", der Möglichkeit, bestimmte Urteile über die empirische Welt (und prinzipiell vermutlich alle diese Urteile) vor einem bestimmten Hintergrund zu korrigieren. Als eine solche Erklärung stellt sich ihm – nachdem die „Abbildtheorie" und die „Schlußtheorie" verworfen worden sind[2] – eine Auffassung dar, die Erfahrung wesentlich als *Aktivität* des Subjekts bzw. als aus einer solchen Aktivität hervorgehend betrachtet. Diese Aktivität bezeichnet Prauss als (Er)Deuten und meint damit die Konstitution von „Außenwelt" aus „Innenwelt" mit Hilfe von Begriffen; „Innenwelt" und „Außenwelt" sind komplementäre Begriffe, sie sind nur in ihrer Gegenüberstellung, nicht jeweils für sich allein sinnvoll[3]: „Innenwelt" wird erst durch ihre begriffliche Überschreitung „auf Außenwelt hin" zu dieser Außenwelt in Gegensatz gestellt und damit eigentlich erst als „Innenwelt" gekennzeichnet. Die Konstitution der Außenwelt ist nun eben die Aktivität des Subjekts, das Erfahren / Konstituieren außenweltlicher Dinge (= Erfahrungsgegenstände) weist Ähnlichkeiten zum Handeln in der Welt der Erfahrungsgegenstände auf: es ist verbunden mit einer (allerdings nicht (oder nur in den seltensten Fällen) als bewußt aufzufassenden) *Absicht*, nämlich der Absicht, *wirkliche Gegenstände zu erdeuten*. Dabei ist im Kontext der vorliegenden Arbeit weniger interessant, was es bedeutet, einen Gegenstand zu erdeuten (Prauss´ diesbezügliche Erläuterungen verweisen direkt auf Kant); die zentrale Frage lautet, wie es zu verstehen ist, daß ein Gegenstand als *wirklicher* erdeutet wird bzw. werden kann. Prauss´ Antwort auf diese Frage besteht im Verweis auf den „Erfahrungs- oder Wahrnehmungskontext", der bestimmt, welche erdeuteten Gegenstände als reale gelten, als reale erdeutet werden können. Diesen Kontext können wir auch als *Deutungs*kontext oder als Deutungs*rahmen* bezeichnen. Er ist es, der bestimmt, ob eine bestimmte Wahrnehmung, eine bestimmte Gegenstandserfahrung[4] als die Erfahrung eines *wirklichen* Gegenstandes gelten kann. Als wirklich kann unter den Bedingungen der Deutungstheorie also gelten, was dem Deutungsrahmen, der vor allem aus einer Vielzahl anderer Erfahrungen aufgebaut ist, nicht widerspricht; das Realitätskriterium ist Kohärenz, Übereinstimmung mit bisher gemachten Erfahrungen (die selbst untereinander in diesem Sinne kohärent zu sein haben). Die

---

[1] ebd. S.191

[2] Die Widerlegungen von Abbild- und Schlußtheorie in der *Einführung in die Erkenntnistheorie* besitzen allerdings wohl eher didaktischen als systematischen Charakter; tatsächlich werden beide Theorien von Prauss tendenziell vereinfacht oder in Varianten dargestellt, gegen die z.T. gravierende Einwände vorgebracht werden könnten.

[3] Hier liegt der Hinweis auf Vaihingers „Zerlegung" nahe. (vgl. Abschnitt 4.1.2)

[4] Da Prauss zwischen Erdeutung *von Gegenständen* und Erdeutung von Gegenständen *als wirklichen* unterscheidet, ist es wohl legitim, „Wahrnehmung" und „Gegenstandserfahrung" hier als synonym aufzufassen: auch eine sich später als „irrtümliche" herausstellende Wahrnehmung von einem Gegenstand ist eine *Erfahrung* dieses Gegenstandes, allerdings eben eine solche, die sich zu irgendeinem Zeitpunkt vor dem Hintergrund des Deutungsrahmens als „falsche Erkenntnis" in Prauss´ Sinne herausstellt.

Möglichkeit des Irrtums, die Möglichkeit etwas *fälschlicherweise* als wirklich zu erdeuten, ist dadurch begreiflich zu machen, daß nicht jede vor dem Hintergrund des Deutungsrahmens „falsche" Erdeutung sofort als solche erkannt werden kann; vielmehr bedarf die Korrektur eines solchen Fehlers – und hier kann es sich durchaus um einen psychologisch zu beschreibenden Prozeß handeln – zumeist der Überlegung, des Vorgehens nach bestimmten Regeln, des bewußten Vergleichs mit dem Teil des Deutungsrahmens, der einem als Wissen oder Können bewußt ist; vor allem ist eine solche Korrektur also eine zeitliche Frage. Die Tatsache, daß wir uns im alltäglichen Sinne des Wortes in Hinblick auf Erfahrungsgegenstände irren können, ist im Rahmen von Prauss' Deutungstheorie somit in einer Weise erklärt, die den Aspekten menschlichen Wissens und Handelns, die mit einem Irrtum und seiner Korrektur üblicherweise verbunden sind, Rechnung trägt.

Dieser Deutungskontext oder –rahmen ist nun aber – und in diesem Punkt weist Prauss' Auffassung einen zumindest in Grundzügen pragmatischen Aspekt auf – kein ein für allemal feststehender: es ist möglich, daß er sich unter der „Last" einer Vielzahl ihm widersprechender Erfahrungen – seien diese nun untereinander kohärent oder nicht – sozusagen „verformt", in einer Weise verändert, die dem Charakter der ihm widersprechenden Erfahrungen Rechnung trägt. Ein Teil des Deutungsrahmens wird modifiziert oder auch ganz aufgegeben, bestimmte Gegenstände (und wohl auch Eigenschaften, Sachverhalte, Ereignisse), die zuvor als „real" gegolten haben, verlieren diesen Status unter den Bedingungen des modifizierten Deutungsrahmens, gelten nun als „Irrtümer", „Illusionen" o.ä. (Allerdings ist nicht klar, warum wir einen Deutungsrahmen überhaupt als in der beschriebenen Art „empfindlich" gegenüber bestimmten Erfahrungen auffassen sollten. Warum ist er kein „stabilerer" (und damit zugleich in einem anderen Sinne „flexiblerer") Rahmen, in den auch sich von den bisherigen radikal unterscheidende Erfahrungen (als Irrtümer) kohärent eingepaßt werden können?) Jede (Er)Deutung geschieht innerhalb eines Deutungsrahmens und damit eines Realitäts-Kontextes, der den Hintergrund bildet, vor dem festgelegt ist, was als „wirklich" gelten kann; dieser Rahmen selbst ist jedoch nicht „starr", er ist zumindest in einem bestimmten Ausmaß als flexibel aufzufassen, kann von bestimmten ihm widersprechenden Erfahrungen zur Disposition gestellt werden. Was als real gelten kann, kann somit niemals endgültig feststehen, da der Rahmen selbst, innerhalb dessen bestimmt ist, welche erdeuteten Gegenstände wirklich sind und welche nicht, niemals für definitiv erklärt werden kann.

Welche Konsequenzen hat dies nun aber für die Frage nach „der Wirklichkeit" als ganzer? Ganz offenkundig ist auch diese – wie die „Realität" einzelner Erfahrungsgegenstände – vom jeweils aktuellen Deutungsrahmen abhängig; die Grenzen dieses Deutungsrahmens bestimmen die Grenzen des Wirklichen überhaupt. Nicht nur, was realer Gegenstand ist (ebenso wie, was überhaupt Gegenstand ist), auch was Wirklichkeit als ganze ist, ist „von uns", von unserem jeweiligen Deutungsrahmen abhängig, ist Wirklichkeit-innerhalb-eines-Deutungsrahmens, Wirklichkeit-in-den-Grenzen-eines-Deutungsrahmens. Da ein solcher Deutungsrahmen aber niemals als definitiv feststehender, als letztgültiger aufgefaßt werden darf, ist Wirklichkeit als ganze (ebenso wie „Wirklichkeit" einzelner Gegenstände) in Prinzip immer Wirklichkeit-auf-Zeit; jede Charakterisierung von etwas als „wirklich" steht zumindest prinzipiell zur Disposition, kann revidiert werden. Realität ist Realität-auf-Zeit ebenso wie Realität-für-uns.

Sieht man von ihren (teilweise recht problematischen) Details ab, so lassen sich vier Punkte aufzählen, die Prauss' Deutungstheorie in ihren Grundzügen beschreiben:
1. Erfahrung ist kein passives Aufnehmen von „Sinnesdaten" o.ä., sondern vielmehr eine Aktivität des Subjekts, das in dieser Aktivität die Natur des Erkannten / Erfahrenen zumindest mitbestimmt.

2. Als Aktivität des Subjekts weist Erkennen / Erfahrung bestimmte Ähnlichkeiten mit einer Handlung auf.
3. Was im einzelnen „wirklich", ebenso wie, was „Wirklichkeit" überhaupt ist, steht nicht ein für allemal fest, sondern ist von einem prinzipiell veränderlichen Realitäts-Kontext, einem Deutungsrahmen abhängig.
4. Was als „wirklich" gelten kann, hängt auch von (zumindest im weiteren Wortsinne) pragmatischen Faktoren ab.

Die so zusammengefaßte Kennzeichnung von Erkenntnis / Erfahrung als Deutung umfaßt bei Prauss zwar „nur" den fundamentalen Bereich der Gegenstandserfahrung; es wäre aber durchaus denkbar, das Deutungsmodell auf weitere Bereiche zu übertragen und so zu einer umfassenden „deutungstheoretischen" oder „interpretationistischen" Philosophie zu gelangen. Solche „umfassenden" Systeme wurden bzw. werden von Hans Lenk und Günter Abel entwickelt, deren Gedanken zum Themenkreis Interpretation und Realität die folgenden Kapitel gewidmet sind.

7. Interpretationismus und pragmatischer Realismus in Hans Lenks Philosophie der Interpretationskonstrukte

Hans Lenk, geboren 1935, seit 1969 Professor für Philosophie in Karlsruhe, hat sich in zahlreichen Publikationen (zu denen auch seine „Einführung in die jokologische Philosophie", die *Kritik der kleinen Vernunft*, zählt) mit den unterschiedlichsten philosophischen Themenbereichen - u.a. Erkenntnistheorie, Sozialphilosophie, Technikphilosophie, Handlungstheorie und Ethik – auseinandergesetzt.

Derjenige Aspekt von Lenks Denken, der im Zusammenhang der vorliegenden Arbeit von Interesse ist, ist sein Bestreben, ein großangelegtes philosophisches System zu entwickeln, in das letztlich alle Bereiche, mit denen Lenk sich im Laufe der letzten Jahrzehnte befaßt hat, integrierbar sein sollen, und das "als ein neuer grundphilosophischer Ansatz aufgefaßt werden [kann]"[1]: es handelt sich um ein System, das sein Schöpfer als "Interpretationismus" oder "Interpretationskonstruktionismus" bezeichnet, und in dem "Interpretation" in einem bestimmten Sinne - formal ähnlich wie bei Prauss, jedoch in viel umfassenderer Weise - zentrales epistemologisches und transzendentales Prinzip ist: sowohl in unserem Erkennen als auch in unserem Handeln sind wir von Interpretationen abhängig, unser Zugang zur Welt ist niemals interpretationsfrei. Die von uns wahrgenommene und erschlossene Welt als ganze, ebenso wie sämtliche uns in ihr begegnenden Gegenstände, Relationen, Sachverhalte, Ereignisse etc., sind von uns *interpretiert* (auch Prauss´ Terminus "erdeutet" wäre hier passend), der Aufbau der erfahrenen Welt, ihre Struktur(en), sind stets schon von bestimmten, dem interpretierenden (und zugleich selbst interpretierten) Subjekt zuzuschreibenden *Interpretationsschemata* geprägt. Mit anderen Worten: Interpretationen bzw. Interpretationsschemata sind Bedingungen der Möglichkeit von interpretierender Welterfassung und damit von Welt überhaupt als interpretierter.

Ähnlich wie in Prauss´ formal ähnlichem aber wesentlich enger gefaßten Ansatz verschwimmen auch in Lenks Interpretation(skonstruktion)ismus die Grenzen zwischen Erkennen und Handeln, er "verbindet [...] in harmonischer und interner Weise bestimmte verstehend-interpretative und konstruierend-modellierende Komponenten"[2]; im Begriff "Interpretation" will Lenk "die verstehende Deutung und die aktive Bildung [...] zusammenfassen."[3]

Zusammengefaßt und als Spezialfälle verstanden werden sollen darin auch die unterschiedlichen Bedeutungen von "Interpretation" in den verschiedenen philosophischen Traditionen, wie der Hermeneutik und der analytischen Philosophie.[4] Im Zentrum des Interpretationismus als eines einheitlichen philosophischen Ansatzes, der fundamental-transzendentale, method(olog)ische und pragmati(sti)sche Aspekte aufweist, steht der Mensch als notwendig interpretierendes Wesen: im Erkennen wie im Handeln ist er auf Interpretationen angewiesen, jedes Erkennen und jeder praktische Umgang mit der Welt ist von Interpretationen geprägt, von ihnen durchzogen. Egal, wie und was der Mensch erkennt oder tut, er ist stets in bestimmten Interpretationen bzw. Interpretationsschemata, die sein Erkennen und Tun in einem

---

[1] Interpretationskonstrukte S.20
[2] ebd. S.213
[3] ebd. S.27
[4] Zu den unterschiedlichen Verwendungen des Ausdrucks "Interpretation" in der Geschichte der Philosophie vgl. Philosophie und Interpretation Kapitel 2 - 5

gewissen Umfang bestimmen, befangen - *er kann nicht nicht interpretieren*. - "Wir können nicht ohne eine logisch vorgängige Interpretation denken, erkennen, handeln, werten, (be-)urteilen usw."[1] Die Tradition, in der Lenks System steht, ist, wie bereits aus den bisherigen skizzenhaften Ausführungen hervorgegangen sein sollte, die des Kritizismus, der Transzendentalphilosophie; sein Schöpfer weist immer wieder deutlich auf dieses Selbstverständnis (das in gewisser Hinsicht zugleich eine Verpflichtung darstellt) hin: "Der Interpretationskonstruktionismus könnte gleichsam eine modernere Form des Kantischen Transzendentalen Idealismus darstellen."[2]

7.1 Erkennen als Interpretieren und Konstruieren

"´Interpretation´", so Lenk, "ist zunächst nur ein Wort, das Differenzen und Nuancen zuzudecken scheint. Es eröffnet einer Vielfalt von differenzierenden Analysen, Untersuchungen und Unterschieden auf verschiedenen Stufen ein modellhaftes Spektrum, wenn man die Arten der Erkenntnis und Erfahrung, des Handelns und Modellbildens und die damit verbundenen Deutungs- und Projektionsprozesse genauer analysiert."[3] Lenk weist also ausdrücklich darauf hin, daß der Ausdruck "Interpretation" für sich genommen noch viel zu unklar und vieldeutig ist, um für ein bestimmtes philosophisches Modell stehen zu können. Es bedarf daher der sorgfältigen Differenzierung und Abgrenzung, soll der Ausdruck "Interpretationsphilosophie" einen klaren Sinn erhalten.

Eine Grundbedingung, die nach Lenk jede Auffassung von "Interpretation" als philosophisches Konzept erfüllen muß, ist die Differenzierung in vier Faktoren[4]: (1) das / den Interpretierende(n), (2) das zu Interpretierende (das Interpretandum), (3) den Interpretationsakt selbst (der jedoch nicht (oder zumindest nicht unbedingt) psychologisch verstanden werden darf), und schließlich (4) dessen Resultat, das Interpretat, dasjenige *als das* das Interpretandum interpretiert wird (in Lenks Terminologie: das "Interpretationskonstrukt").

In Lenks Interpretationsphilosophie ist Interpretation "kein einfaches Geschehen, sondern ein zusammenfassendes Etikett für vielartige Weisen eines gestaltenden, darstellenden wiedergebenden Handelns"[5], dessen Grenzen zum Erkennen fließend sind. Interpretation (bzw. "Schemainterpretation" - s.u.) ist ein Oberbegriff, unter den verschiedenste (um genau zu sein: alle) Prozesse des Erkennens und Handelns fallen, für die jedoch eines charakteristisch ist: das Subjekt als welt- und erkenntniskonstituierendes - als interpretierendes - nimmt in ihnen eine zentrale Stellung ein.

Lenks Definition von Interpretation - deren Details aus den folgenden Erläuterungen klar werden sollten - lautet:

"(Schema-)Interpretieren ist ein durch Perspektivität je bestimmtes, durch Bedürfnis-, Handlungs- und Interessenorientierungen geladenes, symbolisch durch Zeichen- und Formbildungs- wie - verwendungsregeln in (zumeist soziale) Kontexte eingebettetes

---

[1] Interpretationskonstrukte S.23
[2] Von Deutungen zu Wertungen S.88
[3] Interpretationskonstrukte S.506
[4] Mangelnde Differenzierung des Interpretationsbegriffs ist einer der wesentlichen Punkte, in denen Lenk die Interpretationsphilosophie Abels kritisiert. (vgl. Philosophie und Interpretation S.246 und Kapitel 8 der vorliegenden Arbeit)
[5] Interpretationskonstrukte als Interpretationskonstrukte S.36 f.

Strukturieren oder Formieren sowie Verwenden von zugeordneten oder zuordenbaren Schemata und Konstrukten."[1]

Eine zentrale Stellung nimmt in Lenks Interpretationsphilosophie der Begriff des Interpretations*schemas* ein. Dieser lehnt sich an Kants Lehre von den Schemata an, die zwischen Kategorien und Anschauung vermitteln, verdankt sich teilweise aber auch der Kognitionspsychologie.[2] Erkennen als Interpretation (und jedes Erkennen *ist* - ebenso wie jedes Handeln - Interpretation) besteht wesentlich in der Bildung und Anwendung solcher Schemata. Interpretieren in diesem Sinne umfaßt das "Bilden, Entwerfen, Entwickeln, Ausarbeiten und jegliches Anwenden von Mustern, Strukturen, Formen, Gestalten"[3]. Erkennen / Interpretieren ist wesentlich "Schemabildung und -anwendung"[4] und für Lenk anders - speziell im empiristisch-positivistischen Sinne - nicht vorstellbar. - "Interpretation ist generell Anwendung von mental repräsentierten Konstrukten, von Schemata in diesem Sinne."[5]. Das bedeutet, daß Erkennen wesentlich *aktiv*, eine *Aktivität* des Erkennenden ist. Interpretieren beinhaltet damit konstitutiv einen konstruktiven Aspekt: Erkennen / Interpretieren als Schemabildung und -anwendung ist auch Konstruktion, wir haben es beim Erkennen (bzw. im Erkannten) mit *Interpretationskonstrukten* zu tun, die *als* Interpretationskonstrukte Hervorbringungen des schemabildenden und -anwendenden Subjekts sind.

Interpretationsschemata und die sich aus ihrer Anwendung ergebenden Interpretationskonstrukte finden sich auf allen Ebenen unseres Erkennens und unseres Handelns (vgl. Abschnitt 7.2). Sie ergeben sich auf diesen unterschiedlichen Ebenen aus unserer physisch-biologischen Verfaßtheit, unseren Bedürfnissen und Wünschen, unserer bzw. unseren Sprache(n), der Kultur, in der wir leben, dem unmittelbaren sozialen Umfeld etc. All diese Faktoren sind für die Bildung je spezifischer Schemata und somit für die sich aus deren Anwendung und unter ihrer Mitwirkung ergebenden Interpretationskonstrukte verantwortlich, und damit dafür, wie wir die Welt (bzw. könnte angesichts der verschiedenen Ebenen und Lebensbereiche, mit denen wir konfrontiert sind, durchaus - allerdings nur im Sinne der Alltagssprache, d.h. nicht im metaphysisch-ontologischen Sinne - durchaus von "den Welten" gesprochen werden) erfassen. Die Interpretativität ist dabei unhintergehbar: Interpretationsschemata sind keine "Brille", die wir abnehmen könnten, um die Welt, wie sie uninterpretiert, "an sich" sein mag, zu erkennen. Unser Zugang (unsere Zugänge) zur Welt ist (sind) stets interpretativ, wir haben es immer und überall mit Interpretation(skonstrukt)en zu tun - "alles, was wir als erkennende und handelnde Wesen erfassen und darstellen können, ist [...] abhängig von Interpretationen, ist *interpretationsimprägniert*."[6]

Der Begriff "interpretationsimprägniert" spielt in Lenks System eine zentrale Rolle: er bezeichnet die Eigenschaft aller Aspekte, aller Objekte und Inhalte unseres Denkens und unseres Erkennens, bereits in gewissem Ausmaß interpretiert, von Interpretationen / Interpretationsschemata abhängig, von ihnen durchdrungen zu sein. Diese "Interpretationsimprägniertheit" gilt bereits für unsere Wahrnehmungen: auch unter den Bedingungen von Lenks Interpretationskonstruktionismus kann Wahrnehmen nicht als

---

[1] Philosophie und Interpretation S.245
[2] vgl. Philosophie und Interpretation S.234 f.
[3] Philosophie und Interpretation S.235
[4] a.a.O.
[5] ebd. S.235 f.
[6] ebd. S.239

passives "Erfassen" oder "Abbilden" von Gegenständen "da draußen" gelten. Wahrnehmung ist vielmehr aufzufassen als Aktivität, als Interpretieren / Konstruieren des (selbst interpretierten (vgl. Abschnitt 7.4.2)) Subjekts. Wahrnehmung ist, wie Lenk in Anlehnung an eine Formulierung des Psychologen Irvin Rock schreibt, "von kognitiven Entscheidungen und Schlüssen abhängig, die freilich unbewußt ablaufen."[1] (Hier kommen natürlich auch Resultate der physiologischen und neurologischen Forschung ins Spiel: "Wahrnehmung ist [...] konstruktiv im Sinne einer zentralnervösen Tätigkeit, sie ist eine Gehirntätigkeit, eine aktive Konstruktionstätigkeit."[2] Lenk beruft sich in seinen Arbeiten häufig auf Ergebnisse der Gehirnforschung und erweckt dabei den Eindruck, er wolle dem Leser einen Naturalismus nahelegen. Dieser Eindruck dürfte jedoch täuschen, da Lenk sich durchaus dessen bewußt ist, daß jede empirische Forschung bereits in die Interpretativität der Wahrnehmung verstrickt ist.) Lenk illustriert die Interpretationsabhängigkeit der Wahrnehmung u.a. an optischen Täuschungen (die uns als auf optische Reize besonders angewiesene Wesen in besonderer Weise irreführen).[3]: Der bekannte "Neckersche Würfel"[4] macht deutlich, daß erst eine aktive (wenn auch nicht unbedingt bewußte) Entscheidung des Wahrnehmenden die zweidimensionale Figur zu einem (und zwar jeweils dem "einen" oder dem "anderen") Würfel macht. Dies gilt natürlich in gewissem Ausmaß für jede zweidimensionale Darstellung dreidimensionaler Objekte, wie die Fotografie und die gegenständliche Malerei - in manchen Fällen muß das Sehen einer Fotografie oder eines Bildes als Abbildung eines Gegenstandes erst "gelernt" werden. Allgemein gilt: jedes Wahrnehmen von etwas *als* etwas - und jedes Wahrnehmen ist Wahrnehmen von etwas *als* etwas, und sei es auch nur z.B. als ungeordnetes Konglomerat von Farben und Formen - ist bereits interpretiert, kann aber auch selbst wiederum interpretiert werden: im chaotischen Gewirr können Formen und Strukturen erkannt, diese wiederum als etwas Bestimmtes, in gewisser Weise Bedeutungsvolles erfaßt werden - all diese Vorgänge sind Aktivitäten des erkennenden Subjekts, das in ihnen bewußt oder unbewußt Interpretationsschemata verschiedener Ebenen zur Anwendung bringt und damit die wahrgenommenen Gegenstände erst zu (sei es auch nur rudimentär) So-und-so-Bestimmten macht. "Es handelt sich beim Wahrnehmen stets um ein aktives Selektieren, Strukturieren, Konstruieren oder wenigstens um ein Rekonstruieren."[5] Alle Objekte als wahrgenommene sind also stets bereits von Interpretationen geprägt, *sind* Interpretationskonstrukte. Sie sind vor einem interpretativen Horizont erfaßt und werden nicht, wie es ein naiv-positivistischer Realist meinen würde, rein passiv erfaßt oder abgebildet. Die vermeintlich passive Wahrnehmung ist immer schon von fundamentalen Interpretationsschemata geprägt; jedes erkannte Objekt enthält Aspekte, die das interpretierende Subjekt (das, wie noch darzustellen sein wird, für Lenk ebenfalls ein Interpretationskonstrukt ist) in die Subjekt-Objekt-Relation einbringt.

Damit sollte die Bedeutung des Ausdruck "interpretationsimprägniert" klar geworden sein: der Mensch ist als Erkennender auf Interpretationen und die durch sie bzw. in ihnen in die Welt eingebrachten Strukturierungen angewiesen; jedes Interpretationsschema ist "bedeutungsgeladen"[6] und "bedeutungsbildend"[1], ermöglicht es erst, etwas *als* etwas zu

---

[1] Von Deutungen zu Wertungen S.95
[2] a.a.O. (im Original kursiv)
[3] vgl. Von Deutungen zu Wertungen S.96 - 100
[4] vgl. Von Deutungen zu Wertungen S.101
[5] Von Deutungen zu Wertungen S.103 f.
[6] Interpretationskonstrukte S.55

erfassen. (Als Bestandteil der Interpretationsphilosophie als Theorie sind Interpretationsschemata aber auch selbst in einem nichttrivialen Sinne Interpretationskonstrukte.) Auch unsere Wahrnehmung, unser Denken und Handeln als von Interpretationsschemata abhängige sind damit ebenfalls "bedeutungsgeladen", "interpretationsgeladen", "interpretationsimprägniert", von Interpretationen konstitutiv abhängig (oder, kurz aber unpräzise: "interpretativ"). -

"Wir können nicht ohne eine (methodo-)logisch vorgängige Interpretation denken, erkennen, handeln, werten, beurteilen usw. [...] Jedes Denken, Erkennen, Werten, Handeln ist interpretationsimprägniert, interpretationsabhängig, bedingt und geprägt von einer bedeutungsbestimmenden Perspektive, die ich entweder von Natur aus habe [...] oder die ich aufgrund von kulturellen Vorformierungen [...] übernehme, das heißt: Eine solche bedeutungsgeladene, sinn- und bedeutungskonstituierende Perspektive der Interpretationen ist unvermeidlich."[2]

Dabei können gewisse Interpretationen / Perspektiven, die sich als unzweckmäßig oder in irgendeiner Weise unangemessen erweisen, durchaus gegen andere ausgetauscht, von anderen ersetzt werden, die einen bestimmten Zweck besser erfüllen. Dies gilt jedoch nicht für die "fundamentalen" Interpretationen, die die Welt in ihren allgemeinsten Zügen für uns konstituieren (vgl. Abschnitt 7.2). Die Mehrzahl unserer nicht-fundamentalen Interpretationen ist jedoch prinzipiell variabel, sie können geändert, durch andere ersetzt werden. Dabei treten aber eben stets andere *Interpretationen* an die Stelle der vorhandenen, die Interpretationsverwobenheit, Interpretationsimprägniertheit an sich ist unaufhebbar, nicht hintergehbar. - "*Die Interpretationen können - und werden großenteils - wechseln, aber die Interpretativität, die Interpretationsgebundenheit selber, bleibt. Was erkennbar ist, ist nur interpretativ erfaßbar, ist nur unter einer Beschreibung, unter einer Interpretation in einem bestimmten Rahmen als etwas erfaßbar.*"[3]

Die Bedeutung des Ausdrucks "interpretationsimprägniert" wurde von Lenk allerdings im Laufe der Entwicklung seiner Philosophie der Interpretationskonstrukte modifiziert: Lenk differenziert mittlerweile zwischen verschiedenen Arten dessen, was er ursprünglich pauschal als "Interpretationsimprägniertheit" bezeichnet hat: im Gegensatz zur "Interpretationsbeladenheit oder -geladenheit oder Interpretationsverwobenheit"[4] bedeutet "Interpretationsimprägniertheit" im engeren Sinne nun die spezielle Form der Interpretationsgebundenheit, mit der wir es zu tun haben, wenn "die Außenwelt oder die ´Welt (an sich)´ einen Beitrag zur Erkenntnis oder zur Erfassung in dem Sinne liefert, daß etwas als Wahrnehmungssignal oder als Menge von Einflüssen aufgenommen wird und zugleich - in eins damit - [im] schematisierenden Prozeß strukturiert wird."[5] Als "interpretationsimprägniert" im engeren Sinne gelten Lenk nunmehr also ausschließlich Fälle von „Wahrnehmung" im üblichen Sinne, d.h. solche Fälle, in denen vermeintlich etwas "außer uns" von uns im Erkennen "erfaßt" wird (und in denen nicht etwa eine Halluzination vorliegt). Dabei wirken Elemente unseres Erkenntnisapparates in einer Weise mit den (als Elemente dieser Theorie natürlich ebenfalls als Interpretationen auf einer höheren, abstrakten Ebene geltenden) äußeren

---

[1] a.a.O.
[2] ebd. S.60 f. (im Original z.T. kursiv)
[3] ebd. S.61
[4] Interpretationen und Imprägnationen S.24 (im Original z.T. kursiv)
[5] a.a.O.

Einflüssen zusammen, die das Erkannte dann zu einem von uns "gemachten" werden läßt. Dabei ist es durchaus möglich, zwischen dem "Beitrag der Welt"[1], dem von "außen" kommenden Element einerseits und der interpretierend-konstruierenden Aktivität unseres Erkenntnisapparates andererseits zu unterscheiden - allerdings nur begrifflich-analytisch: "Unser Erkenntnisapparat prägt den Beitrag der Welt um, den wir jedoch [...] nicht real von diesem Konstitutionsprozeß abtrennen können."[2] Es ist möglicherweise zum Teil, nie jedoch vollständig möglich, zu sagen, welche Aspekte eines Erkannten / Wahrgenommenen / Interpretierten "von außen", welche "von uns" kommen. Die eigentliche "Imprägnation" im engeren Sinne besteht nun eben darin, daß dem "Beitrag der Welt" bestimmte Strukturen "aufgeprägt", "imprägniert" werden. "Interpretationsimprägniertheit" im engeren Sinne ist also zu verstehen als Eigenschaft einer bestimmten Erkenntnis- (und das bedeutet: Interpretations-)form, der Wahrnehmung, in der sich "äußere" und "innere" Faktoren verbinden, indem die "inneren" strukturbildend auf die "äußeren" einwirken (im Gegensatz zu Interpretationskonstrukten höherer Ebenen, die keine "äußeren" Faktoren im diesem Sinne beinhalten[3]). Dabei geht es Lenk - um kurz auf die Frage nach der Realität unter den Bedinungen des Interpretationskonstruktionismus vorzugreifen - auch darum, "daß letztlich eine Art Realismus annehmbar gemacht wird, zumindest eine Art von pragmatischem Realismus, der mit dem Grundsatz der Schemainterpretativität vereinbar ist"[4].

Wie bereits erläutert bedeutet die prinzipielle Interpretationsimprägniertheit bzw. Interpretationsverwobenheit allen Erkennens nicht, daß einmal gebildete Interpretationsschemata (und damit die sich aus ihrer Anwendung ergebenden Interpretationskonstrukte) nicht veränder- oder austauschbar wären: tatsächlich zeigt die Alltagserfahrung, daß bestimmte Interpretationen, z.B. als in irgendeinem Sinne "falsch" oder "unangemssen" erkannte Wahrnehmungen, aber auch weltanschauliche Positionen und natürlich (?) auch philosophische Standpunkte bisweilen, bewußt oder unbewußt, revidiert, das heißt, durch andere, auf derselben Ebene (sozusagen kategorial gleichartige) Interpretationen ersetzt werden. Andere Interpretationsschemata, z.B. solche die sich aus dem prinzipiellen Aufbau unserer Sinnesorgane[5] ergeben (IS_1 und vielleicht IS_2 - vgl. Abschnitt 7.2) können faktisch nicht durch andere ersetzt werden. Die fundamentale Weise, in der wir Gegenstände als solche wahrnehmen bzw. konstituieren, ist nicht veränderbar, nicht hintergehbar, da sie der fundamentale "Horizont" unseres Bezugs zu Welt ist. Oberhalb dieser fundamentalen Interpretationsebene mögen einzelne Interpretationsschemata und damit jeweils Klassen von Interpretationskonstrukten veränderbar sein, die Interpretativität, die Interpretationsverwobenheit allen Erkennens, Denkens und Handelns ist jedoch auch auf diesen höheren

---

[1] ebd. S.25

[2] a.a.O.

[3] Lenk bezeichnet die Erzeugnisse von Imprägnationsvorgängen im engeren Sinne als "Interpretations*imprägnate*" und unterscheidet sie als solche von reinen "Interpretations*produkten*", die auf höheren Interpretationsstufen angesiedelt sind und bei deren Entstehen kein "Beitrag der Welt" im engeren Sinne eine Rolle spielt. (vgl. Interpretationen und Imprägnationen S.28 ff.)

[4] Interpretationen und Imprägnationen S.26

[5] Mit "prinzipiell" meine ich hier, daß unsere Sinnesorgane nicht durch gänzlich andere (etwa einen magnetischen Sinn) ersetzt oder ergänzt werden können. Tatsächlich ändert sich, wie man sagen könnte, der Aufbau unserer Sinnesorgane im Laufe des Lebens graduell in dem Sinne, daß beispielsweise mit fortschreitendem Alter das Sehvermögen nachlassen kann.

Stufen der Interpretation unumgehbar: alles Erkennen und Handeln schließt Interpretation ein, wird jeweils durch bestimmte Interpretationsschemata geprägt und durch sie bestimmt. Lenks "Grundsatz der Philosophie der Interpretationskonstrukte"[1] lautet, "daß alle Erkenntnis und Handlung, alles Auffassen und Erleben und alles erfaßbare Sein, soweit es sich in der Erfassung darstellt und überhaupt darstellen läßt, interpretationsimprägniert [hier noch im undifferenzierten Sinne] ist, also abhängig ist von bestimmten schemakonstitutiven und -verwendenden Interpretationen."[2] Auf die kürzeste Form bringt Lenk diesen Standpunkt mit dem Satz: "*Wir können nicht nicht interpretieren.*"[3]

Wie aus den bisherigen Erläuterungen hervorgegangen sein dürfte, ist Interpretation wesentlich eine *Aktivität* des interpretierenden Subjekts, ist "nichts bloß Passives, nicht bloß ein Sich-berieseln-Lassen, ein Einwirken von Äußerem auf offene Sinnesorgane, sondern sie ist ein aktiver und stets konstruktiver Prozeß."[4] Wie für Prauss (dessen diesbezügliche Überlegungen allerdings einen wesentlich engeren Bereich umfassen) ist auch für Lenk alles Erkennen wesentlich *Aktivität* eines interpretierenden Subjekts, was sich auch darin zeigt, daß Lenk immer wieder betont, daß die Interpretativität für Handlungen ebenso wie für scheinbar "reine" Erkenntnis gilt; wie bei Prauss (und auch bei Abel) existiert im Lenkschen Interpretationismus ein Graubereich zwischen Erkennen und Handeln, zwischen Erkenntnis- und Handlungstheorie. (Handeln ist selbst jeweils nur vor einem bestimmten interpretatorischen Horizont und als Interpretation möglich, jede Handlung setzt als solche bereits Interpretation voraus. (vgl. Abschnitt 7.3))

Erkennen besteht dabei in der Regel nicht in einer einzigen, einzelnen Aktivität, sondern kann auf verschiedenen Ebenen das Konstituieren, Verbinden, Modifizieren und schließlich Anwenden von Interpretationsschemata in den verschiedensten Weisen beinhalten.[5] Erkennen / Interpretieren auf den unterschiedlichen Ebenen ist somit als u.U. hochkomplexer Prozeß anzusehen, der zahlreiche Komponenten einschließt, die als Untersuchungsobjekte zu einem großen Teil nicht in den Bereich der Philosophie fallen, sondern Gegenstand u.a. von Physiologie, Psychologie oder Soziologie sind. Die Philosophie der Interpretationskonstrukte bildet dabei den Rahmen, in dem diese unterschiedlichen Faktoren ihren Platz finden. Erkennen als Interpretieren, als Aktivität eines interpretierenden Subjekts, verbindet Entdeckung und Erfindung, schlägt, wie Lenk schreibt, "eine Brücke zwischen Erkennen und Herstellen."[6]

Unter den Begriff "Interpretationskonstrukte" fallen auch Grenzfälle, bei denen genaugenommen keine Interpretation im strengen Sinne des Wortes vorliegt. Es sind dies Fälle rein abstrakter Überlegungen, die jeweils eine "Interpretation ohne Interpretandum" darstellen, bei denen die Betonung vollends auf dem konstruktionistischen Aspekt des Interpretationskonstruktionismus liegt. Daß auch hier von "Interpretationskonstrukten" gesprochen werden kann, läßt sich damit rechtfertigen, daß mit (Interpretations-)*Schemata* operiert wird, auch die Konstitution solcher Interpretationskonstrukte in der Konstitution und Anwendung von Schemata besteht. Auch eine solche "rein [projizierende schematische]

---

[1] Philosophie und Interpretation S.243
[2] a.a.O.
[3] ebd. S.244
[4] ebd. S.22
[5] vgl. Interpretationskonstrukte S.109
[6] Interpretationskonstrukte S.505

Konstitution"¹ fällt also nicht aus dem System der konstruktiven Interpretation heraus, sondern ist in es als Sonderfall integriert. Es ist allerdings nicht leicht zu sehen, was als Fall einer solchen „rein projizierenden schematischen Konstitution zu verstehen wäre. Es scheinen zwei Klassen von Fällen denkbar zu sein, die als „Interpretationen ohne Interpretandum" verstanden werden könnten, in denen von einem „Beitrag der Welt" nicht wirklich gesprochen werden kann. Einerseits könnte es sich um den Bereich der reinen Logik, den Umgang mit Kalkülen, handeln, bei dem es einzig auf die formale (Folge-)Richtigkeit ankommt und Fragen der Bedeutung nicht oder nur mittelbar relevant sind. Die zweite denkbare Variante, die mit der ersten allerdings durchaus vereinbar ist, wäre, unter solchen „Grenzfällen" jene Art abstrakter Überlegungen zu verstehen, in denen mit theoretischen Begriffen hantiert wird, also Begriffen, denen in der Welt nichts entspricht, die aber notwendig sind, um z.B. eine bestimmte Art von Phänomenen zu erklären (die also eine heuristische Funktion besitzen), oder aber auch Überlegungen der Art, die Prauss als „schlechte Metaphysik" bezeichnet (vgl. Abschnitt 6.1), oder Fälle „revisionärer Metaphysik" im Sinne Strawsons.² (Bei der zweiten Klasse von Fällen (insbesondere bei theoretischen Begriffen) könnte man eventuell von "unechten" oder vielleicht "virtuellen" im Gegensatz zu "echten" oder "reellen" Interpretationen sprechen. Es scheint, als könnten hier Parallelen zu Vaihingers Fiktionalismus, in dessen Zusammenhang ich ja bereits den Lenkschen Terminus "Interpretationskonstrukte" verwendet habe (siehe Kapitel 4), gezogen werden: die von mir als "reelle" bezeichneten Interpretationskonstrukte verhalten sich zu den "virtuellen" in etwa so wie Vaihingers "Semifiktionen" zu den "echten" Fiktionen: während die einen so etwas wie eine "reale" Basis, eine Verankerung in der (Erfahrungs-)Welt (bzw. anderen Interpretationen / Fiktionen) besitzen, handelt es sich bei den letzteren eben um "reine", "fiktive" Konstrukte.)

Teilweise im Vorgriff auf die Untersuchung der Frage nach der Realität unter den Bedingungen von Lenks Interpretationismus soll an dieser Stelle auch betont werden, daß die Philosophie der Interpretationskonstrukte nicht auf eine Art "Interpretationssolipsismus" hinausläuft. Interpretieren ist - in den allermeisten Fällen - nichts "Privates", sondern etwas, das die Existenz einer Gemeinschaft voraussetzt; Interpretieren ist "grundsätzlich und konstitutionell *sozial*"³, abhängig von sozialen, gemeinsamen Interpretationsschemata und -praktiken (die jedoch ihrerseits durchaus auch durch die Interpretationsschemata und -praktiken kleinerer Gruppen (in manchen Fällen auch durch solche von Einzelpersonen) beeinflußt und verändert werden). "Interpretieren ist [...] soziosymbolisch konstituiert, ist ein sozialsymbolisches Transzendieren der Egozentrizität."⁴ Eine solche soziale Verankerung des Interpretierens kann aber offensichtlich – da ja bereits grundlegende, vermeintlich passive Wahrnehmungen als interpretationsimprägniert gelten müssen – nur auf den höheren Ebenen der Interpretation (ab IS_2 bzw. IS_3 (vgl. Abschnitt 7.2)) zur Geltung kommen, da sich Gegenständlichkeit, Intersubjektivität und damit Sozialität erst auf Basis von Interpretationen der Stufen IS_1 und IS_2 konstituiert. Die soziale Verwobenheit der Interpretation ist wohl vor allem auf den Ebenen der Sprache und des (öffentlichen) Verhaltens anzusiedeln.

---

[1] Interpretationskonstrukte als Interpretationskonstrukte S.37
[2] vgl. Strawson, Einzelding und logisches Subjekt S.9
[3] Schemaspiele S.247
[4] a.a.O.

7.2 Stufen der Interpretation

Daß *alles* Erkennen und Handeln interpretativ ist, konstitutiv von (Schema-)Interpretationen abhängt und, was das konkrete Erkannte betrifft, in Interpretationskonstrukten besteht, bedeutet keineswegs, daß jedes Interpretationskonstrukt unterschiedslos jedem anderen in seiner Struktur und seiner Funktion gleichzustellen wäre. Zwar sind alle Interpretationen *als* Interpretationen gleichartig, die Rollen, die sie für uns als Interpretierende spielen, sind jedoch so unterschiedlich wie die Aspekte menschlichen Denkens, Erkennens und Handelns nur sein können. Lenk trägt dieser Tatsache der unterschiedlichen Ebenen der Interpretation in einer (z.T. in Auseinandersetzung mit Abel entstandenen[1]) Einteilung von Interpretationsstufen Rechnung, die sich an "den Graden oder *Stufen der Veränderbarkeit*"[2] orientiert: je "höher" ein bestimmter Typus von Interpretationen in dieser Stufung liegt, desto leichter ist eine diesem Typus angehörige Interpretation veränderbar, durch eine andere austauschbar (s.o.). Die Stufung der Interpretationen kann (ja muß wahrscheinlich) auch so betrachtet (= interpretiert) werden, daß höherliegende Interpretation(styp)en auf niedrigerliegenden in dem Sinne beruhen, daß letztere als Interpretanden der ersteren fungieren, d.h. manche Interpretationskonstrukte niederer Stufen werden auf höheren Stufen (als etwas anderes) interpretiert, bilden als Interpretationskonstrukte die Basis sozusagen weiterinterpretierter Interpretationskonstrukte.

Lenk differenziert sechs Stufen von Interpretationen, wobei angemerkt werden muß, daß einerseits nicht jedes Interpretationskonstrukt eindeutig einer Stufe zuzuordnen ist und andererseits Differenzierungen innerhalb der einzelnen Stufen vonnöten sein könnten. Die einzelnen Interpretationsstufen sind folgende[3]:

- Interpretationsstufe$_1$ (IS$_1$) beinhaltet **praktisch unveränderliche produktive Urinterpretationen**. Sie enthält jene Interpretationsschemata, "an die wir sozusagen gefesselt sind, die wir nicht aufgeben, ablegen oder ändern können."[4] Es handelt sich dabei um Resultate derjenigen Interpretationsschemata, die uns durch unsere physisch-biologischen Anlagen gegeben sind, und um solche, die sich im Normalfall in frühester Kindheit entwickeln, die "Welt" in ihren allgemeinsten Zügen für das Kleinkind konstituieren und somit die Basis für jedes weitere Erkennen und jeden weiteren Umgang mit dieser Welt bilden. IS$_1$ beinhaltet sozusagen die Fundamente der Wahrnehmung, also z.B. daß wir hell und dunkel sehen, bzw. - noch fundamentaler - daß wir *überhaupt* sehen, hören, tasten etc. können, eben genau diese und keine weiteren Zugänge zur Welt (z.B. einen magnetischen Sinn) besitzen. (Die Interpretationen der Stufe IS$_1$ sind in gewissem Sinne fundamentale Interpretationen im *transzendentalen* Sinne, sie konstituieren für uns erst die Welt als Welt empirischer materieller Gegenstände, die in bestimmten grundlegenden Relationen zu uns und zueinander stehen. Daß Lenk sich in Hinblick auf diese wie auf andere Interpretationsstufen z.T. auf Erkenntnisse der Hirnphysiologie und die Theorie neuronaler Netze beruft, macht ihn aber noch nicht zu einem Naturalisten oder Materialisten: Lenk behält den genuin philosophischen (und das heißt hier auch: transzendentalphilosophischen) Aspekt seines Systems stets im Blick und

---

[1] vgl. Philosophie und Interpretation S.257 f.
[2] Philosophie und Interpretation S.257
[3] vgl. z.B. Schemaspiele S.103
[4] Philosophie und Interpretation S.256

unterscheidet durchaus zwischen dieser Ebene und der einer - bei der Einteilung der Interpretationsstufen auch verfolgten - philosophischen Psychologie bzw. eines die Erkenntnisse verschiedener empirischer Disziplinen berücksichtigenden Interpretationskonstruktionismus.)

- IS_2 **beinhaltet gewohnheits- und gleichförmigkeitsbildende Musterinterpretation(en)**, diejenigen Schemata, die für eine Strukturierung der Welt als Welt, die Gleichartiges, Gleichförmiges, sich Wiederholendes enthält verantwortlich sind, diejenigen Interpretationen, die Ähnlichkeiten zwischen bestimmten Ausprägungen von Interpretationen der Stufe IS_1 konstituieren. IS_2 enthält wesentlich das von der Entwicklungspsychologie bei Kleinkindern untersuchte "vorsprachliche Diskriminieren nach Formen, Mustern, Strukturen, Nuancen usw."[1], eine vorsprachliche Form der Begriffsbildung. Das (Muster-)Interpretieren auf dieser Ebene ist bereits z.T. erlernt, beruht auf fundamentalen Erfahrungen, die als Interpretationen auf IS_1 anzusiedeln sind.
- Die bisher genannten Stufen IS_1 und IS_2 "sind quasi für die Konstitution der phyischen Wirklichkeit zuständig, während IS_3-Interpretationen die soziale Wirklichkeit aufspannen."[2] Diese für die **sozial tradierte, übernommene sprachlich-konventionelle Begriffsbildung** zuständigen Interpretationsschemata - die Fundamente der Sprache - ermöglichen Einordnungen, Unterscheidungen, Artbildungen etc., die bereits auf der Ebene der Sprache und im Kontext von sozialen und kulturellen Bedingungen vorgenommen werden, unter diesen Bedingungen, in konkreten Situationen, erlernt und eingeübt werden (müssen). IS_3 wird von Lenk als einzige Interpretationsstufe ausdrücklich weiter unterteilt: im Zusammenhang mit der Behandlung des Problems der Referenz[3] erwägen Lenk und Renate Dürr "eine nochmalige analytische Unterteilung der Interpretationsstufe IS_3 in IS_{3a}: Type-Bildungen, durch sprachlich-konventionelle Überformung bzw. Imprägnation, also eine Stufe der Regeln und kulturellen Formierungen, und in IS_{3b}: Token-Bildung, also die sprachlichen *Äußerungen* im eigentlichen Sinn."[4] In ihrer endgültigen Fassung ist diese Unterscheidung eine zwischen "*vorsprachlich* normierte[r] Begriffsbildung und Interpretation durch soziale und kulturelle Normierungen"[5] (IS_{3a}) und "*repräsentierende[r], sprachlich* normierte[r] Begriffsbildung"[6] (IS_{3b}), wobei die IS_{3b} zuzuordnenden Interpretationen z.T. bereits den Übergang zu IS_4 bilden.
- IS_4, die Ebene der **anwendenden, bewußt geformten Einordnungsinterpretationen**, beinhaltet "Klassifikation, Subsumierung, Beschreibung, Artenbildung, Einordnung in Gattungen"[7], also diejenigen grundlegenden abstrakten Operationen, die auf Sprache und sprachlicher Begriffsbildung beruhen, über diese im engeren Sinne aber hinausgehen; auf ihnen beruhen die Interpretationen der nächsthöheren Stufe.
- Auf der Stufe IS_5 sind **erklärende, i.e.S. "verstehende", rechtfertigende (theoretische), begründende Interpretationen** anzusiedeln. IS_5 ist die Ebene der

---

[1] Schemaspiele S.104
[2] Dürr / Lenk, Referenz und Bedeutung in interpretatorischer Sicht S.126
[3] vgl. Dürr / Lenk, Referenz und Bedeutung in interpretatorischer Sicht
[4] Dürr / Lenk, Referenz und Bedeutung in interpretatorischer Sicht S.116
[5] Schemaspiele S.103
[6] a.a.O.
[7] Philosophie und Interpretation S.261

abstrakt-theoretischen Erklärung, Begründung und Argumentation, deren wesentliches Merkmal stets das "argumentative Stiften eines Zusammenhangs"[1] ist. Darunter fallen alle Arten von Theorien, Erklärungen und Argumentationen, unabhängig davon, ob diese alltäglicher, wissenschaftlicher oder philosophischer Natur sind. Lenk macht keinen prinzipiellen Unterschied zwischen wissenschaftlichen Theorien und Alltagstheorien; für beide gilt, daß die in ihnen verwendeten (auch Beobachtungs-)Begriffe theorieimprägniert (vgl. Abschnitt 0.2), und das heißt *interpretations*imprägniert, sind: sowohl wissenschaftliche als auch im Alltag (wenn auch nicht immer bewußt) gebrauchte Theorien sind Interpretationskonstrukte und "[können] nur im Lichte interpretativer Grundlagen gedeutet werden"[2]. Jeder in einer Theorie verwendete Begriff ist (ebenso wie jede in Zusammenhang mit der Theorie gemachte Beobachtung) in das bzw. die Interpretationsschema(ta) der Theorie verstrickt und mithin (u.U. auch auf anderen Interpretationsstufen) interpretationsimprägniert. Da diese allgemeine Interpretationsimprägniertheit von Begriffen und Beobachtungen sowohl für wissenschaftliche als auch für Alltagstheorien gilt, sind diese Bereiche eben nicht strikt voneinander abzugrenzen: unter den Bedingungen von Lenks Interpretation(skonstruktion)ismus ist es nicht möglich, einen "absoluten methodlogischen Separatismus der Erkenntnisverfahren"[3] zu vertreten. Zwar unterscheiden sich sogenannte "wissenschaftliche" von sogenannten "alltäglichen" Erkenntnisverfahren in einer großen Zahl von Fällen durch die Strenge des methodischen Vorgehens, die Verwendung bestimmter Gerätschaften etc. Diese Unterschiede sind jedoch in manchen Bereichen verwischt, und im Prinzip läßt sich höchstens ein gradueller Unterschied zwischen diesen beiden Formen des Erkennens (= Interpretierens), die beide "hypothetisch und interpretatorisch"[4] sind, feststellen. Ebenfalls nur graduell ist dementsprechend auch die vermeintlich prinzipielle Differenz zwischen den Wissenschaften: eines der von Lenk mit seiner Philosophie der Interpretationskonstrukte verfolgten Anliegen ist es, den traditionellen vermeintlichen Methodengraben zwischen Geistes- und Sozialwissenschaften auf der einen, Naturwissenschaften auf der anderen Seite nicht etwa zu überwinden sondern vielmehr als Illusion, als Irrtum zu erweisen. Die Unterschiede zwischen den beiden Wissenschafts-"Welten" sind lediglich gradueller Natur, beide bedienen sich - ebenso wie die Alltagserkenntnis, der Common Sense - verschiedenster Interpretationskonstrukte auf unterschiedlichen Ebenen. "Die Geistes- und Sozialwissenschaften sind dadurch charakterisiert, daß sie [gegenüber den Naturwissenschaften] in einem höheren Grade der konstitutiven Verwendung von höherstufigen und differenzierteren Interpretationsweisen bedürfen, um ihre Gegenstände zu konstituieren bzw. zu kennzeichnen und zu beschreiben."[5] Geistes- und Naturwissenschaften mögen mehr oder minder große Unterschiede aufweisen - keinesfalls sind sie für Lenk jedoch als strikt getrennte, inkommensurable Erkenntnisweisen voneinander abzugrenzen.

---

[1] Schemaspiele S.107
[2] Interpretationskonstrukte S.175
[3] ebd. S.184
[4] ebd. S.185
[5] ebd. S.604

- Eine zentrale Stellung nimmt in Lenks System Ebene IS_6, die Stufe der **erkenntnistheoretischen (methodologischen) Metainterpretation der Interpretationskonstuktmethode**, ein. Sie beinhaltet philosophische / methodologische Reflexionen über Interpretationen der Stufen IS_1 bis IS_5 und hat auch *sich selbst* zum Thema. IS_6 ist reserviert für Interpretationen über Interpretationen und Interpretationen über den Interpretationskonstruktionismus selbst. Sämtliche Überlegungen (= Interpretationen) über Interpretationen, über den Interpretationskonstruktionismus als Methode, über die Interpretationsimprägniertheit aller Beobachtungen (und aller Interpretationen) etc., also auch Lenks Überlegungen zum Thema, ebenso wie der vorliegende Text, sind innerhalb des Systems und der Stufung der Interpretation(skonstrukt)e(n) auf IS_6 anzuordnen. Auf IS_6 wird damit klar, daß die Philosophie der Interpretationskonstrukte selbst ein solches Interpretationskonstrukt, ein "[interpretatives Modell] zum Verstehen von Erkennen, Handeln, Werten usw."[1] darstellt. Wissenschaftliche (bzw. alltagstheoretische) und philosophische Reflexionen, die nicht auf dem Konzept der Interpretation aufbauen (die, wie aus Lenks Sicht wohl zu sagen wäre, sich ihrer eigenen Interpretativität und Interpretiertheit nicht bewußt sind), sind hingegen auf IS_5 anzusiedeln. Der Abschluß des Systems nach oben hin durch IS_6 ist in gewisser Hinsicht nur ein scheinbarer - tatsächlich enthält IS_6 eine - theoretisch infinite - Anzahl weiterer Metaebenen, weiterer Interpretationskonstrukte über Interpretationskonstruke über Interpretationskonstruke etc. Jede Thematisierung der Ebene IS_6 - wie der vorliegende Text - ist selbst wiederum auf IS_6 anzusiedeln; IS_6 selbst ist also in der Hinsicht unabgeschlossen, daß jegliche (Meta-)Interpretationen über Interpretion(en), und wiederum (Meta-)Interpretationen über diese keiner weiteren Interpretationsstufe angehören, sondern vielmehr in ihrer (theoretisch unendlichen) Gesamtheit IS_6 selbst angehören. Wie oben erläutert, sind natürlich auch philosophische Überlegungen, ist das Philosophieren selbst ein Interpretieren auf IS_6, ist "reflexives und reflektierendes Interpretieren"[2] von Interpretation(skonstrukt)en, ein permanentes Überprüfen und Hinterfragen von - auch eigenen - Interpretationen. Die Kenntlichmachung all unseres (vermeintlichen?) Wissens und unserer Überzeugungen als Interpretationen ist nur ein Aspekt des Lenkschen Interpretationskonstruktionismus. Seine praktische Dimension besteht im Aufweisen der Möglichkeit, Interpretationen bzw. Interpretationsschemata zu modifizieren, zu ergänzen und durch andere zu ersetzen. Philosophieren als "transzendierendes Interpretieren"[3] auf IS_6 weist die prinzipielle Unabgeschlossenheit unserer Interpretationen und Interpretationswelt(en) auf und schließt die Aufforderung in sich, sich nie zu Ruhe kommen zu lassen. ("Durch Interpretationsveränderung zu neuen Ufern!"[4] lautet das Motto, unter das Lenk das Philosophieren in diesem Sinne stellt.)

Die Stufung der Interpretationsebenen erlaubt es also (bzw. macht es genaugenommen notwendig), den Interpretationskonstruktionismus selbst, und das heißt: auch Interpretationskonstrukte *als Interpretationskonstrukte* zu betrachten. Hat man die Auffassung akzeptiert, daß auch jede philosophische Theorie interpretationsimprägniert, ein Konglomerat

---

[1] ebd. S.63
[2] ebd. S.365
[3] Von Deutungen zu Wertungen S.277
[4] a.a.O.

von Interpretationskonstrukten, ist, so kommt man nicht umhin, auch den Interpretationskonstruktionismus selbst - als Interpretationskonstrukt anzusehen: die Philosophie der Interpretationskonstrukte beansprucht für sich keineswegs einen "Gottesgesichtspunkt"[1], der es gestatten würde, die umfassende Interpretativität aus einer interpretationsfreien Perspektive zu betrachten: die interpretationskonstruktionistische Betrachtungsweise muß vielmehr konsequent auch auf sich selbst angewendet werden. Dies geschieht auf der Ebene IS_6, die eben nicht nur über die Ebenen IS_1 bis IS_5, sondern auch über sich selbst reflektiert, und zwar - und dies ist ein Punkt, den Lenk besonders herausstreicht - *ohne sich dabei in Widersprüche oder einen infiniten Regress zu verwickeln*: "Interpretationskonstrukte sind [...] als analytisch-method(olog)ische Konzepte aufzufassen, sie sind selbst als Interpretationskonstrukte zu verstehen. Genauer: der Begriff ´Interpretationskonstrukt´ ist selbst ein methodologischer Konzeptbegriff, läßt sich ähnlich wie Begriffe selbst - insbesondere theoretische Begriffe - als von der Art der Interpretationskonstrukte im Rahmen von theoretischen Kontexten erweisen."[2] Kurz: Interpretationskonstrukte sind Interpretationskonstrukte[3]. L e n k s Interpretationskonstruktionismus erlaubt es, sich gewissermaßen in sich selbst zu integrieren, ohne sich dabei in logische Schwierigkeiten zu verwickeln; er ist "selbst ein interpretativer Ansatz. Er kann und muß natürlich ebenfalls interpretativ gesehen und kritisch-interpretatorisch hinterfragt werden."[4] Der Interpretationskonstruktionismus läßt sich - jedenfalls ist sich Lenk dessen sicher - im Gegensatz z.B. zum Kritischen Rationalismus[5] widerspruchsfrei auf sich selbst anwenden.[6]

Daß die Philosophie der Interpretationskonstrukte selbst ein solches ist, bedeutet, daß auch sie prinzipiell durch einen anderen Standpunkt ersetzbar ist. Sie ist keineswegs als dogmatisch-rationalistische Letztbegründungsphilosophie zu verstehen, die für sich in Anspruch nimmt, interpretationsfrei über Interpretationen zu sprechen und dabei einen interpretationsfreien "Gottesgesichtspunkt" einzunehmen. Sie ist sich vielmehr - im Rahmen der Überlegungen auf

---

[1] Lenk definiert den Gottesgesichtspunkt als einen "archimedischen festen Standpunkt, von dem aus Realitätsbezug, Wahrheit unserer Theorien und Angemessenheit unserer Begriffskonstrukte zu bemessen wären." (Welterfassung als Interpretationskonstrukt S.73)

[2] Interpretationskonstrukte als Interpretationskonstrukte S.51

[3] Die Auszeichnung aller Interpretationskonstrukte als Interpretationskonstrukte stellt eine zumindest kuriose Prädikation dar; sie scheint ungefähr zu bedeuten, daß das, was wir unter dem Begriff "Interpretationskonstrukt" verstehen, eben ein solches ist, ähnlich wie auch das, was wir unter einem "abstrakten Begriff" verstehen ein ebensolcher ist. Als Inhalt einer *Theorie* über Interpretationskonstrukte ist jedes Interpretationskonstrukt (in einem nichttrivialen Sinne) ein ebensolches Interpretationskonstrukt.

[4] ebd. S.53

[5] vgl. Interpretationskonstrukte als Interpretationskonstrukte S.53

[6] Lenk schreibt in einem Aufsatz: "Ein Konzept, das sich auf alles unterschiedslos anwenden läßt, kann nicht zu einer begrifflichen Unterscheidung oder zum theoretischen Diskriminieren taugen. Ein Begriff kann nur fruchtbar verwendet werden, wenn irgendetwas aus seinem Anwendungsbereich ausgeschlossen bleibt oder wenigstens von der aktuellen Anwendung ausgenommen ist - zumindest der Möglichkeit nach." (Welterfassung als Interpretationskonstrukt S.73) Entscheidend scheinen hier das Wort "unterschiedslos" und der Zusatz "zumindest der Möglichkeit nach" zu sein - ohne diese wären die zitierten Sätze durchaus geeignet, auf Lenks eigenes System in einer Weise gemünzt zu werden, die dieses für unbrauchbar erklären würde.

und über IS_6 - ihrer eigenen Interpretativät bewußt und unternimmt gar nicht erst den zum Scheitern verurteilten Versuch, aus dieser Interpretativität herauszutreten.

Die Fähigkeit des Menschen, seine Interpretationen *als* Interpretationen (auf IS_6) zu thematisieren, ist der zentrale Punkt in Lenks vor dem Hintergrund seines Interpretationismus und als deren integraler Bestandteil entwickelten **Anthropologie**: Der Mensch ist sowohl erkennendes als auch handelndes Wesen, und diese beiden Aspekte sind in seiner Kennzeichnung als *interpretierendes Wesen* vereinigt: Erkennen ist aktives Entwerfen, Strukturieren, Schemaanwenden etc. Der Mensch formt, ordnet sich die (auf höherer Ebene interpretativ unterstellte) Welt zur erfaßten (um auf Prauss´ Terminologie zurückzugreifen: erdeuteten) Welt. Der Mensch als aktiv Erkennender interagiert mit der Welt als erfaßter, verändert u.U. auch diese erfaßte Welt, indem er auch sie höherstufigen Interpretationen unterwirft, auch auf sie wiederum Schemata (höherer Stufen) anwendet. Diese Interpretationsprozesse sind flexibel, die sich aus ihnen ergebenden Interpretationskonstrukte (zumindest oberhalb der Ebenen IS_1 und IS_2) sind nicht feststehend, hängen (und zwar umso bewußter, je höher sie auf der Stufenleiter der Interpretation stehen) von Erwartungen, Wünschen, Bedürfnissen und der Beziehung des Menschen zur Welt (im weiteren Sinne) ab. Diese Eigenheiten des Menschen als interpretierendem Wesen machen jedoch noch nicht das Spezifikum des Menschseins aus. Was den Menschen von anderen interpretierenden Wesen, deren Interpretationen den unseren z.T. sehr ähnlich sein dürften (hierbei ist wohl vor allem an die bekannten Beispiele der höheren Säugetiere, insbesondere der Primaten zu denken) unterscheidet, ist für Lenk das dem Menschen vorbehaltene Interpretieren auf IS_6, die Fähigkeit, sein interpretationsimprägniertes Handeln und Erkennen selbst auf dieser Metaebene zum Thema zu machen, d.h. - wiederum interpretativ - zu betrachten. Der Mensch macht das Interpretieren selbst zum Interpretandum von Interpretation(skonstrukt)en - "in prinzipiell unabgeschlossenen Übereinanderschichtungen von Interpretationsprozessen."[1] Der Mensch ist also nicht bloß ein interpretierendes Wesen, er ist - und gerade das unterscheidet ihn von anderen interpretierenden Wesen - *das metainterpretierende Wesen*, das seine Interpretationen als solche - im doppelten Wortsinne: sowohl als Interpretationen als auch als Interpretierte - erfaßt. Den Status des interpretierenden Wesens teilt der Mensch mit einem mehr oder minder großen Teil der Tierwelt, was ihn diesem gegenüber aber auszeichnet, ist seine Fähigkeit, seine Interpretationen zu thematisieren, sie auf höherer Stufe wiederum interpretativ-konstruktiv zu deuten. "Der Mensch versteht sich selber, indem er sich essentiell ein Interpretationskonstrukt als des metainterpretierenden Wesens interpretierend zuordnet. Er versteht bzw. teilkonstituiert sich aber auch (in dem ihm möglichen Selbstverständnis) dadurch, daß er sich als metainterpretierendes Wesen interpretiert."[2]

Auf Basis der Stufung der Interpretationen entwickelt Lenk auch eine – an entsprechende Überlegungen Abels (vgl. Abschnitt 8.4.1) anknüpfende[3] – interpretationistische Auffassung von **Wahrheit**. „Wahrheit" selbst ist für Lenk ein Interpretationskonstrukt, Wahrheit ist aber vor allem – und dies ist eine Konsequenz aus der Ablehnung der Möglichkeit eines Gottesgesichtspunkts – eine interpretations*interne* Relation, keine Relation zwischen z.B. Aussagen und Gegenständen einer objektiven Außenwelt, keine Relation, die einen Zugang zu objektiv-externen Gegenständen voraussetzen würde; eine solche Relation ist unter den

---

[1] Interpretationskonstrukte S.609
[2] Das metainterpretierende Wesen S.47
[3] vgl. „Wahrheit" als metatheoretisches Interpretationskonstrukt S.99 ff.

Bedingungen des Interpretationskonstruktionismus ja schlicht nicht möglich. – „Jede anscheinend externe Relation ist als interne geboren, gefaßt, entwickelt und auch nur als solche letztlich analysierbar."[1] Wahrheit ist eine interpretationsinterne Relation, eine Relation zwischen Interpretationskonstrukten. Wahrheit ist eine Relation des „*Passens*" von Interpretationskonstrukten verschiedener Stufen zueinander. Interpretationskonstrukte höherer Stufen *verknüpfen* solcher niedrigerer Stufen, so sind z.B. Interpretationskonstrukte auf IS_3 „Verknüpfungsrepräsentationen"[2], die „quasi korrespondenztheoretisch an die Primärinterpretationen, an die imprägnierenden, konstituierenden oder (interpretatorisch faßbaren) ′kategorialisierenden′ (Abel) Interpretationen von IS_1 und IS_2 angepaßt oder mit diesen strukturell in Übereinstimmung sein"[3] können. Höherstufige Interpretationskonstrukte können mit solchen niedrigerer Stufen in einer gewissen Hinsicht „zur Übereinstimmung gebracht" werden, somit zu diesen in einer bestimmten Weise „passen". Diese interpretationistische, interpretationsinterne Auffassung von Wahrheit als „Passen" von Interpretation(skonstrukt)en zueinander enthält Elemente sowohl des Korrespondenzmodells als auch der Kohärenzauffassung: sie enthält einen sozusagen „schwachen" Kohärenzaspekt („quasi korrespondenztheoretisch"), der darin besteht, daß die „Übereinstimmung" nicht eine zwischen Aussagen oder Vorstellungen einerseits und „der Welt" andererseits, sondern eine zwischen (zumindest in fundamentaler Weise gleichartigen) Interpretation(skonstrukt)en, eben eine interpretationsinterne Relation ist. Andererseits enthält sie aber auch „die relativ reduzierte Restidee der Korrespondenztheorie"[4], sie „[weist] gewisse unausweichbare Fixiertheiten (auf der Stufe IS_1 und IS_2) [auf]"[5], da das, in bezug worauf etwas (zumindest im grundlegenden Sinne) „wahr" sein kann, der Bereich zumindest der de facto unveränderbaren Interpretationen auf IS_1 und IS_2, durchaus in einem pragmatischen Sinne als „die Welt" angesehen werden kann (vgl. Abschnitt 7.4.1). Der von Lenk so entwickelte Wahrheitsbegriff ist keineswegs relativistisch, sondern hat eine Basis in den fundamentalen Interpretationsstufen, die „die Welt" für uns erst konstituieren. Natürlich ist auch dieser Wahrheitsbegriff selbst ein Interpretationskonstrukt, „Wahrheitszuschreibungen sind [...] generell als selbst interpretatorische Konstruktionen von Prädikaten in Anwendung auf Interpretationskonstrukte und deren Verknüpfungen aufzufassen"[6]; „Wahrheit" ist ein metatheoretisches Interpretationskonstrukt, das im Rahmen des Interpretationskonstruktionismus auf IS_6 anzusiedeln ist.

7.3 Handlungen und Werte als Interpretationskonstrukte

Die Handlungstheorie ist derjenige Bereich, in dem Lenk seinen Interpretationskonstruktionismus erstmals entwickelte. In ihrem Rahmen diente er als Lösung (oder zumindest Vereinfachung) kontroverser Fragestellungen, allen voran derjenigen, was überhaupt eine Handlung ist.[7] Handlungen sind, kurz gefaßt, nicht mit beobachtbaren Ereignissen identisch, sondern sind vielmehr *Interpretationen* eben solcher Ereignisse, die als Interpretationen bestimmt werden von der gegenwärtigen Situation, vom Vorwissen, von

---

[1] Transzendentaler Interpretationismus – Ein philosophischer Entwurf S.126
[2] „Wahrheit" als metatheoretisches Interpretationskonstrukt S.99
[3] a.a.O.
[4] ebd. S.100
[5] ebd. S.102
[6] ebd. S.101
[7] vgl. Handlung als Interpretationskonstrukt S.279 ff.

Erwartungen, etc. - "Handlungen sind nicht unmittelbar Körperbewegungen, sondern Interpretationskonstrukte, Deutungen von (meist beobachtbaren) Bewegungen."[1]

Handlungen werden als solche erst erdeutet, wobei diese Deutungen sich orientieren an und beeinflußt werden von (natürlich) den als Handlung gedeuteten Bewegungen, der Situation des Deutenden (seinen Erwartungen), dem allgemeinen Umfeld, dem Kontext, in dem etwas geschieht etc. Ganz offensichtlich wird dies zuallererst darin, daß "Bewegungen gleicher Ablaufform"[2] (also - umgangssprachlich ausgedrückt - "gleiche" Bewegungen) als unterschiedliche Handlungen gedeutet werden können: beispielsweise könnte das im Islam beim Gebet übliche Sich-Verneigen gegen Mekka von einem ahnungslosen Beobachter als eine Art sportliche Übung, und nicht als religiöse Handlung interpretiert werden (ähnliches gilt natürlich auch für andere religiöse Riten: die Teilnehmer an einer katholischen Messe wechseln mehrmals von der sitzenden in die stehende und die kniende Haltung); umgekehrt könnte z.B. auch ein etwas übereifriger Anthropologe Handlungen, die Angehörige eines Naturvolkes aus ganz banalen Gründen vornehmen, als Handlungen religiöser Natur interpretieren. Hier wird offensichtlich, daß Handlungen aus zwei Perspektiven interpretiert werden: einerseits ist eine Handlung ("subjektives") Interpretationskonstrukt *des Handelnden*, der sich selbst Motive und Ziele interpretativ zuschreibt, andererseits ist sie Interpretationskonstrukt des *außenstehenden Beobachters*, der dem Handelnden seinerseits zumindest rudimentär Motive (und möglicherweise der Handlung auch Ursachen) zuschreibt. Dabei beeinflussen einander die verschiedenen (eigenen) Interpretationen: die Handlungen anderer werden oft in einer Weise interpretiert, die auf eigene Motive und Einstellungen zurückgreift, ebenso ist es umgekehrt möglich, daß Annahmen über die Motive anderer ein neues Licht auf das eigene Handeln werfen. Dabei sind aber auch Fälle denkbar (und kommen durchaus auch tatsächlich vor), in denen ein Beobachter z.B. eine Bewegung als Handlung deutet, von der dem (scheinbar) Handelnden nicht einmal bewußt ist, daß sie überhaupt stattgefunden hat. (In diesem Fall kann die Deutung wohl enger oder weiter sein: die Bewegung könnte als eine *ganz bestimmte* Handlung interpretiert werden, oder auch einfach als *irgendeine* Handlung, als Handlung *überhaupt*; ist letzteres der Fall, so ist sich der Beobachter zwar sicher, *daß* eine Handlung stattgefunden hat, muß sich jedoch fragen, um *was* für eine Handlung es sich dabei gehandelt hat.) Umgekehrt könnte eine bestimmtes Verhalten, das für den Handelnden eine gezielte Handlung ist, von einem Beobachter als nicht beabsichtigt, d.h. überhaupt nicht als *Handlung* interpretiert werden (was wiederum vom Handelnden durchaus gewünscht sein kann, wenn z.B. etwas geschehen soll, ohne daß jemand darauf (d.h.: auf eben diese Handlung) aufmerksam wird). Ebenso wie der Beobachter ihn gleichzeitig mit der Interpretation von etwas als Handlung als Handelnden interpretiert, interpretiert sich auch der Handelnde selbst als Handelnder (und damit u.U. auch als moralisch Verantwortlicher (s.u.)[3]).

Zu einem bestimmten beobachtbaren Verhalten kommt, wenn es Handlung sein (als Handlung *interpretiert* werden) soll, stets eben eine *Interpretation* hinzu: Handlungen werden sowohl als Handlungen überhaupt als auch als bestimmte Handlungen interpretativ-konstruktiv erschlossen, werden erdeutet. Gelten in Lenks Denken schon vermeintlich "reine" Beobachtungen im empiristisch-positivistischen Sinne als interpretationsimprägniert, so muß dies erst recht von Handlungen gelten, deren konstitutiver Bestandteil beobachtbare

---

[1] Handlung als Interpretationskonstrukt S.293 (im Original z.T. kursiv)
[2] ebd. S.294
[3] vgl. Handlung als Interpretationskonstrukt S.316

Bewegungen, Verhaltensweisen sind. Was der Handlung bzw. dem Handelnden in der Interpretation wesentlich zugesprochen wird, ist natürlich eine Handlungs*absicht*, Intentionalität, Zielgerichtetheit des Handelns überhaupt: jede Handlung wird (sowohl vom Handelnden als auch vom Beobachter) wesentlich als *intentionale* gedeutet (es würde sich sonst um keine Handlung, sondern höchstens um ein automatisches Ablaufen von Bewegungen handeln), als vom Handelnden in bestimmtem Ausmaß beabsichtigt und gezielt vorgenommen.

Wie bereits ausgeführt, ist es nun nicht nur der Beobachter, der eine Handlung erst als solche interpretiert; tatsächlich "[befindet] der Handelnde sich auch nicht in gänzlich andersartiger Situation seinen Handlungen gegenüber [...] als der äußere Beobachter. [...] *Auch* [und vor allem, wie vielleicht hinzugefügt werden sollte] *der Handelnde deutet seine Handlungen* [...]. Auch er konstituiert seine Handlungen als solche *unter einer Beschreibung* in kontextuell bestimmten Situationen [...]. Auch unterscheidet, soweit er ein Feststellender, Erkennender, sich selbst Erforschender ist, Handlungen von bloßen Bewegungen (Reflexbewegungen usw.) durch eine *Interpretation*."[1] Auch und vor allem der Handelnde ist in seinem Handeln abhängig von Überzeugungen, Erwartungen, dem Kontext, in dem er handelt etc. Dabei deutet er auch sich selbst: er interpretiert sich selbst nicht nur als Handelnder überhaupt, sondern auch als aus bestimmten Motiven und mit bestimmten Absichten Handelnder - wobei natürlich auch diese Absichten und Motive interpretiert sind, und man sich als Handelnder seiner eigenen Motive nicht unbedingt vollständig bewußt, sich über sie nicht vollständig im klaren zu sein braucht, sich z.B. auch in Hinblick auf seine eigenen Motive täuschen kann.[2] Lenk gesteht dem Handelnden zwar zu, in mancher Hinsicht besser über sich selbst, seine Motive und Ziele Bescheid zu wissen als ein außenstehender Interpret, betont aber auch, daß es Fälle gibt, in denen die Interpretation des Beobachters den "tatsächlichen" (dem Handelnden nicht bewußten) Motiven einer Handlung näher kommt als die Selbstinterpretation des Handelnden. In den meisten Fällen dürfte aber gelten, daß sich die "Richtigkeit" (oder auch nur "Angemessenheit" o.ä.) der Handlungsinterpretation eines Beobachters daran bemißt, inwieweit sie mit der Handlungs- und Selbstinterpretation des Handelnden übereinstimmt.[3]

Handlungen sind also nichts, was "an sich", uninterpretiert geschehen würde - ganz im Gegenteil wird etwas erst zu einer Handlung, indem es als solche interpretiert wird: zu einer beobachtbaren Bewegung, einem beobachtbaren Verhalten (das natürlich als Beobachtetes selbst interpret(ationsimprägn)iert ist) muß der Beitrag eines Interpretierenden hinzukommen, um es zur Handlung werden zu lassen; in der Interpretation wird dem beobachtbaren Verhalten eine *Absicht*, und damit eine *Bedeutung* i.w.S. hinzugefügt, die es zur Handlung macht: "Handlungsbegriffe sind Interpretationskonstrukte, d.h. theoretische Begriffe von zum Teil semantischem Charakter."[4] "Eine Handlung ist keine ontologische Wesenheit, sondern ein interpretatorisches Konstrukt, eine gedeutete Entität: Handlungen sind gewissermaßen semantisch geladen."[5] Dabei hängt sehr viel von unserem Vorwissen, unseren Erwartungen etc. ab: daß ich beispielsweise das Versetzen einer Figur auf einem aus schwarzen und weißen Quadraten zusammengesetzten Feld, auf dem sich andere, ähnliche Figuren befinden, als Schachzug interpretiere, ergibt sich daraus, daß ich weiß, daß es sich bei Feld und Figuren um

---

[1] Handlung als Interpretationskonstrukt S.297
[2] vgl. Handlung als Interpretationskonstrukt S.297 f.
[3] vgl. Handlung als Interpretationskonstrukt S.300
[4] Deutungen in der Handlungstheorie S.31
[5] ebd. S.29 (im Original kursiv)

die materiellen Elemente einer nach bestimmten Regeln ablaufenden Tätigkeit einer bestimmten Art, die man als "Schachspielen" bezeichnet, handelt. Davon, ob mir diese Regeln im einzelnen geläufig sind, hängt es ab, ob ich diesen Zug als korrekten, nach diesen Regeln zulässigen, und von meiner Erfahrung im Schachspiel hängt es ab, ob ich ihn als "guten" oder "schlechten" Zug zu interpretieren imstande bin.

Besonders deutlich wird der interpretatorische Charakter von Handlungen auch dann, wenn man nicht Handlungen, sondern *Unterlassungen* in den Blick nimmt: ein Nicht-Tun (bzw. eine "andere" Handlung) als Unterlassung (einer bestimmten Handlung) zu bezeichnen, setzt offensichtlich bestimmte Erwartungen, Erfahrungen und / oder Überzeugungen voraus - allen voran natürlich die - leicht zu formulierende, aber schwierig zu analysierende - Annahme (= Interpretation), der in diesem konkreten Fall Nicht-Handelnde hätte anders handeln, d.h. eben die als unterlassen interpretierte Handlung tatsächlich ausführen können. Unterlassungen sind *als Unterlassungen* also vielleicht noch stärker interpretationsabhängig als Handlungen *als Handlungen*.

In engem Zusammenhang mit Handlungen stehen (nicht nur) in Lenks Interpretationsphilosophie *Werte*. Auch sie sind natürlich Interpretationskonstrukte, und zwar "*normative* Interpretationskonstrukte, die keineswegs nur auf die Handlungserklärung und Handlungsbeschreibung zurückzuführen sind, sondern auch zur Handlungsrechtfertigung durch den Akteur selbst dienen."[1] Sie sind "Ergebnisse normativer und deskriptiver Interpretationen von Handlungs- und Beurteilungsregulierung(skonzept)en."[2] Werte werden Handlungen oder Handlungs(interpretations)schemata, aber auch z.B. Gegenständen oder Zuständen *aktiv* zugeschrieben. Sie sind geradezu paradigmatische Beispiele für Entitäten, die wesentlich der Aktivität eines interpretierenden, konstruierenden Subjekts entspringen. Entsprechendes gilt für die eng mit Werten verbundenen Normen: auch sie sind Konstrukte, die eben eine normative Dimension, die Orientierung auf einen Sollzustand hin beinhalten. Werte und Normen existieren jeweils auf verschiedenen Ebenen, an ihnen zeigen sich die verschiedenen "Welten" (oder "Weltinterpretationen"), in denen wir leben, besonders deutlich: Werte / Normen können rein private Interpretationskonstrukte sein, denen das interpretierende Subjekt Geltung ausschließlich für sich selbst zuschreibt, sie können aber auch genauso die gemeinsamen Werte / Normen kleinerer oder größerer Gruppen bis hinauf zu ganzen Kultur(kreis)en sein (bzw. bilden sich gewisse - soziale, weltanschauliche u.ä. - Gruppen in vielen Fällen erst dadurch, daß sich Personen oder kleinere Gruppen mit gleichen oder ähnlichen Wertvorstellungen (= Wertinterpretation(skonstrukt)en) in irgendeiner Weise zusammenschließen).

Werte können unter den Bedingungen des Interpretationskonstruktionismus also nicht als Elemente einer ontisch unabhängigen "Wertsphäre" o.ä. aufgefaßt werden; sie sind vielmehr von Interpretierenden "gemacht", sind eben Interpretationskonstrukte. - "Als erfaßte, erfaßbare sind Werte Interpretationskonstrukte."[3]

Die *praktische* Funktion von Werten und den mit ihnen verbundenen Normen besteht nun eben in ihrer normativen Dimension, darin, daß sie Handlungen zu rechtfertigen gestatten, und es vor allem überflüssig machen, sich angesichts jeder einzelnen zu setzenden Handlung zu fragen, was (im (weitgefaßten) normativen Sinne) in diesem konkreten Fall zu tun sei - sie

---

[1] Von Deutungen zu Wertungen S.181
[2] a.a.O.
[3] ebd. S.189

fungieren als mehr oder minder allgemeine und mehr oder minder verbindliche Handlungsanleitungen.

7.4 Realität und Subjekt als Interpretationskonstrukte
7.4.1 Interpretationismus und pragmatischer Realismus

Lenk betont immer wieder, daß er seinen Interpretationismus nicht als ontologische These verstanden wissen will, sondern "allenfalls [als einen] quasitranszendentalen Idealismus im Sinne von Kants Metaphysik der Erkenntnis, [als einen] alle (notwendigen) Bedingungen der Möglichkeit von Erkenntnis betreffenden Formenreichtum der Interpretation, also [als einen] transzendentalen Interpretationismus in einem weiten, nicht dem deduktivistischen oder dogmatischen Letztbegründungsrationalismus verpflichteten Sinne."[1] Lenk orientiert sich an Kant insofern, als er dessen zentralen transzendentalphilosophischen Gedanken übernimmt, daß die von uns erkannte Welt wesentlich *von uns* geformt, strukturiert ist. Lenk betrachtet diese Formen jedoch als nicht prinzipiell unveränderbar, als prinzipiell flexibel, bestimmten Bedürfnissen, Erfahrungen etc. entsprechend veränderbar.

Was der Interpretationskonstruktionismus also *nicht* sein soll, ist ein Interpretationsabsolutismus oder Interpretationsidealismus. Interpretation ist für Lenk eben kein ontologisches Geschehen, in dem sich "Machtzentren" oder "Interpretationszentren" ausschließlich aufeinander beziehen, deren Interagieren als "Interpretation" / "Interpretieren" bezeichnet werden soll (vgl. dazu die Darstellung von Nietzsches Interpretationismus (Kapitel 3) und die Ausführungen über die teilweise an diesen anknüpfende „allgemeine Interpretationsphilosophie" Günter Abels (Kapitel 8)). Interpretation ist für Lenk vielmehr - formal durchaus dem alltäglichen Gebrauch des Ausdrucks entsprechend - eine dreistellige, ontologische *und* epistemologische Relation: *Jemand* interpretiert *etwas* als *etwas*. Dabei muß nun (außer in den etwas seltsamen Grenzfällen, in denen kein Interpretandum voliegt, wie wohl hinzugefügt werden müßte) das erstere Etwas - das Interpretandum - als in irgendeiner Weise "real" unterstellt werden. Man könnte sagen: aus nichts läßt sich interpretativ nichts machen, auf ein "Nichts" lassen sich keine Schemata anwenden, ein "Nichts" läßt sich nicht ordnen, nicht strukturieren (wobei von den erwähnten Grenzfällen wohl wiederum abzusehen ist). Will man nicht in einen "Interpretationsidealismus" verfallen, ein System, das etwa ausschließlich (einander) interpretierende "Interpretationsmonaden", die jegliche Realität zwischen einander aufspannen, kennt, so ist die Annahme einer fundamentalen Realität "an sich" unerläßlich.

Hinsichtlich der Interpretationskonstrukte höherer Stufen (IS_2 bis IS_5 bzw. IS_6) läßt sich stets auf ein Interpretationskonstrukt der nächstniedrigeren Interpretationsstufe(n) zurückgreifen - will man auf der Ebene IS_1 aber nicht sozusagen den systematischen Boden unter den nach interpretatorischen Halt suchenden Füßen verlieren, so ist auch hier ein Interpretandum, ein als Interpretationskonstrukt der Stufe IS_1 interpretiertes zu unterstellen. Lenk tut nun genau dies - aber eben auch nur interpretatorisch: auch die Annahme einer externen, objektiven Realität, einer "Welt an sich", ist interpretationsimprägniert, ist ein Interpretationskonstrukt, und zwar ein Interpretationskonstrukt, das in unserer Lebenspraxis immer schon selbstverständlich, weil notwendig, unumgänglich ist. Die (interpretierte) Welt unserer Erfahrung begegnet uns stets als von uns Verschiedenes, als Objekt, als Anderes. Auch diese fundamentale Erfahrung ist natürlich ein Interpretationskonstrukt, zwar eines, das durch Überlegungen auf IS_6 als teilweise inadäquat erwiesen werden kann - in diesen Überlegungen besteht ja gerade der Kern von

---

[1] Philosophie und Interpretation S.218 (im Original z.T. kursiv)

Lenks System -, das aber als durch diese Überlegungen modifiziertes sich letztlich als doch faktisch unhintergehbar erweist. Auch die Grunderfahrung der Welt als externer, von uns unabhängiger, verlangt nach einem Interpretandum - nach eben der Annahme einer fundamentalen, als solche von unseren Interpretationen unabhängigen Welt. Aber auch die Annahme einer solchen objektiven Welt, einer Welt "an sich", und damit diese Welt selbst ist eben - eine Interpretation, wenn auch eine Interpretation, die sich für uns als unumgänglich erweist: "Wir können aus pragmatischen lebenspraktischen unhintergehbaren oder unumgänglichen Gründen gezwungen sein - und sind es! -, externe Realität als von uns unabhängig zu unterstellen, selbst wenn wir wissen, daß jegliche Erfassung, ja, auch schon jedwede Vorstellung von ihr per se (qua Erfassung) interpretativ geladen, ja, zutiefst interpretatorisch geprägt ist. Wir können uns die Realität als von uns unabhängig, als uninterpretiert denken, aber jedes Denken, jede Vorstellung davon ist interpretativ [...]."[1] Wir können gar nicht anders, als eine "Welt an sich" o.ä. anzunehmen - aber diese Welt an sich, ist, da ihre Existenz natürlich nur angenommen wird, ebenfalls ein Interpretationskonstrukt (und zwar eines auf hoher Interpretationsstufe). Um kurz zu dem oben verwendeten Bild zurückzukehren: die Füße finden einen Halt, der zwar sozusagen nur fiktiv sein mag - diese Fiktivität, Interpretativität auf hoher Stufe mindert jedoch die Qualität des Haltes nicht, sie macht ihn im Gegenteil erst zu einem optimalen Halt für Füße, die selbst in prinzipiell ähnlicher Weise interpretiert sind.

In einem relativ neuen Aufsatz deutet Lenk eine mögliche Argumentation zugunsten eines mehr als nur pragmatisch-hypothetischen Realismus an, ein Plausibilitätsargument auf der Basis des Weltbildes der Naturwissenschaften: zwar müssen alle unsere Erfahrungen von der Welt, seien sie nun alltäglicher oder naturwissenschaftlich-methodischer Natur, als interpretationsimprägniert gelten, „aber dennoch kann eine vom Menschen unabhängige Welt als existent und auch in gewissem Maße faßbar bzw. erkennbar unterstellt werden. (Es wäre präpotent, angesichts der gegenwärtigen Kenntnis der Kosmologie und Evolutionstheorie eine Welt ohne Menschen, also eine Welt ohne Interpretationswelten zu leugnen.)"[2] Die Resultate der Naturwissenschaft, die ein komplexes und von unserer alltäglichen Erfahrungswelt z.T. radikal verschiedenes Bild der Welt beschreiben, müßten absurd erscheinen, würde man nicht annehmen, daß ihnen eine „reale", objektive, vom Menschen unabhängige Welt zugrundeliegt, die freilich als unzugänglich gelten muß. Auch diese Argumentation „zwingt" zur Annahme eines zumindest fundamentalen Realismus, der Annahme der Existenz einer, um mit Lenk zu sprechen, „Welt ohne Menschen". In gewisser Hinsicht ist also auch das Plausibilitätsargument auf Basis der Naturwissenschaften pragmatischer Natur. Sowohl letzteres als auch der lebenspraktische, pragmatische Realismus bedürfen der Annahme einer objektiven Realität, einer „Welt an sich", wobei diese „Welt an sich" aber ebenfalls ein Interpretationskonstrukt hoher Stufe ist, ein Begriff einer Theorie, die bestimmte Züge sowohl der Alltagserfahrung als auch der systematisch-methodischen Erfahrungsweise(n) der Naturwissenschaft erklärt. Will man nicht zur Annahme des von Lenk stets abgelehnten Interpretationsidealismus gezwungen sein, so ist die Annahme der Existenz einer objektiven (wenn auch unerkennbaren) Wirklichkeit nicht nur aus pragmatischen Gründen unumgänglich.

Allerdings ist die pragmatische Argumentation diejenige, auf die Lenk sich hauptsächlich beruft. Die praktische Verankerung der Realitätsannahme ist für Lenk der Punkt, an dem seine

---

[1] Interpretationskonstrukte S.282
[2] „Wahrheit" als metatheoretisches Interpretationskonstrukt S.103

Philosophie der Interpretationskonstrukte sich von einem Interpretationsidealismus (wie er ihn bei Abel sieht) unterscheidet, diese auf der anderen Seite aber auch vor dem Verdacht bewahrt, ein System mit "echtem" Letztbegründungsanspruch zu sein: auch ein solches will Lenk (natürlich) nicht entwerfen, es ist "nicht nötig, einen fixen Archimedischen Punkt des Handelns und Interpretierens als *Fundamentum inconcussum* des Philosophierens anzunehmen."[1] Die "Quasi-Letztbegründung" ist eine pragmatische, die sich auf die faktischen (bzw. natürlich ebenfalls als solche interpretierten) Lebenszusammenhänge beruft, und aus ihnen heraus die Notwendigkeit der Annahme einer realen, externen Welt als Basis aller Interpretationen des Welterkennens und Handelns entnimmt - aber eben nur als Interpretationskonstrukt, da *jedes* wissenschaftliche und philosophische Modell (und um ein letzteres handelt es sich bei der Annahme der Existenz einer objektiven Welt ganz zweifellos) interpretationsimprägniert ist. Auf den Punkt gebracht (wenn auch etwas mißverständlich formuliert) lautet Lenks Auffassung des Verhältnisses von Interpretation und Realität: "Welt ist real, aber Welterfassung stets interpretativ."[2]

Der Weg, der zu diesem Resultat führt, ist ein pragmatischer, die Annahme einer objektiven Realität ergibt sich als *pragmatische* Notwendigkeit aus der Erkenntnis- und vor allem der Handlungs*praxis*. Lenks Interpretationskonstruktionismus ist, was diesen zentralen Aspekt betrifft, pragmatistisch geprägt, sein transzendentaler Aspekt erweist sich auf dieser fundamentalen Ebene als "quasitranszendental"[3], als aus praktischen Motiven hervorgehende "Quasi-Letztbegründungsstrategie", die die Existenz einer objektiven, interpretationsfreien / uninterpretierten Welt nur insoweit annimmt, als eine solche Annahme angesichts der Erkenntnis- und Handlungspraxis vonnöten ist - und sich dabei stets dessen bewußt bleibt, daß diese Annahme selbst nur als Interpretation(skonstrukt) konsistent zu denken ist. Die Annahme einer von uns unabhängigen Realität ist letztlich unumgänglich, will man nicht von einem method(olog)ischen und pragmatischen Interpretationskonstruktionismus in einen absoluten Interpretationsidealismus verfallen. - "Selbst wenn jegliche Erfassung von Realität interpretationsimprägniert ist und unaufgebbar sein muß, kann man nicht die Wirklichkeit an sich (die wir aus lebenspraktischen Gründen unterstellen müssen und auch mit guten erkenntnistheoretischen Gründen annehmen können) durch eine Realität, wie wir sie interpretieren oder deuten, ersetzen."[4] (Aber auch diese Überlegung ist natürlich selbst wiederum interpretationsimprägniert.)

Lenks Argumantation für den Realismus - und zwar für einen "schwachen"[5] oder einen "Rest-Realismus"[6] - ist also wesentlich pragmatischer Natur, sie stellt keinen strengen *Beweis* für die Existenz einer (interpretationsunabhängigen, "objektiven") Realität dar. Gegen einen "Interpretationsidealismus" oder "Interpretationsabsolutismus" sprechen zwar lebenspraktische Gründe, diese sind jedoch nicht geeignet, eine solche Position - die natürlich keinesfalls als inkonsistent gelten soll - als Möglichkeit auszuschließen.

Zu den lebenspraktischen Gründen, die als Argumente für den "Rest-Realismus" sprechen, zählt auch der Verweis auf das offensichtliche Funktionieren von Kommunikation und

---

[1] Interpretationskonstrukte S.283
[2] ebd. S.285
[3] vgl. Interpretationskonstrukte S.287
[4] Interpretationskonstrukte S.307
[5] vgl. Interpretation und Realität S.249
[6] Interpretation und Realität S.250

Interaktion: selbst dann, wenn wir sagen (und es möglicherweise tatsächlich im *ontologischen* Sinne so meinen[1]), daß wir als unterschiedliche Individuen oder auch als Angehörige bestimmter (sozial oder weltanschaulich definierter) Gruppen von Individuen in jeweils *eigenen* Welten leben, so kommen wir in der Praxis doch nicht darum herum, *eine* allen Individuen gemeinsame (physische) Welt (auch im Sinne einer gemeinsamen Grundinterpretation) anzunehmen, als gegeben zu unterstellen.[2] Selbst der absolute Idealist (oder auch z.B. der Vertreter einer "idealistischen" Deutung der Quantenmechanik[3]) ist letztlich auf das fundamentale Interpretationskonstrukt "*die* Welt" (meine Ausdrucksweise) angewiesen - auch dann, wenn er diese eine, gemeinsame Welt in philosophischer Reflexion als Interpretationskonstrukt (oder etwas ähnliches) auffassen mag. Dieses Interpretationskonstrukt ist eines, zu dem wir *praktisch* gezwungen sind. "Interpretationen können überlappen, haben systematische und strukturelle Beziehungen und Verbindungen miteinander und ordnen sich [...] durchaus auch unter eine aus lebenspraktischen Gründen unvermeidliche Oberinterpretation der *einen* Welt, in der wir leben."[4] Es ist uns *praktisch* nicht möglich, anzunehmen, daß andere Individuen in ontologisch anderen "Welten" als wir leben. Diese Überlegungen sind jedoch kein Element einer Letztbegründungsstrategie, sondern vielmehr eine pragmatische und quasi-transzendentale Mindestannahme, die aus lebenspraktischen Gründen gemacht werden muß, da ohne sie jedes Erkennen und Handeln gleichsam im leeren Raum hängen würde. Die Annahme der Existenz einer von uns im Erkennen (interpretativ) erfaßten und im Handeln (interpretativ) beeinflußten Welt "an sich" (im weitesten Sinne) ist "selbst ein [interpretatorisches] Modell, mittels dessen wir uns das Erkennen der Welt deuten."[5]

Tatsächlich ist jede Möglichkeit einer Letztbegründung für Lenk durch das System des Interpretationskonstruktionismus selbst, in dem *alles* irgendwie Erfaßte als interpretativ, als interpretationsimprägniert, als Interpretation(skonstrukt) gilt, ausgeschlossen. Unter den Bedingungen der Philosophie der Interpretationskonstrukte gilt: "Es gibt kein Fundamentum inconcussum, insoweit es als letzte Basis der Realitätsgarantie im Sinne einer aus der Handlungskonzeption des Menschen als eines endlich handelnden Wesens erschlossenen Realität rationalistisch eine sichere Erkenntnis der Existenz der abgetrennten Realität garantieren oder erlauben würde."[6] Die Begründungsstrategie, die für die Annahme einer objektiven Realität argumentiert, ist pragmatischer Natur, ist der Philosophie der Interpretationskonstrukte, die die prinzipielle Offenheit und Veränderbarkeit der Interpretationen und Interpretationsschemata betont, inhärent: "Konstruktinterpretationismus und pragmatischer Realismus sind lebenspraktisch unauflöslich miteinander gekoppelt."[7] Und der eben betonten prinzipiellen Offenheit zum Trotz läßt uns der Interpretations-konstruktionismus in der Praxis gar keine Wahl: wir sind "zum Realismus verurteilt - jedenfalls im Alltag."[8] Dieser Alltagsrealismus kann und braucht jedoch nicht mehr zu sein als ein

---

[1] vgl. Zu einem methodologischen Interpretationskonstruktionismus S.293 f.
[2] vgl. Zu einem methodologischen Interpretationskonstruktionismus S.294 f.
[3] vgl. Interpretation und Realität S.202 ff. (Kapitel 5)
[4] Interpretationskonstrukte S.382
[5] Zu einem methodologischen Interpretationskonstruktionismus S.295
[6] Erlebte und erschlossene Realität S.291
[7] Interpretation und Realität S.22
[8] ebd. S.253

empirischer Realismus im Kantischen Sinne: es genügt, den Gegenständen der Welt empirische Realität zuzuschreiben. Jede hierüber hinausgehende Annahme muß in Hinblick auf den alltäglichen Umgang mit Gegenständen als sinnlos angesehen werden.

Daß die Philosophie der Interpretationskonstrukte unter Berücksichtigung der Lebenspraxis uns in dieser Weise zu einem pragmatischen Realismus "verurteilt" und gleichzeitig die Unmöglichkeit eines strengen Arguments für einen "echten" (ontologischen) Realismus betont, bedeutet jedoch nicht, daß die Existenz einer objektiven Wirklichkeit *ausgeschlossen* würde. Der Interpretationskonstruktionismus betont die Interpretativität jeglicher *Erfassung* und ist damit nicht in der Lage, die Existenz eines Uninterpretierten auszuschließen: "Die Form der Erfassung ist jeweils Resultat einer Interpretation, ist Interpretationskonstrukt, doch das Gemeinte, der Referent, kann prinzipiell der Idee nach aus dieser Interpretationsabhängigkeit ausgenommen werden, selbst wenn er nur in den Formen der interpretationsabhängigen Zeichen und Begriffe bezeichnet werden kann."[1] Die Beschränkung unserer Erkenntnis auf das Interpretierte läßt nicht den Schluß zu, es existiere ausschließlich das von uns Erfaßbare / Interpretierbare. "Es muß nicht alles erfaßbar und interpretierbar oder benennbar sein."[2] So mag es "Quasiwirklichkeiten"[3] geben, die uns als beschränkten Wesen grundsätzlich nicht zugänglich sind (ebenso denkbar ist aber auch, daß solche nicht existieren). Genauso mag es Aspekte der Welt geben, die für uns zum gegenwärtigen Zeitpunkt nicht erfaßbar, nicht interpretierbar sind und es irgendwann sein werden. Eine solche Erfaßbarkeit, eine solche Interpretierbarkeit möglich zu machen ist eine der Aufgaben des method(olog)ischen Interpretationskonstruktionismus: die Verschiebung des Interpretationshorizontes über die jeweils gültigen Grenzen hinaus, wobei sich aber bestimmte Grenzen durchaus als unüberwindbar erweisen können. – "Das Horizonttranszendente ist möglich, dasjenige, was grundsätzlich unseren Erfassungsmöglichkeiten entzogen bleibt."[4] Ein solches "Horizonttranszendentes" könnte eben die mögliche objektive Realität sein. (Wohlgemerkt: auch diese Überlegungen sind interpretationsimprägniert, Interpretationskonstrukte auf hoher Stufe, und damit selbst wiederum prinzipiell revidierbar. Weder sie noch der oben erläuterte Verweis auf die Resultate der Naturwissenschaften vermögen die Anerkennung einer objektiven Realität, einer „Welt" oder „Wirklichkeit an sich" in strengerer als pragmatischer Weise zu legitimieren.)

7.4.2 Die Stellung des Subjekts

Ein eigentümliches Detail von Lenks Philosophie der Interpretationskonstrukte besteht darin, daß die pragmatischen Überlegungen zum Status der objektiven Realität in allen wesentlichen Punkten auch für die Stellung des Subjekts im System der Interpretationsphilosophie gelten. "Ein ´Witz´ des methodologischen Interpretationismus ist [...] darin zu sehen, daß er *vor* [der] Trennung von Welt und Geist [...] operiert"[5] - aus dieser Position heraus ist sowohl der Frage nach der Welt wie auch der nach dem Subjekt nachzugehen. Die entsprechenden Überlegungen über den Status einer möglichen objektiven Realität sind im vorigen Abschnitt dargestellt worden; diejenigen, die die Position des Subjekts betreffen, sollen nun dargelegt werden. Ihr Resultat lautet kurz gefaßt: auch das (interpretierende) Subjekt selbst ist ein

---

[1] Welterfassung als Interpretationskonstrukt S.74
[2] Interpretationskonstrukte S.321
[3] a.a.O.
[4] a.a.O.
[5] Schemaspiele S.200

Interpretationskonstrukt, ist selbst ein Interpretat, muß jedoch sozusagen als quasi-substantielles Subjekt "an sich" - ebenso wie eine objektive "Welt an sich" - pragmatisch postuliert werden, wenn man die Auffassung vermeiden will, daß das „Subjekt" sich vor dem Hintergrund der Annahme einer Welt, die ausschließlich aus interagierenden Interpretations-Ereignissen besteht, in ein Bündel von Interpretationen auflöst.

Die Grammatik des Ausdrucks "Interpretation" - und daran ändert sich auch unter den Bedingungen von Lenks spezifischem Gebrauch nichts[1] -, die verlangt, *daß jemand etwas als etwas* interpretiert, wirft eine grundsätzliche Frage auf: "Gibt es einen nichtinterpretativen Grundakteur, der interpretiert: Kann man aus dem Wortgebrauch des Ausdrucks ´Interpretation´ darauf schließen?"[2] Anders gefragt: wenn das interpretierende Subjekt, wovon ausgegangen werden muß, will man den Standpunkt des Interpretationskonstruktionismus nicht verlassen, selbst ein Interpretiertes, also ein Interpretat ist, was ist dann das ihm zugrundeliegende Interpretandum? Und wer oder was interpretiert dieses Interpretandum als selbst wiederum interpretierendes Subjekt? Welche Stellung nimmt also das offensichtlich sowohl interpretierende als auch interpretierte Subjekt ein?

Etwas pointiert gibt Lenk eine vorläufige Antwort: "Der Interpret interpretiert den Interpreten als einen den Interpreten Interpretierenden!"[3] Im einzelnen geht seine Argumentation aus von der Feststellung, daß "Interpretieren [...] ein von jemandem (einem Aktionszentrum - üblicherweise einer *Person*) vorgenommenes Handeln"[4], und nicht etwa (wie bei Nietzsche oder Abel) ein "reines", von Personen / Subjekten unabhängiges Interpretationsgeschehen ist. Als ein *Handeln* (das Interpretieren ja immer auch ist) bedarf es eines *Handelnden* (Interpretierenden), eines Interpretationssubjekts im weitesten Sinne des Wortes, eines Interpretationszentrums (analog zu Nietzsches "Machtzentren"). Dieses "muß nicht Person sein, aber als existierend angenommen werden (von einer erkenntnistheoretischen - also auch interpretationsgebundenen - Perspektive aus)."[5] - "Interpretationszentren agieren, indem sie interpretieren (und umgekehrt)."[6] (Dabei ist natürlich stets zu beachten, daß auch dieses Modell selbst interpretationsimprägniert ist; ein "Ausbrechen" aus der Interpretativität ist hier genausowenig wie bei den Überlegungen zum Status der Außenwelt möglich.)

Der weitere Weg der Argumentation ist nun ein bereits begangener, die Realität des interpretierenden Subjekts ist aus den gleichen *pragmatischen* Gründen zu unterstellen wie die Realität einer erkenntnis- (d.h. interpretations-)unabhängigen Außenwelt: ein selbst interpretiertes, aber selbst auch wiederum interpretierendes Subjekt ist formal notwendiger Bestandteil der dreistelligen Interpretationsrelation: es ist stets *jemand* bzw. *etwas*, der / das etwas als etwas interpretiert. Das Subjekt ist demnach so real, wie es eben zu sein braucht, um in der dreistelligen Interpretationsrelation den Platz des Interpretierenden einzunehmen - ebenso wie die "objektive Wirklichkeit" gerade so real ist, wie zu sein braucht, um ihren Platz in dieser Relation einzunehmen: "Interpretationssubjekt und Interpretationsobjekt sind relativ zum Interpretationsvorgang, sind stets nur in Abhängigkeit zur Interpretationshandlung bzw.

---

[1] Auch hier ist wohl von den Grenzfällen einer „Interpretation ohne Interpretandum" wiederum abzusehen.
[2] Interpretation und Interpret, S.49
[3] Interpretationskonstrukte S.313
[4] a.a.O.
[5] Interpretation und Interpret S.53
[6] Interpretationskonstrukte S.316

Interpretationsperspektive als solche auszuzeichnen."[1] Genausowenig wie diejenige, die sich auf die mögliche objektive Realität bezieht, ist diese - ebenso wie jene vor allem pragmatische - Argumentation mit einem fundamentalistischen Letztbegründungsanspruch verbunden; das Interpretationssubjekt ist ein solches lediglich im Rahmen der Interpretationsrelation. Es ist nicht etwa ein real zu verstehendes sich selbst setzendes Ich im Fichteschen Sinne oder substantielles Ich in der Tradition des klassischen Rationalismus, sondern ein *theoretischer Begriff*, der sich durch seine Funktion im (interpretativen) Rahmen des Interpretationskonstruktionismus und seine praktische Unverzichtbarkeit - ich *kann nicht anders*, als die Existenz meines Ich als Interpretierendes zu postulieren - legitimiert. Die aus lebenspraktischen Gründen unungängliche Annahme der Existenz eines "fundamentalen" Subjekts, das dem empirischen interpretierenden Subjekt zugrundeliegt (und sich selbst interpretierend zu diesem macht) ist das komplementäre Gegenstück zur Annahme einer objektiven Realität: auch sie ist immer schon interpretationsimprägniert, und auch sie ist eine praktisch notwendige Mindestannahme, die wir pragmatisch (und interpretierend) zu unterstellen haben. Es wäre wohl keineswegs eine unangemessene Ausdrucksweise, zu sagen, daß das interpretierende Subjekt stets ebenso real wie die von ihm interpretierte objektive Realität ist.

Lenks Interpretationskonstruktionismus ist ein umfassender Entwurf, der den Anspruch erhebt, alle Bereiche menschlichen Erkennens und Handelns auf eine gemeinsame Basis zu stellen, auf ein gemeinsames Prinzip zurückzuführen. Gerade dieser Anspruch ist es jedoch, der Kritik herausfordern muß: können sämtliche Formen menschlichen Erkennens und Wissens – vom grundlegenden Wissen über die fundamentalen Strukturen der Welt bis hin zur philosophischen Reflexion über dieses Wissen - tatsächlich so aufgefaßt werden, daß ihnen allen ein einziges Prinzip zugrundeliegt? Und wenn ja, inwiefern ist der Ausdruck „Interpretation" ein für dieses Prinzip angemessener? Allerdings ist eine solche Kritik selbst möglicherweise nicht ganz angemessen: immerhin ist es Lenk selbst, der sagt, daß der Ausdruck „Interpretation", undifferenziert gebraucht, „Differenzen und Nuancen zuzudecken scheint"[2] und so den Eindruck erwecken könnte, die Vielfalt menschlicher Weltzugänge durch Zurückführung auf ein einzelnes Prinzip geradezu zu leugnen, Gemeinsamkeiten nahezulegen, wo keine bestehen und grundverschiedene Aspekte miteinander zu vermengen. Tatsächlich ist eine solche tendenzielle Leugnung von Differenzen in Lenks Denken aber nicht festzustellen: die z.T. radikale qualitative Verschiedenheit der Interpretationen bzw. Interpretationskonstrukte auf den einzelnen Interpretationsstufen wird von ihm durchaus in angemessener Weise betont. Es geht ihm faktisch wohl weniger darum, all diese unterschiedlichen Erkenntnis-, Lebens- und Handlungsformen in irgendeinem strengen Sinne „systematisch" auf eine einzige Grundlage zurückzuführen, sondern vielmehr darum, die Gemeinsamkeiten, oder, um einen schwächeren Ausdruck zu verwenden, die *Ähnlichkeiten* zwischen all diesen Formen herauszuarbeiten. Abel bezeichnet seine eigene Stufung der Interpretationen als „nur heuristisch" (vgl. Abschnitt 8.2), und auch Lenks Verwendung des Ausdrucks „Interpretation" ebenso wie die Stufung der „Interpretationen" darf wohl in einem solchen Sinne aufgefaßt werden: nicht ein strenges „System" soll entwickelt werden, sondern ein durchaus auch praxisbezogenes theoretisches Gerüst, in das sich die unterschiedlichen Formen menschlichen Welt- und Selbstbezugs in ebenso flexibler wie übersichtlicher Weise einordnen lassen. Dieses theoretische Gerüst trägt

---

[1] ebd. S.317
[2] ebd. S.506

eben den Namen „Interpretation(skonstruktion)ismus", da „Interpretation" dasjenige Wort ist, das die Gemeinsamkeit oder Ähnlichkeit der in und mit ihm beschriebenen Formen am treffendsten ausdrückt: die stets auch praktische Anwendung von („Interpretations-")Schemata und Konstrukten, mit deren Hilfe wir es erst überhaupt mit einer Welt, mit Sprache, mit Handlung etc. zu tun haben. Eine solche „heuristische" Auffassung des (Quasi-?)"Prinzips" Interpretation, die dem *Ausdruck* „Interpretation" nicht allzuviel Bedeutung zumißt, erlaubt auch die problemlose Integration der „Interpretationen ohne Interpretandum", bei denen die zentrale Gemeinsamkeit aller „Interpretationen" im gemeinten Sinne, die Anwendung von Schemata, durchaus vorliegt. Ebenso lassen unter diesen Bedingungen auch die „Urinterpretationen" der Stufe IS_1 nicht den Eindruck entstehen, sie seien gleichsam „mit Gewalt", nur um des Systems selbst willen, in dieses integriert worden. Faßt man Lenks Interpretationismus in der beschriebenen „heuristischen" Weise auf, so läuft Kritik, die auf der Frage nach Gemeinsamkeiten im strengen Sinn zwischen den „Urinterpretationen" und den höheren und höchsten Interpretationsstufen aufbaut, ins Leere.[1]

In die Richtung der Auffassung des Interpretationskonstruktionismus als weniger streng „systematischer" als vielmehr heuristischer Entwurf deutet auch dessen Charakterisierung als nicht im strengen Sinne „transzendental", sondern vielmehr „quasitranszendental"[2]: jede Interpretationsstufe besitzt einen „transzendentalen" Aspekt im weitesten Sinne, insofern sie die Bedingungen der Möglichkeit der jeweiligen Interpretationskonstrukte (als die wohl die jeweiligen Interpretationsschemata anzusehen sind) aufklärt. Dem Interpretationskonstruktionismus geht es aber auch – in einem strengeren Sinne des Ausdrucks „transzendental" - darum, herauszuarbeiten, unter welchen Bedingungen Erkennen und Handeln im allgemeinen stehen, von welchen allgemeinen Formen sie in ihren konkreten Ausformungen bestimmt werden. Diese Bedingungen sind eben jene der Interpretation, der allumfassenden Interpretativität, der prinzipiellen Angewiesenheit auf bestimmte – aber nicht ein für allemal feststehende – Erkenntnis- und Handlungsschemata. „Wir strukturieren – ähnlich wie Kant das gesagt hat, allerdings in flexiblerer Weise, als er glaubte – die Welt vor, aber eben die Welt des Erfaßbaren, die ´Welt der Erscheinungen´, wie Kant sagt."[3] Die von uns vorgenommene Vorstrukturierung besteht im hier gemeinten Zusammenhang wohl hauptsächlich in der Anwendung der fundamentalen Interpretationsschemata (IS_1 und IS_2); diese „Anwendung" darf aber keinesfalls ausschließlich naturwissenschaftlich verstanden werden: Lenks häufige Berufung auf die Resultate empirischer Wissenschaften, insbesondere der Gehirnphysiologie und der Theorie neuronaler Netze[4] *illustriert* den Interpretationskonstruktionismus als philosophische Theorie und *ergänzt* diese zugleich zu einer sozusagen synoptischen Theorie der Interpretation; sie soll die genuin philosophische Reflexion jedoch nicht durch Naturwissenschaft ersetzen. (Natürlich ist sich Lenk der Tatsache

---

[1] Natürlich sprechen nicht alle Äußerungen Lenks für die Auffassung des Interpretationskonstruktionismus als heuristischer Auffassung; die Überlegungen zur Frage nach dem Status des Subjekts - Verlangt jede Interpretation ein Interpretierendes? - beispielsweise legen eine „strengere" Auffassung nahe. Die Stellen, die eine „heuristische" Auffassung erlauben, sind jedoch in der Überzahl, und auch solche, die an eine „strengere" Auffassung denken lassen, sind zumeist auch im heuristischen Sinne auffaßbar.
[2] vgl. z.B. Philosophie und Interpretation S.218
[3] Zu einem methodologischen Interpretationskonstruktionismus S.290
[4] vgl. z.B. Interpretationskonstrukte S.436 ff. (Kapitel 30)

bewußt, daß jegliche empirische Untersuchung und jede sich aus einer solchen ergebende Theorie immer schon auf verschiedenen Ebenen interpretationsimprägniert ist. Daß bestimmte physische (physiologische) Ereignisse gewissen Interpretationen in bestimmter Weise korrespondieren, fügt sich zwar in das angedeutete Gesamtbild einer umfassenden Theorie der Interpretation, darf jedoch nicht dazu führen – und führt bei Lenk auch nicht dazu - deren philosophischen Kern durch eine empirische (psychologische oder gar physiologische) Theorie zu ersetzen.)

Ein problematischer Aspekt von Lenks Interpretationskonstruktionismus ist die mit diesem verbundene Wahrheitstheorie, die „Wahrheit" als eine Relation zwischen Interpretationskonstrukten unterschiedlicher Stufen auffaßt. Diese enthält Elemente sowohl der Korrespondenz- als auch der Kohärenzauffassung von Wahrheit, die jedoch beide Probleme aufwerfen. Der Kohärenzaspekt besteht darin, daß die Übereinstimmung zwischen Interpretationskonstrukten verschiedener Stufen in gewisser Hinsicht als Übereinstimmung zwischen prinzipiell Gleichartigem aufgefaßt werden kann, daß sich also nicht die Frage stellt, wie überhaupt Aussagen, Sätze oder Gedanken einerseits und Sachverhalte „in der Welt" andererseits auf Übereinstimmung überprüft werden können. Diese Auffassung würde jedoch sehr starke Gemeinsamkeiten zwischen den unterschiedlichen Interpretationsstufen erfordern, und gerade die Abwesenheit solcher starken Gemeinsamkeiten ist es ja, die für die Betrachtung des Interpretationskonstruktionismus als „nur" heuristischer Entwurf gesprochen hat. Nur wenn wir diesen also – wofür nur wenig spricht - aufgeben, könnte die Auffassung von „Wahrheit" als Kohärenz zwischen Interpretationskonstrukten unterschiedlicher Stufen als sinnvoll erscheinen. Eher scheint es sich hier um eine innerhalb des interpretationskonstruktionistischen Systems reformulierte Version der Korrespondenzauffassung zu handeln, die deren Probleme nicht zu lösen beansprucht, sondern sie integriert und eine Anpassung an die „Interpretations"-Terminologie leistet. Diese Integration leistet sozusagen einen heuristischen Beitrag im engeren Sinn des Wortes: sie reformuliert die Korrespondenztheorie der Wahrheit und die sich aus dieser ergebenden Fragen in der Sprache des Interpretationskonstruktionismus und ermöglicht so vielleicht eine Untersuchung der mit ihr verbundenen Probleme aus dessen Perspektive. So gesehen, scheint Lenks Wahrheitstheorie gar keine solche zu sein, sondern eher ein Beitrag zur Untersuchung einer bekannten Wahrheitsauffassung von einem neuen Standpunkt aus.

Was schließlich die Frage nach der Realität unter den Bedingungen des Interpretationskonstruktionismus betrifft, so scheint Lenks vordringlichstes Anliegen ein negatives zu sein: an mehr als einer Stelle macht er den Eindruck, zuallererst die Annahme eines Interpretationsidealismus, einer Position, die letztlich nur Interpretationen (in einem bestimmten Sinne) und deren wechselseitige Beziehungen kennt, verhindern zu wollen. Der Argumentation für den „Rest-Realismus", die die Annahme *irgendeiner* objektiv realen, uninterpretierten Wirklichkeit dadurch rechtfertigt, daß unser faktisches Verhältnis zur Welt als uns in ihren Grundzügen, nicht jedoch in ihrer Gesamtheit (= der Gesamtheit möglicher Erfahrung) bekannten Welt nicht anders als durch die Annahme einer „objektiven Wirklichkeit" im weitesten Sinn erklärt zu werden vermag, scheint das, wofür argumentiert werden soll, in gewisser Weise schon zugrundezuliegen. Tatsächlich scheint diese Argumentation vielmehr der Versuch einer (im engeren Sinne) theoretischen Untermauerung eines immer schon angenommenen fundamentalen ontologischen Realismus zu sein, der eine von uns unabhängig bestehende Wirklichkeit sozusagen postuliert, und weniger ein für sich selbst stehendes Argument. Lenks Argumentation für den „Rest-Realismus" ist keine rein pragmatische Überlegung (da eine solche nur einen praktisch-pragmatischen Realismus zum Ergebnis haben könnte), sie ist aber - in ihrer Abhängigkeit von pragmatischen Überlegungen -

auch kein rein theoretisches Argument; vielmehr finden sich darin Elemente beider Gedankengänge, die gemeinsam jedoch gerade stark genug scheinen, um die Mindestannahme des „Rest-Realismus" auf eine solide Basis zu stellen. (Es wäre denkbar, daß diese Basis noch solider ausfallen würde, würde man das Plausibilitätsargument, das auf die Resultate der Naturwissenschaften verweist, berücksichtigen. Dieser Gedankengang wird von Lenk jedoch nur angedeutet; er ist zu wenig ausführlich, um seinen möglichen Beitrag zur Klärung der Frage nach der Wirklichkeit unter den Bedingungen der Philosophie der Interpretationskonstrukte beurteilen zu können.)

Eine andere Frage, die in Zusammenhang mit „Wirklichkeit" zu stellen ist, ist die nach der „Wirklichkeit" der Interpretationskonstrukte der verschiedenen Stufen. Diese Frage ist jeweils eine stufen*interne*, die innerhalb des jeweiligen interpretatorischen Rahmens, des jeweiligen Interpretationsschemas der jeweiligen Interpretationsstufe zu beantworten ist: (Alltags-)Objekte sind real auf den Stufen IS_1 und IS_2, abstrakte Entitäten auf den Stufen IS_3 bis IS_5 bzw. IS_6. Was auf einer bestimmten Interpretationsstufe als real gelten kann (und was nicht), ist jeweils auf der betreffenden Stufe und mit deren Mitteln zu klären.[1]

Der Interpretationskonstruktionismus ist eine philosophische Theorie, die den Anspruch erhebt, auch auf sich selbst anwendbar zu sein und ihre eigene Möglichkeit erklären zu können. Sie soll ein prinzipiell offenes System sein, das formal wie inhaltlich flexibel ist, d.h. sie ist als ganze ebenso wie in ihren Einzelaspekten (also z.B. auch, was den „Rest-Realismus" betrifft) veränderbar. Veränderungen kommen nach Lenk wesentlich zustande durch die philosophische Reflexion als Interpretation auf IS_6, als Interpretieren über das Interpretieren und über Interpretationen: „Neue Perspektiven werden eröffnet, indem höhere Interpretationsschichten, alternative Perspektiven, plurale Sichtweisen, andere Symbolarten eingeführt werden [...]."[2] Philosophieren ist „prinzipiell und essentiell mehr als das bloße Kombinieren oder die

---

[1] Möglicherweise wäre in diesem Zusammenhang auch die Frage nach dem Status und der „Wirklichkeit" des Subjekts zu klären; Lenks diesbezügliche Argumentation scheint jedoch, wenn nicht überflüssig, so doch vor allem einem Willen zur Symmetrie zwischen Interpretierendem und Welt, zwischen Subjekt und Objekt entsprungen, der in Lenks sonstigen Ausführungen zum Interpretationskonstruktionismus kaum zu finden ist (und nur aufgrund dieser Seltenheit zumindest nicht allzusehr gegen die „heuristische" Auffassung von Lenks Interpretationsphilosophie spricht).
[2] Philosophieren als kreatives Interpretieren S.589

Neukombination von schon bekannten, vorhandenen, vorgegebenen Regeln"[1], es ist – wie jedes Interpretieren – ein aktives und schöpferisches Handeln, und zwar „schöpferisch" in letzter Konsequenz auch im Sinne praktischen Gestaltens: Philosophieren als „kreatives Transzendieren"[2] geht, wie Lenk es ausdrückt, „über die 11. Feuerbachthese bei Marx hinaus"[3], trägt also – wie man diese Ausdrucksweise wohl auffassen darf – durchaus das Potential zur Veränderung der Welt in sich.

---

[1] ebd. S.590
[2] ebd. S.591
[3] ebd. S.597 f.

8. Interpretationswelt(en) und Interpretationswirklichkeit(en) in Günter Abels allgemeiner Interpretationsphilosophie

Auch für Günter Abel, geboren 1947, seit 1987 Professor für Philosophie an der Technischen Universität Berlin, „läßt sich Interpretation als ein Grundwort des Philosophierens entfalten."[1] Von der in seinem Buch *Nietzsche. Die Dynamik der Willen zur Macht und die ewige Wiederkehr* ausführlich dargelegten Deutung der Philosophie Nietzsches[2] ausgehend, hat er eine Position entwickelt, die er als „allgemeine Interpretationsphilosophie" bezeichnet. Abels Interpretationismus, der sich auch in der Auseinandersetzung mit Lenks Position[3] entwickelt hat (tatsächlich scheinen Abels und Lenks Standpunkte sich im Laufe der Zeit angenähert zu haben[4]) wurde neben zahlreichen Aufsätzen in den Büchern *Interpretationswelten* (1993) und *Sprache, Zeichen, Interpretation* (1999) dargestellt. Für Abel *ist* in einem bestimmten Sinne *alles* Interpretation, unsere Interpretationen konstituieren das, was für uns Welt und Realität ist; es kann für uns schlichtweg keinen Weg aus der Interpretativität heraus geben. Das philosophische Denken selbst ist in diesem Kontext „Inwendigkeit des Interpretierens"[5], es soll die Interpretativität jedes menschlichen Selbst-, Fremd- und Weltverhältnisses und –verständnisses herausarbeiten und differenzieren.

Meine Darstellung von Abels allgemeiner Interpretationsphilosophie gliedert sich folgendermaßen:

- Abschnitt 8.1 dient der Erläuterung dessen, was Abel überhaupt unter „Interpretation" versteht und inwiefern (und inwiefern nicht) „Interpretation" als ontologischer bzw. erkenntnistheoretischer Begriff zu verstehen ist.
- Daran schließt sich die Darlegung von Abels Systematik der Interpretationen an, die nicht nur *Stufen*, sondern auch „*Hinsichten*" der Interpretation kennt.
- Abschnitt 8.3 soll den alle Hauptbereiche des philosophischen Denkens umfassenden universalen Anspruch von Abels Interpretationismus zeigen.
- Der letzte Abschnitt schließlich geht zuerst ein auf Abels Behandlung der *Wahrheits*frage, die in ihrem internalistischen Charakter bereits überleitet zur Frage nach der *Realität* unter den Bedingungen der allgemeinen Interpretationsphilosophie.

8.1 Interpretation als Fundamentalvorgang

Auch Abel geht es in seinem interpretationsphilosophischen Ansatz grundsätzlich darum, zu klären, wie es zu begreifen ist, daß wir uns immer schon auf eine bestimmte Weise in der Welt vorfinden und zu ihr, zu ihren einzelnen Aspekten und zu uns selbst in den Verhältnissen stehen, in denen wir uns eben vorfinden und in denen wir eben stehen. Diese Weisen des

---

[1] Was ist Interpretationsphilosophie? S.16
[2] vgl. dazu Kapitel 3 der vorliegenden Arbeit
[3] vgl. dazu die Debatte in Heft 13.3 der *Allgemeinen Zeitschrift für Philosophie* (Realismus, Pragmatismus, Interpretationismus; Interpretationsphilosophie. Eine Antwort auf Hans Lenk; und Lenk, Welterfassung als Interpretationskonstrukt)
[4] Lenk schreibt, daß es sich bei den Auffassungen, die in Abels *Interpretationswelten* und seinem eigenen Buch *Interpretationskonstrukte* dargelegt werden, „im großen und ganzen um *einen* interpretationskonstruktionistischen Ansatz [handelt], selbst wenn kleinere Differenzen ontologischer bzw. methodologischer Art bestehen bleiben mögen." (Lenk, Interpretationskonstrukte S.12)
[5] Interpretationsphilosophie. Eine Antwort auf Hans Lenk S.80

Vorfindens und diese Verhältnisse sind nun auch für Abel - wie für Lenk - *Interpretations*verhältnisse: auch für ihn ist Interpretieren "nicht bloß eine ´ars interpretandi´"[1]; Interpretieren ist vielmehr umfassend, beinhaltet "die Vollzüge menschlichen Wahrnehmens, Sprechens, Wissens, Denkens und Handelns"[2]. "Intepretation" ist ein allgemeiner (bzw. *der* allgemeine) Begriff, der "Interpretation" sowohl im Sinne der Hermeneutik als auch in dem der analytischen Philosophie integriert; Abel geht es auch darum, "die sprachanalytische ebenso wie die [...] hermeneutische Optik in eine pragmatische Interpretationsphilosophie zu erweitern"[3]. Abel stellt heraus, daß es nicht möglich ist, zu *definieren*, was unter Interpretation / Interpretieren zu verstehen sei (und steht damit im Gegensatz zu Lenk, der eine Definition seines Interpretationsbegriffs gibt (vgl. Abschnitt 7.1)). "Interpretation" ist für ihn ein Grundbegriff (wie "Freiheit" oder "Leben"), der sich "von selbst verstehen [muß]"[4]; es geht Abel in seinen Erläuterungen nicht um eine Definition, sondern vielmehr darum, zu klären, "was es heißt, menschliche Welt-, Fremd- und Selbstverhältnisse am Leitfaden der Interpretativität und Perspektivität zu verstehen"[5], darum, die verschiedenen Interpretation(saktivität)en so weit wie möglich zu analysieren und zu systematisieren.

Auch Abels Interpretationismus wendet sich gegen die Auffassung, "die (eine) Welt" sei "da draußen", sei etwas "Fertiges", das von uns als Erkennenden nur erfaßt zu werden braucht. Seine Interpretationsphilosophie ist in diesem Sinne (auch) ein in der Kantischen Tradition stehender transzendentalphilosophischer[6] Gegenentwurf zum naiven Realismus, der die Grundlage bildet für den Common Sense-Standpunkt ebenso wie für die Naturwissenschaften, den Logischen Positivismus und die Evolutionäre Erkenntnistheorie.[7] Gegen den naiven Realismus spricht für Abel, daß uns die Welt - und das heißt: die Gegenstände in der Welt und Fakten über diese Gegenstände - immer schon als fundamental vertraute, in ihren Grundzügen niemals fremde gegenübersteht. Dies wäre aber nicht begreiflich, wenn auf der einen Seite die Welt "da draußen", auf der anderen Seite das erkennende Subjekt, das Teile dieser Welt einfach passiv erfaßt, stünden. Es muß sich vielmehr so verhalten, daß die Welt, die Gegenstände in ihr, in ihren allgemeinsten Bestimmungen von uns "gemacht", von uns *interpretiert* sind. Interpretation ist für unseren Zugang zur Welt, der zugleich ein Aufbauen von Welt ist, unumgänglich, "unter kritischem Vorzeichen kann als Gegenstand nur noch der Gegenstand *in einer Interpretation* gelten."[8] Um es vorwegzunehmen: Die Realität *als ganze* "muß [...] letztlich als eine interne Funktion des Interpretationssystems konzipiert [...] werden."[9]

Interpretieren ist für Abel (ebenso wie für Lenk) also nicht (bzw. nicht ausschließlich) als Prozeß "[aneigender] Deutung"[10] zu verstehen, in dem etwas fundamental bereits Gegebenes,

---

[1] Sprache, Zeichen, Interpretation S.25
[2] a.a.O.
[3] Interpretationswelten S.17
[4] Sprache, Zeichen, Interpretation S.25
[5] a.a.O.
[6] siehe Abschnitt 8.3
[7] vgl. Interpretations-Welten S.1
[8] Interpretations-Welten S.1
[9] ebd. S.2
[10] a.a.O.

Erkanntes sozusagen "zusätzlich" in einen Kontext gestellt, einem System eingeordnet oder auf eine wie auch immer zu denkende Bedeutung hin untersucht wird. "Interpretation" ist vielmehr

> "der Grundcharakter derjenigen Prozesse [...], in denen wir ein (kleingeschriebenes) etwas *als* ein bestimmtes (und dann großgeschriebenes) Etwas phänomenal diskriminieren, in unserem grundbegrifflichen System identifizieren und re-identifizieren, durch Zeichenschemata klassifizieren und in bezug auf eine so formierte Welt dann auch Meinungen, Überzeugungen und sogar ein Wissen haben können.[1]"

"Interpretation" umfaßt also auch bereits den Bereich der Gegenstandskonstitution, die Bestimmung jedes Etwas *als* eben dieses bestimmte Etwas, das als solches, als Interpretiertes dem Interpretierenden / Erkennenden immer schon in seinen Grundzügen (als zumindest fundamental bestimmtes Etwas) vertraut, bekannt, nichts vollkommen Fremdes oder Neuartiges ist. Die so fundamental bestimmten Gegenstände werden dann auf höherer Ebene (vgl. Abschnitt 8.2) wiederum zum Interpretandum weiterer Interpretationen, die jedoch in den allermeisten Fällen an der fundamentalen (interpretierten) Bestimmtheit der Gegenstände nichts ändern. Interpretieren ist damit charakterisiert wesentlich als ein *Bestimmen* (vgl.dazu auch Prauss´ Ausdrucksweise vom "überschreitenden Bestimmen" (erläutert in Abschnitt 6.3)): wir als erkennende, interpretierende Subjekte bestimmen erst Gegenstände und Sachverhalte *als* Gegenstände und Sachverhalte, und zwar sowohl in ihren allgemeinsten Zügen, als auch *als* diejenigen spezifischen Gegenstände und Sachverhalte, die sie eben sind (bzw. zu denen sie durch unser Bestimmen erst werden). Jede Bestimmung von etwas *als* etwas ist *unsere* Bestimmung, "[die] Objekte und Ereignisse der Welt sind nicht ihre eigenen Klassifikatoren und Interpreten."[2] Damit - als Bestimmung *von* etwas *als* etwas - beinhaltet nun aber jede Interpretation auch die Möglichkeit einer *anderen* Interpretation: "In jedem bestimmten Interpretieren ist intern Alternativität mitgesetzt."[3] Diese Möglichkeit ist umso stärker, je exakter die Bestimmung von etwas als etwas ist[4]: während unsere fundamentalen Interpretationen, die die Welt in ihren allgemeinsten Zügen bestimmen (die Interpretationen$_1$ (vgl. Abschnitt 8.2.)), so gut wie nie alternativen Interpretationen weichen müssen, erleben wir es in den Wissenschaften ebenso wie im Alltag relativ häufig, daß unsere Interpretationen je nach ihrer Exaktheit und ihrem Gegenstandsbereich auf mehr oder minder tönernen Füßen stehen, an der Welt scheitern und durch Alternativinterpretationen ersetzt werden (müssen). Alles, was *so* ist, könnte auch *anders* sein - Dies darf jedoch nicht im Sinne von "alles schlechthin und auf einmal"[5] mißverstanden werden; gemeint ist damit vielmehr, daß ein *jedes einzelne, individuierte Objekt oder Ereignis* anders (ein ander(e)s Bestimmtes) sein könnte. Alternativität und Bestimmtheit der Interpretationen sind komplementär, So-Sein und Anders-sein-Können setzen einander voraus, können daher nur zugleich auftreten. Die Alternativität jeder Interpretation ist in diesem Sinne nur ein anderer Aspekt des Interpretierens-*als*, des Interpretierens als Bestimmen.

Interpretieren ist einerseits ein Bestimmen, andererseits auch ein Prozeß des *Organisierens*, des *Ordnens*, der Schaffung und Einbringung von Ordnung, die im Ergänzen, Weglassen, Neuanordnen etc. besteht. - "Interpretieren ist ipso facto ein Vorgang z.B. spezifischen und

---

[1] a.a.O.
[2] Zum Wahrheitsverständnis jenseits von Naturalismus und Essentialismus S.312
[3] Interpretationswelten S.343
[4] vgl. Interpretationswelten S.343
[5] Interpretationsphilosophie. Kommentare und Repliken (Replik auf Lueken) S.914

spezifizierenden Diskriminierens, Auswählens, Bevorzugens, Unterscheidens, Subsumierens, Assoziierens und Dissoziierens."[1] (Da solches Organisieren auf höherer Ebene sowohl für die Wissenschaften als auch für die Künste kennzeichnend ist, bestehen zwischen diesen beiden Bereichen zahlreiche Parallelen und nach Abels Meinung tatsächlich nur graduelle Unterschiede. In einem durchaus nicht metaphorischen Sinne *ist* Wissenschaft für Abel Kunst und umgekehrt.[2]) Interpretation ist damit auch bei Abel als *Schema*-Interpretation, als Anwendung von Schemata zu verstehen, wenngleich Abel selbst den Ausdruck "Schema" nur selten verwendet.[3]

Interpretations-Schemata sind für Abel (wie für Lenk) bereits dort im Spiel, wo es sich um scheinbar "passive "Wahrnehmungen handelt. Auch sie beruhen auf der "Anwendung von Organisationsmustern"[4], Wahrnehmung beinhaltet "[vielfältige] Konstruktbildungen (des Abgrenzens, Unterscheidens, Organisierens, Gestaltbildens)"[5]. Dies betrifft zentral a) unsere Fähigkeit, Dinge wiederzuerkennen, d.h. zeitlich und in den meisten Fällen auch räumlich (d.h. in Hinsicht auf die verschiedenen räumlichen Relationen eines Gegenstandes zu unseren Sinnesorganen) verschiedene Wahrnehmungsereignisse als Wahrnehmungen *desselben* Gegenstandes zu erkennen; und b) die damit verbundene Fähigkeit, Einzeldinge als unter Allgemeinbegriffe fallende zu erkennen. Beiden Fähigkeiten liegt eine "verknüpfende, zusammenhangstiftende Kraft"[6] zugrunde, die Abel als *Imagination* (man könnte wohl auch vom imaginativen Aspekt der Interpretation sprechen) bezeichnet: gemeint ist damit eben die Fähigkeit, in aktuale, gegenwärtige Wahrnehmungssituationen nicht-aktuale Aspekte einzubringen und *damit erst* eine aktuale Wahrnehmungssituation zur *Wahrnehmung von etwas* (im Sinne von "als etwas") zu machen. Erkenne ich eine Pflanze *als* einen Baum oder eine Person *als* diese bestimmte Person, so sind es stets frühere Erfahrungen mit und von Bäumen bzw. der bestimmten Person, die diese aktualen Wahrnehmungen erst zu *den* bestimmten Wahrnehmungen eines Baums oder einer bestimmten Person machen. Keine Wahrnehmung kommt ohne diese nicht-aktuale Dimension aus, jede Wahrnehmung verdankt sich "einer Genealogie interpretatorisch-konstruktionaler Aktivitäten und unter diesen wiederum den Imaginationsleistungen"[7]. Die interpretative Imagination ist also die Fähigkeit, etwas *als* unter einen (oder mehrere) Allgemeinbegriff(e) fallend wahrzunehmen / zu interpretieren, etwas *als* Baum zu erkennen und damit gleichzeitig die Möglichkeit einzuräumen, auch *andere* Dinge als unter denselben Begriff fallend einzuordnen, auch *andere* Dinge *als* Bäume wahrzunehmen. Komplementär dazu ermöglicht sie es auch, ein spezifisches Einzelding (also z.B. auch eine Person), auch wenn es nicht permanent wahrgenommen wurde, *als* eben *dieses* Einzelding zu (re-)identifizieren, als in seiner Eigenheit, eben *dieses* Ding zu sein, einzigartiges zu erkennen, wenn es auch in räumlich wie zeitlich verschiedenen Kontexten wahrgenommen wird. Interpretativ-imaginativ sind also all jene Aktivitäten des (interpretierenden) Subjekts, die

---

[1] Interpretations-Welten S.12
[2] vgl. Sprache, Zeichen Interpretation S.229 ff. (Kapitel 10)
[3] z.B. Interpretationswelten S.464; an anderer Stelle verwendet Abel den Ausdruck "Interpretations-Matrix" (Nominalismus und Interpretation S.65), den man wohl als mit "Interpretations-Schema" weitgehend synonym auffassen darf.
[4] Sprache, Zeichen, Interpretation S.149
[5] a.a.O.
[6] ebd. S.150
[7] Imagination und Kognition S.385 f.

darin bestehen, Dinge einerseits als konkrete Einzeldinge, andererseits als Einzelfälle von Arten - und hier greife ich wieder auf Prauss´ Ausdruck zurück – zu erdeuten, zu konstruieren und zu rekonstruieren. Jede konkrete Wahrnehmung von etwas sowohl *als* unter einen Allgemeinbegriff fallendes ("ein Baum") als auch *als* ein bestimmtes Etwas (z.B. auch als Kennzeichnung: "der Baum vor meinem Fenster") beinhaltet aktuale Elemente ebenso wie nicht-aktuale, verbindet das undifferenzierte konkret Wahrgenommene mit früher Wahrgenommenem, ist ein *Interpretationskonstrukt*, das als solches wesentlich auf interpretativ-imaginärer Aktivität des keineswegs passiv wahrnehmenden Subjekts beruht.

Interpretieren als Anwenden von Schemata ist wesentlich eine *Tätigkeit*; Abel betont die zentrale Rolle der Interpretations-*Praxis*, die zu verstehen ist als "Lebenspraxis, deren Vollzüge als interpretativ charakterisiert werden"[1]; sie ist die Gesamtheit der Bedingungen, unter denen menschliches Erkennen und Handeln, das Leben als Vollzug im ganzen steht. Diese Gesamtheit ist jedoch nur begrifflich faßbar, sie ist nie als ganze überschaubar, da wir in sie stets eingebunden (und damit an sie gebunden) sind, aus ihr nicht herauszutreten, keinen in Relation zu ihr externen Standpunkt einzunehmen imstande sind. (Hier drängt sich der Vergleich mit Lenks Betonung der Unhintergehbarkeit und Unaufhebbarkeit der Interpretationsimprägniertheit auf.) Diese Interpretations-Praxis im weiteren Sinne[2] ist jedoch zu differenzieren, in einem dreifachen Sinne zu verstehen, der den drei von Abel unterschiedenen Interpretationsebenen (siehe Abschnitt 8.2) korrespondiert; "Interpretations-Praxis" ist aufzufassen

- als "die mit anderen Personen der Sprach- und Handlungsgemeinschaft geteilte Art und Weise [...], in der die syntaktischen, semantischen und pragmatischen Merkmale der sprachlichen Zeichen sowie der nicht-sprachlichen Handlungen und Erfahrungen umgrenzt und bestimmt werden"[3];
- als "die Situiertheit eines jeden menschlichen Sprechens, Denkens, Könnens und Wissens in dem Bereich nicht-sprachlichen Handelns, Reagierens und Verhaltens"[4];
- und schließlich - und fundamental - als "die Verankertheit dieser beiden untereinander verschränkten Komplexe in der zugrunde liegenden, ursprünglichen und nicht noch einmal hintergehbaren Interpretations-Praxis als dem, was Wittgenstein einmal das ´Hinzunehmende, Gegebene´ nennt."[5]

Wir sind als Interpretierende stets in Interpretationen verstrickt, haben es immer und überall mit Interpretation bzw. mit Interpretiertem zu tun. Wir sind nicht imstande, uns der Interpretativität zu entziehen, aus ihr hinauszutreten; "jedes Interpretieren [kann] sich nur an *anderem* und *anders bedingtem* Interpretieren reflektieren"[6], für die Interpretationsphilosophie ist grundlegend, daß "selbst alle externen Relationen als interpretations-interne Differenzen zu entfalten sind, und daß auch der Unterschied zwischen dem Interpretativen und dem Nicht-Interpretativen einer ist, der in die Interpretation, nicht ins Nicht-Interpretative fällt."[7] Die

---

[1] Sprache, Zeichen, Interpretation S.33
[2] vgl. Sprache, Zeichen, Interpretation S.33
[3] Sprache, Zeichen, Interpretation S.34
[4] a.a.O.
[5] a.a.O.
[6] Interpretations-Welten S.3
[7] a.a.O.

Interpretationsphilosophie "[schließt] sich konsequenterweise mit in die Betrachtung [ein]"[1]. - Auch der Interpretationismus selbst ist interpetiert, ist - Abel greift hier Lenks Terminologie auf - selbst ein *Interpretationskonstrukt* höherer Stufe. Auch die Bestimmung des Interpretierens *als* Interpretieren ist eine interpretations-interne, ist nicht mit dem Anspruch verbunden, einen externen, interpretations-freien, uninterpretierten "Gottesgesichtspunkt" einzunehmen, von dem aus "objektive" Reflexion über Interpretation möglich wäre.

Strenggenommen gibt es für Abel zwar Interpretationen (und zwar ausschließlich Interpretationen), aber kein Etwas, das interpretiert; offensichtlich im Sinne Nietzsches (vgl. Kapitel 3) haben die Interpretationen für sich selbst Bestand und "Realität". Wie ist dies nun aber damit zu vereinbaren, daß (zumindest höherstufige) Interpretationen auch im strengen Sinne *unsere* Interpretationen sind? Eine "Anthropologie der Interpretation", wie sie bei Lenk zumindest in Ansätzen zu finden ist, fehlt in Abels Interpretationismus (der ansonsten nicht weniger umfassend ist und nicht weniger Aspekte umfaßt als der von Lenk entwickelte (siehe Abschnitte 8.3 und 8.4.1)) weitgehend. Wenn jedoch - wie noch näher zu erläutern sein wird - in einem bestimmten Sinne *alles* Interpretation ist, so sind wohl auch wir als Subjekte auch als Interpretierte (und zugleich Interpretierende) aufzufassen, als Momente in der Dynamik des Interpretationsgeschehens. Wenn Abel sagt, daß es kein interpretierendes Etwas, kein Subjekt der Interpretation gibt, so dürfte damit gemeint sein, daß es keine interpretierenden Subjekte im strengen, absoluten Sinne gibt, keine Subjekte, die als interpretierende außerhalb der Interpretativität stehen, sondern vielmehr immer nur solche, die zwar interpretieren, selbst aber ebenfalls - *als* interpretierende Subjekte - interpretierte sind.

In jedem Fall kann es aber kein natürliches, in der Welt vorzufindendes interpretierendes Etwas geben.[2] Kein Resultat der empirischen Wissenschaften vermag die genuin philosophische Reflexion über Interpretation und Interpretativität zu ersetzen, da jedes solche Resultat selbst tief in die Interpretativität verstrickt, selbst Interpretation ist. Die Naturwissenschaften vermögen weder ein materales Substrat noch eine Ursache des Interpretierens anzugeben, und jede empirisch-reduktionistische Theorie der Interpretation (z.B. auf der Ebene der Neurophysiologie) muß daran scheitern, daß sie nicht zu erklären vermag, "wie es zu *denken* ist, daß unsere Interpretationszeichen von etwas handeln, sich auf etwas beziehen, Erfüllungsbedingungen haben und daß ihren Funktionen etwas Wirkliches entspricht."[3] Die Interpretationsphilosophie ist in ihrer prinzipiellen Unabhängigkeit von den Ergebnissen empirischer Untersuchungen autonom, auf sich selbst gestellt; in ihr und ausschließlich in ihr geht es "um die Interpretationszeichen, -prozesse und -zustände *als solche*"[4], die aus prinzipiellen Gründen nicht in den Gegenstandsbereich irgendeiner empirischen Wissenschaft (auch nicht der Psychologie) fallen.

---

[1] Interpretationswelten S.19

[2] Wohlgemerkt: es gibt kein *naturwissenschaftlich* erfaßbares interpretierendes Etwas. Dies widerspricht keineswegs der Auffassung, daß *wir* als Subjekte *interpretierende* Subjekte sind, denen Interpretation als *Aktivität*, als *Tätigkeit* zugeschrieben werden kann. Dies wiederum steht durchaus im Einklang mit der Annahme, daß wir selbst auch Interpretationen, und damit ist hier gemeint: interpretiert sind. Lenks interpretationistische Anthropologie, die Betrachtung des Menschen als sowohl interpretiertes wie auch selbst interpretierendes (und metainterpretierendes) Wesen (vgl. Abschnitt 7.2), dürfte sich problemlos in Abels Interpretationsphilosophie einfügen lassen.

[3] Interpretationswelten S.438

[4] ebd. S.441

Die prägnanteste Zusammenfassung von Abels Interpretationsphilosophie ist der von ihm so genannte "Satz der Interpretation":

"Alles, was ´ist´, ist Interpretation, und Interpretation ist alles, was ´ist´."[1]

Der erste Teil dieses Satzes soll nach Abels ausführlicher Erläuterung besagen, daß jede konkrete Erfahrung, jedes konkrete Erfahrene (sei es nun ein Gegenstand, ein Sachverhalt, ein Ereignis oder anderes) als solches, ebenso wie die Erfahrungs-Welt als ganze, interpretativ konstituiert ist, unter den Bedingungen eines fundamentalen Konstitutionsprozesses steht, der im Sinne des bisher Gesagten als Interpretationsprozeß gekennzeichnet werden kann.[2] Die zweite Hälfte des Satzes besagt, daß die prinzipielle Unhintergehbarkeit der Interpretationen das von uns Erfaßbare und Ausdrückbare - also letztlich "alles" - auf das Interpretierbare einschränkt; eine Trennung von Ontologie und Erkenntnistheorie ist damit nicht aufrechtzuerhalten, da eine Ontologie einer möglichen Sphäre des Uninterpretierten oder Uninterpretierbaren für uns ein Ding der Unmöglichkeit ist, wir aus unseren Interpretations-Horizonten niemals heraustreten können - und wenn, dann nur um uns anderen solchen Horizonten gegenüberzusehen.[3] Genausowenig wie im Falle der prinzipiellen Alternativität von "allem" (s.o.) darf nun aber dieser Satz, der besagt, daß "alles", was ist, Interpretation sei und umgekehrt, nicht so verstanden werden, als sei mit "alles" hier "schlechthin und gänzlich einschränkungslos alles überhaupt"[4] gemeint. (Ein in diese Richtung gehender Vorwurf kommt von Lueken, der Abels "eigenwillige und nicht unproblematische Begriffspolitik"[5] kritisiert, und meint, Abel überdehne den Gebrauch des Begriffs "Interpretation" in unzulässiger Weise.[6]) Dies wäre eine Aussage über die Welt als ganze, wie sie unter den Bedingungen der Interpretationsphilosophie nicht möglich ist. Der Ausdruck "alles" bezieht sich hier nicht auf so etwas wie eine "Gesamtheit des Seins" o.ä. (eine solche Betrachtung würde einen Gottesgesichtspunkt voraussetzen), sondern meint vielmehr "einen jeden möglichen Gegenstand überhaupt"[7], und das heißt: "ein jeder (empirisch) mögliche Gegenstand" ist stets ein zumindest unter fundamentalen Gesichtspunkten interpretierter (oder erdeuteter) Gegenstand. (Tatsächlich ist der Gebrauch des Ausdrucks "Gegenstand" nur in bezug auf empirische = interpretierte Gegenstände sinnvoll.)

---

[1] Sprache, Zeichen, Interpretation S.57
[2] Die vollständige Paraphrase der ersten Hälfte des "Satzes der Interpretation" lautet: "Jedes Objekt oder Ereignis, das ein raum-zeitlich lokalisiertes, individuiertes und als bestimmt angesehenes Objekt oder Ereignis ist, ist aufgrund der darin bereits vorausgesetzten und in Anspruch genommenen Lokalisierungs-, Individuations-, Bestimmtheits- und Spezifikations-Regeln, -Prinzipien, -Instrumentarien, die als Interpretations-Regeln, -Prinzipien, -Instrumentarien chrakterisiert werden können, ein Interpretationsprodukt, das seine es kategorialisierende und individuierende Genealogie aus Interpretationsverhältnissen stets bereits hinter sich hat." (ebd. S.59)
[3] Die vollständige Paraphrase dieses zweiten Satzteils lautet: "Da alles, was raum-zeitlich lokalisiert, individuiert, bestimmt und spezifisch ist, seine Genealogie aus kategorialisierenden Interpretationsverhältnissen bereits hinter sich hat, ist jedes bestimmte Objekt oder Ereignis in *diesem* Sinne Interpretations-Resultat, und insofern sind [...] die Interpretationsverhältnisse in reflektierter Einstellung dasjenige, womit wir es zu tun haben, und in diesem Sinne, das, was ´ist´." (a.a.O.)
[4] Interpretation und Realität S.280
[5] Lueken, "Alles, was *so* ist, könnte auch *anders* sein" S.901
[6] vgl. Lueken, "Alles, was *so* ist, könnte auch *anders* sein" S.892 f. und S.901
[7] Interpretation und Realität S.280

Mit der Aufhebung der Trennung von Ontologie und Epistemologie heben wir - um den Ausführungen in Abschnitt 8.4 vorzugreifen - auch die Trennung zwischen "objektiver Realität" und "Realität für uns" auf und ersetzen sie durch die Rede von Interpretationsverhältnissen (und entschließen uns damit sozusagen zu einem fiktionalen Interpretationsidealismus oder Interpretationsabsolutismus, der "nur" Interpretationen und ihre Relationen kennt, weil über eine mögliche Realität jenseits der Interpretationsverhältnisse schlicht nichts ausgesagt werden kann). Ähnlich wie Lenk für die Abgeschlossenheit-durch-Unabgeschlossenheit-auf-Interpretationsstufe$_6$ seines Systems argumentiert, widerlegt Abel den möglichen Einwand gegen den "Satz der Interpretation", dieser sei entweder selbst ebenfalls "nur" Interpretation oder aber, wenn er dies nicht ist, so wäre Abels Interpretationsphilosophie letztlich doch eine mit einem Absolutheitsanspruch auftretende Philosophie (die für sich selbst einen Gottesgesichtspunkt durch Interpretationsfreiheit in Anspruch nimmt[1]): sowohl gegen den Einwand, eine Art Gottesgesichtspunkt für sich zu beanspruchen, als auch gegen den, sich mit dem "Satz der Interpretation" in Widersprüche zu verwickeln, führt Abel den wesentlich *transzendentalen* Status dieses Satzes ins Treffen: "alles" bedeutet hier, wie bereits ausgeführt, eben nicht eine Totalität, sondern die Gesamtheit *möglicher Erfahrungsgegenstände, -sachverhalte etc.* Der "Satz der Interpretation" erhebt *keinerlei Absolutheitsanspruch* und gerät aus eben diesem Grund auch nicht in die Gefahr, sich selbst zu widersprechen.

Der "Satz der Interpretation" und der "Satz der Alterität"[2] („Alles, was *so* ist, könnte auch *anders* sein.") sind komplementär, ergänzen einander, letztlich ist wohl der eine ohne den anderen nicht denkbar: Alles was ist, ist interpretiert(es Etwas), ist niemals nur (kleingeschriebenes) etwas, sondern eben stets ein interpretiertes, bestimmtes (großgeschriebenes) Etwas, ist *als ein Etwas* interpretiert. Was *ist*, was existiert, existiert niemals unabhängig von jeglicher Interpretation; welche Art(en) von Gegenständen es gibt, ebenso, welche konkreten Gegenstände existieren, hängt jeweils von einem oder mehreren Interpretations-Horizonten und von den "Regularitäten der [...] vorausgesetzten Interpretations-Praxis"[3] ab. Zugleich ist aber nichts notwendig oder in unveränderlicher Weise ein bestimmtes Etwas; alles, was als ein Etwas interpretiert ist, könnte prinzipiell auch als ein anderes Etwas interpretiert sein. Abels Interpretationsphilosophie ist in diesem Sinne "flexibel", Interpretationen können (zumindest prinzipiell, nicht unbedingt in der Interpretations-Praxis im engeren Sinne) durch andere ersetzt werden; ein *als A* erdeutetes Etwas kann unter bestimmten Umständen *statt als A als B* erdeutet werden - und damit tatsächlich zugunsten des B-Seins *aufhören*, A zu sein. ("Sein" ist hier natürlich ausschließlich in der interpretationsinternen Perspektive, im Sinne von "interpretiert sein als" zu verstehen. *Für uns*, als interpretationsgebundene, endliche Geister spielt dieser begriffliche Unterschied letztlich keine Rolle, da die interpretationsinterne Perspektive die einzige ist, die uns zur Verfügung steht. Tatsächlich spricht aber sogar vieles dafür, daß es für Abel im strengsten Sinne *ausschließlich*

---

[1] Ein solcher, "absolute" Ansprüche erhebender Interpretationismus würde - in Abels eigenen Worten - folgendermaßen aussehen: "Der [absolute] Interpretationismus zeigt, daß alle bisherigen Formen menschlichen Wissens bloß Interpretationen waren, und nun ist er es, der definitiv und abschließend sagt, welches ´Die Eine Richtige Interpretation´ ist, nämlich: daß alles Interpretation ist." (Sprache, Zeichen, Interpretation S.61 (Anm.45))

[2] Diese Bezeichnung dürfte im Sinne Abels sein, vgl. Sprache, Zeichen Interpretation S.65 f.

[3] Sprache, Zeichen, Interpretation S.45

Interpretationen gibt, und von einer Realität, von einer Welt außerhalb eines Interpretationsrahmens nicht sinnvoll gesprochen werden kann (siehe Abschnitt 8.4.2).)

8.2 Stufen und Hinsichten des Interpretierens

Es dürfte aus den bisherigen Ausführungen klargeworden sein, daß „Interpretation" für Abel ebenso wie für Lenk fundamental ist, daß nach Ansicht beider Autoren im Interpretieren Gegenstände und Welt, so wie wir sie kennen, erst konstituiert werden. Diese Konstitutionsprozesse geschehen jeweils innerhalb eines bestimmten Interpretations*rahmens*, vor einem oder mehreren Interpretations-*Horizonten*, die das Interpretieren als Interpretations-Praxis in seinen Ausprägungen bestimmen. Die Systematisierung der Interpretationen bzw. Interpretations-Horizonte geschieht bei Abel in zweifacher Weise: während Lenk nur eine Einteilung nach *Ebenen* vornimmt, unterscheidet Abel zusätzlich noch drei *Hinsichten*, drei *Aspekte* der Interpretativität, die zur Stufeneinteilung "quer" liegen, also für alle Stufen Geltung besitzen.

In bezug auf beide Dimensionen der Systematisierung der Interpretationen weist Abel darauf hin, daß es sich genaugenommen um keine Systematisierung im Sinne einer Theorie handelt: sowohl die Einteilung nach Stufen als auch jene nach Hinsichten besitzen nicht theoretischen, sondern *heuristischen* Charakter[1], sind selbst Interpretationskonstrukte, die erst dann notwendig werden, wenn bestimmte Fragestellungen in den Blick geraten: "Die Interpretation$_2$- und die Interpretation$_1$-Ebene ergeben sich im reflexiven und rekursiven Rückgang von Fragen, die auf der Interpretation$_3$-Ebene einsetzen (z.B. dann, wenn man ein als Begründung gedachtes Argument der Interpretation$_3$-Ebene nicht versteht und dann auch nach der Bedeutung der verwendeten Zeichen fragt)."[2] Die Reflexion *auf* und *über* die Ebene der Interpretationen$_3$ und *über* die Interpretation$_1$- und die Interpretation$_2$-Ebene setzt erst dort ein, wo die sozusagen internen Erklärungsmöglichkeiten der Interpretation$_3$-Ebene versagen oder gar nicht erst zur Anwendung gebracht werden können. Daß die Einteilung nach Ebenen wie nach Hinsichten nur heuristischer Natur ist, bedeutet vor allem, daß wir in der Interpretations-*Praxis* von ihr unabhängig sind; wir interpretieren praktisch zumeist erfolgreich, ohne von einer explizit formulierten oder auch nur bewußten „Theorie" Gebrauch zu machen. (Tatsächlich ist das faktische Fundament jeder Interpretation letztlich ja die Interpretations-Praxis.)

Abel erhebt mit der Einteilung nach Ebenen wie nach Hinsichten auch nicht den Anspruch der Vollständigkeit oder der absoluten Trennschärfe vor allem zwischen den verschiedenen Ebenen. Er betont, daß die einzelnen Aspekte sowohl der Ebenen wie auch der Hinsichten jeweils untereinander als auch zu Aspekten der jeweils anderen Dimension von Interpretation Ähnlichkeiten und Parallelen aufweisen, die jedoch nicht als systematische Zuordnungen aufzufassen sind.[3]

8.2.1 Ebenen der Interpretation

Die Ebene der **Interpretationen$_1$** ist die "Ebene der kategorialisierenden Interpretativität, die *vor* jeder *So-und-so*-Erfahrung und jeder *So-und-so*-Welt liegt"[4]. Die Interpretationen$_1$ bilden

---

[1] vgl. Interpretations-Welten S.5 f. und Interpretation und Realität S.275 f.
[2] Interpretation und Realität S.274
[3] vgl. Interpretations-Welten S.5
[4] Interpretations-Welten S.3 f.

die fundamentale Ebene des Bestimmens von Gegenständen *als* eben bestimmte Gegenstände und damit letztlich der Welt *als* Welt. "Unabhängig von kategorialisierender Interpretation$_1$ ist die Welt für uns nichts."[1] – Interpretationen$_1$ machen die Welt erst zur Welt, Konstituierung von Gegenständen *als* Gegenständen ist *Interpretation(s-Praxis)$_1$*, ohne Interpretationen$_1$ gäbe es für uns keine Welt, gäbe es überhaupt *nichts* (auch nicht uns selbst als Subjekte). Die den Gegenständen, der Gegenständlichkeit überhaupt korrelierende Begrifflichkeit, die Grundstrukturen des Denkens und Sprechens über Gegenstände, über die Welt, sind ebenfalls auf dieser fundamentalen Interpretationsebene angesiedelt. Alle allgemeinen Züge unserer Welt- Fremd- und Selbstverhältnisse sind Interpretationen$_1$; so kann beispielsweise nicht davon gesprochen werden, daß die Interpretationen$_1$ in Befolgung von Regeln oder Prinzipien geschähen, da die Interpetationen1 selbst erst festlegen, was *überhaupt eine Regel, ein Prinzip, ein Gesetz ist*; das Interpetieren$_1$ selbst *kann* daher keinen Regeln folgen - es *geschieht* einfach.

Im einzelnen teilt Abel die Interpretationen$_1$ (natürlich nur heuristisch-provisorisch) ein in

a) *sprach- und grundbegriffliche Interpretationen$_1$* (die für den allgemeinen Aufbau der Welt und die diesem entsprechende Begrifflichkeit verantwortlich sind);

b) *sinnlich-wahrnehmende Interpretationen$_1$* (in ihnen "bilden die Sinnestätigkeiten unter den Formen der Anschauung ihr Affiziertwerden zu jener Gestalthaftigkeit aus, in der die Wirklichkeit der Welt besteht"[2]);

c) *kognitiv-mentale Interpretationen$_1$* (diese umfassen einerseits "die *logischen Gedanken* (z.B. daß 2 + 2 = 4, oder daß es physikalische Körper gibt), welche sowohl die Sinnhaftigkeit des Denkens als auch die Verschränkung von Denken und Welt verkörpern"[3] und andererseits das Phänomen der Intentionalität, also die Tatsache, daß wir uns im Denken und in der Sprache *auf etwas* beziehen);

d) *emotive Interpretationen$_1$* (Gefühle, Stimmungen etc., deren Funktion auch darin besteht, die Erschließung von Eigenschaften von Dingen oder Ereignissen zu erleichtern);

e) *leibliche Interpretationen$_1$* (diese "machen dasjenige aus, was in den Blick tritt, sobald sich die (mit Nietzsche gesprochen) ´kleine´ Vernunft, d.h. die am Selbstbewußtsein ansetzende und sich-selbst-begründen- und sich-selbst-vergewissern-wollende Vernunft öffnet gegenüber ihren eigenen Bedingtheiten"[4]; sie betreffen die Leiblichkeit des Menschen in ihrer Relation zu mentalen Phänomenen und zur Möglichkeit von Erkenntnis und Reflexion); und

f) *praktische Interpretationen$_1$* (dies sind diejenigen Interpretationen$_1$, die immer schon vorausgesetzt sind, wenn wir handeln, sprechen und denken, es handelt sich dabei wohl um eine Menge verschiedenartigster Interpretationen, ohne die wir zur (faktisch unmöglichen) Untätigkeit, zum Nicht-Interpretieren verurteilt wären. Darunter dürften auch Interpretationen aus einigen (wenn nicht aus allen) der Kategorien (a) - (e) fallen.).

Die Interpretationen$_1$ sind keine bewußten Interpretationen (da sie ja genaugenommen gar kein Interpretationssubjekt haben (vgl. Abschnitt 8.1)); sie konstituieren die Welt (wie auch das bewußte Subjekt) erst als solche. Wird eine Interpretation$_1$ durch eine andere ersetzt, so

---

[1] Interpretationswelten S.328
[2] Interpretations-Welten S.10
[3] a.a.O.
[4] ebd. S.10 f.

bedeutet dies - da es (im Sinne des "Satzes der Interpretation") "nur" Interpretationen "gibt" - nicht, daß "die Welt" anders interpretiert würde, sondern vielmehr daß *sich die Welt selbst verändert*, eine (Interpretations-)Welt durch eine andere ersetzt wird. (vgl. Abschnitt 8.4.2)

Die Ebene der (von Abel gegenüber den Interpretationen$_1$ und Interpretationen$_3$ eher vernachlässigten) **Interpretationen$_2$** ist die "der durch Gewohnheit mehr oder weniger fest verankerten interpretatorischen Gleichförmigkeitsmuster der Organisation von Erfahrung und Sinn"[1]. Die Interpretation$_2$-Praxis bringt Gleichförmigkeitsmuster hervor, die über die prinzipielle "Gleichheit" der Dinge *als* Dinge auf der Interpretation$_1$-Ebene hinausgehen, so "Identität" im eigentlichen Sinne erst konstituieren, ebenso entsprechende Gleichförmigkeitsmuster, die für das Handeln und für die Sprache gelten.

Die Interpretationen$_2$ werden von Abel differenziert[2] in

a) *habituelle Interpretationen$_2$* (dies sind "die auf Gewohnheiten beruhenden Interpretationen, in denen es um angeeignete und durch Wiederholung mehr oder weniger fest verankerte Formen des Handelns, Zeichengebrauchs, Sprechens und Verhaltens geht"[3]);

b) *gesellschaftlich und kulturell erworbene Interpretationen$_2$* (Fähigkeiten und Praktiken, die sich aus dem praktischen Umgang mit anderen ergeben, ein Produkt des persönlichen Umfeldes im engeren (und engsten) Sinne wie im weiteren (und weitesten) Sinne sind);

c) *konventionelle Interpretationen$_2$* (bestimmte Praktiken, die sich sich gezielt durch eigene Entscheidungen oder Übereinkünfte mit anderen ergeben haben);

d) *regulatorische Interpretationen$_2$* (Regeln, "durch die, da sie auch von den anderen Personen befolgt werden, Handlungen und Handlungsweisen koordinabel werden"[4]);

e) *stereotypische Interpretationen$_2$* (Kenntnisse, die innerhalb einer bestimmten Gemeinschaft notwendige Bedingungen für erfolgreiches Kommunizieren und gemeinsames Handeln sind (z.B. die zumindest ungefähre Übereinstimmung in der Verwendungsweise eines bestimmten Ausdrucks)); und

f) *projizierende Interpretationen$_2$* ("diejenigen praktisch bestimmten Prozeduren, die dafür verantwortlich sind, daß wir das eine Kennzeichen für applikabel bzw. projizierbar, ein anderes und theoretisch gleich gut gesichertes Kennzeichen dagegen für nicht-projizierbar halten, wobei die Gründe für das eine und gegen das andere [...] einer formalen Behandlung nicht zugänglich sind."[5]).

Änderungen unserer Interpretationen$_2$ und unserer Interpretationen$_1$ sind zueinander in einem gewissen Ausmaß invariant. Änderungen der Interpretationen$_2$ können zwar mit tiefgreifenden Veränderungen an und in der Welt einhergehen, es sind dies jedoch eben Veränderungen *an und in* der Welt, nicht *der Welt* - der fundamentalen Interpretation$_1$-Welt - selbst. Umgekehrt meint Abel aber auch, daß sich die Interpretationen$_1$ (und damit die Welt selbst) in einem gewissen Ausmaß ändern können, ohne daß damit notwendigerweise eine wesentliche Änderungen unserer Gewohnheiten - der Interpretationen$_2$ - einhergeht: "Daß hier keine direkte

---

[1] ebd. S.4
[2] vgl. dazu auch Interpretationswelten S.363 (Anm.23)
[3] Interpretations-Welten S.9
[4] a.a.O.
[5] a.a.O.

Kovarianz vorliegt, ist für die Stabilität unserer Handlungs- und Verhaltensformen überaus wichtig. Eine analogische Punkt-zu-Punkt-Varianz, mithin der Übergang in das fortwährende Fließen, droht die Funktionen unserer Interpretationsschemata und damit uns selbst zu diffundieren."[1] Die Invarianz zwischen Interpretationen$_1$ und Interpretationen$_2$ ist offensichtlich eine *praktische* Notwendigkeit.

Die Ebene der **Interpretationen$_3$** schließlich ist die "Ebene der aneignenden Deutung, in der die Data und Materialien, denen ihre Interpretation$_1$-Genealogie bereits im Rücken liegt, in rekonstruierender und in sich bemächtigender Einstellung interpretiert werden"[2]. Interpretationen$_3$ sind vor allem "Interpretationen" im alltäglichen Sinne der Deutung von etwas („Gegebenem"), im Kontext der Interpretationsphilosophie sind sie *zusätzliche* Deutungen von fundamental und gewohnheitsmäßig bereits Bestimmtem.[3]

Auf dieser Interpretations-Ebene werden - wiederum ohne Anspruch auf Vollständigkeit oder vollständige Trennschärfe - aufgelistet:

a) *deskriptive Interpretationen$_3$* (die Darstellung von Tatsachen, Berichte über Tatsachen und die Verbindung von Tatsachen zu Zusammenhängen, die auch den Charakter von Gesetzen annehmen können);

b) *erklärende Interpretationen$_3$* (in denen "die deskriptiven Strukturen und Sätze aus einem Bedingungsgeflecht und aus Bedingungssätzen hergeleitet"[4], also in einen größeren Zusammenhang gestellt, als Einzelfälle eines Gesetzes aufgefaßt oder als Ursachen und / oder Wirkungen in ein Gefüge von Ereignissen gestellt werden);

c) *deutende Interpretationen$_3$* (in diesen sind "Elemente des Meinens, des epistemischen Glaubens, des Vorverständnisses und des Lebensgefühls vorherrschend"[5]. (Wie dies genau aufzufassen ist, bleibt jedoch unklar.));

d) *verständigungsorientierte Interpretationen$_3$* (bestehen darin, daß die (wohl nicht fundamentalen) Äußerungen (im weitesten Sinne - Abel spricht von "Zeichensequenzen"[6]) anderer vor dem Hintergrund der eigenen Standards verständlich gemacht werden);

e) *verstehend-auslegende Interpretationen$_3$* (Auslegungen im hermeneutischen Sinne); und

f) *begründende und rechtfertigende Interpretationen$_3$* (Rechtfertigungen im engeren Sinne, d.h. solche, die über die (vor allem kausal) erklärenden Interpretationen3 vom Typ (b) hinausgehen, die argumentativ den "logische[n] Raum der Geltungsgründe [erfüllen]."[7]).

---

[1] ebd. S.4
[2] a.a.O.
[3] Lueken hält es für möglich, daß Abel meint, "Interpretationen$_3$ [würden sich] durch gewohnheitsmäßigen Vollzug in Interpretationen$_2$ verwandeln" (Lueken, "Alles, was *so* ist, könnte auch *anders* sein" S.895), eine Annahme, die mit der von Abel herausgestellten "Durchlässigkeit" der Interpretations-Ebenen durchaus in Einklang zu stehen scheint.
[4] Interpretations-Welten S.9
[5] a.a.O.
[6] a.a.O.
[7] a.a.O.

Im Gegensatz zu Interpretationen$_2$ sind Interpretationen$_3$ gegen Änderungen der Interpretationen$_1$ nicht "immun"; ändern sich Interpretationen$_1$, so *müssen* sich auch zumindest einige Interpretationen$_3$ ändern. Bei einem "Konflikt" zwischen Interpretationen$_1$ und Interpretationen$_3$ ändern sich stets letztere: beinahe schon im Sinne eines naiven naturwissenschaftlichen Realismus kann eine Interpretation$_3$ "in einem direkten Sinn *an der Welt* [...] *scheitern*"[1] und muß gegebenenfalls durch eine andere Interpretation$_3$ (und das bedeutet: durch eine andere *Theorie*) ersetzt werden. Auf den Punkt gebracht, sind Intepretationen$_3$ im Gegensatz zu Interpretationen$_2$ stets "von dem abhängig, was sie interpretieren."[2] Die Interpretation$_3$-Ebene ist die Ebene der Theorie, der Reflexion, und auch die (heuristische) Einteilung der Interpretations-Ebenen selbst muß als eine solche Interpretation$_3$ verstanden werden.[3]

In ihrer Interpretations-Praxis können verschiedene Individuen mehr oder minder übereinstimmen, wobei Übereinstimmung auf fundamentalerer Ebene in den allermeisten (angesichts der von Abel betonten Invarianz aber wohl nicht in allen) Fällen Bedingung nicht nur von Übereinstimmung, sondern der *Möglichkeit* der Übereinstimmung auf höherer Ebene ist. Stimmen zwei Individuen zumindest in ihren "elementaren Erfahrungsurteilen"[4] (also in Hinblick auf ihre Interpretation$_1$-Praktiken) überein, so ist eine Verständigung über und Artikulation von Auffassungsunterschieden (= *Interpretations*unterschieden) auf den Ebenen der Interpretationen$_{2+3}$ zumindest möglich; stimmt man jedoch (was freilich eine rein hypothetische Überlegung sein könnte) in den elementaren Erfahrungsurteilen *nicht* überein, so ist - sieht man von den angesichts der Ausführungen Abels immerhin denkbaren Fällen, in denen die Invarianz zwischen den Interpretationen$_1$ und den Interpretationen$_2$ zum Tragen kommt, ab - keinerlei Verständigung möglich, ja nicht einmal die *Möglichkeit* der Übereinstimmung (auf den Ebenen der Interpretationen$_{2+3}$) ist gegeben. Verständigung über Welt wie über etwas setzt eine fundamentale gemeinsame Welt, setzt eine gemeinsame oder gar allgemeingültige Interpretation$_1$- (und wohl auch Interpretation$_2$-)Praxis voraus. (Allerdings weist Abel an einer Stelle darauf hin, daß er es auch für möglich hält, daß wissenschaftliche Theorien (also Interpretationen$_3$) unter bestimmten Umständen Rückwirkungen auf unsere Interpretationen$_{1+2}$ oder zumindest auf die Art und Weise unserer Reflexion über sie haben; als Beispiele nennt er die Relativitätstheorie und die Evolutionstheorie.[5])

8.2.2 "Dimensionen" des Interpretierens

"Quer" zu den *Ebenen* der Interpretation liegen in Abels allgemeiner Interpretationsphilosophie die "*Hinsichten*" oder "*Dimensionen*" des Interpretierens, drei Aspekte, in Hinblick auf die alle drei Interpretationsebenen betrachtet werden können. Es handelt sich bei diesen "Dimensionen" um Interpretations-Logik, Interpretations-Ästhetik und Interpretations-Ethik.

Die **Interpretations-Logik** betrifft "die im engeren Sinne auf unser sprach- und grundbegriffliches System bezogenen kategorialisierenden Komponenten"[6]. Sie untersucht die Strukturen unserer Begrifflichkeit und die sich aus dieser ergebende Verwendung von

---

[1] ebd. S.4 (Hervorhebung v. Verf.)

[2] a.a.O.

[3] vgl. Simon, Welten und Ebenen S.857 f.

[4] Sprache, Zeichen, Interpretation S.35

[5] vgl. Theorie, Beobachtung und Wirklichkeit S.11

[6] Interpretations-Welten S.5

Prädikaten und Kennzeichnungen, deren Funktion beim Zustandekommen von Erfahrung, die Frage, welche grundsätzlichen Dichotomien[1], Grundsätze und Regeln unser Denken und Erkennen - kurz: unser Interpretieren - bestimmen. Die Interpretations-Logik nimmt in Abels System einen Platz ein, der an den der "Transzendentalen Logik" in der *Kritik der reinen Vernunft* erinnert.

Dementsprechend kennt Abel auch eine **Interpretations-Ästhetik**; diese behandelt "die in unsere Zeichenverwendung involvierten Formen der sinnlichen Anschauung und die individuellen Komponenten in der Bedeutung, der Referenz und den Erfüllungsbedingungen unserer Zeichen sowie im Urteil"[2]. Interpretation wird hier unter dem Gesichtspunkt der Anschaulichkeit bestimmter interpretierter Objekte analysiert, die Interpretations-Ästhetik untersucht Raum und Zeit als Formen der Anschauung im Kantischen Sinne, aber eben als *Interpretations*formen, mit deren Hilfe Gegenstände interpretiert werden. Im Zusammenhang damit steht auch die Untersuchung der Wahrnehmung als auf Interpretation(skonstrukte) angewiesenes Vermögen. In ihren Bereich fällt außerdem die Untersuchung der Rolle und Funktion von Symbolen, des "*Sich-Zeigen[s]* im Sinne Wittgensteins"[3] und der Rolle und Funktion von *Zeichen* im allgemeinen in den verschiedensten Lebensbereichen; sie stellt "die Frage nach der Bedeutung [der] ästhetischen Struktur für das Leben angesichts der Überlegung, daß vornehmlich in dem, was sich an der *Form* unserer Interpretations-*Praxis* zeigt, etwas von der Beschaffenheit der Lebensvollzüge selbst hervortritt, das einem bloß begrifflichen Denken nicht erreichbar ist."[4]

Die **Interpretations-Ethik** schließlich betrifft "die normierenden Elemente eines jeden symbolisierenden Zeichengebrauchs, die wir in diesem immer schon verstanden haben, mithin die Regularitäten der Regeln des Interpretierens"[5]. Es handelt sich dabei *auch* um Ethik im Sinne von Moralphilosophie, um Fragen des Wertes, des moralischen Sollens etc., generell aber um Aspekte des Interpetierens im allgemeinen: Gegenstand der Interpretations-Ethik ist vor allem die Frage nach der Regularität des Interpretierens selbst, nach den Kriterien der Bevorzugung bestimmter Interpretationen gegenüber anderen und nach der Hierarchisierung und Klassifizierung, die mit den meisten Interpretationen einhergeht. Schließlich gehört zu ihr auch noch "die Frage nach der Aufrechterhaltung, Erweiterung und Intensivierung der für die Belebung der Lebensvollzüge grundcharakteristischen und unaufhebbaren Interpretativität selbst"[6] und nach einer dieser fundamentalen Interpretativität entsprechenden Betrachtungsweise.

8.3 Aspekte der Interpretationsphilosophie

In noch größerem Ausmaß als Lenk macht Abel seinen Interpretationismus zu einer umfassenden (ihrem Charakter nach aber provisorischen und falliblen) Theorie aller Bereiche des menschlichen Welt-, Fremd- und Selbstverständnisses. Die wichtigsten dieser Aspekte der umfassenden Interpretativität sollen in diesem Abschnitt dargelegt werden; die für die Fragestellung der vorliegenden Arbeit zentrale Frage nach der Wirklichkeit unter den

---

[1] vgl. Interpretations-Welten S.6
[2] Interpretations-Welten S.5
[3] ebd. S.7
[4] a.a.O.
[5] ebd. S.5
[6] ebd. S.8

Bedingungen von Abels Philosophie (und die mit ihr zusammenhängende Frage nach der Wahrheit) wird im letzten Abschnitt dieses Kapitels (8.4) behandelt.

Die allgemeine Interpretationsphilosophie darf, wie bereits (in Abschnitt 8.1) dargelegt, nicht als naturwissenschaftlicher, sondern muß als genuin philosophischer Entwurf verstanden werden; es handelt sich bei ihr "nicht um ein wissenschaftliches Theorem und nicht um eine wissenschaftliche Hypothese"[1]. Als philosophisches Prinzip zeichnet sie sich dadurch aus, daß sie keine Erklärung in dem Sinne sein will, daß sie eine Theorie der Natur und der Relationen der in ihr vorfindlichen, bereits als bestimmte abgegrenzte Gegenstände bereitstellen soll. Die philosophische Fragestellung zielt vielmehr ab auf "die Logik und die Genealogie des Zustandekommens der Gegenstandsbereiche und der Bestimmtheit der Begriffe[2]"; sie fragt nach den Bedingungen der Möglichkeit von Gegenständlichkeit und Begrifflichkeit *überhaupt*. Interpretationsphilosophie als solcherart vom einzelwissenschaftlichen Vorgehen unterschiedene Disziplin ist damit auch (aber, wie auch der vorliegende Abschnitt darlegen soll, nicht nur) **Transzendentalphilosophie**, wenn Abel selbst sie (wiederum ähnlich wie Lenk) auch nur als "in bestimmten Hinsichten [...] quasi transzendental"[3] bezeichnet und betont, daß es in ihr "nicht um Transzendentalitäts-, sondern eben um Interpretationsverhältnisse"[4] geht. Tatsächlich könnte wohl - angesichts ihres pragmatischen und heuristischen Charakters - jeder Aspekt von Abels Interpretationsphilosophie mit dem Präfix "quasi" versehen werden; und versteht man unter "Transzendentalphilosophie" die Bemühung, etwas über Bedingungen der Möglichkeit z.B. von Gegenständlichkeit überhaupt auszusagen, so ist die Charakterisierung des Interpretationismus als solche wohl gerechtfertigt. Schließlich erhebt Abel selbst (ebenso wie Lenk) den Anspruch, mit seiner Philosophie an **Kants** Denken anzuknüpfen; es sei "unverkennbar, daß sich die Interpretationsphilosophie in der Linie des Kantischen Kritizismus versteht"[5], "in der Linie der von Kant vorgezeichneten Entwicklungen zu sehen"[6] ist.

Dieser Anspruch der Anknüpfung an Kant zeigt sich auch in Abels Charakterisierung der **Vernunft** als interpretatorisch. In der "Radikalisierung der kritizistischen in die interpretatorische Vernunft"[7] ist Vernunft selbst als Interpretation(skonstrukt) gekennzeichnet; sie ist eine "regulative Interpretation [...], die, versehen mit einer maßgebenden Dominanz-auf-Zeit, den Zusammenhang der Interpretationen ganzheitlich organisiert."[8] Dabei stellt sie sich selbst keineswegs außerhalb des Zusammenhangs der Interpretationen; sie ist Teil von deren Gesamtheit, keine "absolute" Vernunft, die außerhalb der Interpretationen und damit der Welt stehen oder auch nur in irgendeiner Weise auf ein außerhalb liegendes Absolutes oder Unbedingtes verweisen soll. Vernunft ist interpretations-"interne" Vernunft, "Vernunft nach Menschenmaß"[9].

---

[1] Interpretation und Realität S.272

[2] ebd. S.272 (Anm.2)

[3] Interpretationsphilosophie. Eine Antwort auf Hans Lenk S.86

[4] a.a.O.

[5] a.a.O.

[6] Interpretationswelten S.462

[7] Unbedingtheit und Interpretativität S.283

[8] ebd. S.294

[9] a.a.O.

Im Gegensatz zu Lenk stellt Abel auch die Frage nach dem Status der **Zeit** im Rahmen der Interpretationsphilosophie. Im Kantischen Sinne[1] fragt er, wie es zu denken ist, daß wir es überhaupt mit einer *zeitlich* geordneten, *zeitlich* strukturierten Welt, und nicht etwa mit "einem ungestalteten Zustand diffuser Sinneseindrücke"[2] zu tun haben. Die Antwort auf diese Frage besteht im Verweis auf den Interpretation$_1$-Horizont: die empirische Welt ist auch in ihrem zeitlichen Aspekt interpretationsimprägniert; der Aspekt der Beharrlichkeit, der für die Welt konstitutiv ist, ist von uns in der jeder Erfahrung logisch vorausliegenden Interpretation$_1$-Praxis erst in die Welt eingebracht. Erst das Interpretations-Schema "Beharrlichkeit" macht sich verändernde Dinge, d.h. Dinge, in denen sich Beharrlichkeit und Veränderung verbinden, möglich. Daß wir es in der Welt mit (zumindest über gewisse Zeiträume hinweg) beharrlichen Gegenständen zu tun haben, denen (in einem gewissen Ausmaß) veränderliche Eigenschaften zukommen, ist dem Interpretation$_1$-Horizont, der Interpretation$_1$-Praxis zuzuschreiben. Das Erdeuten von Zeitlichem in Interpretationen$_1$ besteht darin, "daß *auf interpretation$_1$-konstruktionalem* Wege [...] aus den Daten [der] subjektiven und rein im Fluß befindlichen Innenwelt eine objektive Außenwelt formiert wird."[3] "Immer dann, wenn eine zeitlich geordnete Erfahrungswelt vorliegt, sind kategorialisierende und schematisierende Interpretation$_1$-Aktivitäten bereits vorausgesetzt und in Anspruch genommen."[4] Die Welt, in der komplementär zueinander Beharrliches und Veränderliches vorzufinden sind, ist stets Interpretation$_1$-Welt, ist Interpretationskonstrukt, ist auch zeitlich erdeutete Welt.

Auch **Kausalität** (die Zeitlichkeit voraussetzt) wird von Abel im Rahmen der allgemeinen Interpetationsphilosophie analysiert; sie kann geradezu als paradigmatischer Fall für die Interpretativität fundamentaler Begriffe betrachtet werden. Zu sagen, daß ein Ereignis ein anderes verursacht, beinhaltet Interpretationen$_1$ und Interpretationen$_2$ (in bestimmten Kontexten auch Interpretationen$_3$). Die Auszeichnung von zwei aufeinanderfolgenden Ereignissen *als* Ereignisse und *als* aufeinanderfolgende beinhaltet bereits Interpretationen$_1$ (Gegenständlichkeit und Zeitlichkeit). Die Kausalität schließlich wird *als* spezifische, in einer bestimmten Weise notwendige Relation zwischen diesen beiden Ereignissen interpretativ konstruiert und kann auf der Ebene der Interpetationen$_3$ schließlich noch als Fall von Kausalität im allgemeinen aufgefaßt (= interpretiert) werden. - "Ursache und Verursachung setzen bereits ein Netzwerk von Interpretationen voraus und nehmen dieses in Anspruch."[5]

Ähnlich wie Lenk charakterisiert auch Abel das Verhältnis von **Theorie und Beobachtung** (vgl. dazu auch Abschnitt 8.2). Auch für ihn sind Beobachtungen stets theorie- und damit interpretationsimprägniert; es gibt keine passive Wahrnehmung, kein "unschuldige[s] Auge"[6]. Bereits das Sehen (oder (Er)Tasten) von Gegenständen ist immer ein Wahrnehmen-*als*, und damit Aktivität, Interpretations-Praxis, in die Interpretations-Schemata eingehen, die das jeweils Wahrgenommene erst zu *diesem* spezifischen Wahrgenommenen machen. Jedes Gesehene ist ein Interpretationskonstrukt, in das auch begriffliche Aspekte eingehen. "Im

---

[1] vgl. Sprache, Zeichen, Interpretation S.51 ff. (Abschnitt 2.3)
[2] Sprache, Zeichen, Interpretation S.51
[3] Was ist Interpretationsphilosophie? S.29 f. (Die terminologischen Parallelen zu Prauss´ Kennzeichnung von Deutung als bestimmender Überschreitung von Innenwelt auf Außenwelt hin sind hier offensichtlich. (siehe Kapitel 6))
[4] ebd. S.30
[5] ebd. S.31
[6] Konstruktionen der Wirklichkeit S.71

Wahrnehmen steckt mehr als man wahrnimmt; der Wahrnehmungsvorgang ist ein Akt vielfältiger Konstruktbildung; und das Wahrnehmungsresultat kann als ein Interpretationskonstrukt angesehen werden."[1] Beobachtungen sind theorie- und damit interpretationsgeladen im zweifachen Sinne: Jede Beobachtung ist *konstitutiv* Interpretationsgeladen (oder -imprägniert), insofern sie eben vor einem bzw. mehreren Interpretations-Horizonten geschieht, die bestimmen, welche Aspekte des Beobacheten relevant sind (und damit eigentlich, *was* beobachtet wird); insofern das Resultat der Beobachtung in einer Sprache formulierbar sein muß; insofern es (vor allem wenn es sich um wissenschaftliche Theorien im engeren Sinne handelt) einen Kontext geben muß, innerhalb dessen bestimmte aus den Beobachtungen erschlossene abstrakte Größen ihren Platz finden sollen; und schließlich insofern es in manchen Fällen der Verwendung technischer Gerätschaften (Meßgeräte; Abel spricht von "poietische[n] Interpretationskonstrukte[n]"[2]) bedarf. *Rekonstruktiv* interpretationsgeladen sind Beobachtungen insofern, als "erst *im nachhinein* deutlich wird, welchen Regeln und Abhängigkeiten man in der Mitteilung und Intersubjektivität der Beobachtungssätze gefolgt ist."[3] Die Interpretationsgeladenheit von Beobachtungen ist zu differenzieren in Theorie*geladenheit* im engeren Sinne und Theorie*abhängigkeit*: letztere gilt für "alle Gegenstands- und Attributs-Ausdrücke einer Theorie"[4], erstere betrifft hingegen nur "die theoretischen Terme [...] im engeren Sinne"[5].

Abel betont im Gegensatz zu Lenk auch den Unterschied zwischen wissenschaftlichen und nichtwissenschaftlichen Beobachtungen. Wissenschaftliches im Gegensatz zu nichtwissenschaftlichem Beobachten "erfolgt absichtlich, zweckorientiert, methodisch und quantifizierend, messend."[6] Zwar erfolgen beide Arten des Beobachtens niemals interpretationen$_1$-frei, alltägliche und eher zufällige Beobachtungen sind jedoch theoriefrei im engeren Sinne, das heißt interpretationen$_3$-frei.

Ebenso wie Beobachtungen sind (alltägliche ebenso wie wissenschaftliche) Theorien keine Abbilder, Widerspiegelungen, Modelle einer vorgegebenen objektiven Wirklichkeit, sondern vielmehr "aktive und kreative Konstruktbildungen des menschlichen Verstandes [...], unter deren Perspektive das, was als Wirklichkeit gilt, als ein Modell der Theorie erscheint."[7] Theorien sind Interpretationskonstrukte höherer Stufen, in die Interpretationskonstrukte anderer Stufen - auch und vor allem Beobachtungen – einfließen. Wissenschaftliche Theorien im engeren Sinne sind Interpretationen$_3$, die durchaus (in dem im vorigen Abschnitt erläuterten Sinne) an der Welt scheitern können, die modifiziert werden können bzw. müssen, wenn sie im landläufigen Sinne "nicht zutreffen", d.h. den grundlegenden und sozusagen "stärkeren" Interpretationen$_{1+2}$ (Abel spricht an einer Stelle von der "Unerbittlichkeit und Härte der Interpretationsprozesse"[8]), "der Welt", nicht angemessen sind. Allerdings sind auch Fälle

---

[1] ebd. S.72
[2] Sprache, Zeichen, Interpretation S.129 (im Original kursiv)
[3] a.a.O.
[4] ebd. S.129 f.
[5] ebd. S.130
[6] ebd. S.135
[7] ebd. S.123
[8] Interpretationsphilosophie. Eine Antwort auf Hans Lenk S.85

möglich - und in der Geschichte der Wissenschaften durchaus vorgekommen[1] -, in denen Theorien, also Interpretationen$_3$, Konsequenzen haben, die in einer teilweisen Änderung von Interpretationen$_1$ und Interpretationen$_2$ bestehen, die also bewirken, daß sich die Weise ändert, in der wir über uns selbst, über Teile der Welt oder gar über die Welt als ganze denken und sprechen, oder gar die Art, wie wir uns oder die Welt und die Dinge in ihr wahrnehmen, als was wir sie interpretieren. (Als Extrembeispiele wären hier wohl das heliozentrische im Gegensatz zum geozentrischen Weltbild oder die Quantenmechanik, in der "Gegenständlichkeit" auf der Mikroebene vollkommen verschwimmt, zu nennen.)

So wie er schärfer als Lenk zwischen wissenschaftlicher und nichtwissenschaftlicher Beobachtung differenziert, verwendet Abel auch den Begriff "Theorie" tendenziell in einem strengeren Sinne als dieser. "Theorie" meint bei Abel vor allem *wissenschaftliche* Theorien. Dementsprechend können die Ausdrücke "*Theorie*abhängigkeit" und "*Theorie*geladenheit" strenggenommen nur auf "Theorien" auf der Ebene der Interpretationen$_3$, auf wissenschaftliche oder wissenschaftsähnliche Interpretationen angewendet werden - im Gegensatz zur allgemeineren *Interpretations*geladenheit, die sich auf alle Ebenen der Interpretation erstreckt und der jede noch so zufällige Beobachtung unterliegt.

Interpretation$_3$-Horizonte, "Theorien" im engeren Sinne sind durch Beobachtungen, durch Erfahrungen, die in sie nicht einzuordnen sind, "sprengbar", sie erlauben durch ihre Möglichkeit des "Scheiterns an der Welt" die (sei es gezielte oder zufällige) beobachtende Entdeckung von "Neuem" im weitesten Sinne, und damit die Bildung alternativer Theorien, alternativer Interpretationen$_3$.

Eine offenkundige Parallele zu Lenk findet sich in Abels Interpretationismus in dem Anspruch, im Rahmen der Interpretationsphilosophie zu einer vereinheitlichten Theorie von **Wissen und Handeln** zu gelangen, Wissen und Handeln auf eine gemeinsame Grundlage - ihre Interpretativität - zu stellen. Abel legt dabei die Feststellung zugrunde, daß einerseits Handeln immer schon Wissen voraussetzt und konstitutiv einschließt und andererseits bestimmte Handlungen bestimmte Formen von Wissen (und zwar nicht nur das triviale Wissen, *daß* man gehandelt hat) hervorbringen. Wissen und Handeln sind untrennbar miteinander verbunden, das eine schließt jeweils Aspekte des anderen ein, steht mit ihm in Wechselwirkung, ist teilweise in ihm verankert. Abel geht es darum, aufzuzeigen und zu begründen, daß und warum "sowohl Wissensansprüche als auch Handlungsdispositionen ihre Wurzeln in der Lebenspraxis, in den menschlichen Interpretationsverhältnissen und -dispositionen haben und mit Bezug auf diese verstanden werden können."[2] (Abel versteht hier unter "Lebenspraxis" oder "Lebenswelt" "den weder genetisch noch methodisch noch logisch hintergehbaren Lebenszusammenhang"[3].) Die vereinheitlichte Theorie von Wissen und Handeln ist - wie bei Lenk - die Theorie der Interpretation:

- Einerseits ist *Wissen* stets Interpretation, interpretatives Wissen. Abel macht aus Kants Modi des Fürwahrhaltens - Meinen, Glauben und Wissen - Modi der *Interpretation*: gemeint, geglaubt und gewußt wird stets in einem interpretativen Rahmen, vor einem Interpretations-Horizont, der vor allem aus anderem Gemeinten, Geglaubten und

---

[1] Abels Beispiel: "Wenn wir abends an den Himmel schauen, sehen wir Sterne, stellare Objekte, nicht etwa, wie in der Mythologie, die Augen der Götter." (Sprache, Zeichen, Interpretation S.125)
[2] ebd. S.302 f.
[3] ebd. S.301 (Anm.1)

Gewußten und - im weiteren Sinne - aus (hauptsächlich sprachlichen) Zeichen (s.u.), in denen die Fürwahrhaltungsansprüche formuliert werden, besteht. Auch für Abel setzt Wissen Glauben und Glauben Meinen voraus; Wissen selbst ist ein wahres Glauben (tatsächlich ist für Abel "kein stärkeres Kriterium für Wissen"[1] denkbar). Wissen als wahre Überzeugung ist eine Relation zwischen einer Überzeugung (angesiedelt auf der Ebene der Interpretationen$_{(2+)3}$) und einem Sachverhalt, d.h. etwas, das durch Interpretationen$_{1+2}$ bestimmt ist.[2] Abel reformuliert den klassischen Wissensbegriff im Rahmen der Interpretationsphilosophie, Wissen ist "wahres Interpretieren" in einem bestimmten Sinne: "A weiß (auf der Interpretation$_3$-Ebene), daß p, genau dann, wenn A (auf der Interpretation$_2$-Ebene) glaubt, daß p, und wenn A mit seinem Glauben recht hat, d.h. wenn dieser mit der Form der Interpretation$_1$-Praxis zusammenstimmt und sich im Leben bewährt, mithin die mit einem Wissen verbundene Sicherheit gibt."[3] Diese Definition enthält (im Bezug auf die Bewährung im Leben) einen pragmatischen Aspekt, außerdem weist sie auf die Verbundenheit des Wissens mit dem Handeln hin: Wissen in diesem Sinne "stellt einen Anspruch dar, der (a) in einer öffentlichen Sprache erhoben, (b) in den 'logischen Raum der Gründe' [...] gestellt wird und (c) dort dann entweder gerechtfertigt werden kann oder nicht. [...] [Der] Anspruch wird erhoben, das Urteil wird in den logischen Raum der Gründe gestellt, und die Einlösung des Anspruchs erfolgt innerhalb einer Praxis der Rechtfertigung."[4] - Alle diese Aspekte des Wissens verweisen auf oder *sind* selbst *Handlungen*.

- In seiner Kennzeichnung von *Handlungen* als Interpretationen beruft Abel sich ausdrücklich auf Lenks Theorie der Handlung als Interpretationskonstrukt.[5] Entsprechend dieser betrachtet auch Abel Handlungen als Resultate von Deutungen (sowohl des Handelnden selbst als auch des Beobachters), die Kennzeichnung eines Geschehens *als* Handlung ist "nur mittels einer *interpretatorischen* Grenzziehung möglich"[6]. In diesem Sinne werden diejenigen Aspekte von Handlungen aufgezählt, die interpretativ sind, den interpretativen Rahmen der Auszeichnung einer Handlung *als* (bestimmte) Handlung bilden: "(a) das Setting der Bedingungen für den Eintritt in ein Handeln, (b) der Zweck des Handelns, (c) die Auswahl der Mittel zwecks Erreichung des Handlungsziels, (d) die Durchführung der Handlung, (e) die Bestimmtheit der Gegenstände des Handelns, (f) der Handlungserfolg und (g) die Resultate von Handlungen."[7]

Die vereinheitlichte Theorie von Handeln und Wissen besteht nun nicht darin, eines von beiden auf das andere zu reduzieren[8], sondern beide auf eine gemeinsame Basis - die "lebensweltliche

---

[1] ebd. S.309 (im Original z.T. kursiv)
[2] vgl. dazu auch die Ausführungen zu Abels interpretationistischer Wahrheitsauffassung in Abschnitt 8.4.1.
[3] Sprache, Zeichen, Interpretation S.310
[4] ebd. S.310 f. (Anm.11 zu S.310)
[5] vgl. Sprache, Zeichen, Interpretation S.311 (insbesondere Anm.12); vgl. dazu auch Abschnitt 7.3 der vorliegenden Arbeit.
[6] Sprache, Zeichen, Interpretation S.312
[7] ebd. S.313
[8] vgl. Sprache, Zeichen, Interpretation S.315 ff. (insbes. Anm. 16 und 17 zu S.316)

Interpretations-Praxis"[1] - zu stellen, "aus [der] heraus und auf [die] hin"[2] sowohl Wissen als auch Handeln stets erfolgen. Wissen und Handeln geschehen vor einem Interpretations-Horizont und sind auf diesen bezogen, Wissen und Handeln sind sozusagen Epiphänomene des Interpretationsgeschehens. Etwas zu *wissen* (und zwar sowohl ein Wissen-daß als auch ein Wissen-wie) bedeutet, sich in einer bestimmten "interpretativen Disposition"[3] zu befinden. Jedes Wissen betrifft etwas, das auf Interpretationen beruht; in einem nicht allzu wörtlich zu verstehenden Sinne kann man auch sagen, daß Wissen in bestimmter Hinsicht Interpretation *ist*. Daß *Handeln* stets vor einem interpretativen Hintergrund geschieht und unterschiedliche Interpretationen einschließt, hat sich aus dem bisherigen deutlich ergeben. Abel weist darauf hin, daß *im Handeln selbst* wesentliche Interpretationen sich sozusagen manifestieren, erst konstruiert werden, und es sich nicht etwa so verhält, daß eine Handlung zu einem Zeitpunkt *vor* dieser Handlung als eben diese Handlung erdeutet wird. Zwar gehen in jede Handlung auch (Interpretations-)Aspekte ein, die zeitlich vor der Handlung liegen, aber wesentlich erfolgt das Interpretieren *im Vollzug* der Handlung selbst (die eben durch diesen Vollzug zur (bestimmten) Handlung wird).

Wissen und Handeln sind jeweils in Wissen und Handeln auf den drei Interpretations-Ebenen zu differenzieren; Wissen und Handeln stehen miteinander in enger Verbindung und können einander sowohl auf ein und derselben als auch auf verschiedenen Ebenen zugeordnet werden.[4] (Ähnliches gilt auch für die drei "Dimensionen" oder Hinsichten der Interpretation, in Hinblick auf die Wissen und Handeln ebenfalls betrachtet werden können.[5])

- *Wissen$_1$* ist "Wissen im Sinne des Sich-Verstehens-auf bzw. des Beherrschens *kategorialisierender* Formen der Organisation"[6], wissen, was Objekte im allgemeinen, was Eigenschaften sind, wie man einzelne Gegenstände identifiziert und unterscheidet, wissen, was Arten sind und wie man Gegenstände als bestimmten Arten zugehörig identifiziert; Wissen darüber, wie sich Objekte zueinander und zu mir raumzeitlich verhalten; Wissen, wie Raum und Zeit geordnet sind bzw. ordnen.
- *Wissen$_2$* ist Wissen, wie bestimmte Handlungen bzw. Handlungsarten durchzuführen sind; außerdem "die Formen des *impliziten* Wissens, des *dispositionalen* Wissens im Sinne des bewußten Könnens, des Ryleschen ´knowing how´, des *Hintergrund*wissens, des *Situations*wissens, des *Regel*wissens, einschließlich der *impliziten* Kontexte"[7].
- *Wissen$_3$* ist Wissen im relativ engen Sinne des Wissens-daß, d.h. Wissen von allgemeinen (z.B. Naturgesetze) und spezielleren Sachverhalten auf der Ebene der Interpretationen$_3$.
- *Handeln$_1$* ist "Handeln im Sinne der elementaren und nicht noch einmal hintergehbaren *kategorialisierenden* Vollzüge menschlicher Praxis und Lebensform"[8],

---

[1] Sprache, Zeichen, Interpretation S.314
[2] ebd. S.314 f.
[3] ebd. S.323
[4] vgl. Sprache, Zeichen, Interpretation S.332 f.
[5] vgl. Sprache, Zeichen, Interpretation S.333 ff.
[6] Sprache, Zeichen, Interpretation S.331
[7] ebd. S.329 f.
[8] ebd. S.332

Handeln im fundamentalen Sinne des grundlegenden Umgehens mit Gegenständen und der Bewegung des eigenen Körpers im Raum.
- *Handeln$_2$* ist Handeln, das als bestimmtes zwar über das fundamentale Handeln$_1$ hinausgeht, aber noch nicht vollständig bewußt und zielgerichtet ist; es ist eher noch "Verhalten", das sich durch Gelegenheit oder Befolgen von Regeln sozusagen "ohne weiteres Nachdenken" ergibt.
- *Handeln$_3$* schließlich meint Handeln im engeren Sinne, das als geplantes, zielgerichtetes, bewußt vorgenommenes und je *als* eine bestimmte Handlung über reines Verhalten hinausgeht.

Parallel zur Einbindung von Wissen und Handeln in die Interpretations-Praxis kennzeichnet Abel Erkenntnis- und Handlungstheorie als Teile der allgemeinen Interpretationsphilosophie. Als solche sind auch sie wiederum als interpretativ geprägt herauszustellen, sie stellen "Interpretationswissen des Interpretationswissens"[1] dar. Auch solches theoretisches Wissen "zweiter Ordnung" ist Interpretations-Wissen, und das heißt, daß auch dieses niemals defintiv ist, niemals als vollständig oder fundamental(istisch) begründet gelten kann. Auch in dieser Argumentation läßt Abel an Lenk denken: an einem gewissen Punkt muß die Reflexion aus praktischen Gründen abgebrochen und eine bestimmte Interpretations-Ebene - zumindest vorläufig - als fundamental angesehen werden: "Es ist [...] die menschliche Interpretations-Praxis resp. das interpretativ verfaßte und unter Handlungszwang stehende Menschenleben [...], nicht die Reflexion, das, um seiner Orientierung willen, solche pragmatischen Abschlüsse-auf-Zeit erfordert."[2]

Ein von Lenk im einzelnen eher wenig beachteter Aspekt der Interpretativität ist die Interpretationsverwobenheit der **Sprache** (obwohl der direkte oder indirekte Bezug auf Sprache im Philosophieren natürlich unumgänglich ist - auch für Lenk bildet die Sprache einen wichtigen Teil verschiedener Interpetationsrahmen). Natürlich sind auch die Funktionen der Sprache (wie die Funktion von **Zeichen** im allgemeinen) für Abel *Interpretations*funktionen; er ist der Auffassung, daß "alle semantischen und referenzialen Funktionen der Zeichen als Interpretationsfunktionen konzipiert werden können."[3] Im Verstehen sprachlicher Äußerungen sind Interpretationen immer schon mitenthalten; daß ich als Verstehender die Äußerungen eines anderen als Aussagen *über* etwas, als Befehle etc. verstehen und in diesem Verstehen dem anderen bestimmte Auffassungen, Haltungen etc. zuschreiben kann, ist für Abel nur denkbar als Resultat von Interpretationen, die wesentlich darin bestehen, die (als physische Vorkommnisse selbst schon als Interpretationen$_1$ aufzufassenden) Äußerungen des anderen in das jeweils eigene System von Sprache, Sprachverstehen, Logik, Meinungen etc. einzuordnen und so erst zu einer *für mich* verständlichen Äußerung zu machen. Umgekehrt beruht auch das eigene Sprechen auf diesen eigenen Maßstäben, dem eigenen Weltverständnis, das vom Angesprochenen zumindest in seinen fundamentalen Zügen geteilt werden muß, wenn Verständigung überhaupt möglich sein soll. Sprechen und Verstehen sind (auch als Handlungen) jeweils Formen der Interpretation; Kommunikationsverhältnisse Sprachverhältnisse sind *Interpretations*verhältnisse. *Bedeutungen* von (sprachlichen wie nichtsprachlichen) Zeichen sind "dynamische Interpretationsfunktionen"[4], sie sind nur

---

[1] ebd. S.338 (im Original kursiv)
[2] ebd. S.339
[3] Sprache, Zeichen und Interpretation S.265
[4] Zeichen und Interpretation S.181

verstehbar in und aus der Interpretations-Praxis. Bedeutung ist interpretationsabhängig, und da Interpretation stets offen ist, immer auch *anders* vorgenommen werden könnte, kann es so etwas wie statische, ein für allemal feststehende Bedeutungen nicht geben. Bedeutungen sind niemals endgültig, sie sind aber andererseits - da Interpretieren in den allermeisten Fällen nichts Beliebiges oder Zufälliges ist - auch niemals zufällig oder willkürlich.

In Hinblick auf die Sprache läßt sich Abels Stufung der Interpretationen folgendermaßen auffassen: die "Sprachlichkeitsaspekte des menschlichen In-der-Welt-seins"[1], Sprache als Konstitutivum des Menschseins ist angesiedelt auf der Ebene der Interpretationen$_1$, sie ist die Basis der konkreten Sprachen als Interpretationen$_2$, die wiederum die Bedingung der sprachlichen Interpetationen$_3$, des konkreten Gebrauchs von Sprache durch den Einzelnen, darstellen (wobei natürlich auch die Reflexion *über* die Sprache - und notwendigerweise auch *in* ihr und *durch* sie - auf dieser Ebene zu verorten sind).

Interpretation als welt-, gegenstands- und relationenstiftende Praxis ist durch **Offenheit** gekennzeichnet: keine Interpretation ist absolut oder letztgültig, keine Interpretation legt in einem strengen Sinne fest, welche Interpretationen mit ihr in Zusammenhang stehen oder auf sie folgen. Zwar erweisen sich in bestimmten Arten der Interpretation gewisse Regularitäten als praktisch unumgänglich, diese sind jedoch niemals Regularitäten in dem Sinne, daß sie den Verlauf des Interpretierens (z.B. des sprachlichen Kommunizierens) vollständig determinieren würden. "Interpretationsvorgänge können in dem Sinne frei genannt werden, daß nicht *vorab* feststeht und nicht in einem Kalkül oder einem Algorithmus *vorab* geregelt ist, welches die an eine gegebene Interpretation anschließende nächste Interpretation ist."[2] Interpetieren ist in mehrfachem Sinne offen, die Interpretationsphilosophie ist in diesem Sinne *undogmatisch*.

Diese Offenheit kennzeichnet nun auch die von Abel dargelegte **Ethik** der Interpretation. Dabei handelt es sich um Ethik im eigentlichen Sinne, nicht um die "Dimension" "Interpretations-Ethik". In dieser Ethik soll es darum gehen, "diejenigen *normativen* Implikationen und Konsequenzen, die sich intern aus dem Umstand ergeben, daß unser Verhältnis zur Welt, zu anderen Personen und zu uns selbst als [...] Interpretations-Verhältnis charakterisiert werden kann"[3] herauszuarbeiten. Ausgangspunkt und zugleich "tiefste[r] Punkt der Interpretationsethik"[4] ist die Anerkennung der Tatsache, daß jedermanns Interpretationen eben Interpretationen sind, d.h. niemand über einen privilegierten Zugang zur Welt oder zu irgendwelchen "definitiven Wahrheiten" verfügt. Für die Ethik bedeutet das die Anerkennung der von den eigenen abweichenden Interpretationen als *andere*, aber nicht von vornherein "schlechtere" (oder "bessere") Interpretationen als die eigenen; auf diese Art "weisen [die einzelnen interpretierenden Individuen] sich wechselseitig ihre individuellen und individuierenden Freiheitsstellen zu."[5] Diese Anerkennung ist *noch* keine empirisch-moralische im Sinne der konkreten Anerkennung des anderen als konkretem (v.a. physischem) Individuum, sondern lediglich notwendige Bedingung für diese, die auch der nicht zu umgehen imstande ist, der es ablehnt, andere *konkret* als ihm in einem fundamentalen Sinne "gleich(wertig)" zu betrachten und zu behandeln. Die Weigerung, andere in diesem Sinne anzuerkennen, schließt die "theoretische" Anerkennung des anderen eben *als* anderen immer

---

[1] Sprache, Zeichen und Interpretation S.269
[2] Sprache, Zeichen, Interpretation S.359
[3] ebd. S.347
[4] ebd. S.348
[5] a.a.O.

schon ein. Gerade diese Anerkennung impliziert nun aber die Anerkennung des anderen als *frei* und *gleich*: alle Individuen sind *gleich* in dem Sinne, daß sie eben alle interpetierende (und interpretierte) Individuen sind und niemand über einen uninterpretierten und damit privilegierten Zugang zur Welt verfügt; und sie sind *frei* insofern, als sie eben zumindest einen Teil ihrer Interpretationen (dabei ist wohl hauptsächlich an die Interpretationen$_3$ und einen Teil der Interpretationen$_2$ zu denken) frei zu wählen imstande sind.

Für die **Politik** und die politische Ethik zieht Abel hieraus die Folgerung, daß die liberale pluralistische Demokratie nicht als die "beste", aber als die am ehesten zu *verantwortende* staatliche Form des Zusammenlebens freier und gleicher Individuen zu gelten hat. Dieses Argument ist wesentlich *pragmatischer* Natur, es betrachtet Politik als eine "Ordnung der (grundsätzlich kontingenten und fallibeln) Meinungen und Überzeugungen"[1]. Für politische Ideen wird (ebenso wie für theoretische Erkenntnisansprüche) keinerlei definitive Gültigkeit oder Begründbarkeit beansprucht. Dieses aus der Interpretationsethik hervorgegangene Argument für die pluralistische Demokratie erhebt selbst auch nicht den Anspruch einer definitiven Begründung, sondern soll vielmehr eine Art pragmatisches Plausibilitätsargument sein; es soll allerdings, wie Abel, um eventuellen Mißverständnissen vorzubeugen, betont, kein Plädoyer für einen Kulturrelativismus sein.[2]

8.4 Wahrheit und Wirklichkeit
8.4.1 Wahrheit als Interpretationsverhältnis

Interpretationstheoretische Überlegungen zum Wahrheitsbegriff und ein selbst interpretationistischer Wahrheitsbegriff ergeben sich bei Abel aus der Kritik am klassisch-metaphysischen Wahrheitsbegriff auf der einen, an reduktionistisch-materialistischen Konzeptionen der Wahrheit auf der anderen Seite. Der interpretationistische Wahrheitsbegriff soll die eine wie die andere Position überwinden.

- Der **metaphysische Wahrheitsbegriff** (im engeren Sinne[3]), d.h. die Auffassung von Wahrheit als bestimmte Relation („Korrespondenz", „Adäquation") zwischen Sätzen / Aussagen / Gedanken einerseits und (objektiven) Sachverhalten andererseits „muß als gescheitert angesehen werden"[4], wie Abel v.a. unter Berufung auf Überlegungen Hilary Putnams in bezug auf die niemals garantierte Eindeutigkeit der Relationen zwischen Zeichen und Gegenständen betont: In vielen Fällen liegen verschiedene Korrespondenzrelationen vor, die als solche ihre Aufgabe gleich gut erfüllen. Um eine dieser Relationen als „Die (Einzig) Richtige" auszuzeichnen, bedürfte es jedoch eines von diesen Relationen unabhängigen (interpretationsfreien) Zugangs zur Welt, der uns

---

[1] ebd. S.351
[2] vgl. Sprache, Zeichen, Interpretation S.269 f. und 355 f.
[3] Das für Abel natürlich ebenfalls (bzw. in noch größerem Ausmaß) nicht angemessene metaphysische Wahrheitsverständnis im weiteren Sinne, im Sinne des Verstehens von Wahrheit als dem „*[was] in Wahrheit ist*" (Sprache, Zeichen, Interpretation S.262), beinhaltet drei grundlegende Vorstellungen: „(a) Wahrheit als Übereinstimmung von Denken und Gegenstand [= Wahrheit im engeren Sinne]; (b) Wahrheit als das Sich-Zeigen der reinen Natur der Sache selbst; und (c) Wahrheit als die Tätigkeit solchen Erschließens selbst." (a.a.O.)
[4] ebd. S.265

aber nicht zur Verfügung steht.[1] Das Korrespondenzmodell der Wahrheit muß (zumindest in dieser Form) aufgegeben werden.

- Als ebenso unangemessen werden von Abel alle Formen der **Reduktion** oder **Naturalisierung von Wahrheit(stheorie)** (wie die kausale Theorie der Referenz, die Evolutionäre Erkenntnistheorie, der Kulturrelativismus[2]) angesehen, da diese entweder Widersprüche enthalten oder aber nur eine (teilweise auf dem Korrespondenzmodell beruhende) *Erklärung* bestimmter Fürwahrhaltungen bereitstellen, ohne den für die Wahrheitsfrage zentralen Aspekt der *Rechtfertigung* zu berücksichtigen.

Abel betont gegenüber beiden kritisierten Wahrheitsauffassungen zuallererst die Abhängigkeit der Wahrheit von einer *normativen* Dimension: Wahrheit hängt für ihn wesentlich von Normen / Werten[3] ab (und umgekehrt), was anhand des an methodischen Regeln orientierten wissenschaftlichen Vorgehens (das dem alltäglichen Verständnis ja nach (der Erkenntnis von) Wahrheit strebt) illustriert wird, und daran, daß bestimmte Ausdrücke gleichzeitig (im alltäglichen Sinn) „objektive" Merkmale *und* Werturteile enthalten. Es ist – und damit ist ein zentraler Aspekt der interpretationstheoretischen Wahrheitsauffassung vorweggenommen – so, „daß das Aufstellen, Reflektieren und Begründen von Wahrheits*ansprüchen* aus einer Interpretations-Praxis, aus einem Netzwerk normativer, wertschätzender und perspektivischer Bedingtheiten heraus und auf dieses hin erfolgt."[4] Tatsächlich wird die Wahrheitsfrage bei Abel (ganz ähnlich wie bei Lenk) zu einer *internen* Frage der Interpretationsphilosophie: Wahrheit wird aus Interpretation heraus expliziert, „am Leitfaden der Interpretation betrachtet"[5]. Daraus soll sich ein Wahrheitsbegriff ergeben, der zwar jenseits der Dichotomie von Wahrheits-Essentialismus und Reduktionismus steht, dabei aber unserem alltäglichen Begriff von „Wahrheit" nicht zuwiderläuft.

Auch die Wahrheitsfrage wird vor einem bzw. mehreren Interpretations-Horizonten gestellt: auch, was als „wahr" oder „falsch" gelten kann, ist letztlich von einem Interpretations-Rahmen abhängig, der wiederum in enger Verbindung mit einer entsprechenden Interpretations-*Praxis* steht. Diese ist unter anderem Praxis der *Zeichen*verwendung: Wahrheit „setzt [...] das fraglose Eingespieltsein einer Interpretations-Praxis der Zeichen bereits voraus und nimmt diese in Anspruch."[6] Die Wahrheitsfrage ist somit wesentlich eine *praktische* Frage, und Wahrheit (und das heißt bei Abel: begründbarer Wahrheits*anspruch*) immer davon abhängig, was in der jeweiligen Interpretations-Praxis als relevant angesehen wird. Die Frage, was „Wahrheit" im allgemeinen ebenso wie die Frage, was im einzelnen „wahr" ist, sind also vor allem praktischer Natur; unabhängig von einer bestimmten Interpretations-Praxis gibt es stets „so viele Wahrheiten wie [es] kohärent explizierbare und begründbare Wahrheitsansprüche zu einer Zeit gibt."[7] Welche von diesen Wahrheiten vor einem bestimmen Interpetations-Horizont und damit in einer bestimmten Interpretations-Praxis zu einer (bzw. im Sinne des weiteren

---

[1] vgl. Sprache, Zeichen, Interpretation S.254 f. und 264 f.
[2] vgl. Sprache, Zeichen, Interpretation S.266 ff.
[3] vgl. Sprache, Zeichen, Interpretation S.273 (Anm.42)
[4] Sprache, Zeichen, Interpretation S.283
[5] ebd. S.289
[6] Interpretationsphilosophie. Kommentare und Repliken (Replik auf Simon) S.907
[7] Zum Wahrheitsverständnis jenseits von Naturalismus und Essentialismus S.327

Wahrheitsbegriffs zu *der*) Wahrheit wird, hängt eben von jenem Interpretations-Horizont und jener Interpretations-Praxis ab.

Tatsächlich *beruht* das Wahrheitsproblem unter den Bedingungen der Interpretationsphilosophie auch in einem anderen Sinn auf Interpretationen, da die Objekte der Außenwelt, die einen wesentlichen Teil der Wahrheitsrelation ausmachen, immer schon durch Interpretationen$_1$ bestimmt, immer schon Interpretation$_1$-Konstrukte sind. Die notwendige Bedingung für das Stellen der Wahrheitsfrage im Hinblick auf empirische Gegenstände, das Vorhandensein solcher Gegenstände, ist immer schon in die Interpretativität verwoben. Offensichtlich können Interpretationen$_1$ niemals „wahr" / „richtig" oder „falsch" sein, da sie es sind, in Hinblick worauf Aussagen / Sätze / Gedanken (= Interpretationen$_3$) „wahr" oder „falsch" sein können. Es sind die Interpretationen$_1$, die vielmehr jeder Verifikationsbemühung als das eigentlich zu Überprüfende zugrundeliegen. Auch in Abels Interpretationsphilosophie erweist „Wahrheit" sich als eine Relation zwischen „Dingen" und „Sätzen" – damit aber als eine Relation nicht zwischen Entitäten, die in „objektiver", „absoluter" Weise voneinander verschieden wären, sondern zwischen solchen, die jeweils als Interpretationen (und damit in einer zumindest fundamentalen Weise gleichartig und vergleichbar) gekennzeichnet werden können (bzw. müssen).

Auch in der Interpretationsphilosophie ist „Wahrheit" (immer im engeren Sinne verstanden) als eine Art der Übereinstimmung zu kennzeichnen, wenngleich auch in einem eher schwachen Sinne, und natürlich nicht im Sinne der – einen Gottesgesichtspunkt voraussetzenden - Übereinstimmung zwischen einer Aussage und der Welt, wie sie „an sich" ist. Die hier gemeinte *Übereinstimmung* ist natürlich eine *zwischen Interpretationen* (verschiedener Stufen). Dasjenige, in Hinblick worauf Aussagen, Sätze, Theorien etc. (= Interpretationen$_3$) wahr sein können, ist eben der Bereich der Interpretationen$_{1(+2)}$, „die Welt", wie sie für uns ist. „Das Aufstellen, Reflektieren und Begründen von Wahrheitsansprüchen erfolgt aus einer Interpretation$_1$-cum-Interpretation$_{2+3}$-*Praxis*, aus einem Netzwerk normativer, wertschätzender und perspektivischer Bedingtheiten heraus und auf dieses hin."[1] Das Aufstellen eines Wahrheitsanspruchs geschieht immer schon innerhalb eines solchen Netzes von Interpretationen und Interpretationszusammenhängen, anderen Fürwahrhaltungen auf den Interpretation$_{1+2+3}$-Ebenen. Es sind nicht nur eigene, sonder auch fremde Interpretationen, die zusammen mit den eigenen ein Interpretationsgeflecht bilden, innerhalb dessen ein jeder Wahrheitsanspruch aufgestellt und letztlich auch geprüft wird. Dieses Geflecht bestimmt (eben auch im normativen Sinne), was „für relevant, für wichtig und im Grenzfall für unabdingbar gehalten wird."[2]

Wahrheit ist nun ein von den genannten Faktoren abhängiges Verhältnis nicht der (absoluten) Übereinstimmung, sondern des *Passens*, und zwar des *Passens von Interpretationen zueinander*. Es ist dieses „nicht Passen-*schlechthin* (- denn ´schlechthin´ paßt alles zu allem -), sondern *gültiges* Passen innerhalb unseres Interpretations-Horizonts und unserer Interpretations-Praxis."[3] Es ist ein „Passen" der Interpretationen$_3$ zu den Interpretationen$_{1+2}$, ein „gültiges" Passen in dem Sinne, daß es jeweils Passen eben vor einem bestimmten Interpretations-Horizont und in einer bestimmten Interpretations-Praxis ist und *vor* diesem

---

[1] Interpretationswelten S.515
[2] ebd. S.516
[3] ebd. S.519

Horizont, *in* dieser Praxis auch ungültig sein könnte. Interpretationen$_3$, die in diesem Sinne „passen", sind eben – vorläufig und im jeweiligen Interpretations-Rahmen – „wahr". „Wahrheit" als „Passen" ist eine *interpretations-interne* Relation, die auch als Relation der „Nähe" zwischen unterschiedlichen Interpretationen aufgefaßt werden kann: Interpretationen$_3$ sind „wahr" dann, wenn sie den Interpretation$_{1(+2)}$-Strukturen (= der Welt), *über* die sie etwas aussagen wollen, im Kontext eines bestimmten Interpretations-Horizonts näherstehen als andere Interpretationen$_3$, die dieselbe Aufgabe erfüllen sollen. „Wahr" ist stets diejenige Interpretation$_3$, die in einem bestimmten Kontext und zu einem bestimmten Zeitpunkt das engste „Nahverhältnis" zur in Frage stehenden Interpretation$_1$ besitzt. Wahrheit ist damit als „provisorisch", kontingent chrakterisiert: keine Interpretation$_3$ kann „der Welt" so nahe kommen, daß nicht eine andere, „nähere" und damit „wahrere" Interpretation$_3$ denkbar wäre. (Tatsächlich ist es aufgrund der prinzipiellen Offenheit aller Interpretationen aber auch denkbar, daß sich *die Welt*, daß sich die Interpretationen$_{1(+2)}$ ändern und sich die „Entfernung" zwischen Interpretationen$_{1+2}$ und Interpretationen$_3$ auf diese Weise verändert.) In jedem Fall ist so etwas wie „absolute" Wahrheit undenkbar; das Aufstellen von Wahrheitsansprüchen kann zwar mehr oder minder „gelingen", niemals kann etwas jedoch definitiv als „wahr" gelten. Sehr wohl jedoch lassen sich – immer vor einem bestimmten Interpretations-Horizont – bestimmte Interpretationen$_3$ als „besser" oder „schlechter", als „der Welt" „näher" oder „ferner", und somit vorläufig und pragmatisch als „wahr" oder „falsch" auszeichnen. Daß sich die meisten unserer Interpretationen$_3$ in der Praxis bewähren, verdankt sich der faktischen Stabilität, der weitgehenden Unveränderlichkeit der Interpretationen$_1$, „der Welt"; diese Stabilität macht es auch möglich, etwas *fälschlicherweise* für wahr oder falsch zu halten, und diesen Irrtum zu korrigieren. („[Daß] wir irrtümlich etwas für gerechtfertigt und für wahr halten können, zeigt, daß das Verhältnis einer Interpretation$_3$ zur Interpretativität$_1$ nur jeweils einen Grad von Deutlichkeit hat [...]."[1]) Trotz dieser relativen (und relativ hohen) Stabilität vieler unserer höherstufigen Interpretationen, die sich der Stabilität der fundamentaleren Interpretationen verdankt, ist Wahrheit prinzipiell kontingent, (vorläufige) Wahrheit-für-uns, sozusagen „Wahrheit-auf-Abruf". Vor allem aber ist sie eine interpretations-*interne* Relation, die ohne Berufung auf eine externe, objektive Realität auskommt; die Wahrheitsfrage ist in Abels Interpretationsphilosophie somit eng mit der Frage nach der *Wirklichkeit* verknüpft.

8.4.2 Interpretations-Welt(en) als Interpretations-Realität(en)

So wie Wahrheit in Abels Interpretationsphilosophie nur als interpretations-interne Relation denkbar ist, läßt sich auch Realität nicht als etwas „Externes", Interpretationsunabhängiges auszeichnen: Wirklichkeit ist aufzufassen als eine Funktion des jeweiligen Interpretationssystems, des Interpretation$_1$- (und zum Teil wohl auch des Interpretation$_2$-)Horizontes. Jeder (inneren wie äußeren) Erfahrung geht Interpretation immer schon voraus, jede Erfahrung ist interpretationsimprägniert. Die Welt als erfaßte ist also immer schon interpretierte Welt, „[jede] erfaßte Realität ist durch den Vorgang des Erfassens ipso facto interpretierte Realität"[2], Welt-für-uns, Welt-für-mich. Erfahrungswelt ist stets schon interpretierte Welt; es gibt keine Möglichkeit, sich irgendwie außerhalb der Interpretationen, der Interpretativität, der Interpretations-Horizonte zu stellen. In diesem Sinne läßt sich sagen, daß „die Grenzen der Interpretation die Grenzen der Welt und des Sinns bedeuten"[3].

---

[1] ebd. S.520
[2] Interpretationsphilosophie. Eine Antwort auf Hans Lenk S.80
[3] a.a.O.

Zwar läßt sich auch in Abels Philosophie zwischen Interpretation und Nichtinterpretation unterscheiden – dies ist jedoch eine rein begriffliche, interpretations-interne Unterscheidung. Tatsächlich ist sie gar nicht anders denkbar: eine interpretationsfreie Differenzierung von Internem und Externem (oder wovon auch immer) würde einen externen Standpunkt voraussetzen, die Fähigkeit, sich vorn vornherein außerhalb der Interpetativität – genauer: der Interpretativität$_1$ - zu stellen. In bezug auf die Interpretationen$_{2+3}$ gilt dies natürlich nicht: in Hinblick auf diese gibt es eine unabhängige Realität – eben die (Realität der) Interpretationen$_1$, an der diese im oben erläuterten Sinne scheitern können. Dies gilt für die Ebene der Interpretationen$_1$, die ja für uns immer schon „die Welt", „die Wirklichkeit" bilden, eben nicht: es „[kann] auf der Ebene von Interpretation$_1$ keine von der Interpretation unabhängige Wirklichkeit geben"[1], da *Welt immer Interpretation$_1$-Welt, Realität immer schon Interpretation$_1$-Realität ist.* Jeder Bezug auf „Wirklichkeit" ist Bezug auf Interpretationen, jedes Reden von „Wirklichkeit" Reden von Interpretationen.

Abels allgemeine Interpretationsphilosophie ist in ihrer Betonung der Unmöglichkeit eines „externen" Standpunktes eine *internalistische* Position, die in einigen fundamentalen Punkten mit dem „internen Realismus" Hilary Putnams übereinstimmt[2]: wir haben es notwendigerweise immer und überall mit Interpretationen bzw. Interpretationskonstrukten zu tun, die für uns die Welt, die in ihr vorfindlichen Gegenstände und die Relationen zwischen ihnen als eben diejenige So-und-so-Welt, diejenigen So-und-so-Gegenstände und diejenigen So-und-so-Relationen, die für uns immer schon empirisch real sind, konstituieren. *Die Realität selbst wird von Interpretationen „aufgespannt", konstituiert*; wir vermögen keinen externen, keinen Gottesgesichtspunkt einzunehmen, wir sind nicht in der Lage, „hinter" die Interpretationen zu blicken – eben weil es für uns kein „Dahinter", keine andere(n) Welt(en) als unsere Interpretations-Welt(en) geben kann; unser Zugang zur Welt ist immer schon notwendigerweise ein interpretations-*interner*. Dies darf nun nicht als ein Interpretations-Idealismus verstanden werden (s.u.), die intern-interpretationistische Position ist vielmehr – wie Kants transzendentaler Idealismus – „mit einem empirischen Realismus vereinbar"[3]: sämtliche fundamentalen Differenzierungen, die wir in alltäglich-empirischer Einstellung über Gegenstände und Sachverhalte, über unsere Wahrnehmungen und unser Wissen von Gegenständen und Sachverhalten treffen, können (ja müssen) unter den Bedingungen der allgemeinen Interpretationsphilosophie aufrechterhalten werden. Unterscheidungen wie die zwischen „Schein" und „Wirklichkeit" („Wirklichkeit" hier eben im Gegensatz zu „Schein" verstanden), zwischen Wissen und Irrtum, bleiben aufrecht, müssen jedoch als interpretations-interne Unterscheidungen aufgefaßt werden: jede derartige Unterscheidung ist eine zwischen Interpretationen, die jedoch den fundamentalen, welt-konstituierenden Interpretation$_1$-Horizont niemals auf eine Erfahrung oder ein Wissen von einer „absoluten", „objektiven", uninterpretierten Welt (oder solchen Gegenständen) hin transzendieren.

Die letzte Konsequenz des internen Interpretationismus besteht darin, die *Ununterscheidbarkeit von Interpretation* (gemeint ist hier: Interpretiertem) *und Welt* anzuerkennen: Welt (und damit Wirklichkeit) ist stets Interpretations-Welt, und was Welt und was Interpretation ist, ist nicht feststellbar – eben weil Welt und Interpretation *als Interpretations-Welt immer schon eins sind*. Da es nun aber (auf allen drei Interpretations-Ebenen) eine Vielzahl möglicher Interpretationen

---

[1] ebd. S.83
[2] vgl. Interpretationswelten S.464 ff. und Kapitel 9 der vorliegenden Arbeit
[3] Interpretationswelten S.464

gibt, gibt es auch eine Vielzahl von Interpretations-*Welten*: tatsächlich nimmt Abel eine *Vielheit realer Interpretations-Welten* an. Es existieren so viele Interpretations-Welten wie es jeweils kohärente Interpretationen bzw. Interpretations-Zusammenhänge (oder Interpretations-„Netze") gibt. Dabei können verschiedene Welten auf den gleichen Grundlagen (den gleichen Interpretationen$_1$) basieren, aber auch zumindest ähnliche Welten auf unterschiedlichen Grundlagen basieren (hierbei ist wohl an die „Invarianz" zwischen Interpretationen$_1$ und Interpretationen$_2$ zu denken (vgl. Abschnitt 8.2.1)). Interpretationen bzw. ganze Interpretations-Welten sind ineinander transformierbar, dabei ist jedoch stets eine Interpretations-Welt als Interpretations-Welt so gut, und das heißt: so *real* wie die andere. Zwar ist die jeweils eine reale Welt allen anderen möglichen Welten in einem pragmatischen Sinne eben als *die reale* überlegen, sie ist dies aber stets nur in kontingenter Weise, da sie immer die Möglichkeit enthält, zu einer anderen Welt zu werden. Es ist keine Möglichkeit gegeben, eine Interpretations-Welt in anderer als pragmatischer Weise endgültig als „besser", realer" oder gar als die „realste" – und damit als *die* reale – Welt auszuzeichnen, da eine solche Auszeichnung ein Heraustreten aus der Interpretativität voraussetzen würde.

Abels allgemeine Interpretationsphilosophie läuft in der Realitätsfrage also auf einen *(Interpretations-)Welten-Pluralismus* hinaus: Welt(en) und Interpretation(en) sind nicht unterscheidbar, und da es unzählige mögliche und faktische Interpretationen gibt, existieren nicht nur alternative *mögliche* Welten, sondern tatsächlich eine Vielheit *realer* (Interpretations-)Welten. Tatsächlich leben wir, lebt jeder von uns in gewisser Hinsicht in verschiedenen Welten: zwar haben wir es mit „derselben" fundamentalen, der Interpretation$_1$-Welt zu tun, auf der wir aber unterschiedliche Interpretationen$_2$ und Interpretationen$_3$ aufbauen. Auf allen Stufen der Interpretation, in allen Aspekten unseres Welt-, Fremd- und Selbstverhältnisses haben wir es mit Interpetations-Welten zu tun, die Relation(en) von Welt(en) zu Interpretation(en) sind jedoch auf den unterschiedlichen Stufen unterschiedlich stark ausgeprägt. Ändert sich (was freilich sehr unwahrscheinlich und wohl nicht einmal vorstellbar ist) unser Interpretation$_1$-Horizont (und sehen wir hier einmal von der bereits mehrfach erwähnten „Invarianz" ab), so würden wir uns in einer *anderen* Welt im strengsten Sinne wiederfinden; ändern sich unsere Interpretationen$_2$, so finden wir uns ebenfalls in einer neuen Interpretations-Welt, würden jedoch durchaus pragmatisch sinnvoll davon sprechen können, daß sich „die Welt" bzw. einige Aspekte unserer Wahrnehmung von und unseres Umgangs mit ihr geändert haben; ändern sich schließlich unsere Interpretationen$_3$, so ändert sich an „der Welt" im pragmatischen Sinne gar nichts, nur unsere Meinungen, unsere Theorien machen eine Veränderung durch, obwohl auch in diesem Fall eine Interpretations-Welt, die Interpretation$_3$-Welt sich ändert und wir uns auch hier genaugenommen in einer „anderen", „neuen" Welt befinden. Ändert sich auch nur eine Interpretation$_3$ „der Welt", so ändert sich stenggenommen „die Welt", das Interpretationen-Geflecht selbst. Jeder lebt also stets in einem gewissen Sinne „in seiner eigenen Welt" oder „in seinen eigenen Welten", keine zwei Individuen stimmen in allen ihren Interpretationen überein. Während wir zu einem bestimmten Zeitpunkt aber auf jeweils *eine* bestimmte Interpretation$_1$-Welt festgelegt sind, können wir durchaus „ein Stück weit zumindest, gleichzeitig in mehreren Welten der Interpretation$_2$ und Interpretation$_3$ [...] leben."[1] Abels Interpretationismus ist also kein Interpretations-Solipsismus; ähnlich wie Lenk sieht auch Abel gewichtige Gründe dafür, „Die Eine Welt", „Die Eine Wirklichkeit" pragmatisch anzunehmen, ihre Existenz zu postulieren. Eine solche Annahme bedeutet nun aber kein Heraustreten aus den

---

[1] ebd. S.477

Interpretation$_{1+2+3}$-Horizonten: „Die Annahme ´Der Einen Welt´ ist selbst ein bestimmtes, theoretisch wie praktisch freilich überaus relevantes Interpretationskonstrukt"[1], ein Interpretationskonstrukt, dessen Bedeutung in seiner *praktischen Unumgänglichkeit* besteht: unser Denken, Sprechen und Handeln über „die Welt" und „in" „der Welt", das wesentlich intersubjektiven, kommunikativen, sozialen Charakter besitzt, wäre nicht begreiflich, wäre ohne „Die Eine Welt", in der wir handeln, über die wir sprechen etc. nicht zu erklären. „[Aus] *theoretischen*, aus *praktischen* und aus *pragmatischen* Erfordernissen heraus"[2] ist die Annahme „Der Einen Welt" unumgänglich; das bedeutet jedoch nicht, daß der internalistisch-interpretationistische Standpunkt damit durchbrochen würde: er wird vielmehr abgesichert dadurch, daß „Die Eine Welt" eben „nur" als ein pragmatisches Interpretationskonstrukt angenommen, postuliert wird.

Abels Interpretationismus „[versteht] sich jenseits der Disjunktion von Realismus und Idealismus"[3], nimmt zwar Elemente beider auf, steht zu beiden aber in einer Art Äquidistanz; Abel nimmt *Abgrenzungen* nach beiden Seiten hin vor:

Daß der Interpretationismus **kein Realismus** ist, ist offensichtlich. Tatsächlich ist eine seiner Grundlagen ja die Ablehnung des metaphysischen Realismus, derjenigen Auffassung, die als präzisierte und differenzierte Version des Alltagsrealismus gelten kann. Der metaphysische Realist nimmt – als ontologischer und erkenntnistheoretischer Realist - die Existenz einer vom Erkanntwerden prinzipiell unabhängigen, in ihrem Ansichsein aber erkennbaren objektiven Wirklichkeit an. Dagegen betont der Vertreter des Interpetationismus, daß „[jede] So-und-so-Welt [...] unter einer Deskription und Interpretation, deren Regeln sie instantiiert [steht]"[4], daß auch die fundamentalen Züge der Welt immer schon interpretiert, nichts Objektives oder Absolutes sind.[5] Wir sind von Objektivität, von unkorrigierbarem Wissen nicht nur faktisch, sondern notwendigerweise, systematisch abgeschnitten. Die Interpretationsphilosophie erkennt an, daß uns alles stets nur *als* Etwas, als in einem bestimmten Sinne *von uns* Bestimmtes zugänglich ist. (In diesem Sinne kann sie „als eine aus der Totalitätskritik entstandene Form des Philosophierens angesehen werden."[6])

Obwohl seine Ausdrucksweise es manchmal nahezulegen scheint, betont Abel, daß seine allgemeine Interpretationsphilosophie **kein (Interpretations-)Idealismus** sein soll. Abel will seinen Interpretationismus keinesfalls als Idealismus oder Interpretations-Absolutismus mißverstanden wissen.

Daß Gegenstände und Welt für uns nur als interpetierte erfaßbar sind, soll nicht bedeuten, daß schlechthin nichts Uninterpretiertes existieren könnte. („Wer wollte schon so verwegen sein,

---

[1] ebd. S.474
[2] ebd. S.477
[3] ebd. S.475
[4] Realismus, Pragmatismus, Interpetationismus S.52
[5] Gunnarsson schlägt in seiner Kritik an Abels Interpretationsphilosophie eine letztlich realistische Alternative zum Welten-Pluralismus vor, die die Annahme *einer* Welt, die in jeder Interpretation$_1$ interpretiert wird, beinhaltet; er bezeichnet diese Alternativposition als „Interpretationspluralistischen Monismus". (vgl. Gunnarsson, Jenseits von Gegensein und Machen S.872 ff. und Abels Replik dazu: Interpretationsphilosophie. Kommentare und Repliken (Replik auf Gunnarsson) S.907 ff.)
[6] Interpretationsethik und Demokratie S.65 (im Original z.T. kursiv)

Beweislasten für Nicht-Existenz zu übernehmen?"[1]) Es verhält sich lediglich so, „daß die Vorstellung von Gegenständen, die von kategorialisierender, raum-zeitlich lokalisierender, individuierender und identifizierender Interpretation$_1$-Aktivität gänzlich unabhängig und als sich-selbst individuierende und sich-selbst-identifizierende Gegenstände da wären, unter kritischem Vorzeichen nicht explizierbar ist."[2] Daraus Aussagen über die Nichtexistenz (oder Existenz) solcher „Gegenstände" abzuleiten, wäre nicht angemessen, es kann also auch kein Interpretations-Idealismus daraus abgeleitet werden, für den über das Erkannte / Interpretierte hinaus nichts existiert, für den Interpetationen als autonome Geschehnisse die einzigen Elemente einer Ontologie bilden. (Hier rückt Abel ganz offensichtlich von der in Abschnitt 8.1 wiedergegebenen früheren Auffassung von der Autonomie des Interpretations-Geschehens ab und nähert sich der Position Lenks an.[3]) Interpretation ist nicht „interpretatio ex nihilo"[4], die ohne Interpretandum auskäme. Abels Interpretationsphilosophie soll vielmehr („quasi-")transzendentalphilosophisch die Aufmerksamkeit auf die als interpretiert verstandenen Gegenstände, den Horizont und die Grenzen der Interpretation als Erkenntnis richten. Gegenstand ist für uns nichts, was nicht zumindest unter den Bedingungen eines Interpretation$_1$-Horizontes und einer Interpretation$_1$-Praxis steht. Die Welt ist deswegen aber kein Phantasieprodukt, keine „interpretatio ex nihilo"; der Interpretationismus macht das Subjekt (noch weniger das *empirische* Subjekt) keineswegs zum „Schöpfer" der Welt, sondern betont vielmehr dessen essentielle Beschränkungen: die Beschränkung der Erkenntnis auf Gegenstände möglicher Interpretation, auf Interpretations-Dinge, auf Interpretations-Welt(en). Dabei wird „unsere Intuition, daß die Welt um uns herum nun einmal so ist, wie sie ist, [...] keineswegs geleugnet, freilich anders verstanden."[5] Die Welt ist keine Illusion, die sich plötzlich auflösen und uns in einem „weltlosen" Raum zurücklassen könnte. Der

---

[1] Sprache, Zeichen, Interpretation S.46; es scheint, als ob diese – in Abels jüngstem Buch gestellte – Frage auf eine Aufweichung des interpretationistischen Standpunktes hindeuten würde; immerhin hat Abel in früheren Arbeiten betont, daß „Existenz" nur interpretations-intern denkbar ist. (vgl. dazu auch die übernächste Anmerkung)

[2] a.a.O.

[3] Abel dürfte auch seine Auffassungen im Hinblick auf die Frage nach dem Status des *Interpretierenden* im Verlauf der Entwicklung seiner Interpretationsphilosophie geändert haben: in einem Aufsatz aus dem Jahr 1985 (der auf einem 1983 gehaltenen Vortrag basiert) heißt es noch, daß Interpretation „*als der* Vollzug von Bestimmtheit und Andersheit, seinerseits trägerlos, nicht durchgängig bestimmt ist und selbst Dasein hat." (Einzelding- und Ereignisontologie S.181); in *Sprache, Zeichen, Interpretation* von 1999 meint Abel hingegen, daß es keine Interpretation ohne zumindest *irgendein* Interpretierendes geben könne; Interpretationen könnten schon deshalb nicht substantialisiert werden, weil ihnen das Merkmal des Mit-sich-selbst-identisch-Bleibens fehlt. (vgl. Sprache, Zeichen, Interpretation S.294) Daß zumindest *irgendein* Interpretierendes vorhanden sein muß, bedeutet jedoch nicht, daß *uns* als empirischen Subjekten jede Interpretation als Leistung zugeschrieben werden könnte; „die Interpretationsprozesse können nicht einfach nur als Prädikate eines rationalen Subjekts ausgesagt werden." (Sprache, Zeichen, Interpretation S.294) Dem entspricht auch, daß Abel, der in der älteren Arbeit in bezug auf den Status der Rede von Interpretationen als Ereignissen noch vom „Ende von Ontologie überhaupt" (Einzelding- und Ereignisontologie S.181) spricht, dies inzwischen insoweit abschwächt, als er in pragmatischer Weise feststellt, wir hätten es „nicht mit alter Ontologie der Ereignisse, sondern lediglich mit ´ontologisch´ zu nennenden Verpflichtungen im Sprachgebrauch zu tun." (Sprache, Zeichen, Interpretation S.42)

[4] ebd. S.46

[5] Interpretationswelten S.177

Interpretationismus läuft nicht Gefahr, die Welt zu „verlieren"; er ist – zumindest in diesem Sinne[1] – kein Idealismus, **kein Antirealismus**. Er leugnet nicht die vor allem *praktische* Wirklichkeit unserer Welt-Erfahrungen und damit der Welt.

Zum dritten ist der Interpretationismus auch **kein Relativismus**; er darf nicht als ein „Relativismus der Beliebigkeit"[2] mißverstanden werden: aus der *prinzipiellen* „Offenheit" des Interpretierens darf nicht geschlossen werden, daß jede Interpretation *praktisch* „so gut wie" jede andere wäre und es kein wie auch immer geartetes Kriterium gäbe, das es erlauben würde, Interpretationen auch nur vorläufig in wertender Weise gegeneinander abzuwägen. Ein solcher radikal-relativistischer Standpunkt kommt schon aus dem Grund nicht als Auslegung von Abels Interpretationsphilosophie in Frage, weil er „nicht in der Lage ist, den sprach-, zeichen- und handlungsphilosophisch entscheidenden Punkt, die ´gelingende´ Verständigung nämlich, verständlich zu machen."[3] Daß Interpretationen *praktisch* nicht beliebig wähl- und austauschbar sind, zeigt sich an der funktionierenden Praxis unseres Handelns und Sprechens, aber auch schon daran, daß die Interpretation$_1$-Realität für uns de facto nicht veränderbar ist. Die „Unerbittlichkeit und Härte der Interpretationsprozesse"[4] macht uns in der Praxis zu Bewohnern der Interpretation$_1$-Welt, in der wir uns eben vorfinden, und die wir nicht bewußt zu verändern, zu re-interpretieren vermögen.

Es ist offensichtlich, daß Abels allgemeine Interpretationsphilosophie zahlreiche Parallelen zu Lenks Interpretationskonstruktionismus aufweist: vor allem in ihren Grundzügen, der Annahme, daß alles, womit wir es zu tun haben, alle Gegenstände, Sachverhalte, Handlungen etc. in einem bestimmten Sinne „interpretiert" sind, uns unabhängig von „Interpretation" nicht zugänglich sind, durch „Interpretation" als konkret Erfahrene erst konstituiert werden, stimmen die beiden Entwürfe überein. Auch Abels Interpretationismus ist eine philosophische These, die erklären soll, warum wir die Welt und alles was wir in ihr vorfinden in der Weise erfahren, in der wir dies eben tun, als Welt, die uns zumindest in ihren Grundzügen immer schon „bekannt" ist. (In diesem Sinne darf man wohl auch die allgemeine Interpretationsphilosophie als Transzendentalphilosophie bezeichnen, wenn Abel selbst sie auch – ähnlich wie Lenk - als lediglich „quasi transzendental"[5] bezeichnet.) Das Prinzip dieser Erklärung ist „Interpretation" in einem bestimmten Sinne.

Hier muß eine grundlegende begriffliche Kritik ansetzen, die in gleicher Weise auch für Lenks Interpretationsphilosphie gilt: der Ausdruck „Interpretation", so weit er in Abels konkreten Ausführungen auch differenziert und präzisiert wird, bringt die Gefahr mit sich – um noch einmal Lenks Worte zu gebrauchen – „Differenzen und Nuancen zuzudecken"[6], zu enge Zusammenhänge und Gemeinsamkeiten zwischen den unterschiedlichen Aspekten menschlichen Handelns und Erkennens zu suggerieren, die unter ihm subsumiert werden. Allerdings ist diese Gefahr in Abels Fall geringer als bei Lenk: Abels Systematik ist weniger streng als die Lenks, zwar spricht auch er beispielsweise davon, daß im Interpretieren die Anwendung von „Schemata" eine zentrale Rolle spielt, im großen und ganzen scheint der

---

[1] In anderer Hinsicht – nämlich als (Interpretations-)Welten-Pluralismus - steht er hingegen einem Antirealismus Goodmanscher Prägung durchaus nahe. (vgl. Interpretationswelten S.177 f.)
[2] Interpretation und Realität S.276 (Anm.9 zu S.275)
[3] a.a.O.
[4] Interpretationsphilosophie. Eine Antwort auf Hans Lenk S.85
[5] ebd. S.86
[6] Lenk, Interpretationskonstrukte S.506

Ausdruck „Interpretation" bei Abel aber in größerem Ausmaß als bei Lenk eben „nur" ein Wort zu sein, das den Gemeinsamkeiten, oder besser: Ähnlichkeiten zwischen den unter ihm zusammengefaßten Aspekten des Erkennens und Handelns am ehesten nahekommt. Auch Abels Grundgedanke ist der, daß alles, womit wir es in der Welt zu tun haben, insofern „interpretiert" ist, als es in einer gewissen Weise stets von uns als erkennenden und / oder handelnden – „interpretierenden" – Subjekten abhängig ist, und der Begriff „Interpretation" kommt dem hier gemeinten – im Grunde Kantischen - Prinzip für Abel wie für Lenk am nächsten: alles, womit wir jemals zu tun haben, ist „interpretiert", Lebenspraxis ist „Interpretations"-Praxis, aber „Interpretation" ist vor allem der treffendste (wenn auch vielleicht nicht der ideale) Ausdruck für das hier Gemeinte, und nur der oberflächliche Betrachter könnte der Kennzeichnung von „allem" als „Interpretation" einen Mangel an Differenzierung vorwerfen.

Somit geht wohl auch die mögliche Kritik ins Leere, die an der Frage ansetzt, ob die weltkonstituierenden, jeden Gegenstand, jeden Umgang mit Welt, jede Regel etc. erst zu diesen machenden Interpretationen$_1$ mit den aneignenden Deutungen, den Interpretationen$_3$, irgendetwas außer der Bezeichnung „Interpretationen" gemeinsam haben. Zwar kann hier vielleicht nicht legitimerweise von „Gemeinsamkeiten", sicher aber von „Ähnlichkeiten" im weitesten Sinne gesprochen werden, und diese „Ähnlichkeiten" sind Rechtfertigung genug für die Subsumierung so unterschiedlicher Phänomene unter einem Überbegriff – zumal Abel den *heuristischen* Charakter seiner Stufeneinteilung hervorhebt. Die Berufung auf fundamentalste Ähnlichkeiten ist es auch, die es als legitim erscheinen läßt, die Interpretationen der unterschiedlichen Stufen zu differenzieren in Unterarten von Interpretation, deren einzige Gemeinsamkeiten jeweils ihre je nach Stufe mehr oder weniger fundamentalen Funktionen in der Konstitution unserer konkreten Welt-, Fremd- und Selbstverhältnisse sind. In dieser Beziehung ist die Differenzierung in nur drei Ebenen der Interpretation Lenks Unterteilung in sechs Stufen wohl als unterlegen zu betrachten. (Auch unter diesem Gesichtspunkt bleiben jedoch bestimmte Äußerungen Abels fragwürdig: inwiefern z.B. sind sowohl „daß 2 + 2 = 4"[1] als auch „daß es physikalische Körper gibt"[2] „logische Gedanken"[3]?)

Ebenfalls nicht ganz klar ist die Stellung, die die „Dimensionen" oder „Hinsichten" des Interpretierens in Abels Interpretationismus einnehmen. Es handelt sich bei ihnen wohl weniger um Aspekte des Interpretierens im allgemeinen als vielmehr um Aspekte der (selbst interpretativen) Reflexion über Interpretation, um Prinzipien dessen, was Lenk als „Meta-Interpretation" (auf IS$_6$) bezeichnet; Interpretations-Ästhetik, -Logik und –Ethik sind gewissermaßen unterschiedliche Perspektiven, unter denen das Interpretieren untersucht, selbst interpretiert werden kann. (Auch in Hinblick auf die „Dimensionen" der Interpretation bleiben jedoch Fragen offen: beispielsweise ist unklar, in welchem Zusammenhang „Interpretations-Ethik" mit Ethik im Sinne von Moralphilosophie steht.)

Abel ist in einigen Punkten radikaler als Lenk, zu diesen Punkten zählt auch die Betonung der „Alterität", der Tatsache, daß keine Interpretation je als definitive, als prinzipiell unveränderliche aufgefaßt werden darf. Zwar ist dies eine Konsequenz, die sich auch aus Lenks Ausführungen ergibt, Abel betont diese jedoch und stellt damit einen wichtigen Punkt heraus: „Interpretationen" bzw. „Interpretationskonstrukte" sind stets sozusagen theoretisch

---

[1] Interpretations-Welten S.10
[2] a.a.O.
[3] vgl. Interpretations-Welten S.10

„provisorisch", mögen praktisch zwar unumgänglich, sie sind im Prinzip jedoch durch andere ersetzbar. Was *so* interpretiert ist – und hier zeigt sich die Legitimität des Begriffs „Interpretation", – kann auch *anders* interpretiert werden, und damit *zu etwas Anderem werden*. Diese Möglichkeit erstreckt sich bis in die grundlegenden Charakteristika der Welt hinein, d.h. die Welt selbst kann sich – zumindest ist dies denkbar – in ihren Grundzügen ändern, wenn neue – „bessere" – Interpretationen an die Stelle älterer treten. Zwar können Interpretationen „als solche" niemals als „besser" oder „schlechter" gelten, da alle Interpretationen als Interpretationen gleich-„wertig" und in dieser Hinsicht nicht unter qualitativen Gesichtspunkten vergleichbar sind; Interpretationen sind „besser" oder „schlechter" unter lebenspraktisch-pragmatischen Gesichtspunkten, vor dem Hintergrund fundamentalerer Interpretationen, unter denen die konkreten Bedürfnisse und Notwendigkeiten des Lebensvollzugs eine zentrale Stellung einnehmen. Den normativen Hintergrund für die qualitative Bewertung von Interpretationen bilden andere, uns praktisch „näherstehende" Interpretationen. In diesem Sinne können Interpretationen durchaus als „besser" oder „schlechter" (oder als „wahr" – s.u.) gelten, und sind Interpretationen untereinander durchaus in zumindest pragmatischer Weise vergleichbar.

Abels Wahrheitsauffassung weist offenkundig starke Parallelen zu der Lenks auf; allerdings befaßt Abel sich wesentlich ausführlicher und detaillierter mit der Wahrheitsfrage. Die grundlegende Auffassung von Wahrheit - das "Passen" verschiedener Interpretationen zueinander – scheint mit der Lenks allerdings weitgehend übereinzustimmen, so daß die grundsätzliche Kritik an dieser auch auf jene gemünzt werden kann: die Auffassung von „Wahrheit" als (Quasi-?)Kohärenz zwischen Interpretation(skonstrukt)en verschiedener Stufen, Interpretationen$_1$, „der Welt", einerseits, und Interpretationen$_3$, Sätzen, Aussagen, Hypothesen, andererseits, scheint tatsächlich mehr eine – internalistische - Reformulierung der Korrespondenzauffassung im Rahmen der Interpretationsphilosophie zu sein. Allerdings kommt bei Abel ein zusätzlicher Aspekt hinzu, nämlich der einer normativen Dimension von Wahrheit, ihrer Abhängigkeit von Werten, die die Auffassung als modifizierte Form des Korrespondenzmodells zumindest relativiert. Diese normative Dimension von Wahrheit scheint vor allem darin zu bestehen, daß eine bestimmte Form von „Normativität" jedem Interpretations-Horizont schon in dem Sinne zukommt, daß er die mehr oder minder allgemeinen Formen dessen, was vor ihm interpretiert wird, festlegt; „Normativität" in einem anderen Sinne besitzen zumindest manche Interpretationshorizonte auch in dem Sinne, daß sie im Dienste bestimmter praktischer Lebensbedürfnisse konkreter Individuen oder Gruppen von Individuen stehen. Abels Wahrheitsauffassung besitzt damit wesentlich eine pragmatische Dimension, die sich mit dem (Quasi-)Korrespondenzaspekt zu einer Art pragmatisch-internalistischem Verständnis von „Wahrheit" verbindet, das mehr oder minder gute Annäherungen an „die Wahrheit", jedoch nicht die Annahme „absoluter" Wahrheit(en) erlaubt.

Was schließlich die Frage nach der Realität unter den Bedingungen der allgemeinen Interpretationsphilosophie betrifft, so scheint Abel gewissermaßen konsequenter zu sein als Lenk: zwar vertritt auch Abel einen *empirischen* (und praktischen) Realismus nach Kantischem Vorbild, verbindet diesen jedoch mit einer Position, die die Existenz einer objektiven Realität letztlich offenläßt: die Gegenstände, mit denen wir es faktisch zu tun haben, sind als empirische Gegenstände so real, wie sie praktisch nur sein können, auch als solche sind sie aber immer schon Interpretierte, aus Interpretationsprozessen hervorgegangen und in diesen geformt, in und durch Interpretation erst zu empirischen Gegenständen gemacht. Im Gegensatz zu Lenk steht Abel aber der Option einer bestimmten Form eines „Interpretations-Idealismus" nicht notwendigerweise ablehnend gegenüber: der (Interpretations-)Welt bzw. den (Interpretations-)Welten, wie wir sie erfahren, braucht nicht notwendigerweise eine in ihnen interpretierte objektive Wirklichkeit zugrundezuliegen. Zumindest der Möglichkeit nach könnten alle unsere Welt-, Fremd- und Selbstverhältnisse lediglich Relationen zwischen „einander interpretierenden" Interpretationen (oder „Interpretations-Zentren" oder „-Monaden") sein, die keines absoluten Fundaments bedürfen, um die empirische Welt in diesen Relationen aufzuspannen. Ebenso ist aber auch das Gegenteil denkbar: daß die interpretierte(n) Welt(en), mit denen wir es in der Erfahrung zu tun haben, Interpretationen oder Interpretationen von Interpretationen von Interpretationen etc. einer objektiven Wirklichkeit sind, die uns aber prinzipiell niemals zugänglich ist und über die nicht mehr aussagbar ist als über Kants „Ding an sich". Die empirische Realität (oder „empirische Interpretativität") der Welt ist mit dem einen wie mit dem anderen Modell vereinbar und eine Möglichkeit der Entscheidung für eines davon ist uns als endlichen interpretationsabhängigen Geistern verwehrt. So wie Abels Position mit ihrer Betonung der *Möglichkeit* eines Interpretations-Idealismus (wie der diesem entgegenstehenden Position) konsequenter als der von dessen grundsätzlicher Ablehnung geprägte Standpunkt Lenks erscheint, ist auch sein Realismus tatsächlich nicht mehr als ein pragmatischer, der die Existenz „Der Einen Welt" als derjenigen, die all unseren Erfahrungen und Handlungen, unserem Wissen und unserer Kommunikation zugrundeliegt, *postuliert*, als praktisch unumgängliches Interpretationskonstrukt annimmt. Zugleich vertritt Abel aber auch eine Form des Weltenpluralismus: die letztliche Identität von Interpretation und Realität - als *Interpretationswelt* - erlaubt es, in durchaus nicht metaphorischer Weise davon zu sprechen, daß wir (zumindest auf den Stufen der Interpretationen$_{2+3}$, zumindest der Möglichkeit nach aber auch auf der fundamentalen Stufe der Interpretationen$_1$) in verschiedenen Welten leben und uns auch faktisch in gewissem Ausmaß für oder gegen Welten *entscheiden* können. All diesen Welten liegt jedoch praktisch stets die mit guten (praktischen) Gründen als gemeinsam anzunehmende Interpretation$_1$-Welt zugrunde, die pragmatisch schlicht als „die Welt", deren Verhältnisse wir de facto nicht ändern können, bezeichnet werden kann. Die Interpretation$_1$-Welt ist die praktisch unhintergehbare empirische Realität, an deren Form wir wohl nichts zu ändern vermögen, die aber dadurch als „Interpretations"-Welt ausgezeichnet ist, daß wir in ihr stets nur Gegenständen begegnen, die in zumindest grundlegender Weise als etwas bestimmt, eben „interpretiert" sind. Ob dieser Welt ein wie auch immer geartetes Interpretandum zugrundeliegt, muß *theoretisch* offenbleiben, *praktisch* und *pragmatisch* jedoch spricht einiges (wenn nicht alles) für das Postulat einer der empirischen Welt zugrundeliegenden „objektiven" Wirklichkeit.

9. Abschließende Überlegungen

In diesem Schlußkapitel soll in aller Kürze Bilanz gezogen werden über die Leistungsfähigkeit interpretationsphilosophischer Ansätze, und es soll abschließend noch einmal der Frage nachgegangen werden, welches Verhältnis zwischen Interpretation(en) und Realität(en) besteht, wie stark oder schwach ein Realismus sein kann bzw. muß, um mit dem Interpretationismus in der einen oder anderen Form vereinbar zu sein. Der folgende erste Abschnitt enthält eine Zusammenfassung der für einen als „Interpretationismus" zu kennzeichnenden philosophischen Ansatz konstitutiven Charakteristika; daran schließt sich eine Abwägung von Argumenten für und gegen den so verstandenen Interpretationismus an, wobei ich diesen gegen Einwände zu verteidigen versuchen werde. Den Abschluß werden schließlich Überlegungen zur Frage nach der Realität unter den Bedingungen interpretationistischen Denkens bilden, die von der Unterscheidung zwischen zwei „Interpretations-Paradigmen" geprägt sein werden – einer Unterscheidung, die ich in höherem Maße als die Vertreter des Interpretationismus selbst dies tun, für bedeutsam halte, die allerdings an Bedeutung verliert, wenn man die – auch von Lenk und Abel selbst betonten – Gemeinsamkeiten des Interpretationismus mit einer der prominentesten Positionen der Gegenwartsphilosophie, dem „internen Realismus" Hilary Putnams, stärker betont.

9.1 Interpretationistisches Denken

Die Position, die in den folgenden Abschnitten unter der Bezeichnung „Interpretationismus" abschließend kritisch untersucht werden soll, ist kein exakt bestimmter Standpunkt. „Interpretationismus" soll vielmehr eine Auffassung heißen, die all jene Charakteristika umfaßt, die zumindest den unter diesem Namen auftretenden Systemen Abels und Lenks gemeinsam sind, die diese aber teilweise auch mit den Ansätzen Prauss´ und Kaulbachs (und mittelbar auch mit Überlegungen Kants, Langes, Nietzsches und Vaihingers) gemeinsam haben. Die im folgenden genannten Kennzeichen stellen also so etwas wie „Minimalbedingungen" für eine interpretationistische Position bzw. für zwei (graduell) verschiedene Formen des Interpretationismus dar, die ich als „umfassenden" bzw. als „Kern-Interpretationismus" bezeichnen möchte. Dabei wären die Ausdrücke „Interpretation" bzw. „Interpretationismus" zumindest in einigen Punkten gegen „Perspektive" bzw. „Perspektivismus" austauschbar, da, wie sich in Kapitel 5 gezeigt hat, Kaulbachs „Perspektivismus" hinreichende Parallelen zu interpretationistischen Positionen aufweist.

Eine Grundüberzeugung des Interpretationismus ist, daß Wahrnehmung, Erfahrung niemals nur im Konfrontiertsein mit einem Kantischen „Gewühle von Erscheinungen"[1] besteht. "Gegenstand" ist stets *bestimmter*, und das heißt *als etwas* bestimmter Gegenstand. So etwas wie einen gänzlich unbestimmten Gegenstand kann es nicht geben, wir haben stets nur mit Dingen zu tun, die zumindest in ihren fundamentalen Charakteristika bestimmt sind, d.h. unsere Erfahrungsdinge sind stets in Raum und Zeit, haben Größe und Farbe(n), und selbst dann, wenn wir uns z.B. über die tatsächliche Größe oder Farbe eines Gegenstandes irren, so ist doch auch etwa ein vermeintlich blauer Gegenstand, der tatsächlich grün ist, - wenn auch fälschlicherweise - als ein blauer Gegenstand bestimmt. Selbst ein Gegenstand, der uns vollkommen fremd ist (wie etwa ein exotisches Kunstwerk oder ein sehr spezielles Werkzeug), kann uns nur insoweit fremd sein, als wir etwa nichts über seine Herkunft, seinen Aufbau, seine Funktion etc. wissen; doch selbst eine von kunstsinnigen Außerirdischen gefertigte

---

[1] Kant, KrV A 111

Skulptur, die uns vielleicht erstaunen oder auch erschrecken würde, wäre ein Objekt in Zeit und Raum, mit einer (zumindest kurzfristig) konstanten Gestalt und Ausdehnung. Wir sind in diesem Sinne in der Welt niemals mit vollständig Neuem konfrontiert: alles, womit wir es zu tun haben, ist zumindest in seinen Grundzügen *als etwas bestimmt*, *als etwas* (in Abels Terminologie: *als ein Etwas*) – *interpretiert* oder *gedeutet*.

Wir haben es stets ausschließlich mit zumindest fundamental bestimmten Gegenständen zu tun; d.h. mit Gegenständen innerhalb eines gewissen konstitutiven *Rahmens*, eines *Interpretationsrahmens*. Was *innerhalb* dieses Rahmens ist, ist Gegenstand, Sachverhalt, Ereignis *für uns*, und solche Gegenstände, Sachverhalte, Ereignisse sind die einzeigen, die es *für uns* geben kann. Was außerhalb dieses Rahmens liegt, ist uns, da wir auf diesen Rahmen angewiesen, ihn nicht zu umgehen oder abzulegen imstande sind, zumindest unzugänglich. Ob ein solches Außerhalb, ein Uninterpretiertes überhaupt existiert, ist eine Frage, die der theoretischen Reflexion über den Rahmen (die freilich stets von innerhalb des Rahmens her geschieht) bedarf. In jedem Fall ist alles, womit wir es in der Erfahrung zu tun haben, Erfahrung innerhalb dieses Rahmens, ist, um eine andere Ausdrucksweise zu verwenden, interpretations*imprägniert*.

Der Ausdruck „Rahmen" ist jedoch in einer bestimmten Weise irreführend: er suggeriert einen lediglich um diesen Rahmen ergänzten Empirismus und naiven Realismus. Diesem Bild zufolge hätten wir es mit Gegenständen-innerhalb-des-Rahmens in prinzipiell gleicher Weise zu tun, wie wir es in einem einfachen empiristischen Erkenntnismodell mit den unmittelbar erkannten Gegenständen zu tun haben: wir brauchen nur „die Augen zu öffnen", um die Gegenstände „da draußen" (in unserem Fall „im Rahmen") wahrnehmen zu können. Die Ablehnung dieses passiven Modells von Erfahrung ist ein weiteres Konstitutivum interpretationistischen Denkens. Im Gegensatz zu ihm betont der Interpretationismus den *aktiven* Aspekt der Gegenstandserfahung: der „Rahmen" ist nicht einfach ein Rahmen, der unsere Erkenntnismöglichkeiten gewissermaßen wie Scheuklappen einschränkt; vielmehr verhält es sich so, daß wir als erkennende Subjekte den Rahmen aktiv *anwenden*. Für den Interpretationisten ist Erkennen eine *Aktivität* des erkennenden Subjekts, das sich in der Anwendung des Rahmens die Erfahrungsgegenstände, die Gegenstände-innerhalb-des-Rahmens in bestimmter Weise selbst schafft, selbst konstituiert, selbst *interpretiert*, selbst *erdeutet*.

Die Erfahrungsgegenstände sind also nicht nur stets Gegenstände-innerhalb-eines-(unseres)-Rahmens, sie sind auch in dem stärkeren Sinne *unsere* Gegenstände, in dem wir sagen, daß wir als erkennende Subjekte die Gegenstände aktiv konstituiert, in einem metaphysisch-erkenntnistheoretischen Sinne „gemacht" haben. Es gibt keine selbstidentifizierenden Gegenstände, Sachverhalte, Ereignisse, sondern stets nur Gegenstände, Sachverhalte und Ereignisse *für uns*, die von uns „gemacht" im Sinne von konstituiert, interpretiert, erdeutet sind. Erkennen / Interpretieren ist eine Aktivität des Subjekts, und somit dem *Handeln* zumindest in dieser Hinsicht ähnlich; zwischen Handeln und Erkennen gibt es zumindest deutliche Parallelen.

Der Interpretationismus ist also *Transzendentalphilosophie* bzw. besitzt einen wesentlichen *transzendentalphilosophischen* Aspekt im traditionellen Sinne, insofern er Bedingungen der Möglichkeit von Gegenstandserfahrung überhaupt aufklärt. Er ist zumindest im Kern Transzendentalphilosophie. Begnügt sich eine Form des Interpretationismus (wie Prauss' Deutungstheorie) mit diesem transzendentalen Kern, so könnte man sie als „Kern-Interpretationismus" bezeichnen. Die Systeme Abels und Lenks (und vermutlich auch der Perspektivismus Kaulbachs) bleiben bei einem solchen Kern jedoch gerade nicht stehen, sondern machen „Interpretation" zum Prinzip menschlichen Erkennens und Handelns schlechthin. Ich werde hier von „umfassendem Interpretationismus" sprechen.

Der umfassende Interpretationismus sieht „Interpretation" in allem menschlichen Erkennen, in allen menschlichen Lebensäußerungen, unseren sämtlichen Welt-, Selbst- und Fremdverhältnissen, von der eben erläuterten Gegenstandskonstitution bis hin zur philosophischen Reflexion über diese (und natürlich auch überall dort, wo im üblichen Sinne des Wortes „etwas interpretiert wird") am Werk. Der Vertreter dieser umfassenden Variante betrachtet den Menschen als mit einer Vielzahl von Interpretationsrahmen zumindest rudimentär aktiv umgehend, und zwar sowohl mit unterschiedlicher Ebenen von Interpretation als auch – auf den höheren Ebenen – mit unterschiedlichen, alternativen, aber inkommensurablen Rahmen auf jeweils ein und derselben Stufe. Je höher in der Hierarchie der Interpretationen und der Rahmen ein spezifischer Rahmen dabei jeweils angesiedelt ist, desto eher kann er durch einen anderen ersetzt, durch eine alternative Betrachtungsweise, eine Neuinterpretation ersetzt werden. Dabei gibt es keine andere als pragmatische Kriterien, nach denen zumindest diese höherstufigen Rahmen gegeneinander als „besser" oder „schlechter" abgewogen werden können, kein anderes Kriterium als (zu einem bestimmten Zweck) *besser oder schlechter geeignet*. Der umfassende Interpretationismus besitzt damit einen deutlichen pragmatischen Aspekt.[1] Mit diesem geht eine prinzipielle Offenheit einher, die sich aus dem Standpunkt ergibt, daß keine Interpretation jemals als „die richtige", sondern stets nur als mehr oder weniger nützlich gelten kann, und die auch akzeptiert, daß miteinander nicht vereinbare Interpretationsrahmen, Interpretationsschemata gleichberechtigt nebeneinander bestehen können. Der umfassende Interpretationismus ist wesentlich eine antidogmatische, antiessentialistische, eine pluralistische und offene Haltung, die die Kontingenz jeglichen konkreten Weltzugangs anerkennt, ohne dabei aber in einen (selbst wiederum dogmatischen) Relativismus oder eine radikale Kritik der philosophischen Tradition überhaupt zu verfallen.[2]

9.2 Argumente für den Interpretationismus

Für den Interpretationismus spricht vor allem, daß er, als Transzendentalphilosophie, Bedingungen der Möglichkeit von Erfahrung überhaupt aufklärt, verständlich macht, daß wir es in der Erfahrung, in der Welt, mit *Dingen*, so wie wir sie kennen, zu tun haben. Dinge, Erfahrungsgegenstände sind einerseits keine „Bündel" von Eigenschaften, deren offenbare Einheit als Dinge nicht begreiflich zu machen wäre; sie besitzen andererseits aber auch keinen „Wesenskern", sind nicht „Substanzen", denen Eigenschaften zukommen würden, deren Existenz aber aufgrund der Tatsache, daß wir zu diesen „Substanzen" selbst keinen Zugang haben, höchst fragwürdig ist. Die Erklärung des Interpretationismus dafür, daß wir es überhaupt mit Dingen, wie wir sie kennen, zu tun haben, besteht darin, daß er die Dinge als in gewisser Weise von uns „gemachte", eben „interpretierte", auffaßt. Die Dinge, wie wir sie kennen, mit denen wir immer schon in fundamentaler Weise „vertraut" sind, verdanken diese „Vertrautheit" der Konstitution, der Synthesis durch uns als interpretierende, *aktiv erkennende* Subjekte. Die simultane und sukzessive Einheit, die ein *Ding* ausmacht, wird von uns mit Hilfe entsprechender Kategorien, die Teil eines bestimmten Interpretationsschemas sind, in die Welt eingebracht und die Dinge so erst von uns als solche erdeutet. Daß wir es niemals mit

---

[1] Zum Verhältnis des (Abelschen) Interpretationismus zum Pragmatismus vgl. Abel, Realismus, Pragmatismus, Interpretationismus S.63 ff.
[2] Zum Verhältnis des (Abelschen) Interpretationismus zur Postmoderne vgl. Abel, Interpretationsethik und Demokratie S.49 ff.

Gegenständen zu tun haben, die uns völlig fremd, in fundamentaler Weise von allem bisher Gekannten verschieden sind, beruht darauf, daß *wir* es sind, die „Dingheit" erst in die Welt einbringen, und damit die Dinge, wie wir sie kennen, die Dinge-*für-uns aktiv* hervorbringen.

Ein passives Erkenntnismodell, das Erfahrung als reine Aufnahme von Sinnesdaten auffaßt, wäre nicht in der Lage, begreiflich zu machen, warum wir es in der Erfahrung mit Dingen, und nicht etwa nur mit einem ungeordneten Gemenge von Sinnesdaten, einem „Gewühle von Erscheinungen" zu tun haben. Der Interpretationismus reduziert die Dinge gerade nicht auf Sinnesdaten o.ä., sondern betont, daß wir es nicht mit „Abbildern" von Dingen, sondern eben mit *Dingen* zu tun haben, und diese Dinge sind so real, wie sie es für uns nur sein können. Daß Dinge stets Dinge-für-uns sind, bedeutet nicht, daß sie dadurch weniger real sind als sie es z.B. unter den Bedinungen eines naiven Realismus wären. Die Dinge sind Dinge-für-uns, aber sie sind nicht „nur" Dinge-für-uns, „hinter" denen uns prinzipiell zugängliche Dinge an sich stehen würden. Dinge-für-uns sind schlicht *Dinge*, und zwar genau die Tische, Bücher und Bäume des Common Sense. Die alltägliche Beziehung zwischen uns als Erkennenden und den erkannten, erfahrenen Gegenständen, die bestimmte Eigenschaften (mehr oder weniger eindeutig) besitzen oder nicht besitzen, von anderen Gegenständen (mehr oder weniger eindeutig) abgegrenzt werden können, die mit sich selbst gleichbleiben und / oder sich zuweilen ändern, wird vom Interpretationismus nicht geleugnet, sondern eben *erklärt*, begreiflich gemacht. Daß wir es stets (und eben nicht „nur") mit Dingen-für-uns zu tun haben, soll nicht heißen, daß wir diese willkürlich ex nihilo erschaffen würden (was wir ganz offensichtlich nicht tun), sondern ist eine philosophische Annahme, die mit dem, was Kant „empirischer Realismus" nennt und mit der Alltagsauffassung in bezug auf Welt und Gegenstände nicht nur vereinbar ist, sondern diese vor allem begreiflich macht. Der Interpretationismus ist eine *Theorie der Erfahrung*, die Gegenstandserfahrung erklärt und sie nicht etwa als minderwertige Erkenntnis von „nur" Empirischem betrachtet.

Soweit in diesem Abschnitt bisher von „Interpretationismus" die Rede war, so war damit das gemeint, was ich oben als „Kern-Interpretationismus" bezeichnet habe: dieser „Kern-Interpretationismus" stellt eine Theorie der Erfahrung im erläuterten Sinne dar, wobei „Erfahrung" hier das fundamentale Konfrontiertsein mit Welt, mit Dingen in ihren allgemeinsten (empirischen) Zügen meint.

Erweitert man das Verständnis von „Interpretationismus" und „Interpretation" nun auf das, was ich „umfassenden Interpretationismus" genannt habe, auf eine Position, die – wie dies bei Abel und Lenk geschieht – „Interpretation" zum Prinzip alles Erkennens und Handelns macht, so hat man es mit einer nicht unbedingt umfangreicheren, aber eben umfassenderen Theorie zu tun, in deren Zentrum zwar die den „Kern-Interpretationismus" bildende Theorie der Erfahrung steht, die aber sämtliche Arten und Aspekte menschlichen Zugangs zur Welt und der Reflexion über diese unter dem Gesichtspunkt von „Deutung", von „Interpretation" zu erklären sucht.

So haben wir es beispielsweise in der Wahrnehmung dort mit „Interpretationen" im umfassenderen (konkret der ursprünglichen Bedeutung des Wortes aber näherstehenden) Sinne dort zu tun, wo ein und dasselbe (fundamental interpretierte) Ding unterschiedlich wahrgenommen werden kann, wie dies z.B. bei dem von Wittgenstein in den *Philosophischen Untersuchungen* als Beispiel angeführten „Hasen-Enten-Kopf" der Fall ist[1]: ob ich die Figur *als* Hase oder *als* Ente (oder als keines von beiden, oder vielleicht als etwas völlig anderes)

---

[1] vgl. Wittgenstein, Philosophische Untersuchungen S.519 f.

sehe, hängt nicht (nur) von der Figur selbst ab, sondern davon, wie ich die Figur *deute*. *Als was* ich etwas – das fundamental als Erfahrungsgegenstand schon bestimmt, bereits in einem fundamentaleren Sinne gedeutet, ist – wahrnehme, hängt niemals nur vom Wahrgenommenen selbst, sondern auch von mir als Wahrnehmendem ab, von meinen Erfahrungen, aus denen sich bestimmte Erwartungen ergeben, von meinem Wissen über bestimmte Arten von Dingen und ihre Relationen zu anderen Dingen, kurz: von meinen (Alltags-)*Theorien* über Gegenstände. Unsere Wahrnehmungen sind stets theorie- und das heißt letztlich interpretations*imprägniert*: wir begegnen der Welt, den Dingen in ihr, niemals mit einem „unschuldigen Auge", sondern nehmen sie stets *als etwas* wahr, *als* Tisch, *als* Buch, *als* Hase, *als* Ente etc., oder aber (allerdings in den seltensten Fällen) *als* unbekannten Gegenstand, der aber (genauso wie jeder als ein Etwas wahrgenommene Gegenstand) immer schon in seinen allgemeinsten empirischen Zügen im „kern-interpretationistischen" Sinne gedeutet ist. Die solcherart als Interpretation verstandene Wahrnehmung birgt die Möglichkeit des *Irrtums* in sich, es kann vorkommen, daß ich etwas fälschlicherweise *als* Tisch oder einen großen, aber weit entfernten Gegenstand *als* kleineren, aber näheren Gegenstand wahrnehme. Diese Unterscheidung zwischen „Schein" und „Wirklichkeit", zwischen „richtiger" oder „angemessener" und „falscher", „fehlerhafter" Wahrnehmung ist aber eine erfahrungs-interne, es ist eben jene Unterscheidung, die alltäglich, vor jeder philosophischen Reflexion getroffen wird und die Forschungsgegenstand etwa der Wahrnehmungspsychologie und -physiologie ist. Die „Interpretation", in der eine (richtige oder fehlerhafte) Wahrnehmung besteht, ist eben eine (graduell) andere als die „Interpretation", die in der fundamentalen Gegenstandkonstitution am Werke ist, es handelt sich um eine andere *Stufe* der Interpretation, des Interpretierens. Unterschiedliche Stufen der Interpretation verlangen unterschiedliche Formen des Differenzierens, und die Differenzierung, deren einer Pol der „Irrtum" ist, ist auf der fundamentalen Ebene von „Interpretation" als Gegenstandskonstitution nicht vonnöten. Daß es sich auf den verschiedenen Ebenen von Erfahrung und Reflexion über Erfahrung stets um *Interpretation* handelt, darf nicht zu der Annahme verleiten, es gebe keine gravierenden Unterschiede zwischen diesen Ebenen. Der Interpretationismus *leugnet* die Unterschiede etwa zwischen der schlichten Wahrnehmung eines Gegenstandes *als* Buch, eines Buches *als* eines Exemplars der *Kritik der reinen Vernunft* und der erkenntnistheoretischen Reflexion über diese Wahrnehmung ebensowenig, wie er die Common-Sense-Realität dieses Buches leugnet: was er behauptet, ist lediglich, daß auf allen erwähnten Ebenen ein als „Interpretation" bezeichnetes Vermögen im Spiel ist, das sich jedoch auf verschiedenen Ebenen verschieden auswirkt, verschiedene Unterscheidungen möglich macht etc. Die für den umfassenden Interpretationismus charakteristische Kennzeichnung aller Formen unseres Welt-, Selbst- und Fremdverhältnisses als „Interpretationen" will deren Vielfalt gerade nicht leugnen, sondern vielmehr *erklären*.

Für den Interpretationismus spricht also vor allem, daß er auf der fundamentalen Ebene (als „Kern-Interpretationismus") begreiflich macht, daß wir es überhaupt mit Dingen, mit Erfahrungsgegenständen zu tun haben. Er stellt eine transzendentalphilosophische Erklärung dar, eine Klärung der Bedingungen der Möglichkeit von Erfahrung überhaupt, die nicht darauf hinausläuft, diese Erfahrung zur „Illusion" oder die Gegenstände zu „nur" erfahrenen (im Gegensatz zu Dingen an sich) zu machen. Allein damit würde er eine mögliche Antwort auf eine grundlegende philosophische Frage darstellen. Erweitert man den Blick jedoch auf die „umfassende" Variante interpretationistischen Denkens, so erhält man eine Theorie, die diesen transzendentalen Aspekt einschließt, ihn jedoch zu einer synoptischen Theorie menschlichen Erkennens und Handelns ergänzt, die weitreichende explanatorische Kraft hat, mit einem einzigen (im einzelnen freilich sehr differenzierten) Prinzip auskommt, dabei jedoch – in ihrer Betonung der Möglichkeit *anderer* Interpretationen – undogmatisch und Kritik gegenüber offen bleibt. Die Verbindung einer umfassenden Theorie der Erfahrung auf allen Ebenen mit einer solchen Offenheit sollte Grund genug sein, den (umfassenden) Interpretationismus als philosophischen Standpunkt nicht nur ernst zu nehmen, sondern ihn durchaus auch anderen Positionen vorzuziehen.

Allerdings können auch einige gravierende Argumente gegen den Interpretationismus ins Treffen geführt werden; auf diese Gegenargumente soll im folgenden Abschnitt eingegangen werden.

9.3 Einwände gegen den Interpretationismus

Der Punkt, der vor allem für den umfassenden Interpretationismus spricht, die Integration sämtlicher Aspekte menschlichen Erkennens und Handelns in ein System, bietet zugleich den offenkundigsten Ansatzpunkt zur Kritik. Man muß nicht unbedingt, wie Graeser dies tut, von „Sprachmißbrauch"[1] sprechen, aber die Kennzeichnung unserer *sämtlichen* Vermögen, uns in Relation zur Welt und zu uns selbst zu setzen, als „Interpretation" ist zumindest fragwürdig. Unter dem Begriff „Interpretation" subsumieren sowohl Abel als auch Lenk Vermögen, Erkenntnis- und Handlungsweisen, die von der fundamentalen Gegenstandskonstitution bis hin zur wissenschaftlichen und philosophischen Theoriebildung reichen. Die vermeintlich passive Wahrnehmung des Buches, das vor mir liegt, *als* quaderförmiger, farbiger Gegenstand, seine Wahrnehmung *als* Buch (die ich vor allem der Tatsache verdanke, daß ich früher schon mit Büchern zu tun gehabt habe), das Lesen der Worte auf dem Umschlag, sind ebenso in einer bestimmten Weise „Interpretation" bzw. „interpretatorisch" wie die höchst abstrakte physikalische Betrachtung desselben(?) Gegenstandes im Rahmen Newtonschen Physik oder aber auch *als* Teilchenwolke im Rahmen der Quantenphysik, und auch die philosophische Reflexion über alle genannten Zugangsweisen zu dem Buch. Lenks Kennzeichnung des Ausdrucks „Interpretation" als „nur ein Wort, das Differenzen und Nuancen zuzudecken scheint"[2] kann man durchaus auch dann zustimmen, wenn man sich mit Lenks eigenen erschöpfenden Ausführungen über diese Differenzen und Nuancen einigermaßen ausführlich befaßt hat.

Die Frage, die sich nun stellt, ist die, wie z.B. die Zusammenfassung von Gegenstandskonstitution und Reflexion über Gegenstandkonstitution unter dem Begriff „Interpretation" zu verstehen ist. Abel will seine Stufung der Interpretationen als heuristisch verstanden wissen, und Lenks Ausführungen über den methodologischen Nutzen der Einteilung der Interpretationsstufen sind wohl ganz ähnlich zu verstehen. „Interpretation" wäre in diesen Fall tatsächlich „*nur* ein Wort", das relativ willkürlich einem bestimmten Bereich unseres Weltzugangs und unserer Reflexion über Welt entnommen und auf sämtliche anderen Bereiche ausgedehnt worden ist; ebenso hätte wohl ein für einen anderen Bereich zentraler Ausdruck (etwa „Konstitution") verwendet werden können. Der Begriff „Interpretation" wäre hier demnach geradezu eine Fiktion im Vaihingerschen Sinne: wir können die Erfahrungsgegenstände so auffassen, *als ob* sie „Interpretationen" wären. Wir hätten es beim Begriff und dem Prinzip „Interpretation" also mit einem relativ willkürlich gewählten Ausdruck zu tun, der sich durch seinen methodisch-heuristischen Nutzen rechtfertigen läßt: die grundlegende Konstellation *Etwas wird von jemandem als Etwas interpretiert* läßt sich auf die verschiedenen Stufen menschlichen Erkennens (und Handelns) jeweils mehr oder minder gut

---

[1] Graeser, Interpretation, Interpretativität und Interpretationismus S.255
[2] Lenk, Interpretationskonstrukte S.506

anwenden und erlaubt so die Neuformulierung bestimmter Prinzipien und Annahmen und die Neuformulierung – und eventuell auch die Lösung – bestimmter Probleme.

Ein solcher methodologisch-heuristischer Aspekt ist in den umfassenden interpretationsphilosophischen Ansätzen Abels und Lenks nicht zu leugnen; auf diesen zu reduzieren sind diese aber auf keinen Fall. „Interpretation" ist bei beiden mehr als nur ein philosophisches Schlagwort, sondern soll etwas bezeichnen, was den verschiedenen „Interpretationsstufen" *tatsächlich* gemeinsam ist. Was dieses Gemeinsame ist, ist bei Lenk etwas deutlicher als bei Abel, es ist „Interpretieren" als Anwenden von (Interpretations-)*Schemata*. Auch diese nicht-heuristische Auffassung von Interpretationismus, in deren Zentrum die These steht, daß wir im Erkennen (und Handeln) *tatsächlich* in einer bestimmten Weise „interpretieren", bedarf einer außergewöhnlichen Ausdehnung der Verwendung des Ausdrucks „Interpretation", die jedoch ausdrücklich mit dem Anspruch auftritt, keine methodische *Über*dehnung zu sein. „Interpretation" ist hier weniger ein relativ willkürlich gewählter Begriff zur - heuristischen Zwecken dienenden - Charakterisierung von Verschiedenartigem eben als „Interpretation", als vielmehr ein Terminus technicus, der sich zumindest in seinen Grundzügen noch am alltäglichen Sprachgebrauch orientiert (und diesen auch einschließt), mehr eine dem üblichen Gebrauch nicht allzu fern stehende Metapher als ein Hilfsausdruck. „Interpretation" in einem bestimmten Sinne ist dieser Interpretation (hier ist das Wort im üblichen Sinne zu verstehen) zufolge *tatsächlich* das eine und einzige Prinzip des „Interpretationismus". Faßt man „Interpretation" aber in dieser Weise auf, so muß der oben genannte Kritikpunkt sehr ernst genommen werden: Kann das einfache Wahrnehmen von etwas (als etwas) mit dessen wissenschaftlich-methodischer Untersuchung und der philosphischen Reflexion über das eine wie das andere tatsächlich in einen Topf geworfen, unter einem einzigen Prinzip subsumiert werden? Lenk und Abel tun dies in ihren umfassenden Interpretationismen de facto (obwohl beider Systeme auch eindeutig methodologisch-heuristische Aspeke enthalten) und stehen damit in deutlichem Gegensatz zu Prauss, in dessen „kern-interpretationistischer" Deutungstheorie sich „(Er-)Deutung" als eindeutige Metapher (für das Überschreiten von Innenwelt auf Außenwelt hin) auf den Bereich der Gegenstandskonstitution beschränkt und nicht auf andere Bereiche ausgedehnt wird. Der eindeutig metaphorische Gebrauch von „Deutung" oder „Interpretation", eingeschränkt auf einen klar umrissenen fundamentalen Bereich menschlichen Erkennens, so wie er sich bei Prauss findet ist zwar ebenfalls realistischen Einwänden (s.u.) ausgesetzt, fordert jedoch nicht, so wie die umfassenden Interpretationismen, die Frage heraus, ob der umfassende Gebrauch eines Ausdrucks wie „Deutung" oder „Interpretation", so er nicht ausschließlich heuristisch-methodologisch zu verstehen ist – was allerdings weder bei Lenk noch bei Abel der Fall zu sein scheint –, zur Charakterisierung der unterschiedlichsten menschlichen Zugangsweisen zur Welt nicht einem übertrieben optimistischen Willen zum System entspringt, der die Unterschiede zwischen diesen Zugangsweisen, salopp ausgedrückt, auf die leichte Schulter nimmt.

Hat sich dieser erste Haupteinwand eher gegen die Form der (umfassenden) Interpretationismen Lenkscher und Abelscher Prägung gerichtet, so ist der zweite inhaltlicher Natur: „Willenserfahrung als Widerstandserfahrung ist das factum brutum, an dem vor Ort des Leidens jede Interpretation versagt." (Fellmann)[1] Was hier gemeint ist, stellt Graeser an einem anschaulichen Beispiel klar: „Stolpert jemand über eine Türschwelle und bricht sich dabei ein

---

[1] Fellmann, Interpretationismus und symbolischer Pragmatismus S.54

Bein, so *ist* das, worüber er stolpert, ebensowenig Interpretation wie das Ereignis oder der Vorfall, der der Beschreibung ´Beinbruch´ zugrunde liegt, seinerseits eine Deutung ist. [...] Das, worüber die Person stolpert, existiert interpretationsunabhängig. Interpretationsabhängig ist allenfalls die Betrachtung und Charakterisierung des fraglichen Gegenstandes *als* Türschwelle und die Betrachtung des Ereignisses *als* Beinbruch."[1] Dieses, konkret als Einwand gegen Abels Interpretationsphilosophie vorgebrachte Argument, scheint in einer Tradition zu stehen, die von Samuel Johnson im wahrsten Sinne des Wortes losgetreten wurde[2]: den Verweis auf das, was später als „Widerständigkeit" der Welt bezeichnet worden ist. Auch Graeser verweist hier auf Wittgensteins „harten Felsen"[3] der Lebenspraxis, eine Strategie, die jedoch ins Leere laufen dürfte, da Graeser einen Unterschied macht, den Abel gerade *nicht* macht, nämlich den (absoluten) Unterschied zwischen Interpretativem und Nichtinterpretativem. Abel will gerade *nicht* sagen, daß Menschen nicht über *reale* Türschwellen stolpern und sich dabei *reale* Beinbrüche zuziehen; was er zurückweist, ist lediglich die Auffassung, wir hätten es bei den Türschwellen, über die wir zuweilen stolpern und den dabei zugezogenen Beinbrüchen mit „objektiven", d.h. von uns (unseren Interpretationen) völlig unabhängigen Türschwellen und Beinbrüchen (allgemeiner: Gegenständen und Ereignissen) zu tun. Für den Interpretationisten gibt es Gegenstände und Ereignisse stets nur beispielsweise eben als Türschwellen-*für-uns* und Beinbrüche-*für-uns*, und genau das ist der Sinn, in dem es sich dabei um „Interpretationen" handelt. Türschwellen und Beinbrüche sind Interpretationen, aber nicht „nur" Interpretationen, sondern eben die Türschwellen und Beinbrüche, mit denen wir es zu tun haben, über die wir stolpern und die wir uns dabei zuziehen. Der Interpretationist will keineswegs, wie man Graeser hier verstehen könnte, ohne Not Türschwellen und Beinbrüche vermehren. Der Verweis auf die „Widerständigkeit", auf die Lebenspraxis (der einen mehr als nur empirischen Realismus immer schon mitenthält) vermag den Interpretationismus (der nicht mehr als ein empirischer Realismus sein will), nicht zu widerlegen, da er schlicht auf einem Mißverständnis dessen beruht, inwiefern die Welt und die Gegenstände in ihr als „Interpretationen" verstanden werden. Er ist argumentativ kaum wirkungsvoller als Samuel Johnsons Tritt gegen einen Stein, mit dem dieser Berkeleys Idealismus widerlegen zu können glaubte.

(Kurioserweise argumentiert Löhrer *gegen* Abel unter Bezugnahme auf dessen eigenen Verweis auf die Interpretationspraxis als Lebenspraxis: der Interpretationist Abel beruft sich natürlich ebenfalls auf den „harten Felsen", allerdings nicht, um dessen objektive, sondern lediglich um dessen *empirische, praktische* Realität auf ein festes pragmatisches Fundament zu stellen. Nach Löhrers Ansicht tritt Abel damit für einen tendenziell dogmatischen Standpunkt, „einen neuen ´Mythos des Gegebenen´"[4] ein, der einen nicht einlösbaren (und den klassischen Letztbegründungsstrategien in keiner Weise vorzuziehenden) Letztbegründungsanspruch enthält, der „eher [anzeigt], worüber man nicht mehr mit sich reden lassen will, was nicht mehr zur Disposition stehen soll, als daß [er] selbst argumentative Kraft innerhalb einer Debatte hätte."[5] Dieser Vorwurf gegen Abels Interpretationsphilosophie, der dem Graesers exakt entgegengesetzt ist, dürfte allerdings ebenso ins Leere laufen wie jener: Abel verweist auf die

---

[1] Graeser, Interpretation, Interpretativität und Interpretationismus S.256
[2] vgl. z.B. Röd, Der Weg der Philosophie II S.89
[3] vgl. Wittgenstein, Philosophische Untersuchungen § 217
[4] Löhrer, Einige Bemerkungen zur Theorieebene der Interpretationsphilosophie S.269
[5] a.a.O.

*Lebens*praxis als Basis eben allen praktischen Umgangs mit der Welt, will aber keinesfalls „nicht mit sich reden lassen" oder diese Position „nicht zur Disposition" stellen. Ganz im Gegenteil: gerade in der Charakterisierung auch der Lebenspraxis und der für sie konstitutiven empirischen Gegenstände als interpetiert(e) wird diese Lebenspraxis sehr wohl „zur Disposition gestellt". Die Gegenstände in der Welt sind für den Interpretationisten zwar keineswegs „nur" Interpretationen, sondern eben *die Gegenstände*, mit denen wir es zu tun haben; sie sind aber sehr wohl *Interpretationen* und uns damit zwar praktisch in den allermeisten Fällen unhintergehbar „gegeben", aber dennoch Objekte einer theoretischen Reflexion, die sie keinesfalls als absolut „objektive" oder „gegebene" betrachtet.)

Ein weiteres, wenn auch weniger schwerwiegendes Argument gegen interpretationistisches Denken ist die Frage nach der Möglichkeit der Anwendung des Interpretationismus auf sich selbst: Wenn in einem bestimmten Sinne „alles" Interpretation ist, welchen Status nimmt dann der Satz ein, der eben dies aussagt (z.B. Abels „Satz der Interpretation")?[1] Nimmt man die Aussage, *alles* sei Interpretation, wörtlich, so ist natürlich auch diese selbst eine Interpretation, und es wird fragwürdig, was sie selbst dann überhaupt aussagt. Die Möglichkeit, einen solchen „Satz der Interpretation" außerhalb der Interpretativität anzusiedeln, ist durch den wesentlich internalistischen Charakter der Interpretationsphilosophie verbaut, der ein Hinaustreten aus der Interpretativität nicht erlaubt. Will man sich nicht in Widersprüche verstricken, so muß einem Satz wie „Alles ist Interpretation." wohl auch unter den Bedingungen eines nicht ausschließlich heuristisch verstandenen umfassenden Interpretationismus so etwas wie heuristischer Charakter zugesprochen werden; er ist als sozusagen regulatives Prinzip, alles in der Welt unter dem Gesichtspunkt seiner Interpretativität, seiner (durch die Lebenspraxis jedoch gewissermaßen kompensierten) Kontingenz, zu betrachten.

Weiters könnte gegen die Interpretationsphilosophie eingewendet werden, daß sie den Status des Subjekts nicht vollständig aufklärt. Zwar befaßt Lenk sich mit der Frage nach der Stellung des Subjekts im Rahmen seines Interpretationskonstruktionismus, das Resultat dieser Überlegungen ist aber eine Art Postulierung eines (uninterpretierten aber selbst interpretierenden) Subjekts, die weniger überzeugt als die aus Abels allgemeiner Interpretationsphilosophie möglicherweise zu ziehende Konsequenz, daß die Subjekte selbst (ähnlich wie in Nietzsches Willen-zur-Macht-Lehre) nichts anderes als mehr oder minder stabile Momente des Interpretationsgeschehens sind. Ob man den Status des Subjekts im Rahmen der Interpretationsphilosophie überhaupt als nennenswertes Problem auffaßt, hängt davon ab, wie sehr man sozusagen am Subjekt „hängt": will man eine fundamentale Trennung von Subjekt und Objekt beibehalten, so wird man die Stellung des Subjekts innerhalb eines Systems, das im einen oder anderen Sinne „alles" als Interpretation betrachtet, sicher eher als Problem auffassen (und mit Lenks Lösung, so sie eine ist, auch nicht zufrieden sein), als wenn man den mehr oder minder radikalen Schritt hin zur Auflösung der Trennung von Subjekt und Objekt tut, und – im Rahmen einer wirklich umfassenden Interpretationsphilosophie – Subjekt(e) wie Objekt(e) als Momente eines umfassenden Interpretationsgeschehens auffaßt.

Zuletzt sei hier noch ein weiterer Einwand Graesers gegen den Interpretationismus erwähnt, der sich gegen die Kennzeichnung jeglichen Interpretierens als „Handeln" richtet: Graeser meint, daß dies zumindest auf der fundamentalen Stufe der Gegenstandskonstitution (IS_1 bzw. Interpretationen$_1$) eine nicht angemessene Ausdrucksweise sei, da der Begriff „Handeln" impliziere, daß sich der Handelnde zumindest anderer Handlungsmöglichkeiten bewußt

---

[1] vgl. z.B. Löhrer, Einige Bemerkungen zur Theorieebene der Interpretationsphilosophie S.264 ff.

gewesen ist, was beim „Interpretieren" im Sinne von Gegenstandkonstitution offenkundig nicht der Fall ist. Zumindest auf dieser Ebene läuft die Kennzeichnung von „Interpretation" als Handeln für Graeser darauf hinaus, zu „ignorieren, daß das erkennende Subjekt keine Wahl hat, über keinen Begriff dessen verfügt, was es tut und jedenfalls nicht handelt."[1] Auch hier würde ich Graeser widersprechen: sowohl Abel als auch Lenk verwischen den Unterschied zwischen Erkennen und Handeln und betrachten beides als graduell verschiedene Weisen des Interpretierens, die beide in der einen oder anderen Form in den allermeisten Interpretationen enthalten sind. Graeser verwendet hier einen sozusagen „orthodoxen" Handlungsbegriff, der demjenigen der Interpretationsphilosophie zwar ähnelt, mit im aber nicht identisch ist; sein Einwand ist somit eher auf der Ebene der Kritik an der „Interpretations"-Terminologie (wo er berechtig ist) anzusiedeln als auf der inhaltlicher Auseinandersetzung mit der spezifischen interpretationsphilosophischen Auffassung vom Interpretieren als Erkennen *und* Handeln.

9.4 Interpretationismus zwischen Realismus und Antirealismus

Es bleibt nun noch eine Frage zu behandeln, die in den bisherigen Überlegungen zur Beurteilung des Interpretationismus ausgeklammert worden ist: die zentrale Frage nach der *Realität* unter den Bedingungen interpretationsphilosophischen Denkens. Gibt eine objektive, von uns unabhängige Wirklichkeit jenseits aller Interpretationen oder kann auf eine solche Hypothese zugunsten der Annahme verzichtet werden, daß es „nur" Interpretationen, nur Interpretationsprozesse, Interpretiertes und Interpretierendes gibt?

Diese Frage verlangt nach einer Entscheidung zwischen zwei Auffassungen von Interpretation, die ich „Interpretations-Paradigmen" nennen möchte. Das erste, das als „realistisches" Interpretations-Paradigma bezeichnet werden könnte, ist die Auffassung, die sich bei Kant, Lange, Vaihinger, Prauss, Lenk und wohl auch bei Kaulbach findet, die Annahme, daß wir es in der Erfahrung zwar stets nur mit Dingen-für-uns, mit Erscheinungen, mit interpretierten Dingen zu tun haben, denen aber letztlich so etwas wie Dinge an sich, eine uninterpretierte Wirklichkeit zugrundeliegt. Diesem steht ein „antirealistisches" Interpretations-Paradigma entgegen, als dessen Vertreter Nietzsche und – trotz seiner Beteuerung, seine allgemeine Interpretationsphilosophie sei *kein* Antirealismus – Abel (und möglicherweise auch Kaulbach) gelten dürfen, und das besagt, daß es ausschließlich Interpretationen, nichts Uninterpretiertes, Außer-Interpretatives gibt. Die Entscheidung zwischen „realistischem" und „antirealistischem" Interpretations-Paradigma ist die Entscheidung der Frage „Welt-Interpretationen oder Interpretations-Welten?".

Beide Interpretations-Paradigmen sind sowohl mit einem „Kern-Interpretationismus" als auch mit einem „umfassenden Interpretationismus" vereinbar; beide sind empirische Realismen und in beiden kann die Aussage akzeptiert werden, daß wir in gewissem Ausmaß „in verschiedenen Welten" leben, d.h. als unterschiedliche Individuen andere Erfahrungen haben, bestimmte Dinge verschieden wahrnehmen, und daß auch jeder Einzelne „die Welt" von Zeit zu Zeit anders wahrnimmt, andere Dinge für ihn Bedeutung erlangen etc. Ebenso einig sind sich die beiden Paradigmen darin, daß es so etwas wie eine uns allen gemeinsame Lebenswelt, die Welt der physischen Gegenstände gibt, daß wir alle *in dieser einen* (aber jeder eben auch in anderen) Welt(en) leben und zumindest ähnliche Erfahrungen in dieser Welt machen und über die Welt, die Gegenstände in ihr, deren Eigenschaften, Relationen etc. (die samt und sonders (unsere) gemeinsamen) Interpretationen sind) sprechen können. Auch der „antirealistische"

---

[1] Graeser, Interpretation, Interpretativität und Interpretationismus S.258

Interpretationist leugnet nicht die gemeinsame Lebens-(Interpretations-)Welt; nicht einmal in Nietzsches Interpretations-Monadologie erdeutet sich das Individuum in vollkommen solipsistischer Weise seine Welt. Zumindest gemeinsame Fundamente (gemeinsame Interpretationen$_1$ oder Interpretationen auf IS$_1$) gestehen beide Paradigmen zu: die entscheidende Frage ist die, ob diesen Basis-Interpretationen eine objektive, selbst nicht interpretierte Wirklichkeit zugrundeliegt oder nicht. (Dabei sind sich „realistischer" und „antirealistischer" Interpretationismus allerdings auch darin einig, daß die Annahme einer solchen objektive Wirklichkeit niemals *widerlegt* werden kann.)

Der „realistische" Interpretationismus ist diejenige Variante interpretationistischen Denkens, die zwar alles, was es *für uns* gibt, als immer schon in bestimmter Weise durch uns bestimmt, also interpretiert, betrachtet, diesem Für-uns jedoch ein An-sich, eine von unseren Interpretationen unabhängige, objektive Realität gegenüberstellt. Der „realistische" Interpretationismus ist also ein ontologischer Realismus, aber eben nicht mehr als ein solcher: die Existenz einer objektiven Wirklichkeit wird zwar angenommen, erkannt kann diese jedoch niemals werden, da alles von uns Erkannte, uns Zugängliche stets interpretativ geprägt, interpretationsimprägniert ist. Für den „realistischen" Interpretationismus sprechen vor allem zwei Aspekte: Erstens kommt er unseren Intuitionen, dem Common Sense zumindest in rudimentärer Weise entgegen, da er eine Realität und Dinge „da draußen" annimmt, die uns Subjekten als Gegen-Stände eben gegenüberstehen, uns „Widerstand" (im Sinne der „Widerständigkeit") entgegenbringen, über deren Beschaffenheit und Eigenschaften wir nicht willkürlich zu verfügen imstande sind; außerdem stellt der „realistische" Interpretationismus eine Erklärung dafür bereit, daß wir in der Welt Unterschiedlichem und zumindest in einem gewissen Ausmaß immer wieder Neuem begegnen: die „Einheitlichkeit" der empirischen Welt, ihre grundlegenden Strukturen, sind von uns in sie eingebracht, die Vielheit jedoch, die konkreten verschiedenen Einzeldinge, Sachverhalte etc. verdanken sich einer Verbindung der einheitsstiftenden und konstruktiven Synthesis mit einer objektiven Wirklichkeit; diese aktiv vom Subjekt vorgenommene Verbindung heißt „Interpretation". Dieser Argumentation für einen minimalen, ontologischen Realismus, der Berufung auf die „Widerständigkeit" ist aber insofern mit Skepsis zu begegnen, als „Widerständigkeit" tendenziell ein Plausibilitätsargument, um nicht zu sagen eine Berufung auf ein eher unpräzises „Weltgefühl", als ein stringenter Beweis für irgendetwas ist. (Außerdem wird ja die „Widerständigkeit" gerade – wenn auch m.E. erfolglos - als Argument *gegen* den Interpretationismus in Treffen geführt. (vgl. Abschnitt 9.3)) Auch die Annahme einer objektiven, interpretationsunabhängigen Realität kann unter diesen Umständen nicht mehr als ein Postulat sein, dessen zentraler Zweck in einer Rettung unserer realistischen Intuitionen besteht – Intuitionen, denen ein recht verstandener „antirealistischer" Interpretationismus aber keineswegs widersprechen muß. (Analog wäre auch in Entgegnung auf einen Einwand zu argumentieren, der der „Rettung" des Subjekts bzw. der Subjekt-Objekt-Dichotomie dienen soll: die Trennung des empirischen Subjekts von den empirischen Objekten bleibt auch unter „antirealistischen" Bedingungen genauso bestehen wie die „Objektheit" der empirischen Gegenstände und die „Subjektheit" des empirischen Ich, dessen – eben empirische - Realität keineswegs geleugnet wird.)

Ein zweites, allerdings schwächeres Argument für die Annahme eines minimalen, ausschließlich ontologischen Realismus wäre die Berufung auf die Terminologie, die eben gerade den Ausdruck „Interpretation" benutzt. Unter Berufung auf den alltäglichen Gebrauch des Wortes „Interpretation", der eine dreistellige Relation zwischen Interpretierendem, Interpretandum und Interpretat einschließt, könnte argumentiert werden, daß, wenn auch die fundamentalen Züge unserer Erfahrung „Interpretationen" (etwa Abels Interpretationen$_1$) sind, auch diese eines Interpretandums bedürfen, da ansonsten der Begriff „Interpretation" nicht angemessen wäre. Dieser Einwand (der analog auch in Hinblick auf das Subjekt als Interpretierendes vorgebracht werden kann), ist jedoch durch den Hinweis darauf zu entkräften, daß „Interpretation" im Sinne der als „Interpretationismus" bezeichneten philosophischen Position(en) zur „Interpretation" beispielsweise eines Gedichtes etwa in dem Verhältnis steht, in dem eine Analogie oder eine Metapher zur ursprünglichen Bedeutung des in metaphorischer Weise gebrauchten Ausdrucks steht: was sie unter „Deutung" oder „Interpretation" (oder auch unter „Perspektive") verstehen, wird von den einzelnen Vertretern des interpretationistischen Standpunktes (in seinen unterschiedlichen Ausprägungen) jeweils mehr oder minder klar definiert. Diese speziellen Auffassungen von „Deutung" oder „Interpretation" haben mit „Interpretationen" etwa von Gesetzestexten gewisse formale Strukturen gemeinsam und / oder schließen diese als Sonderfall ein. Auf keinen Fall jedoch darf der mehr oder minder geglückte metaphorische Gebrauch des Wortes „Interpretation" dazu verleiten, dessen wörtlicher Bedeutung zuviel Gewicht zuzumessen und aus seinem alltäglichen Gebrauch inhaltliche Konsequenzen für die „Interpretations"-Philosophie zu ziehen.

Der mit dem Interpretationismus verbundene empirische Realismus ist, wie schon dargelegt, sowohl mit dessen „realistischer" als auch mit dessen „antirealistischer" Spielart vereinbar; allerdings ist angesichts der eben angeführten Argumente, die eher gegen als für den „realistischen" Interpretationismus sprechen, zu fragen, ob die Verbindung dieses empirischen Realismus mit einem interpretationistischen Antirealismus nicht die konsequentere Lösung als die Annahme eines auch nur rudimentären ontologischen Realismus wäre.

Der „antirealistische" Interpretationismus leugnet nicht die empirische Realität von Gegenständen, Sachverhalten etc. Was er aber ablehnt, ist die Auffassung, daß die Annahme einer interpretationsunabhängigen Realität vonnöten wäre. (*Widerlegen* kann er diese Annahme, um es noch einmal deutlich zu sagen, natürlich nicht.) Für ihn gibt es kein auch noch so schwach formuliertes „an sich", sondern tatsächlich „*nur*" Interpretationen. Buchstäblich „*alles*" ist Interpretation, die Gegenstände ebenso wie wir Subjekte, die Reflexion über beide und ihr Verhältnis (und natürlich auch die Interpretation von Gedichten oder Gesetzestexten). Subjekt(e), Objekt(e) und Welt(en) sind (relativ) statische Momente eines Interpretationsgeschehens, das durchaus im Sinne Nietzsches verstanden werden kann. Die Relationen zwischen uns und der Welt ebenso wie zwischen uns Subjekten, die Gesamtheit unserer Welt-, Fremd- und Selbstverhältnisse, sind Verhältnisse zwischen Interpretationen. Wir haben es nicht mit Welt-Interpretationen, sondern mit Interpretations-Welten zu tun, mit Interpretationen, die zugleich Welten *sind*, da *Welt nur als Interpretation denkbar ist*. Wir können gleichzeitig oder aber auch sukzessive in verschiedenen Interpretations-Welten leben, von denen jedoch keine anders als pragmatisch als „besser" oder „richtiger" als eine andere ausgezeichnet werden kann. Diese verschiedenen Welten sind jedoch keine Schöpfungen ex nihilo: wie die „Erzeugung" von Welten bzw. Weltversionen in Nelson Goodmans *Weisen der Welterzeugung* „mit einer Version [beginnt] und [...] mit einer anderen [endet]"[1], steht jede Interpretations-Welt mit anderen in Verbindung, aus denen sie – wiederum in einem Akt der Interpretation – hervorgegangen ist. Zumeist ist Interpretieren so etwas wie ein „Umschaffen"[2] im Sinne Goodmans, das im Modifizieren bestimmter Aspekte einzelner Welten – als wichtigste Arten dieses Modifizierens nennt Goodmann „Komposition und Dekomposition",

---

[1] Goodman, Weisen der Welterzeugung S.121
[2] ebd. S.19

„Gewichtung", „Ordnen", „Tilgung und Ergänzung" und „Deformation"[1] – besteht. Allerdings ist uns als empirischen Subjekten die Möglichkeit *bewußten* Modifizierens von Interpretations-Welten nur sehr bedingt, nur auf den höheren Stufen des Interpretierens gegeben. Hier läßt sich nun aber auch die Kritik an der „antirealistischen" Variante interpretationistischen Philosophierens ansetzen: Warum bringt das autonome Interpretationsgeschehen Subjekte hervor, die sich einer Welt der Objekte gegenübersehen, und diese Objektwelt ebenso wie sich selbst als mehr oder minder statisch und zumindest in der alltäglichen Betrachtungsweise so real wie sie nur sein können betrachten. Die „antirealistische" Variante des Interpretationismus ist zwar in der beschriebenen Weise „konsequenter" als die „realistische" Spielart, gerade diese Konsequenz, tatsächlich *alles* als Interpretation zu betrachten, ist es aber auch, die die Gefahr in sich birgt, den derart quasi-absolut verstandenen Interpretationismus nicht mehr in verständlicher Weise mit einem empirischen Realismus in Verbindung bringen zu können. Der Interpretationismus, in seinen Ursprüngen einen Theorie, die Erfahrung verstehbar machen soll, würde sich von dieser Erfahrung schließlich allzusehr lösen und zu einer Art Metaphysik werden, die die konkrete Erfahrung, da sie sie nicht zu erklären imstande ist, letztlich als unnützen Ballast abwerfen und zu einer Art Illusion erklären würde, die der „wahren Welt", dem Interpretationsgeschehen gegenüber zweitrangig ist – aus dem in seinem Kern transzendentalphilosophischen Interpretationismus wäre ein die Welt letztlich leugnender und ablehnender, eher obskurer Interpretationsidealismus geworden.

Diese Darstellung der möglichen Konsequenzen eines „antirealistischen" Interpretationismus besitzt allerdings offensichtlich bereits den Charakter der Karikatur. Der „antirealistische" Interpretationismus soll genausowenig eine Darstellung von Abels allgemeiner Interpretationsphilosphie sein wie die zuvor oben behandelte „realistische" Variante mit Lenks Interpretationskonstruktionismus verwechselt werden sollte. „Realistische" wie „antirealistische" Variante sind zugespitzte Standpunkte und auch deshalb in Anführungszeichen gesetzt. Tatsächlich stehen sich der *mehr oder minder* realistische Interpretationskonstruktionismus Lenks und die *mehr oder minder* antirealistische allgemeine Interpretationsphilosophie Abels wesentlich näher als dies von den tendenziell zugespitzten Positionen „interpretationistischer Realismus" und „interpretationistischer Antirealismus" behauptet werden könnte. Lenk spricht ja selbst davon, daß es sich bei seinem und Abels System „im großen und ganzen um *einen* interpretationskonstruktionistischen Ansatz"[2] handelt; und auch die Gegensätze zwischen dem „realistischen" und dem „antirealistischen" Interpretationismus, wie ich sie dargestellt habe, verschwimmen, wenn man sie mit einer der prominentesten Positionen der Gegenwartsphilosophie – auf die sich auch Lenk und Abel berufen – verbindet, nämlich mit dem „internen Realismus" Hilary Putnams.

9.5 Interner Interpretationismus

Putnam (der sich, ähnlich wie Lenk und Abel, auf Kant beruft[3]) wendet sich mit seinem „internen" (oder „pragmatischen"[4]) Realismus gegen den ontologischen Realismus, gegen die Annahme der Existenz vom Subjekt unabhängiger Gegenstände, die objektiv, in genau *einer* korrekten Weise beschrieben werden können. Eine solche Auffassung ist für Putnam abzulehnen, weil sie einen „Gottesgesichtspunkt" voraussetzt. Seine Gegenthese lautet, daß

---

[1] vgl. Goodman, Weisen der Welterzeugung S.20 ff.
[2] Lenk, Interpretationskonstrukte S.12
[3] vgl. Putnam, Vernunft, Wahrheit und Geschichte S.88
[4] vgl. Putnam, The Many Faces of Realism S.17

„die Frage ´Aus welchen Gegenständen besteht die Welt?´ nur *im Rahmen* einer Theorie bzw. einer Beschreibung"[1] als sinnvoll gelten kann. Es gibt keine objektiven, selbstidentifizierenden Gegenstände und somit auch keine „externe", objektive Beschreibung der Welt: „*Wir* spalten die Welt in Gegenstände auf, indem wir dieses oder jenes Beschreibungsschema einführen."[2] Genausowenig wie der „realistische" Interpretationist leugnet der Internalist aber einen wie auch immer zu denkenden „Beitrag der Welt": auch Putnam nimmt einen „Input" im weitesten Sinne an, bestreitet jedoch, daß dieser Input eindeutig objektiv beschrieben werden kann: was „von außen" kommt, wird stets *von uns*, durch *Begriffe*, Begriffsschemata geordnet; so etwas wie einen „reinen" Input gibt es für uns nicht: „Die Inputs, auf denen unser Wissen beruht, sind [...] durch Begriffe kontaminiert; aber kontaminierte Inputs sind besser als gar keine."[3] Wir haben es niemals mit Erfahrung zu tun, die nicht schon in bestimmter Weise *von uns* strukturiert, und somit *unsere* Erfahrung, Erfahrung von Dingen-*für-uns*, also „intern", ist. Für den internen Realisten gibt es eben keinen archimedischen Standpunkt, keinen „Gottesgesichtspunkt", von dem aus die Welt „objektiv" beschreibbar wäre. Der internalistische Standpunkt betont vielmehr die Vielheit möglicher (z.T. inkommensurabler) Weltbeschreibungen, von denen keine in anderer als pragmatischer Weise, für bestimmte Zwecke als „besser" oder „wahrer" als eine andere ausgezeichnet werden kann. Was innerhalb der jeweiligen Weltbeschreibung, des Beschreibungsrahmens, des Begriffsschemas *im allgemeinen* als „real", als „existierend" gelten kann, wird vom Begriffsschema bestimmt, die Realität und Existenz *konkreter* Einzelgegenstände ist jedoch von „der Welt" abhängig. Außerdem können wir zwar bis zu einem gewissem Grad zwischen verschiedenen Begriffsschemata wählen, es ist uns jedoch weder möglich, Begriffsschemata überhaupt zugunsten eines „objektiven" Zugangs zur Welt sozusagen abzulegen, noch zu bestimmen, welche *konkreten* Gegenstände innerhalb des jeweiligen Begriffsschemas existieren. Diese Gegenstände sind jedoch jeweils so real, wie sie es innerhalb des jeweiligen Begriffsschemas nur sein können – der interne Realismus ist eben ein *Realismus*, der mit einem Relativismus der Begriffsschemata verbunden ist. („Internal realism is, at bottom, just the insistence that realism is *not* incompatible with conceptual relativity."[4]) „Dieselbe" Welt kann in völlig unterschiedlichen Weisen beschrieben werden, die jedoch – zumindest theoretisch – gleichwertig sind; allerdings ist der Ausdruck „dieselbe" hier irreführend: wir haben es stets nur mit „Beschreibungen", niemals mit „der Welt" zu tun. Nach Eigenschaften, Strukturen „der Welt" unabhängig von unseren Weltbeschreibungen zu fragen, wäre sinnlos, weil basierend auf der für den internen Realismus grundfalschen Annahme, daß „´Which are the real objects?´ is a question that makes sense *independently of our choice of concepts*."[5] Ist die Wahl eines Begriffsschemas jedoch einmal getroffen, so sind die innerhalb dieses Begriffsschemas „realen" Gegenstände, seien es nun (in der Begrifflichkeit der Lebenswelt) Tische und Bücher oder (in der Begrifflichkeit der Teilchenphysik) Elementarteilchen so real, wie sie innerhalb dieses Begriffsschemas nur sein können; sie sind keinesfalls Illusionen oder Fiktionen. - „There are ´external facts´, and we can *say what they are*. What we *cannot* say – because it makes no sense – is what the facts are *independent of all conceptual choices*."[6]

---

[1] Putnam, Vernunft, Wahrheit und Geschichte S.75
[2] ebd. S.78
[3] ebd. S.82
[4] Putnam, The Many Faces of Realism S.17
[5] ebd. S.20
[6] ebd. S.33

In welchem Verhältnis steht nun der interne Realismus zum Interpretationismus? Abel[1] sieht eine wesentliche Übereinstimmung von Putnams Position mit der von ihm vertretenen Form des Interpretationismus in der von beiden Standpunkten betonten begrifflichen Relativität, betont jedoch auch wichtige Unterschiede, wie z.B. die Auffassung des Interpretationisten, daß die Unterscheidung zwischen Internem und Externem, zwischen Interpretiertem und Nichtinterpretierem stets eine *interpretations*interne ist. Außerdem „akzentuiert [der Interpretationist in Abels Sinne] die Pluralität der Welten stärker als der interne Realist"[2], für den die unterschiedlichen Beschreibungen der Welt immer noch Beschreibungen *derselben* Welt sind.

M.E. betont Abel diesen Unterschied zu stark; mein Gegenvorschlag wäre, den Interpretationismus und den internen Realismus einander in einer Weise anzunähern, die zentrale Elemente beider aufgreift, und die sich in der Frage der Entscheidung zwischen „realistischem" und „antirealistischem" Interpretationismus sozusagen in ontologischer Bescheidenheit übt, insofern sie sie für unbeantwortbar bzw. sinnlos erachtet. Diese Position könnte man – auch in Anlehnung an Abel[3] – als „internen Interpretationismus" bezeichnen.

Die Grundaussage eines solchen „internen Interpretationismus" würde darin bestehen, daß uns stets nur interne, durch unsere Schemata vermittelte Zugangsweisen zur Welt zur Verfügung stehen, diese Schemata aber eben *Interpretations*- und nicht *Begriffs*schemata sind. Diese Schemata beinhalten nicht nur begrifflich-sprachliche Aspekte, die die Grundlage je eines bestimmten Vokabulars zur *Beschreibung* der Welt bilden, sondern auch allgemeinere Erlebensweisen, begrifflich nicht oder nur schwer faßbare Weisen des Konfrontiertseins mit Welt (vielleicht auch eines Heideggerschen In-der-Welt-seins). Die für unsere Lebenswelt konstitutive Weise solchen Konfrontiertseins ist die der uns durch die Welt engegengebrachten „Widerständigkeit", die Teil eines für uns fundamentalen Interpretationsschemas, und damit letztlich interpretations-intern ist. Was uns zur Verfügung steht, sind also unterschiedliche Interpretationsschemata, die jeweils sprachliche und nicht-sprachliche Aspekte enthalten und somit für unterschiedliche Welt-Zugänge, unterschiedliche Beschreibungen von „Welt" ebenso wie für unterschiedliche Arten des Konfrontiertseins mit Welt verantwortlich sind. Manche dieser Interpretationsschemata sind miteinander vereinbar, können nebeneinander bestehen, andere nicht, manche ähneln einander, andere unterscheiden sich stark voneinander; manche sind für unser Erkennen der Welt und das Handeln in ihr grundlegend, andere nicht. Sie alle sind jedoch in der Hinsicht „gleich", daß es sich stets um Interpretationen handelt; und als „besser" oder „schlechter" können einzelne Interpretationen anderen gegenüber nur pragmatisch ausgezeichnet werden: ein Interpretationsschema ist dann „besser" als ein anderes, wenn es Bedürfnissen oder Interessen besser entgegenkommt als ein anderes.

Was nun die Entscheidung zwischen interpretationistischem „Realismus" und interpretationistischem „Antirealismus" betrifft, würde sich der interne Interpretationismus insofern „bescheiden" geben, als er sie für unbeantwortbar hält: zwar ist, will man nicht in einen die Welt als Schöpfung des Subjekts *ex nihilo* auffassenden Idealismus verfallen, *irgendetwas* Externes anzunehmen, irgendetwas, das den fundamentalen lebensweltlichen Interpretationen zugrundeliegt; ob dieses Etwas, dieses An-sich, aber eine von ihrem Erkanntwerden unabhängige objektive Wirklichkeit im Sinne eines zumindest ontologischen

---

[1] vgl. Abel, Realismus, Pragmatismus, Interpretationismus S.54 ff.
[2] Abel, Realismus, Pragmatismus, Interpretationismus S.59
[3] vgl. Abel, Interpretationswelten S.462 ff. (Kapitel 22)

Realismus ist, oder ob sich dieses Externe etwa im Sinne Nietzsches von uns nur graduell unterscheidet, Subjekt(e) und Objekt(e) also nur Momente eines „Interpretations"-Geschehens sind - diese Frage ist schlicht nicht zu beantworten. Uns stehen eben „nur" Interpretationen zur Verfügung, die zwar unter den Bedingungen eines solchen „bescheidenen" „internen Interpretationismus" (ganz analog dem „internen Realismus") als Interpretationen einer „Wirklichkeit" gelten können; ob diese Wirklichkeit aber die „objektive" Wirklichkeit des Realismus oder aber die von unseren Interpretationen nur graduell verschiedene Wirklichkeit eines autonomen „Interpretationsgeschehens" ist, ist nicht auszumachen.[1]

Die interpretations-interne Perspektive bzw. eine Vielheit unterschiedlicher, aber allesamt interpretations-interner Perspektiven ist alles, was uns zugänglich ist, sie ist aber auch alles, was wir benötigen. Auch der so verstandene pluralistische „interne Interpretationismus" ist natürlich ein empirischer Realismus, der den Tischen, Büchern und Bäumen der Lebenswelt ihre Realität nicht abspricht, sondern diese Realität gerade unterstreicht - allerdings nicht als Realität an sich, sondern als Realität-*für-uns*; diese Realität ist aber alle Realität, die es eben *für uns* nur geben kann. Nichts liegt dem intern-interpretationistischen Denken ferner, als ein „Wegargumentieren" der alltäglichen Gegenstände. Diese alltäglichen Gegenstände sind allerdings insofern „relativ", als das Interpretationsschema, dem sie entspringen, nur eines unter vielen, und z.B. dem Interpretationsschema der Teilchenphysik, die keine Tische, sondern Teilchenwolken kennt, *theoretisch* gleichwertig ist. *Praktisch* ist das lebensweltlich-alltägliche Interpretationsschema allen anderen natürlich zumeist vorzuziehen, da es unseren Wünschen und Interessen in den meisten Fällen am weitesten entgegenkommt, obwohl es nur

---

[1] Daß die Frage nach dem Charakter des „Externen" nicht beantwortbar ist, könnte allerdings auch darauf zurückgeführt werden, daß sie falsch gestellt ist. Die internalistische Position könnte dergestalt radikal aufgefaßt werden, daß jegliche Rede von einem „Externen" als sinnlos, „Externes" als leerer Begriff, dem nicht einmal als Grenzbegriff, als Gegenpol zu „Internes", irgendein Sinn gegeben werden kann, zu gelten hätte. Die Frage nach der Beschaffenheit des „Externen" wäre demzufolge schlicht sinnlos. Eine solche Radikalisierung würde jedoch die internalistische Position letztlich ad absurdum führen, da die Begriffe „intern" und „extern" einander bedingen (vielleicht Resultat einer Vaihingerschen „Zerlegung" (vgl. Abschnitt 4.1.2) sind) und die „internalistische" Perspektive ohne den Begriff „Externes" nicht verständlich zu machen ist. „Externes" mag unter den Bedingungen eines Internalismus (wie des internen Interpretationismus) etwas prinzipiell Unzugängliches bezeichnen, die Frage nach der Natur dieses Externen kann jedoch zumindest in verständlicher Weise gestellt werden.

eines unter vielen möglichen ist. Diese Interpretationswelt ist auch diejenige, die die uns allen gemeinsame ist, über die wir uns verständigen und in der wir individuell oder gemeinsam handeln können. In der Praxis ist diese Welt eben *die Welt*, und *die Welt* ist es auch, deren Vorhandensein *für uns* der Interpretationismus in der Kantischen Tradition begreiflich zu machen sucht, ohne sie dabei zur Illusion zu erklären. Die Welt ist *Interpretationswelt*, aber gerade als solche so real, wie sie für uns nur sein kann.

Literaturverzeichnis

Günter ABEL: Nietzsche. Die Dynamik der Willen zur Macht und die ewige Wiederkehr, Berlin / New York 1984

ders.: Einzelding- und Ereignisontologie, in: Zeitschrift für philosophische Forschung, Bd.39 (1985), S.157 – 185

ders.: Nominalismus und Interpretation. Die Überwindung der Metaphysik im Denken Nietzsches, in: Josef SIMON (Hg.): Nietzsche und die philosophische Tradition, Bd.II, Würzburg 1985, S.35 - 89

ders.: Logik und Ästhetik, in: Nietzsche-Studien, Bd.16 (1987), S.112 - 148

ders.: Interpretationsphilosophie. Eine Antwort auf Hans Lenk, in: Allgemeine Zeitschrift für Philosophie, Bd. 13.3 (1988), S.79 – 86

ders.: Realismus, Pragmatismus, Interpretationismus. Zu neueren Entwicklungen in der Analytischen Philosophie, in: Allgemeine Zeitschrift für Philosophie, Bd.13.3 (1988), S.51 - 67

Interpretations-Welten, in: Philosophisches Jahrbuch, Bd.96 (1989), S.1 – 19

ders.: Wahrheit als Interpretation, in: G.A. / Jörg SALAQUARDA (Hg.): Krisis der Metaphysik, Berlin 1989, S.331 – 363

ders.: Interpretatorische Vernunft und menschlicher Leib, in: Mihailo DJURIC (Hg.): Nietzsches Begriff der Philosophie, Würzburg 1990, S.100 – 130

ders.: Zeichen und Interpretation, in: Tilman BORSCHE / Werner STEGMAIER (Hgg.): Zur Philosophie des Zeichens, Berlin / New York 1992, S.167 - 191

ders.: Zum Wahrheitsverständnis jenseits von Naturalismus und Essentialismus, in: Volker GERHARDT / Norbert HEROLD (Hgg.): Perspektiven des Perspektivismus. Gedenkschrift für Friedrich Kaulbach, Würzburg 1992, S.309 – 330

ders.: Unbedingtheit und Interpretativität, in: Hans Michael BAUMGARTNER / Wilhelm G. JACOBS (Hgg.): Philosophie der Subjektivität? Zur Bestimmung des neuzeitlichen Philosophierens. Akten des 1.Kongresses der Internationalen Schelling-Gesellschaft 1989, Bd.1, Stuttgart / Bad Canstatt 1993, S.282 - 299

ders.: ders.: Theorie, Beobachtung und Wirklichkeit. Zu einer interpretationistischen Konzeption der Erfahrungserkenntnis, in: Hans Jörg SANDKÜHLER (Hg.): Theorien, Modelle und Tatsachen. Konzepte der Philosophie und der Wissenschaften, Frankfurt a.M. 1994, S.9 - 28

ders.: Was ist Interpretationsphilosophie?, in: Josef SIMON (Hg.): Zeichen und Interpretation, Frankfurt a.M. 1994, S.16 - 35

ders.: Interpretationswelten. Gegenwartsphilosophie jenseits von Essentialismus und Relativismus, Frankfurt a.M. 1995

ders.: Imagination und Kognition. Zur Funktion der Einbildungskraft in Wahrnehmung, Sprache und Repräsentation, in: Thomas Sören HOFFMANN / Stefan MAJETSCHAK (Hgg.): Denken der Individualität. Festschrift für Josef Simon zum 65.Geburtstag, Berlin / New York 1995, S.381 - 397

ders.: Sprache, Zeichen und Interpretation, in: Hans LENK / Hans POSER (Hgg.): Neue Realitäten – Herausforderung der Philosophie. XVI. Deutscher Kongreß für Philosophie, Berlin 20.-24.September 1993. Vorträge und Kolloquien, Berlin 1995, S.264 – 285

ders.: Unbestimmtheit der Interpretation, in: Josef SIMON (Hg.): Distanz im Verstehen. Zeichen und Interpretation II, Frankfurt a.M. 1995, S.43 - 71

ders.: Interpretation und Realität. Erläuterungen zur Interpretationsphilosophie, in: Allgemeine Zeitschrift für Philosophie, Bd.21.3 (1996), S.271 – 288 ders.: Interpretationsphilosophie. Kommentare und Repliken, in: Deutsche Zeitschrift für Philosophie, Bd.44/5 (1996), S.903 - 916

ders.: Interpretationsethik und Demokratie, in: Josef SIMON (Hg.): Orientierung in Zeichen. Zeichen und Interpretation III, Frankfurt a.M. 1997, S.41 – 79

ders.: Interpretationstheorie der Referenz, in: Georg MEGGLE / Andreas MUNDT (Hgg.):Analyomen 2. Proceedings of the 2nd Conference „Perspectives in Analytical Philosophy", Vol.II: Philosophy of Language. Metaphysics, Berlin / New York 1997, S.3 – 12

ders.: Konstruktionen der Wirklichkeit, in: Erwin SEDLMAYR (Hg.): Schlüsselworte der Genesis, Bd.II. Wirklichkeit – Bild – Begriff. Schöpfungsprinzipien: Polaritäten – Kräfte – Gleichgewichte, Berlin 1997, S.68 - 81

ders.: Zeichenlogik, Bedeutung und Rationalität, in: Josef SIMON / Werner STEGMAIER (Hgg.): Fremde Vernunft. Zeichen und Interpretation IV, Frankfurt a.M. 1998, S.52 - 77

Sprache, Zeichen, Interpretation, Frankfurt a.M. 1999

Erich ADICKES: Kant und das Ding an sich, Heidelberg / New York 1977 (Nachdruck der Originalausgabe Berlin 1924)

ders.: Kant und die Als-Ob-Philosophie, Vaduz 1978 (Nachdruck der Originalausgabe Stuttgart 1927)

Hans ALBERT: Der Mythos des Rahmens und der moderne Antirealismus. Zur Kritik des idealistischen Rückfalls im gegenwärtigen Denken, in: Volker GADENNE / Hans Jürgen WENDEL (Hgg.): Rationalität und Kritik, Tübingen 1996, S.9 - 28

Henry E.ALLISON: Kant's Refutation of Realism, in: dialectica, Bd.30 (1976), S.223 – 253

ders.: Kant's Transcendental Idealism. An Interpretation and Defense, London / New Haven 1983

George BERKELEY: Eine Abhandlung über die Prinzipien der menschlichen Erkenntnis, Hamburg 1979

Thomas BONK: Erfahrung und Skepsis. Zwei Anmerkungen zur Philosophie Günter Abels, in: Deutsche Zeitschrift für Philosophie, Bd.44/5 (1996), S.879 – 887

Klaus CEYNOWA: Zwischen Pragmatismus und Fiktionalismus. Hans Vaihingers „Philosophie des Als Ob", Würzburg 1993

Roderick CHISHOLM: What is a Transcendental Argument?, in: Neue Hefte für Philosophie, Bd.14, S.19 - 22

Hermann COHEN: Einleitung des Herausgebers, in: Friedrich Albert LANGE: Geschichte des Materialismus und Kritik seiner Bedeutung in der Gegenwart, Bd.II, Leipzig 1896, S.XV – LXXVI

Arthur C.DANTO: Friedrich Nietzsche, in: Norbert HOERSTER (Hg.): Klassiker des philosophischen Denkens, Bd.2, 5.Aufl., München 1992, S.230 - 273

ders.: Nietzsche als Philosoph, München 1998

Steffen DIETZSCH (Hg.): Philosophen beschimpfen Philosophen. Die kategorische Impertinenz seit Kant, Leipzig 1995

Ottmar DITTRICH: Die allgemeine Bedeutung der Philosophie des Als-ob, in: Annalen der Philosophie, Bd.I (1919), S.1 - 26

Renate DÜRR / Hans LENK: Referenz und Bedeutung in interpretatorischer Sicht, in: Josef SIMON (Hg.): Distanz im Verstehen. Zeichen und Interpretation II, Frankfurt a.M. 1995, S.105 – 129

Ferdinand FELLMANN: Interpretationismus und symbolischer Pragmatismus. Zur Diskussion zwischen Günter Abel und Hans Lenk in AZP 13.3 (1988), in: Allgemeine Zeitschrift für Philosophie, Bd.15.2 (1990), S.51 - 59

Frank FREIMUTH: Friedrich Albert Lange – Denker der Pluralität: Erkenntnistheorie, Pädagogik, Politik, Frankfurt a.M. 1995

Sigmund FREUD: Die Zukunft einer Illusion, in: S.F.: Fragen der Gesellschaft. Ursprünge der Religion (= Werke in 10 Bänden, hg. v. Alexander MITSCHERLICH, Angela RICHARDS u. James STRACHEY, Bd.IX), Frankfurt a.M. 1974, S.139 - 189

Jostein GAARDER: Sofies Welt. Roman über die Geschichte der Philosophie, München / Wien 1993

Volker GERHARDT: Die Perspektive des Perspektivismus, in: Nietzsche-Studien, Bd.18 (1989), S.260 – 281

ders.: Die Perspektive des Menschen. Zur Einleitung, in: V.G. / Norbert HEROLD (Hgg.): Perspektiven des Perspektivismus. Gedenkschrift zum Tode Friedrich Kaulbachs, Würzburg 1992, S.V – XV

Nelson GOODMAN: Weisen der Welterzeugung, Frankfurt a.M. 1990

Andreas GRAESER: Interpretation, Interpretativität und Interpretationismus, in: Allgemeine Zeitschrift für Philosophie, Bd.21.3 (1996), S.253 - 260

Ruediger Hermann GRIMM: Nietzsche's Theory of Knowledge, Berlin / New York 1977

Logi GUNNARSSON: Jenseits von Gegebensein und Machen. Interpretationspluralistischer Monismus als Alternative zu Abels Weltenvielfalt, in: Deutsche Zeitschrift für Philosophie, Bd.44/5 (1996), S.867 – 878

Jürgen HABERMAS: Nachwort, in: Friedrich NIETZSCHE: Erkenntnistheoretische Schriften, Frankfurt a.M. 1968, S.237 - 261

Erich HEINTEL: Nietzsches „System" in seinen Grundbegriffen. Eine prinzipielle Untersuchung, Leipzig 1939

Norbert HEROLD: Bibliographie Friedrich Kaulbach. Zum 75.Geburtstag, in: Zeitschrift für philosophische Forschung, Bd.42 (1988), S.112 - 123

Helmut HOLZHEY: Philosophische Kritik. Zum Verhältnis von Erkenntnistheorie und Sozialphilosophie bei F.A.Lange, in Joachim H. KNOLL / Julius H. SCHOEPS (Hgg.): Friedrich Albert Lange. Leben und Werk, Duisburg 1975, S.207 - 225

Otfried HÖFFE: Immanuel Kant, 3.Aufl., München 1992

Dominic KAEGI: In Interpretationen verstrickt. Über Interpretationswelten und Interpretationskonstrukte, in: Philosophische Rundschau, Bd.42 (1995), S.273 - 285

Immanuel KANT: Werke in 12 Bänden, hg. v. Wilhelm WEISCHEDEL, Frankfurt a.M. 1974 – 1977

ders.: Principiorum primorum cognitionis metaphysicae nova nova dilucidatio (Neue Erhellung der ersten Grundsätze metaphysischer Erkenntnis), in: Werke, Bd.I, S:401 – 509

ders.: Kritik der reinen Vernunft (= Werke, Bd.III u. IV)

ders.: Prolegomena zu einer jeden künftigen Metaphysik, die als Wissenschaft wird auftreten können, in: Werke, Bd.V, S.109 -264

ders.: Von einem neuerdings erhobenen vornehmen Ton in der Philosophie, in: Werke, Bd.VI, S.377 – 397

ders.: Grundlegung zur Metaphysik der Sitten, in: Werke, Bd.VII, S.7 - 102

Friedrich KAULBACH: Kants Beweis des „Daseins der Gegenstände im Raum außer mir", in: Kant-Studien, Bd.50 (1958/59), S.323 – 347

ders.: Wahrheit, Wirklichkeit und Perspektive, in: Philosophische Perspektiven, Bd.1 (1969), S.247 – 289

ders.: Friedrich Kaulbach (Selbstdarstellung), in: Ludwig J. PONGRATZ (Hg.): Philosophie in Selbstdarstellungen, Bd.III, Hamburg 1977, S.189 - 235

ders.: Nietzsches Idee einer Experimentalphilosophie, Köln / Wien 1980 ders.: Philosophie als Wissenschaft. Eine Anleitung zum Studium von Kants Kritik der reinen Vernunft in Vorlesungen, Hildesheim 1981

ders.: Nietzsches Kritik an der Wissensmoral und die Quelle der philosophischen Erkenntnis: die Autarkie der perspektivischen Vernunft in der Philosophie, in: Rudolph BERLINGER / Wiebke SCHRADER (Hgg.): Nietzsche – kontrovers, Bd.IV, Würzburg 1984, S.71 - 91

ders.: Autarkie der perspektivischen Vernunft bei Kant und Nietzsche, in: Josef SIMON (Hg.): Nietzsche und die philosophische Tradition, Bd.II, Würzburg 1985, S.90 - 105

ders.: Die Kopernikanische Wendung von der Objektwahrheit zur Sinnwahrheit bei Kant, in: Volker GERHARDT / Norbert HEROLD (Hgg.): Wahrheit und Begründung, Würzburg 1985, S.99 - 130

ders.: Kants Auffassung von der Wissenschaftlichkeit der Philosophie: die Sinnwahrheit, in: Kant-Studien, Bd.76 (1985), S.1 - 13

ders.: Perspektivismus und Rechtsprinzip in Kants Kritik der reinen Vernunft, in: Allgemeine Zeitschrift für Philosophie, Bd.10.2 (1985), S.21 – 35

ders.: Einheit als Thema des transzendentalen Perspektivismus, in: Karen GLOY / Dominik SCHMIDIG (Hgg.): Einheitskonzepte in der idealistischen und in der gegenwärtigen Philosophie, Bern / Frankfurt a.M. / New York / Paris 1987, S.15 - 38

ders.: Kant und Nietzsche im Zeichen der kopernikanischen Wendung: Ein Beitrag zum Problem der Modernität, in: Zeitschrift für philosophische Forschung, Bd.41 (1987), S.349 - 372

ders.: Philosophie des Perspektivismus. 1.Teil. Wahrheit und Perspektive bei Kant, Hegel und Nietzsche, Tübingen 1990

ders.: Der Philosoph und seine Philosophie: Perspektive und Wahrheit bei Nietzsche, in: Mihailo DJURIC (Hg.): Nietzsches Begriff der Philosophie, Würzburg 1990, S.9 - 20

Jochen KIRCHHOFF: Zum Problem der Erkenntnis bei Nietzsche, in: Nietzsche-Studien, Bd.6 (1977), S.16 – 44

Reinhard KLEINKNECHT: Der Schleier der Maja. Die Wahrnehmungswelt als Erscheinung der objektiven Welt, in: Winfried LÖFFLER / Edmund RUNGGALDIER (Hgg.): Vielfalt und Konvergenz der Philosophie. Vorträge des V.Kongresses der Österreichischen Gesellschaft für Philosophie. Innsbruck, 1.-4.Februar 1998. Teil 1, Wien 1999, S.133 -139

Klaus KONHARDT: Ein „Odysseus des Geistes". Bemerkungen zum Profil des perspektivistischen Philosophen, in: Volker GERHARDT / Norbert HEROLD (Hgg.): Perspektiven des Perspektivismus. Gedenkschrift zum Tode Friedrich Kaulbachs, Würzburg 1992, S.185 - 201

Franz KREUZER / Karl R.POPPER: Offene Gesellschaft – offenes Universum. Ein Gespräch über das Lebenswerk des Philosophen, München 1986

Peter KÜGLER: Realismus – Antirealismus (Skriptum zur Vorlesung), Universität Innsbruck Sommersemester 1997

Friedrich Albert LANGE: Geschichte des Materialismus und Kritik seiner Bedeutung in der Gegenwart, 2 Bde., Frankfurt a.M. 1974

Gerhard LEHMANN: Kants Widerlegung des Idealismus, in: Kant-Studien, Bd.50 (1985/59), S.348 - 362

Hans LENK: Handlung als Interpretationskonstrukt. Entwurf einer konstituenten- und beschreibungstheoretischen Handlungstheorie, in: H.L. (Hg.): Handlungstheorien interdisziplinär, Bd.II / 1, München 1978, S.279 – 350

ders.: Deutungen in der Handlungstheorie, in: Allgemeine Zeitschrift für Philosophie, Bd.3 (1979), S.28 – 33

ders.: Zwischen Sozialpsychologie und Sozialphilosophie, Frankfurt a.M. 1987 ders.: Welterfassung als Interpretationskonstrukt. Bemerkungen zum methodologischen und transzendentalen Interpretationismus, in: Allgemeine Zeitschrift für Philosophie, Bd.13.3 (1988), S.69 – 78

ders.: Kritik der kleinen Vernunft. Einführung in die jokologische Philosophie, Frankfurt a.M. 1990

ders.: Transzendentaler Interpretationismus – ein philosophischer Entwurf, in: Harald HOLZ (Hg.): Die goldene Regel der Kritik. Festschrift für Hans Radermacher zum 60.Geburtstag, Bern 1990, S.121 – 135

ders.: Logik, cheng ming und Interpretationskonstrukte. Bermerkungen zum interpretationistischen Internalismus der konfuzianischen Erkenntnistheorie, in: Zeitschrift für philosophische Forschung, Bd.45 (1991), S.391 - 401

ders.: Zu einem methodologischen Interpretationskonstruktionismus, in: Zeitschrift für allgemeine Wissenschaftstheorie, Bd.22 (1991), S.283 – 301

ders.: Interpretation und Interpret. Für Paul Weiss zum 90.Geburtstag, in: Allgemeine Zeitschrift für Philosophie, Bd.17.1 (1992), S.49 - 54

ders.: Interpretationskonstrukte. Zur Kritik der interpretatorischen Vernunft, Frankfurt a.M. 1993

Philosophie und Interpretation. Vorlesungen zur Entwicklung konstruktionistischer Interpretationsansätze, Frankfurt a.M. 1993

ders.: Erlebte und erschlossene Realität, in: Zeitschrift für philosophische Forschung, Bd.47 (1993), S.286 – 292

ders.: Interpretation als funktionales Fundament der Zeichen. Bemerkungen zu Peirce´ Zeichentheorie im Lichte des Interpretationskonstruktionismus, in: Allgemeine Zeitschrift für Philosophie, Bd.18.2 (1993), S.63 - 68

ders.: Von Deutungen zu Wertungen, Eine Einführung in aktuelles Philosophieren, Frankfurt a.M. 1994

ders.: Der Kuß als Interpretationskonstrukt. Unsere interpretatorischen Schematisierungen prägen unser Leben, in: Conceptus Bd.71, S.285 - 294

ders.: Interpretationskonstrukte als Interpretationskonstrukte, in: Josef SIMON (Hg.): Zeichen und Interpretation, Frankfurt a.M. 1994, S.36 - 56

ders.: Interpretation und Realität. Vorlesungen über Realismus in der Philosophie der Interpretationskonstrukte, Frankfurt a.M. 1995

ders.: Schemaspiele. Über Schemainterpretationen und Interpretationskonstrukte, Frankfurt a.M. 1995

ders.: Das metainterpretierende Wesen, in: Allgemeine Zeitschrift für Philosophie, Bd.20.1 (1995), S.39 – 47

ders.: Philosophieren als kreatives Interpretieren, in: Zeitschrift für philosophische Forschung, Bd.50 (1996), S.585 - 600

ders.: Interpretationen und Imprägnationen, in: Josef SIMON (Hg.): Orientierung in Zeichen. Zeichen und Interpretation III, Frankfurt a.M. 1997, S.19 – 40

ders.: Realistischer Realismus als ein methodologischer und pragmatischer Interpretationismus, in: Wolfgang LENZEN (Hg.): Das weite Spektrum der Analytischen Philosophie. Festschrift für Franz von Kutschera, Berlin / New York 1997, S.149 – 159

ders.: „Wahrheit" als metatheoretisches Interpretationskonstrukt, in: Studia philosophica, Bd.57 (1998), S.81 – 107

Manuela LENZ: In Fiktionen verstrickt, in: Frankfurter Allgemeine Zeitung, Nr.235 / 1996 (9.Oktober), S.N6

Hermann LEY: Friedrich Albert Langes „Geschichte des Materialismus", in: Joachim H. KNOLL / Julius H. SCHOEPS (Hgg.): Friedrich Albert Lange. Leben und Werk, Duisburg 1975, S.174 - 187

Guido LÖHRER: Einige Bemerkungen zur Theorieebene der Interpretationsphilosophie, in: Allgemeine Zeitschrift für Philosophie, Bd.21.3 (1996), S.261 - 270

Geert-Lueke LUEKEN: „Alles, was *so* ist, könnte auch *anders* sein." Zu Günter Abels *Interpretationswelten*, in: Deutsche Zeitschrift für Philosophie, Bd.44/5 (1996), S.889 – 901

Wolfgang MÜLLER-LAUTER: Nietzsches Lehre vom Willen zur Macht, in: Nietzsche-Studien, Bd.3 (1974), S.1 – 60

Friedrich NIETZSCHE: Werke. Kritische Gesamtausgabe, hg. v. Giorgio COLLI u. Mazzino MONTINARI, Berlin / New York 1967 ff.

ders.: Ueber Wahrheit und Lüge im außermoralischen Sinne, in: Werke, Bd.III 2, S.367 – 384

ders.: Erkenntnistheoretische Schriften, Frankfurt a.M. 1968

ders.: Sämtliche Briefe. Kritische Studienausgabe, Bd.2: September 1864 – April 1869, hg. v. Giorgio COLLI u. Mazzino MONTINARI, München / Berlin / New York 1986

Dieter OBERKOFLER: Wahrheit – Interpretation – Perspektive. Nietzsches Philosophie des Perspektivismus, unveröff. Diplomarbeit, Universität Innsbruck 1997

Traugott Konstantin OESTERREICH: Die deutsche Philosophie des XIX.Jahrhunderts und der Gegenwart, 12.Aufl., Berlin 1923

Henry J. PATON: Kant's Metaphysic of Experience. A Commentary on the First Half of the „Kritik der reinen Vernunft", 2 vols., 5th impression, London / New York 1970

Walter PATT: Kants Raum- und Zeitargumente unter besonderer Rücksicht auf den Briefwechsel zwischen Leibniz und Clarke, in: Hariolf OBERER / Gerhard SEEL (Hgg.): Kant. Analysen – Probleme – Kritik, Würzburg 1988, S.27 - 38

PLATON: Theätet, übers. u. eingeleitet von Otto APELT, in P.: Sämtliche Dialoge, Bd.IV, Hamburg 1993 (Nachdruck der 4.Auflage, Leipzig 1923)

Karl R. POPPER: The Myth of the Framework. In defence of science and rationality, London / New York 1994

Gerold PRAUSS: Erscheinung bei Kant. Ein Problem der „Kritik der reinen Vernunft", Berlin 1971

ders.: Zum Wahrheitsproblem bei Kant, in: G.P. (Hg.): Kant. Zur Deutung seiner Theorie von Erkennen und Handeln, Köln 1973, S.73 – 89

ders.: Kant und das Problem der Dinge an sich, 3.Aufl., Bonn 1989

ders.: Die Welt und wir. Erster Band. Erster Teil: Sprache – Subjekt – Zeit, Stuttgart 1990

ders.: Die Welt und wir. Erster Band. Zweiter Teil: Raum – Substanz – Kausalität, Stuttgart / Weimar 1993

ders.: Einführung in die Erkenntnistheorie, 3.Aufl., Darmstadt 1993

Hilary PUTNAM: The Many Faces of Realism, LaSalle 1987

ders.: Vernunft, Wahrheit und Geschichte, Frankfurt a.M. 1990

ders.: Für eine Erneuerung der Philosophie, Stuttgart 1997

Heinrich RATKE: Systematisches Handlexikon zu Kants Kritik der reinen Vernunft, Hamburg 1991

Wolfgang RÖD: Die Bedeutung von „Wirklichkeit" in Kants Theorie der Erfahrung, in: Gerhard FUNKE (Hg.): Akten des 4.Internationalen Kant-Kongresses, Mainz 6.-10.April 1974, Teil II.1: Sektionen, Berlin / New York 1974, S.247 – 274

ders.: Die Philosophie der Neuzeit 2. Von Newton bis Rousseau (= Geschichte der Philosophie, hg. v. W.R., Bd.VIII), München 1984

ders.: Zur psychologischen Deutung der Kantischen Erfahrungstheorie, in: Hariolf OBERER / Gerhard SEEL (Hgg.): Kant. Analysen – Probleme – Kritik, Würzburg 1988, S.9 - 26

Erfahrung und Reflexion. Theorien der Erfahrung in transzendentalphilosophischer Sicht, München 1991

ders.: Das Realitätsproblem in der Transzendentalphilosophie, in: Hans LENK / Hans POSER (Hgg.): Neue Realitäten – Herausforderung der Philosophie. XVI.Deutscher Kongreß für Philosophie, 20.-24.September 1993. Vorträge und Kolloquien, Berlin 1995, S.424 - 442

ders.: Der Weg der Philosophie, Bd.II: 17. Bis 20.Jahrhundert, München 1996

ders.: Der Kritizismus als universale Deutungstheorie, unveröff. Typoskript

Hans-Martin SASS: Der Standpunkt des Ideals als kritische Überwindung materialistischer und idealistischer Metaphysik, in: Joachim H. KNOLL / Julius H. SCHOEPS (Hgg.): Friedrich Albert Lange. Leben und Werk, Duisburg 1975, S.188 – 206

Alfred SCHMIDT: Friedrich Albert Lange als Historiker und Kritiker des vormarxschen Materialismus, in: Friedrich Albert LANGE: Geschichte des Materialismus und Kritik seiner Bedeutung in der Gegenwart, Bd.1, Frankfurt a.M. 1974, S.X - XXI

Horst SEIDL: Bemerkungen zu Ding an sich und transzendentalem Gegenstand in Kants Kritik der reinen Vernunft, in: Kant-Studien, Bd.63 (1972), S.305 - 314

Ulrich SIEG: Aufstieg und Niedergang des Marburger Neukantianismus. Die Geschichte einer philosophischen Schulgemeinschaft, Würzburg 1994

Josef SIMON: Welten und Ebenen, in: Deutsche Zeitschrift für Philosophie, Bd.44/5 (1996), S.855 – 866

Rainer STELTZER: Die Interpretation der Philosophie Kants in Hans Vaihingers „Philosophie des Als Ob", unveröff. Diplomarbeit, Universität Innsbruck 1997

Peter Frederick STRAWSON: Einzelding und logisches Subjekt (Individuals), Stuttgart 1972

Hans VAIHINGER: „Die Philosophie des Als Ob". Mitteilungen über ein unter diesem Titel soeben erschienenes neues Werk, in: Kant-Studien, Bd.XVI (1911), S.108 - 115

ders.: Die Philosophie des Als Ob und das Kantische System gegenüber einem Erneuerer des Atheismusstreites, in: Kant-Studien, Bd.21 (1916), S.1 – 25

ders.: Ist die Philosophie des Als Ob Skeptizismus?, in: Annalen der Philosophie, Bd.II (1921), S.532 - 537

ders.: Kommentar zu Kants Kritik der reinen Vernunft, 2 Bde., 2.Aufl., Stuttgart / Berlin / Leipzig 1922

ders.: Die Philosophie des Als Ob. System der theoretischen, praktischen und religiösen Fiktionen der Menschheit auf Grund eines idealistischen Positivismus. Mit einem Anhang über Kant und Nietzsche, 7.u.8. Aufl., Leipzig 1922

Milo VLACH: H.Vaihingers „Philosophie des Als-Ob". Geschichte und Darstellung der Weltanschauung eines idealistischen Positivismus, Berlin / Leipzig 1926

Hans VON NOORDEN: Der Wahrheitsbegriff in Vaihingers Philosophie des Als Ob. Zum 100. Geburtstag des Philosophen am 25.September 1952, in: Zeitschrift für philosophische Forschung, Bd.VII (1953), S.99 - 113

Andrea WELS: Die Fiktion des Begreifens und das Begreifen der Fiktion. Dimensionen und Defizite der Theorie der Fiktionen in Hans Vaihingers Philosophie des Als Ob, Frankfurt a.M. 1997

Ludwig WITTGENSTEIN: Philosophische Untersuchungen, in: L.W.: Werke in 8 Bänden, Bd.1, Frankfurt a.M. 1984, S.225 - 580

www.ingramcontent.com/pod-product-compliance
Lightning Source LLC
Chambersburg PA
CBHW081127170426
43197CB00017B/2777